CICIR 中国现代国际关系研究院反恐怖研究中心
ZHONG GUO XIAN DAI GUO JI GUAN XI YAN JIU YUAN FAN KONG BU YAN JIU ZHONG XIN

国际恐怖主义与反恐怖斗争年鉴

（2013—2014）

时事出版社

目 录

第一部分 国际恐怖主义与反恐怖斗争形势综述

第二部分 国际恐怖主义组织

第三部分　国际重大恐怖活动案例分析

第一部分

国际恐怖主义与反恐怖斗争形势综述

第一章 2013年国际恐怖新生态渐趋成型

2013年国际暴恐势力活跃，在南亚巴阿暴恐策源地的基础上逐渐在中南亚、中东和非洲形成连片的三大暴恐动荡地带，国际恐怖新生态渐趋成型。随着美国从阿富汗撤军和中东北非乱局持续，国际恐怖势力开始进入新一轮发展阶段，国际反恐斗争面临严峻挑战。

第一节 国际暴恐活动进入历史新阶段

2013年，国际恐怖势力继续乘中东北非动乱扩张蔓延，动荡源和威胁源增多，逐步形成“大呼罗珊”地区（包括阿富汗、中亚大部、伊朗东北部）、“大叙利亚”地区（叙利亚、伊拉克、黎巴嫩、巴勒斯坦等）和非洲萨赫勒地区三大新的恐怖活动高危地带。

一、在“大呼罗珊”地区，恐怖和极端势力面临的清剿压力减小，进入应对“阿富汗终局”的调整期，暴恐势力重趋活跃

在阿富汗，随着阿富汗安全部队全面接管国内安全责任，北约主导的阿富汗反恐战争逐渐落幕。在此情势下，阿富汗塔利班通过强化袭击制造不稳局面，进而打击阿民众对卡尔扎伊政府的信心。5 月，“阿塔”发动新一轮“春季攻势”，打击“外国侵略者及其顾问、合同商以及其他所有在军事和情报上帮助他们的人”，与美及阿政府的和谈陷入僵局。11 月 24 日，阿大国民会议通过美阿《双边安全协议》草案，美获得 2014 年之后继续驻军权、驻阿美军司法豁免权及搜查民宅等特权。“阿塔”坚持反对该协议，号召更多阿人反抗“美军占领”，并威胁发动更多袭击报复。由于“阿塔”拒绝加入政治和谈进程，倾向于扩大武装坐等时局变化，对美及北约盟军的军事袭扰和恐怖袭击仍将持续。

在巴基斯坦，“巴基斯坦塔利班”屡掀恐潮，新头目上位后拒绝与巴政府和谈，恐怖威胁增大。2013 年以来，“巴塔”频繁在部落地区、奎达和白沙瓦等地作案，制造教派冲突，并出现向巴内地蔓延态势，“巴塔”势力范围已由传统部落区扩展至巴北部和巴控克什米尔地区。美撤军后，长期以阿为活动重心的巴国内暴恐组织活动重心可能部分转向克什米尔等地区，6 月 23 日“巴塔”在巴北部地区枪杀多名外国游客已显端倪。谢里夫上台后本拟与“巴塔”和谈，但 11 月 1 日“巴塔”头目哈基姆拉在北瓦济里斯坦遭美无人机猎杀，使和谈努力无果而终。11 月 7 日，毛拉·法兹卢拉当选“巴塔”新头目，此人极端保守，曾在斯瓦特地区强行推行伊斯兰教法，自办“毛拉电台”宣传反西方和“圣战”思想，开设宗教法庭裁决当地事务，反对电视、电脑、舞蹈、唱歌等一切娱乐活动，拒绝任何形式的和谈。“巴塔”仍将是巴国内面临的突出

恐患。

藏匿在巴阿部落区的“基地”组织核心力量虽遭美无人机打击削弱，但仍是国际暴恐势力的符号和精神代表。2013年来，“基地”深化与“巴塔”及“阿塔”的老关系，扩大生存根基，多次合谋搞恐怖袭击。同时，“基地”大肆鼓动各地分支袭击西方。1月27日，“基地”通过“圣战”网站“圣战支持者”发布消息，扬言对美、法等西方国家发动“惊天动地”的袭击。“基地”头目扎瓦希里也多次发布视频，号召支持者赴叙利亚等地参加“圣战”。9月13日，扎瓦希里再度发布视频，号召对美策动经济“圣战”。据美驻阿大使披露，“基地”已派员从巴部落区潜回阿富汗，准备蓄积力量再造大案。

在中亚地区，各国民族矛盾突出，伊斯兰极端势力和恐怖威胁严重，经济发展滞后，边境管控能力低下，有成为另一“圣战”战场之虞。一方面，“乌伊运”加速回流中亚，加大在阿富汗北部的活动和渗透力度，2013年多次发动针对国际安全援助部队的军事行动，频率远超以往。“乌伊运”还以阿北部为跳板，进一步向中亚各国渗透。塔吉克斯坦、乌兹别克斯坦及吉尔吉斯斯坦等国多次发现“乌伊运”威胁线索，先后逮捕和击毙多名在国内作案的“乌伊运”成员。另方面，中亚遭极端宗教思想渗透，新兴暴恐组织不断滋生。该地区已遭瓦哈比派极端伊斯兰思潮和南亚代奥班迪极端思潮夹击渗透，极端化和暴恐化苗头凸显。哈萨克斯坦境内新涌现十余支极端组织，包括“乌伊运”分支“哈里发战士”、“哈萨克斯坦虔诚军”、“乌兹别克斯坦伊斯兰圣战联盟”等，在哈连续作案。吉尔吉斯斯坦出现“吉尔吉斯斯坦伊斯兰运动”，塔吉克斯坦也出现“乌伊运”的分支“安拉战友”。

二、在“大叙利亚”地区，暴恐乱源增多，原有反恐努力受挫，伊拉克、叙利亚、也门等国暴恐势力趁乱发展

在伊拉克，“基地”伊拉克分支死灰复燃，并向叙利亚渗透，伊叙暴恐走廊逐渐成型。2011 年 12 月美从伊拉克撤军后，“基地”伊拉克分支遭受的清剿压力骤降，出现东山再起迹象。据伊官方评估，该组织已由 2011 年的不足千人升至目前的 2500 人。2013 年以来，伊安全局势持续恶化，教派冲突不断，面临 5 年来最严峻的安全挑战。据联合国驻伊援助团 2013 年 8 月公布的统计数据，7 月有 1057 名伊拉克人死于各类暴力袭击，为 2008 年 6 月以来死亡人数最多月份。伊拉克分支趁乱渔利，不断扩大活动范围，大肆制造连环爆炸袭击。该组织精于自杀式汽车炸弹袭击，仅 5 月就实施 80 起袭击事件。同时，该组织策划和协同能力较高，多次在同一时段对多个地区和多个目标发动袭击。7 月 21 日，对巴格达两所戒备森严的监狱实施武装劫狱，致使 500 余名囚犯越狱。

伊拉克分支还利用与叙利亚恐怖分子的历史渊源加紧渗透。2011 年初叙利亚内战以来，伊拉克分支乘机加强在叙利亚活动。2012 年 1 月协助建立叙利亚本土最大的暴恐组织——“支持阵线”。2013 年 4 月，伊拉克分支头目巴格达迪公开宣布兼并“支持阵线”并组建“伊拉克与黎凡特伊斯兰国”，以新名号在叙活动。这一兼并举措遭“支持阵线”头目朱拉尼拒绝，称“支持阵线”仍将保持独立并直接效忠于“基地”头目扎瓦希里，但部分成员倒戈加入新组织。

在叙利亚，国际恐怖势力也纷至沓来，使叙利亚沦为新的恐怖活动重灾区。一方面，“基地”加紧在叙利亚埋线布阵和推进“大叙利亚”战略。“基地”图谋重现“大叙利亚”愿景，即建立跨叙利亚、黎巴嫩、以色列和巴勒斯坦的大伊斯兰国，以此实现东山再起并进而袭击西方。另方面，以“支持阵线”为首的本土恐怖势力实力蹿升，成为左右叙乱局

走向的一股重要力量。叙利亚本土伊斯兰恐怖极端势力日益猖獗，成立不足两年的“支持阵线”暴恐能力急速提升，人员过万，频繁制造暴恐大案，2013年6月已被联合国安理会列入恐怖组织名单。

叙利亚乱局的外溢效应逐步凸显。支持阿萨德政权的黎巴嫩真主党和加入叙反对派的逊尼派武装冲突交火不断。2013年11月19日，与“基地”相关联的“圣战”组织“阿卜杜拉·阿扎姆旅”在伊朗驻黎首都贝鲁特使馆外制造了两起爆炸袭击，致23人死亡，并声称将继续制造此类案件，直至真主党从叙撤离。长期搅乱伊拉克、土耳其和叙利亚三国边境稳定的“库尔德斯坦”问题也被激化。11月13日，叙利亚北部库尔德人宣布自治，严重威胁土耳其南部和伊拉克东北部安全。叙利亚冲突界限逐渐模糊，日益恶化的宗派冲突有外溢至从地中海到巴格达的整片区域之虞。

在也门，“基地”阿拉伯半岛分支趁乱做大，成员已由2009年的300人增至2013年底的1000多人，大肆袭击也门的重要经济和政治目标。该组织多次袭击石油设施，破坏也以石油为支柱产业的经济。同时，该组织还以“暗杀攻势”在政府内部制造恐慌，2013后先后已有90余名政府官员和部落领袖被杀。2013年12月5日，阿拉伯半岛分支对也门国防部发动自杀式炸弹袭击，造成52死162伤，此次恐袭是近一年半来阿拉伯半岛分支在也门发动的最大规模行动之一。同时，阿拉伯半岛分支被美国和西方视为最大暴恐威胁，8月该组织的暴恐预谋使美国大规模关闭驻外使领馆。该组织头目瓦赫希7月被“基地”头目扎瓦希里任命为“基地”二把手，俨然有随时接替扎瓦希里掌管“基地”的架势，半岛分支在“基地”网络中的地位趋升。

三、在非洲地区，一条从撒哈拉沙漠经萨赫勒地带东延至索马里的“暴恐动荡弧”逐步成型

“阿拉伯之春”诱发的暴恐并发症在非洲持续发酵，伊斯兰极端思潮泛起，暴恐势力趁乱大肆蔓延扩张，新兴暴恐组织相继涌现，暴恐大案频发。2013 年 1 月法国出兵马里剿恐，以及美国 10 月在索马里和利比亚的突袭行动，都反映了非洲日益严峻的暴恐威胁。

首先，暴恐势力全面滋生扩张，非洲沦为国际暴恐动荡弧和策源地。在尼日利亚，“博科圣地”制造了一系列暴恐大案，使尼暴恐威胁高居非洲之首，11 月该组织被美列为恐怖组织。面对严峻的暴恐威胁，尼政府 5 月宣布北部的博尔诺州、约贝州和阿达马瓦三州进入紧急状态，并按照“战争模式”展开对“博科圣地”的清剿。在索马里，“青年党”虽遭重创，但仍控制南部农村地区，频繁对包括总统府在内的重要目标发动袭击，仅 2013 年上半年就制造约 500 起袭击。在马里，以“基地”北非分支为首的暴恐势力虽遭法国和“西共体”出兵围剿，但该组织大部分力量撤至山地重组，并化整为零混入当地民众，通过自杀式袭击、游击战和地雷战长期周旋。2 月以来，北非分支发动多起突袭，令围剿部队防不胜防。同时，北非分支还向当地底层民众分发钱财和生活必需品，以此巩固在当地的生存基础。法国 4 月开始从马里撤军，年底前计划撤出 3000 人，仅保留 1000 人助马里当局打恐，反恐力量不足以应对，恐怖势力或将掀起的新一轮反扑浪潮。此外，在利比亚、突尼斯、尼日尔和毛里塔尼亚等国，伊斯兰极端势力不断扩张，利用经济、教育和慈善手段在穆斯林民众中扩大影响和宣传暴力极端思想的情况令人担忧。

其次，暴恐、黑恶和极端三股势力勾结趋紧，区域暴恐联动网隐然成型。非洲国家边界管理松散、暴恐分子肆意流窜，信奉相似极端思想的组织间勾结加深，形成相互呼应之势，暴恐能力大增。一是在“基地”

头目扎瓦希里协调下，北非分支、索马里“青年党”与“博科圣地”组建“暴恐铁三角”，三者在人员、资金和暴恐技术上相互配合支持。二是暴恐组织与地区黑恶势力联手搞有组织犯罪活动。一度参与控制马里北部的“西非‘圣战’统一运动”的“后台老板”即为当地的“黑老大”。北非分支与拉美贩毒集团在非洲设立的毒品分销团伙，以及非洲本地的走私贩相互勾结利用，通过提供保护和地理便利，收取大量的“过路费”和“保护费”，从中获得丰厚利润。同时，北非分支还与毒贩互通有无，从后者手中购得汽车、药物和电子设备等暴恐物资。[①] 三是暴恐与极端势力相互利用。北非分支着力拉拢多国极端武装，与“突尼斯沙里亚法支持者”签署“同盟书”，分工配合日趋密切，前者专搞恐袭，后者则集中精力传播“圣战”思想，避免与政府公开对抗。北非分支甚至公开威胁突政府取缔“突尼斯沙里亚法支持者”的决定。美《外交事务》网站2013年2月载文称，窜入尼日尔的恐怖势力与当地极端武装勾结成势，对尼构成重大威胁。

再次，非洲面临的暴恐威胁恐将持续上升，可能成为今后国际反恐新热点。一方面，“基地”对非渗透力度空前。联合国安理会2013年8月7日发布的报告认为，扎瓦希里在南亚重建核心的努力失败后，看好北非动乱后的发展潜力，加快向北非和萨赫勒地区拓展，并欲以此为跳板袭击欧洲，达到全球“圣战”的目标。为此，扎瓦希里推出三大举措：一是把埃及列为重要的暴恐突破口，任命本·拉登私人医生马瓦菲统筹西奈半岛事宜，令其组建秘密核心网络，并为进一步向北非及萨赫勒地区扩展做好后勤保障；二是7月任命深受其信赖的阿拉伯半岛分支头目瓦赫希为“基地”二把手，赋予其督导“基地”各分支及盟友的权力，

① UK Foreign&Commonwealth Office, “Traffickers and Terrorists: drugs and violent jihad in Mali and the wider Sahel”, October 2013, p. 6.

阿拉伯半岛分支与北非分支等素有来往，扎瓦希里意在强化对北非暴恐势力的控制；三是加强与“青年党”和北非分支的直接联系，扎瓦希里通过书信、信使与分支通联，表明双方的联动明显增强。

另一方面，非洲地区极端势力抬头，以“圣战”方式对抗政府的苗头凸显。“阿拉伯之春”后，“圣战”思想在非洲大肆传播，突尼斯、埃及、利比亚相继出现名为“伊斯兰教法支持者”的极端组织，组织上互不隶属，主要由以前参加当地“圣战”组织的人员构成。同时，埃及、突尼斯、摩洛哥等国政治伊斯兰势力主导的联合政府遭遇执政危机，政治伊斯兰势力崛起受挫，世俗势力与伊斯兰势力的争夺加剧，部分伊斯兰势力有回归暴力的可能。在埃及，2013年底多个极端组织和知名极端宗教人士号召穆斯林准备以“圣战”反抗军政府，图谋掀起新一轮暴恐浪潮。

第二节　国际暴恐新生态威胁增大

中东北非动荡催生新一轮国际暴恐势力的涌动暗流，“基地”及其分支比美发动全球反恐战争前拥有更多分支和庇护所。在美收缩反恐战线的前景下，国际暴恐新生态的威胁增大。

一、“基地”暴恐网络联动趋紧，恐怖威胁出现新变化

全球反恐战争使“基地”在资金流动、人员流通和信息沟通等方面遭遇难题。但“阿拉伯之春”引发的动荡，尤其是马里、叙利亚的战局给“基地”带来恢复之机。在资金流方面，由于叙教派冲突色彩浓厚，来自海湾地区的资金大量流入“基地”在叙分支，恐怖活动资金网络有

所恢复。在人员流通方面，叙乱局引发阿富汗和伊拉克战争后第三波国际“圣战”人员大流动，且在规模和速度上更甚一筹，据美情报机构评估，目前在叙外籍恐怖分子多达6000人，且人数仍在不断增加。其中，西方穆斯林“圣战”者近千人，这波人恐成未来十年国际暴恐活动主力军。在通联方面，2013年7月，“基地”头目扎瓦希里史无前例地召开高层电话会，多个“基地”分支及盟友头目共20余人参加，包括阿拉伯半岛分支、伊拉克分支、北非分支、尼日利亚“博科圣地”等，表明其通联能力正在恢复，且“斯诺登事件”使“基地”面临的美国为首的西方监控压力有所降低。

二、新一代“萨拉菲圣战”运动威胁迫近

“阿拉伯之春”催生新一代“萨拉菲圣战”运动，并日益成为国际暴恐活动主流。这股结合了宣教、社会运动和国际暴力“圣战”的浪潮，对中东北非乃至国际社会安全构成新的严峻挑战。这股潮流融合了经典萨拉菲派所倡导的传教和政治萨拉菲派的执政诉求，并保留“基地”的“萨拉菲圣战”意识形态，主张将激进的草根社会运动、直接参与社会进程和适当使用暴力相结合。一方面，这股潮流伺机以政治手段实现极端目标。“后阿拉伯之春”的政治生态进一步催生新的“萨拉菲圣战”组织，如“突尼斯伊斯兰教法支持者”，强调将社会和政治运动作为建立伊斯兰社会乃至伊斯兰国的主要手段。新一代“萨拉菲圣战”运动能够在发动“圣战”的同时，其成员还可保留自己的社会角色，如教师、建筑工人和个体商贩。这一特征使该运动影响更为广泛，并与潜在支持者紧密互动。另方面，强调选择性使用暴力，注重通过说教和劝导推动其价值观传播。“阿拉伯之春”后，多位有影响力的“圣战”思想家指出，“袭击行动只能削弱敌人并取得短暂的胜利，宣教等活动则可强化自身影

响力并为未来建立伊斯兰国打下坚实基础。”2013年以来“利比亚伊斯兰教法支持者”正积极践行该理念，将宣教作为首要任务辅以袭击行动，以提供各种社会服务项目为掩护宣传其极端思想，颇得民心。

三、“独狼”恐袭渐成主流，国际恐怖势力群起效尤

近年来，在美主导的全球反恐战争强力打压下，尤其是2011年“基地”头目本·拉登在巴基斯坦被美特种部队击毙后，“基地”愈发“分散化”和“去中心化”，其在美欧策动大规模恐怖袭击的能力大不如前。在此背景下，“基地”不断调整策略，鼓吹“独狼”恐袭，并为众多国际暴恐组织仿效，“独狼”恐袭已成国际暴恐活动重要形式，美欧反恐专家甚至认为国际恐怖主义正在进入“独狼时代”。“独狼”恐怖分子（团伙）不隶属于或受命于某个国际恐怖组织，多因经济、情感、心理等问题，在恐怖组织的极端思想影响和煽动下，选择人群聚集的“软目标”，自发策划、准备和实施恐怖袭击行动。“‘独狼’恐怖袭击是当今世界增长最快的恐怖主义形态。‘9·11’事件之前，奔赴恐怖训练营和‘圣战’清真寺的人构成了最大恐怖威胁。但‘9·11’事件后，形势逐渐发生改变，现在的现实威胁更多来自于‘独狼’。”①

2013年美欧恐怖袭击大案几乎都是“独狼”所为。4月15日，美国波士顿国际马拉松赛终点线附近发生连环炸弹恐怖袭击，导致3人死亡、200余人受伤，该案被视为“9·11”事件后美发生的最严重恐怖袭击。5月22日，英国一名士兵在伦敦街头遭到两名尼日利亚裔英国人持刀砍杀，该案是伦敦2005年“7·7”公共交通系统袭击案以来首次发生致命恐怖袭击。5月25日，法国一名士兵在巴黎郊外一处闹市街头巡逻时被

① Ramón Spaaij, “The Enigma of Lone Wolf Terrorism: An Assessment”, *Studies in Conflict & Terrorism*, Volume 33, Issue 9, 2010, p. 855.

伊斯兰极端分子刺伤。美国是“独狼”恐怖袭击高发的国家之一。根据美国会研究局2013年1月发布的报告统计，2009年5月—2012年12月，美国发生的42起涉嫌资助、策划、实施恐怖活动的案件，绝大多数为“独狼”案，共有近百人涉案，多为伊斯兰极端分子，包括穆斯林移民、美本土出生的穆斯林和皈依伊斯兰教的美国白人，共造成14名美国人死亡。[①]

四、美欧等国境外目标遭恐怖袭击的威胁增大

2012年来国际“圣战”界出现关于优先打击“近敌”（伊斯兰国家世俗政权）还是“远敌”（美西方）的争论。2013年9月，“基地”头目扎瓦希里公开发布首份有关如何推进“圣战”运动的纲领性文件——《“圣战”总方针》，以平息争论，提出“美国为首的西方国家仍是当前‘基地’的首要暴恐目标，而其在伊斯兰国家的盟友是第二目标。”事实上，2013年“基地”暴恐网络加大打击美西方目标的迹象明显。“基地”北非分支对美西方驻非机构、公司、人员的打击频次显著增加，如1月16日，阿尔及利亚艾因阿迈纳斯市天然气田发生绑架案，致死多名西方人；4月23日，法驻利比亚大使馆汽车炸弹爆炸事件；5月23日，尼日尔北部法国核能巨头阿海珐集团旗下一个铀矿遭袭。同时，北非分支大搞针对西方人的绑架活动，并开始转变不杀人质的通常做法，已有多名西方人质被杀。3月10日，杀害法国人菲利普·韦尔东；11月2日，法国国际广播电台的两名记者在马里遇害。

“基地”东非分支索马里“青年党”也逐渐走上国际化“圣战”路

① Jerome P. Bjelopera，“American Jihadist Terrorism：Combating a Complex Threat”，January 23，2013，http：//www.fas.org/sgp/crs/terror/R41416.pdf.（上网时间：2013年10月4日）

线。2013 年，“青年党”在索马里制造一系列针对外国目标的袭击：5 月袭击访问索马里的卡塔尔车队；6 月 19 日袭击联合国驻索机构，造成包括两名联合国工作人员在内的 22 人死亡；7 月 27 日袭击土耳其驻摩加迪沙使领馆，导致包括一名土安全官员在内的 2 人死亡。9 月 21 日，“青年党”制造了骇人听闻的内罗毕商场袭击案，导致包括十几名外国人在内的 60 多人死亡，凸显“青年党”国际化暴恐威胁。美国反恐学界评估认为，内罗毕袭击案表明“青年党”已将助索打恐的境外国家利益列为重点袭击目标。“青年党”内部分为本土“圣战”派和国际“圣战”派，头目戈登极力排挤“本土派”势力，于 2013 年 6 月除掉 2 名“本土派”重要人物。同月，“本土派”头目阿维斯被索政府逮捕，“国际派”地位上升，针对西方目标的袭击可能增多。

此外，“基地”阿拉伯半岛分支是“基地”暴恐网络中唯一一个既有意愿又有能力袭击美利益的分支。2013 年 8 月，该组织暴恐预谋使美西方大规模关闭驻外使领馆。该组织长期预谋袭美本土，其炸弹专家易卜拉欣·哈桑·阿西里被美视为“世界最危险的恐怖分子”，其研发的“内裤炸弹”对航空安全构成重要威胁。同时，该组织头目纳西尔·瓦赫希升任“基地”二把手，其策动袭击美西方目标的意愿将更加强烈。

第三节　国际反恐面临新挑战

国际暴恐势力进入新一轮扩张期，国际暴恐新生态逐渐成型，恐怖威胁日益严峻。然而，目前美继续收缩反恐战线，国际反恐调整尚不能适应当前形势，如何加强国际反恐协调与合作，有效应对国际恐怖新生态，将成为今后国际安全面临的重要议题。

一、国际恐怖新生态呼唤国际反恐合作新模式和注入新内容

在过去十余年中，美主导的国际反恐努力一定程度上遏制了恐怖主义的发展，但并未解决恐怖主义的根源问题。2011年以来，美倾向于收缩反恐战线和分摊国际反恐责任，重点打击对本国威胁突出的恐怖组织，从而使双重标准和“选择性反恐”成为制约国际反恐合作深化的绊脚石。2013年5月23日，奥巴马在美国防大学发表了被视为2001年以来美政府最重要的反恐政策演讲，提出了以无人机精确打击、有效力的伙伴关系、外交接触和援助为主要内容的新反恐战略，并表示要结束“无休止的全球反恐战争”，“美不可能在任何极端主义冒头的地方动用武力”。美新反恐战略需要与伙伴国就反恐问题建立卓有成效的伙伴关系，以期伙伴国提供强有力的情报支撑。然而，埃及、也门、利比亚等中东北非国家走出“阿拉伯之春”引发的动荡漩涡尚需时日，当事国安全部门忙于应对此起彼伏的游行示威和各种社会骚乱，无暇顾及反恐。美通过长期援助和培训与也门、埃及等国旧政权建立的安全及情报关系也备受冲击，这些国家的反恐能力严重削弱，很难与美凝聚反恐共识和协调应对恐怖新生态。

美在“9·11”事件后主导塑造的国际反恐体系也日趋松散。美出于应对新型大国崛起的需要，以及对恐怖势力的周期性发展认识不足，致使其安全战略调整与国际反恐需求渐行渐远，甚至出现以传统安全视角对待他国面临的恐怖威胁问题，尤其在反恐问题上的双重标准将严重制约美与大国的反恐合作，并且可能给今后的地区安全埋下隐患。2014年美完成阿富汗撤军后，南亚和中亚地区的暴恐势力将以“胜利者”姿态自居而士气大涨。这一问题如不加重视，即便美在阿富汗继续保留相当兵力，仍有可能重蹈苏联在阿富汗的覆辙，并最终危及美安全和利益。

因而，目前的反恐形势迫切需要新的合作模式和内容，探讨如何共同应对兼具恐怖、极端和分裂性质的暴恐势力发展，防止国际恐怖势力迎来新的发展周期，以共同增进全球安全。

二、防范“独狼”袭击成为国际反恐新课题

与有组织的恐怖袭击相比，“独狼”恐怖袭击的防范难度和风险更大，因为“独狼”通常不属于某一个受到监控的特定恐怖组织，与外界联系较少，执法部门无法通过渗入恐怖组织的常规方式逮捕恐怖分子，很难做到提前预警并将袭击阴谋扼杀在“摇篮”中。2013 年 4 月 30 日，美总统奥巴马针对波士顿爆炸案发表讲话称，现在美本土出现的自我激进化“独狼”更难防范。美国土安全部官员甚至认为，“独狼”恐怖袭击几乎无法预防。“独狼”恐怖袭击造成的生命和财产损失可能相对较小，但其特有的危害性巨大。由于个人获取恐怖袭击需要的技术和资金越来越容易，“独狼”袭击将愈演愈烈，其危害不亚于那些训练有素的恐怖组织。美《大西洋月刊》2013 年 5 月刊文认为，“尽管‘独狼’造成的危害不会像‘9·11’事件那样严重，但伦敦砍杀案表明，不需要大规模的人员死伤就可以使一个国家陷入恐慌，而且它是一种最简单而易于复制的恐怖主义形式。”① “独狼”恐怖袭击的高发态势引起美欧等国政府的高度警觉和担忧。2011 年 8 月，奥巴马表示，“我们面临的最大恐怖威胁是‘独狼’恐怖袭击而不再是类似‘9·11’事件那种大规模、高度协调的袭击。”国际刑警组织 2012 年 4 月发布的《2012 年欧洲恐怖主义现状与趋势报告》称：“独狼”恐怖袭击对欧洲民众构成重大威胁，且这一

---

① Robin Simcox, “Why Soldiers Are Targeted for Terrorist Attacks”, May 24, 2013, http://www.theatlantic.com/international/archive/2013/05/why-soldiers-are-targeted-for-terrorist-attacks/276232/.（上网时间：2013 年 10 月 4 日）

威胁仍将持续。2012 年 4 月 23 日，加拿大安全情报局局长理查德·法登在向参议院反恐委员会作证时表示，“基地”行动模式正在向“个体‘圣战’”转型，这一变化对西方情报机构构成挑战。①

各国的反恐战略、策略和具体手段主要是针对有组织的恐怖袭击活动，切断资金链、发动军事打击等传统手段无法有效应对“独狼”威胁，各国需要根据过往“独狼”案件，研究发现“独狼”袭击的特点和漏洞，继而综合运用多种手段和策略，防范和打击“独狼”恐怖主义。

三、协调应对地区乱局成为大国反恐合作的增长点

随着美从阿富汗撤军和中东北非乱局持续，中、美和其他大国都面临如何防范地区暴恐势力失控、保护本国利益和增进地区安全的问题，这也为大国深化合作提供了契机。在南亚，确保阿富汗未来安全不失控和防止庇护国际恐怖势力的政权再生，是国际社会的一致目标，这需要中、美、俄、印、欧盟和相关地区国家共同协商，为未来阿富汗政权提供必要的政治、经济和安全支持，鼓励阿富汗从战时状态实现转型成为正常国家。在非洲，各大国在非利益和目标都面临严峻的恐怖威胁，如何帮助当地国发展、分享威胁信息、协调应对地区乱局和保护海外利益等问题，也需要充分的国际沟通与合作，防止大国在非竞争阻碍反恐合作。在中东，相关大国更需要充分认识新一轮暴恐势力发展的方向和性质，携手推动地区摆脱乱局，巩固过去十多年的反恐成果，并形成协调有效应对地区暴恐势力发展的合作机制。

---

① “Al Qaeda challenges with lone wolf tactics – Canada”, April 23, 2012, http: //uk. reuters. com/article/2012/04/23/uk-alqaeda-idUKBRE83M1HI20120423. （上网时间：2013 年 9 月 9 日）

第二章　2014年国际反恐聚焦“伊斯兰国”

2014年，“伊斯兰国”在伊拉克和叙利亚异军突起，并全面渗透国际“暴恐动荡”弧，与“基地”组织抢夺国际“圣战”运动领导权，对全球安全构成重大威胁。美牵头组建打击“伊斯兰国”的国际联盟，国际反恐新阵线渐趋成型。随中东北非乱局持续以及美从阿陆续撤出作战部队，国际暴恐活动进入新的活跃期，国际反恐斗争面临严峻挑战。

第一节　“伊斯兰国”催生国际暴恐新生态

2014年，伊拉克和叙利亚长期乱局孕育的“伊斯兰国”怪胎突兀而生，各地区暴恐势力纷纷投靠，全球“圣战”极端分子纷沓而至，“伊斯兰国”成为国际暴恐势力的新山头，与“基地”组织的竞争加剧，形成竞相为恶的新态势。

一、"伊斯兰国"暴恐军政坐大成势

2014年，"伊斯兰国"异军突起，攻城略地，6月宣布建立包括伊拉克、叙利亚大片领土在内的"哈里发国家"，头目阿布·巴克尔·巴格达迪当选为最高领袖"哈里发"，并号召全球穆斯林支持和效忠巴格达迪，窜升为国际暴恐势力领头羊。

一是实力强。"伊斯兰国"在伊境内约有6000名成员，在叙约7000人（主要为外籍"圣战"分子），拉拢逊尼派部族武装后兵力已达数万。美国中央情报局高官9月表示，"伊斯兰国"的规模可能在2万至3.1万人之间。[①]"伊斯兰国"财源雄厚，其在控制区内向商店、加油站和超市等私营业主强行收取保护费，在伊拉克尼尼微省首府摩苏尔市每月收取保护费高达800万美元。2012年来，该组织开始在叙利亚控制区倒卖石油、挖掘贩卖文物获取暴利，还通过绑架活动和银行抢劫获取资金。同时，海湾国家的逊尼派阿拉伯商人的捐助也是其重要的资金来源。据英国《卫报》2014年6月15日报道，"伊斯兰国"6月在摩苏尔中央银行抢劫了4.25亿美元并劫获伊拉克安全部队遗弃的大量军火，数量超40万件。有伊拉克官员表示，摩苏尔沦陷前，该组织现金和资产总共8.75亿美元，在抢银行和从伊军基地内劫获大量武器和车辆后，总资产可能增加到20亿美元。[②]

二是号召力大。"伊斯兰国"信奉萨拉菲"圣战"极端思想，是兼具

---

① "CIA Says IS Numbers Underestimated", http://www.aljazeera.com/news/middleeast/2014/09/cia-triples-number-islamic-state-fighters-201491232912623733.html.（上网时间：2014年12月1日）

② Martin Chulov, "How an Arrest in Iraq Revealed ISIS's ＄2bn Jihadist Network", www.theguardian.com/world/2014/jun/15/iraq-isis-arrest-jihadists-wealth-power.（上网时间：2014年12月1日）

伊斯兰政治、军事和暴恐性质的团伙，行事残忍。头目巴格达迪生于1971年，拥有巴格达大学伊斯兰教研究博士学位，自视为“先知”穆罕默德的后人，颇具军事、政治和组织才能，信奉“枪杆子里出政权”。相较年迈保守的“基地”组织头目扎瓦希里，巴格达迪在“圣战”网络中人气高涨。美英反恐专家认为，扎瓦希里缺乏行动力和领导力，其领导的“基地”组织近年来毫无“作为”，其在“基地”暴恐网络中的地位逐步被架空，命令常被“无视”，而巴格达迪作为暴恐新生代领军人，被视为本·拉登真正继承者。

二、国际“圣战”运动领导权争夺加剧

随着“伊斯兰国”实力的迅速上升，其与“基地”组织争夺国际暴恐主导权的野心逐渐暴露。此前，“伊斯兰国”与“基地”组织就长期貌合神离，早期出于获取资金等支持而加盟“基地”组织，成为“基地”组织在伊拉克的分支。结盟后多次未按“基地”组织指示行动。目前，藏匿于巴阿部落区的“基地”组织高层忙于自保，无力再向“伊斯兰国”提供“好处”，导致其独立倾向愈发明显。

2013年4月，巴格达迪宣布兼并“基地”组织在叙利亚的分支机构“支持阵线”，成立“伊拉克和黎凡特伊斯兰国”。同年6月9日，“基地”组织头目扎瓦希里下令否决兼并，要求二者各自保持相互独立，而巴格达迪6月15日发布音频公然“抗旨”，称“选择听从真主而非扎瓦希里的旨意”。2014年1月以来，为了争夺势力范围，“伊斯兰国”与叙利亚境内多股反对派武装爆发激烈冲突，扎瓦希里多次提出“和平倡议”均遭到“伊斯兰国”的无视和反对。“伊斯兰国”崇尚暴力和异常保守极端，令“基地”组织都“无法接受”，巴格达迪则认为扎瓦希里背弃了拉登的暴恐路线。2014年2月3日，被逼无奈的扎瓦希里最终发布声明宣

布“伊斯兰国”并非“基地”组织分支，两者不存在任何组织联系。这是“基地”组织首次与其分支机构公开切割。

“伊斯兰国”2014年6月高调宣布建立“哈里发国家”并呼吁全球穆斯林向巴格达迪效忠，表明“伊斯兰国”正在试图侵蚀“基地”组织对“国际圣战运动”的领导权。事实上，南亚、中东、北非等地区恐怖组织已陆续向“伊斯兰国”靠拢。据报道，“伊斯兰国”头目巴格达迪曾在阿富汗居住，与巴阿地区极端武装素有来往。2014年4月9日，来自阿富汗、土库曼斯坦和伊朗的9位“基地”大佬发布“呼罗珊宣言”，宣布退出“基地”组织加入“伊斯兰国”，指责“基地”组织“太温和”，没有能力和勇气惩罚违反伊斯兰教法者；2014年7月，巴基斯坦极端组织“圣战与哈里发运动”宣布悬挂“伊斯兰国”旗帜，成南亚向其效忠的首个组织。6月25日，叙利亚边境重镇阿布·卡马尔的“支持阵线”地方分支倒戈“伊斯兰国”。阿尔及利亚恐怖组织“哈里发战士”也于9月宣布效忠，成“伊斯兰国”在北非的分支。“阿拉伯之春”后突尼斯、埃及、利比亚等国出现的极端组织“沙里亚法支持者”纷纷声援支持“伊斯兰国”。

面对“伊斯兰国”的挑战，“基地”组织毫不示弱。随美西方从阿撤军，藏匿地下多年的“基地”核心人物开始重组力量，图谋东山再起。一方面，巩固与巴阿各派武装关系。“基地”与“阿塔”、“哈卡尼网络”、“虔诚军”、“巴塔”等长期结盟，2014年以来在巴阿重趋活跃。2014年7月，“基地”发文回顾拉登与“阿塔”的深厚友谊，重申效忠于“阿塔”领袖奥马尔，扬言在其“胜利旗帜下”重夺疆土。此外，2014年5月和7月，活跃于巴阿的“真主独一支持者”和“救赎军”先后宣布效忠扎瓦希里。同时，为抗衡“伊斯兰国”在南亚的“招兵买马”，“基地”头目扎瓦希里9月宣布在印度次大陆建分支。此外，“基地”还着力强化对“基地”阿拉伯半岛、北非分支和叙利亚“支持阵线”组织的影响，防止其倒戈加入“伊斯兰国”。

三、国际暴恐进入新一轮活跃期

一是暴恐路线引发众多组织效尤。一方面，“伊斯兰国”信奉最为极端的“塔克菲理主义”，认为一名纯洁的穆斯林可将其他行为或信仰有违伊斯兰教义的穆斯林视为异教徒，而所有非穆斯林均为异教徒，处死异教徒是教徒的职责，主张以强硬手段“净化”伊斯兰社会。“伊斯兰国”已多次公开斩首伊拉克政府军俘虏和西方人质。另方面，“伊斯兰国”采用的“近敌”路线得到更多组织拥簇。近年，国际“圣战”界出现关于优先打击“近敌”（伊斯兰国家世俗政权）还是“远敌”（美西方）的争论。“基地”极力主张和号召袭美。2013 年 9 月，“基地”头目扎瓦希里在首份有关如何推进“圣战”运动的纲领性文件——《“圣战”总方针》中，提出“美国为首的西方国家仍是首要暴恐目标，其在伊斯兰国家的盟友是第二目标。”[①]“伊斯兰国”则主张在控制区迅速“建政”，实行严苛的伊斯兰教法统治，首要目标并非西方，短期内不追求全球“圣战”。因“伊斯兰国”快速“建政”，其“政教合一”推进极端伊斯兰扩张的暴恐模式对多个伊斯兰极端组织产生鼓舞，这些组织纷纷瞄准国内目标，试图推翻本国世俗政权。

二是“伊斯兰国”现象催生新一波跨国“圣战”潮。20 世纪八九十年代，阿富汗“圣战”后形成一波跨国“圣战”潮，我国新疆备受冲击。此次“伊斯兰国”聚集外籍“圣战”分子的速度和规模远超阿富汗，可能逐渐形成新一波跨国“圣战”潮。叙利亚内战后，该组织用不到 3 年时间，在伊叙聚集来自 80 余国的 1 万多名“圣战”分子，已远胜“基

① “As-Sahab Media Presents General Guidelines for Jihad”，http：//worldanalysis.net/modules/news/article.php? storyid＝2224.（上网时间：2014 年 12 月 1 日）

地”当年在阿富汗用13年时间聚拢来自40余国4000人。[①] 美情报机构评估认为，赴伊叙作战的外籍“圣战”分子年轻力壮，还包括妇女和儿童，暴恐威胁更大，并随外国“圣战”潮返流而冲击各国。

第二节 “伊斯兰国”全面渗透“国际暴恐动荡弧”

“伊斯兰国”与“国际暴恐动荡”弧之间人流、物流和信息流的双向流动，使其暴恐意识形态、技战术、资金和人员加速向中亚、南亚、东南亚和非洲等地渗透，形成恐怖叠加互动的复杂局面。

一、中南亚暴恐浪潮风雨欲来

一方面，巴阿暴恐环境发生巨大变化，中南亚暴恐势力蠢蠢欲动。巴基斯坦反恐由和谈转向军事打击，并于2014年6月15日发起“利剑行动”，围剿北瓦济里斯坦等地暴恐分子。同时，阿富汗刚组建新政府，美、英也于10月26日宣布撤出在阿最后一部分作战部队，阿安全真空巨大，暴恐势力疯狂作恶，加速从巴向阿转移。“巴塔”分支发展失控，与阿暴恐势力联动趋势增强。2013年11月，“巴塔”原头目哈基姆拉遭美无人机击毙，法兹卢拉成新头目。因此人并非出自巴传统部落区，常年在阿富汗活动，根基薄弱。其上台后又推动“巴塔”与政府和谈，并在巴军“利剑行动”后无“出彩表现”，“巴塔”逐步走向分裂。2014年2月，常年在巴农村地区活动，由卡西姆领导的“巴塔”分支“印度自

① “foreign fighters in syria”，http://soufangroup.com/wp-content/uploads/2014/06/TSG-Foreign-Fighters-in-Syria.pdf.（上网时间：2014年12月1日）

由党”率先“独立”。5月28日，“巴塔”根基之一的马哈苏德派亦宣布脱离“巴塔”自立门户，该派别是“巴塔”内部最为极端派别，“巴塔”前两任头目拜图拉和哈基姆拉均出自该派。如今法兹卢拉躲在阿境内遥控指挥“巴塔”事务，“巴塔”活动范围大幅向部落区外的巴北部、西北及阿境内扩散，与“乌伊运”和“阿塔”等勾连更为密切。“乌伊运”、“伊斯兰圣战联盟”在巴“利剑行动”后外逃加剧，并与“巴塔”展开疯狂报复。2014年6月8日深夜至6月9日凌晨，“乌伊运”联手“巴塔”袭击卡拉奇国际机场，造成至少28人死亡。[①] 8月15日，“乌伊运”再度袭击奎达一空军基地。此外，“乌伊运”等还与阿境内各股势力狼狈为奸，拓展关系网。“伊斯兰圣战联盟”、“阿塔”和“哈卡尼网络”共组“喀布尔攻击网络”，在阿境内频繁作恶，“阿塔”每年为“乌伊运”提供5百万美元的暴恐资金。同时，“乌伊运”等利用阿富汗乌兹别克族人扩大影响和逃避打击，在昆都士、塔哈尔等地大建营地和招募人员，还借助当地代理人对农民征税，赚取暴恐活动资金。目前，“乌伊运”已将势力拓展至阿北、阿东北等地，并深入到“阿塔”势力以外的潘杰希尔等地。2013年来，“乌伊运”等多次发动针对驻阿安全部队的袭击，频率远超以往，并以阿北部为跳板，进一步向中亚境内渗透。塔吉克斯坦、乌兹别克斯坦和吉尔吉斯斯坦等国多次发现“乌伊运”威胁线索，先后逮捕多名“乌伊运”成员。

另一方面，随着“伊斯兰国”影响不断扩大，开始对中南亚暴恐势力加速渗透。在南亚，“伊斯兰国”派遣三人代表团赴巴阿招募，“巴塔”、“简戈维军”都表达了对“伊斯兰国”的支持，巴基斯坦俾路支斯坦省秘密报告称“伊斯兰国”在该地活动频繁，并计划攻击开伯尔—普

① “外交部提醒拟赴巴基斯坦人员谨慎前往”，人民网，2014年6月9日。（上网时间：2014年12月1日）

赫图赫瓦省的军事设施、政府建筑和什叶派据点。在巴西北部地区和巴控克什米尔地区，也出现“伊斯兰国”的大量“铁杆粉丝”，这些地区出现大量用普什图语和达里语书写的“伊斯兰国”宣传册，“伊斯兰国”的黑色旗帜还在一些城市“迎风飘扬”。在孟加拉国，2014年9月18日，孟警方逮捕了7名“伊斯兰国”支持者，并在其住所搜查到10公斤炸药，这些人企图在孟制造爆炸后逃往叙利亚加盟“伊斯兰国”。9月29日，孟警方在达卡逮捕一名英国人，其在孟境内大肆为“伊斯兰国”筹资募人。在印度，2014年6、7月份，在印控克什米尔地区的反政府集会上，有人高举“伊斯兰国”的黑色旗帜和宣传图画。印警方8月31日在南部逮捕4名企图偷渡至孟加拉国，然后逃往叙利亚加盟“伊斯兰国”的暴恐分子。据英“简氏情报评论”援引印安全官员话称，印截至2014年已有150人以上赴叙加入“伊斯兰国”。[①] 哈萨克斯坦、塔吉克斯坦、乌兹别克斯坦、吉尔吉斯斯坦在伊叙的“圣战”分子分别为300人、200人、200人和100人，这些人或者是大学、宗教学校的学生，或是在俄罗斯的中亚籍民工，或为塔吉克斯坦和乌兹别克斯坦的本土恐怖主义分子。他们受训后然后再派往伊、叙。他们主要借助土叙边界入叙伊，有的还通过阿塞拜疆、格鲁吉亚甚至英国辗转入叙伊。目前，中亚裔暴恐分子已开始担任“伊斯兰国”当地省份的“埃米尔”，并多次发布在叙的训练视频，鼓噪更多中亚人士入叙。而在中亚本土，“伊斯兰国”的支持者人数攀升，一些赴伊叙的“圣战”分子也开始回流母国，塔什干等地出现大量的“伊斯兰国”黑色大旗，中亚本土安全受到冲击。

---

① “简氏情报评论”2014年10月22日“ Choosing sides-Islamic State's influence in SouthAsia”一文第2页。

二、东南亚暴恐势力重趋活跃

“9·11”事件后，东南亚一度沦为国际恐怖活动的重灾区，大量参加过阿富汗“圣战”的本土恐怖分子兴建多个恐怖组织，制造多起暴恐血案。2005年后，东南亚各国加大打击力度，加强国际反恐合作，东南亚恐情得到有效控制，暴恐活动陷入低谷。“伊斯兰祈祷团”等影响力较大的恐怖组织由盛而衰。但近年来，受国际国内暴恐大环境影响，东南亚恐情逐渐升温。一是本土恐怖组织大量孕育而生。“伊斯兰祈祷团”分裂后，不少成员脱离另立山头，大量与之有关的微型恐怖组织应运而生。“唯一真主游击队”、“东印尼真主伊斯兰教游击队”和“亚齐基地”等恐怖组织活动尤为猖獗。这些恐怖组织不断演化重组，恐怖分子来源多样，招募方式新颖，思想激进，常发动“独狼式恐袭”，令人难以防范。二是受伊拉克和叙利亚“圣战”磁场影响，“伊斯兰国”追随者众多。一方面，大量东南亚穆斯林赴伊叙与“伊斯兰国”携手作战。印尼已有多名公民在叙利亚参与“伊斯兰国”作战时被击毙。5月26日，一名马来西亚自杀式爆炸袭击者参与了“伊斯兰国”对伊拉克的袭击行动。另方面，“伊斯兰国”也不断在东南亚开疆辟土，扩展实力。早在2012年，“伊斯兰国”还为前身“基地”组织伊拉克分支时，就有成员在东南亚拉“赞助”，寻找当地公民和社会团体的财政支持。“伊斯兰国”2014年6月高调“建国”后，印尼多名伊斯兰教职人员就表态效忠“伊斯兰国”。7月，印尼等国网上出现大量“伊斯兰国”的招募视频，“唯一真主游击队”也宣誓效忠。三是东南亚作为国际恐怖分子，尤其是“东突”成员的重要中转通道。此前，“东突”分子主要经我国与南亚和中亚的边境出逃。但近年来，我国与南亚及中亚国家加强了边境安防，“东突”分子原有外逃线路受限，转而取道东南亚。2014年以来，有国内媒体报道维族人员从广西、云南等地出境，经泰国、越南和马来西亚等国，或逃往土耳其、加拿大、德国等国，或前往伊拉克和叙利亚投身“圣战”。

三、非洲暴恐势力冲击地区稳定

1.“博科圣地”渐成非洲最大恐患。一年来，“博科圣地”疯狂作恶，制造一系列暴恐大案，使尼日利亚暴恐威胁位列非洲之首。一是大肆绑架年轻女性。2014年4月，“博科圣地”在尼北绑架276名女学生，至今仍有200多人下落不明。10月20日，又有至少45名学生遭“博科圣地”绑架。美西点军校反恐杂志《哨兵》2014年第10期表示，“博科圣地”2013年已绑架了500—2000名女性。① 二是暴恐活动跨及周边各国。“博科圣地”开始在喀麦隆、乍得、尼日尔等国大搞恐袭和有组织犯罪活动。三是与“伊斯兰国”加强勾连。一方面，“博科圣地”宣布效忠“伊斯兰国”，“博科圣地”头目谢考2014年7月公开颂扬“伊斯兰国”头目巴格达迪，并于2014年10月发布视频称“博科圣地”统治区域为“伊斯兰国”领土的一部分。另一方面，“博科圣地”开始效仿“伊斯兰国”管理模式，也公开在尼日利亚建国，暴恐手段也更为残忍。

2.索马里青年党更换头目，血腥依旧。此前，索马里青年党多次在索国内制造暴恐血案，并于2014年2月和7月两度袭击总统府，造成数十人死亡。9月，该组织头目戈登被美无人机炸死，内部本土“圣战”派和国际“圣战”派开始抛弃前嫌共同对外，并推选出艾哈迈德·奥马尔任该组织新头目。艾哈迈德·奥马尔上台后，开始发起一系列报复行动，肯尼亚和乌干达等国也遭殃及。9月13日，“青年党”试图在乌干达首都坎帕拉市中心搞恐袭未遂，乌警方随后在市内、重要市镇及其他

---

① 美西点军校杂志《哨兵》2014年第10期，第6页。

安保薄弱地区加强巡逻。11月22日，“青年党”成员在肯尼亚东北边城曼德拉附近劫持一辆公共汽车，杀害车上28名乘客。12月2日，“青年党”突袭肯尼亚北部边城曼德拉一处采石场工人宿舍，枪杀至少36人。

3.“基地”组织北非分支不断扩张，开始提供社会服务收买人心。一方面，该组织活动范围不断向利比亚、突尼斯、毛里塔尼亚等国扩张，并大力从事贩毒、绑架、以及收取保护费等活动筹集资金。该组织还与毒贩互通有无，从后者手中购得汽车、药物和电子设备等物资。一度控制马里北部的“北非分支”下属“西非圣战统一运动”的“后台老板”就是当地“黑老大”。2014年2月8日，“西非圣战统一运动”在马里北部绑架4名国际红十字会工作人员；4月24日，该组织杀害一名法国人质。另方面，北非分支也开始力所能及地提供各种社会服务，大搞慈善宣传，争夺民心。“北非分支”头目德罗克戴尔曾致信该组织在马里的军事指挥官，要求不要急于推行严苛的伊斯兰教法统治，避免引起基层民众的不满和反对，要“着眼长远，赢取民众的信任，并借机在他们的心中种下圣战的种子”。当前，该组织在马里的活动区内，向民众提供医疗、交通等社会服务，以此扩大支持基础。

第三节　美国牵头组建国际反恐新阵线

随着西方极端分子从中东“学成”而归，“伊斯兰国”对美国和欧洲国家的威胁日益凸显。美国迫于形势，结合中东战略调整反恐政策，出台针对“伊斯兰国”的新战略，加紧筹建由美国主导的国际反恐新阵线，但尚未形成诛暴救乱的治本之策。

一、“伊斯兰国”对美欧威胁增大

英国《经济学人》2014年6月刊文认为，虽然“伊斯兰国”当前的首要目标是在中东地区掠夺和巩固“领土”，但其长远目标是袭击美西方在内的域外国家。伊拉克驻美大使鲁克曼表示，“‘伊斯兰国’的兴起是一个全球毒瘤。如果国际社会不能有效协助伊拉克政府应对，那么将导致出现‘一千个拉登’”。

随着“伊斯兰国”的发展壮大，其对美欧本土的威胁愈发凸显。2014年1月，“伊斯兰国”指责“犹太人和十字军煽动‘圣战’运动的内斗，你们很快就将遭到我们的直接打击”。针对美欧等国介入伊拉克打恐行动，“伊斯兰国”威胁将发动第二轮“9·11事件”式恐怖袭击进行报复。一方面，“伊斯兰国”正在预谋通过旗下的美欧籍成员在美欧发动恐怖袭击。在中东地区参战的美欧籍“圣战”分子达3000人，其中加拿大130人、美国约100人、英国500人、法国约有1000人，德国人400人。他们多数为20多岁、受过较好的教育的年轻人。[①] 美国媒体报道称，“伊斯兰国”专门遴选背景清白的美国籍“圣战”分子，对其实行培训后将其送回美国伺机发动袭击。美欧籍“圣战”分子回流原籍国作案的苗头日趋明显。2014年5月，比利时首都布鲁塞尔发生重大枪击案，造成4人死亡，而袭击者就是曾在伊拉克参加过“圣战”的“伊斯兰国”成员。

另一方面，“伊斯兰国”还大肆煽动美欧支持者发动就地“圣战”。该组织2014年8月发布名为“致美国的‘独狼’”的视频，号召支持者

① “ICSR Insight：Up to 11，000 Foreign Fighters in Syria”，http：//icsr.info/2013/12/icsr-insight-11000-foreign-fighters-syria-steep-rise-among-western-europeans/.（上网时间：2014年12月1日）

在美国纽约等地公共场所和交通枢纽发动袭击，这是其首次煽动“独狼”式袭击。根据美国《纽约每日新闻报》2014年9月28日报道，一名加拿大籍“伊斯兰国”的成员威胁称，“不久我们将对纽约发起一系列掷地有声的袭击，潜伏在美国的‘伊斯兰国’武装人员正在进行动员”，“我们的很多生活在西方的兄弟，已经准备好了在你们的土地上发起攻击，‘伊斯兰国’的黑色旗帜最终将在白宫上空飘扬。”美国反恐专家马特·奥尔森表示，随着“伊斯兰国”煽动性宣传对美欧年轻人产生重要蛊惑力，美欧本土极端分子发动袭击的可能性大增。英国智库“激进化和政治暴力国际研究中心”专家诺伊曼教授表示，英国数百名“伊斯兰国”的支持者可能会延迟或停止到叙利亚和伊拉克参战的计划，而选择对英国境内目标发动袭击。

2014年10月22日，加拿大首都渥太华发生严重枪击恐怖袭击案，造成一名士兵和一名枪手两人死亡。警方调查显示，枪手受到中东极端组织“伊斯兰国”极端思想的蛊惑而作案。此次枪击案被媒体视为近年来加拿大发生的最严重恐怖袭击。10月20日，两名加拿大现役军人在魁北克省蒙特利尔市被一名25岁男子袭击，造成一名军人和袭击者死亡。嫌犯名为马丁·柯吐尔·鲁洛，是“伊斯兰国”的支持者。10月23日，美国纽约一名名为扎莱·汤普森的美国人手持斧头砍伤两名警察，随后遭击毙。纽约警方认为该案为与“伊斯兰国”有联系的恐怖袭击。12月15日，一名恐怖分子闯入澳大利亚悉尼市中心一家咖啡厅，劫持大量人质，要求悬挂“伊斯兰国”的黑色旗帜。澳警察随后发起强攻，双方对峙超过16小时，最终劫匪被警方击毙，共造成3人死亡。

二、美国加紧调整反恐战略

“伊斯兰国”的快速突起，不仅危及美在中东的战略部署，对美本土的威胁也不断上升，美被迫不断调整政策予以应对。2014 年 1 月初，“伊斯兰国”突然占领伊拉克西部重镇费卢杰和拉马迪，并与伊政府军展开激烈交火。1 月 5 日，美国务卿克里表示，美将全力支持伊反恐，强调这是“他们的战争”，美军没有重返伊计划，但向伊提供各种先进武器，包括“地狱火”导弹、无人机等。6 月上旬，美扩大了与伊的反恐合作。美军在情报、侦察以及战术指挥上向伊方提供援助，美军还在巴格达和埃尔比勒两地建立了联合行动中心。美总统奥巴马 2014 年 8 月 8 日发表讲话，宣布在伊拉克进行定向空袭，保护在伊美国公民的安全，化解伊境内的人道主义危机，帮助伊安全部队提高战斗力等。但美方不会向伊派出地面部队。

8 月 19 日和 9 月初，“伊斯兰国”先后斩首两名美国人质，“伊斯兰国”对美敌意增强，制造近 5 年来美国内最受关注新闻，形成请求政府干预的强大民意。奥巴马此前对“伊斯兰国”“尚无战略”的表态在国内引起轩然大波，51％的民众认为奥巴马对“伊斯兰国”态度过于谨慎，共和党趁机大加挞伐，奥巴马面临强大政治压力。在外界的压力下，美国总统奥巴马仓促公布了打击极端组织“伊斯兰国”的新战略。

9 月 10 日，奥巴马向全国民众发表电视讲话，宣布打击“伊斯兰国”的战略。奥巴马总统认为，需要 3 年时间才能彻底消灭“伊斯兰国”。奥巴马表示：“我们的目标明确，即通过一项综合的持续反恐战略削弱并最终摧毁‘伊斯兰国’。”一方面，美将空袭范围从伊拉克扩至叙利亚境内，打击重点从防止人道主义灾难和保护关键基础设施变为迎击“伊斯兰国”。参联会主席登普西 9 月 17 日称：现有 1600 名驻伊美军将担任“近战顾问”，如有必要，美顾问可能与伊人员并肩作战。11 月 10 日，奥巴马曾授权美军向伊拉克增派 1500 名军事人员。美军在伊拉克的主要任务是训练伊拉克军队、为伊拉克军方提出建议以及协调美空军与伊拉克地面部队的行动。另一方面，加大扶植当地武装。扶持伊安全部队和地方武装，加大对伊库尔德、逊尼派武装、叙“温和反对派”军援，向叙反对派提供5亿美元援助。但奥巴马政府同时拒绝“反恐挂帅”，一再强调美决不会再犯伊战的战略错误，不会轻易发动大规模地面战。

三、国际反恐新阵线渐趋成型

美在打击“伊斯兰国”行动中，一直强调美不会单打独斗，宣称其是国际社会的共同责任。因此，美在加大在中东的打恐投入的同时，积极筹建美领导的国际打击“伊斯兰国”联盟。美国国务卿克里、国防部长哈格尔频繁出访，指派“协调反恐特使”，加大构建反恐联盟外交努力，试图建立美领导、联合国认可、国际社会共同参与的反恐新阵线。

2014年9月5日，美国务卿克里与美防长哈格尔在北约峰会上提出了在打击“伊斯兰国”的五个着力方向：一是对伊军事援助；二是阻止外籍“圣战”分子流入；三是切断“伊斯兰国”资金来源；四是进一步化解人道主义危机；五是摧毁“伊斯兰国”的意识形态。美还在峰会上宣布组建了美国主导的反恐联盟。9月12日，美任命原北约驻阿联军司令约翰·艾伦为美总统打击“伊斯兰国”的国际联盟特使，专门协调美与各国的反恐合作。

随后，美不断游说西方和中东的盟友出钱出力，协同打击“伊斯兰国”。2014年9月19日，法国开始对伊北部“伊斯兰国”目标进行空袭。9月26日，英国议会授权政府动用包括空袭在内的手段打击伊拉克境内的“伊斯兰国”目标。10月7日，加拿大国会批准了空袭伊境内“伊斯兰国”目标的动议。10月21日，参与空袭任务的加拿大空军6架CF－18战机起飞前往中东。澳大利亚向阿联酋派遣600多名军事人员、8架战机、1架预警机、1架加油机以及一支特种部队分遣队，协助美军打击极端组织“伊斯兰国”。此外，阿联酋、约旦等中东国家也参与到对

“伊斯兰国”的空袭中。根据美国国务院2014年11月19日发布的一份反对“伊斯兰国”国际联盟名单，英、法等54个国家，以及欧盟、北约和阿盟等地区组织在列。

美借助联合国安理会和“全球反恐论坛”召开特别会议，寻求国际共识和打击“伊斯兰国”合法性。2014年9月24日，美总统奥巴马主持安理会反恐高级别会议，主题是“恐怖行为对国际和平与安全造成的威胁：外国恐怖主义战斗人员”，会议一致通过就采取行动遏制外国恐怖主义参战者威胁的决议。外国恐怖主义参战者造成的威胁日益严重，增加了冲突的强度和时间，使冲突更加难以解决，并可能严重威胁其原籍国、过境国和目的地国的安全等。决议要求所有国家应通过有效边界管制，以及签发身份证和旅行证件方面的管制，防止恐怖分子和恐怖集团的流动。

当前，美并非重回“反恐战争”，遏制打击“伊斯兰国”决心不足，缺乏完整有效的打击战略。美国虽然纠集了50多个国家组成打击“伊斯兰国”的联盟，但是新反恐联盟的凝聚力明显不足。一方面，美国的打击战略犹豫不决，瞻前顾后，并不愿意冲在反恐第一线。而参与打击行动的中东国家也是各怀心思，企图通过反恐行动谋求自身私利，如逊尼派沙特虽然担忧“伊斯兰国”的威胁，但是其更担心什叶派伊朗从打击“伊斯兰国”行动中获得更大的地区影响力。土耳其对于美欧武装库尔德武装打击“伊斯兰国”的做法也是高度警惕，害怕库尔德武装过于强大激化其境内的库尔德问题。身处伊拉克打恐前沿的库尔德武装，其地位改善和势力壮大皆归因“伊斯兰国”兴起，有继续利用“伊斯兰国”威胁捞取各方扶持的小算盘。有鉴于此，国际打恐行动很难形成强大合力，“伊斯兰国”仍有腾挪空间，威胁外溢更甚。

四、未来国际反恐值得关注的几个问题

一是恐怖分子的跨境流动和转移更加突出。以“基地”组织、“伊斯兰国”、“博科圣地”和“马格里布基地组织”等活动区域为界，国际社会已逐步形成南亚（阿富汗—巴基斯坦）、中东（伊拉克—叙利亚—土耳其）、西非（尼日利亚—喀麦隆—乍得—尼日尔）和北非（阿尔及利亚—突尼斯—马里—摩洛哥—利比亚）四大跨境流动和转移的基地，各大暴恐势力在这些地区大肆从事绑架、走私、贩毒等跨国有组织犯罪活动，危害巨大。目前来看，国际社会及各国难以有效应对这些乱源，恐怖分子的跨境流动和转移或还将加剧。

二是伊叙“圣战”分子外溢效应或持续增强。目前，外籍“圣战”分子的返流效应逐步开始显现，美欧、南亚、中亚和东南亚均已发生类似恐袭案例。随着国际社会及地区国家反恐防恐打击力度加强，以及“伊斯兰国”加速构建外沿阵地，一些外籍分子或加速回流母国或逃至其他地区。此前，在索马里和阿富汗参战的外籍“圣战”分子回国后均引发了一轮本土“圣战”浪潮。伊叙外籍“圣战”分子或将引发新一轮全球性“圣战”高潮。

三是后阿富汗时代国际恐怖局势或更趋复杂。国际恐怖格局逐步进入“基地”组织和“伊斯兰国”两魔乱舞的局面。鉴于伊拉克和叙利亚内部政治的脆弱性、教派冲突的复杂性，中东各国背后对“伊斯兰国”的两面心态甚至暗中支援，以及“伊斯兰国”本身的强大实力，美欧及国际社会短期内击溃“伊斯兰国”的难度很大。而后阿富汗时代，“基地”组织在南亚也一直蠢蠢欲动，“巴基斯坦塔利班”也与之竞相为恶。美及国际社会需同时做好应对两大暴恐威胁的准备，提防国际暴恐局势深度恶化。

第三章　美国恐怖主义与反恐怖斗争形势综述

2013年以来，美国面临的恐怖主义威胁变得更加复杂多元，突然崛起的“伊斯兰国”日益成为美国头号恐怖威胁。同时，“基地”组织核心机构虽未能在美国本土策动袭击，但其仍将美国视为头号打击目标，并借助在各地的分支机构威胁美国。面对不断演化的恐怖新威胁，美虽仍坚持反恐收缩态势，但不得不减缓收缩步伐，重新牵头组建国际反恐新联盟，着力打击“伊斯兰国”为首的国际恐怖势力。

第一节　美国恐怖主义形势

美国情报总监詹姆斯·克拉珀2013年3月12日在参院情报特别委员会听证会上提交的报告《美国情报系统对全球威胁的评估》中指出：“基地”组织在巴基斯坦、阿富汗的核心力量目前虽不具备在西方实施大规模恐袭的能力，但其大量分支机构特别是也门境内的分支，仍对美本土和海外利益构成严重威胁。同时，受“基地”等恐怖组织蛊惑或煽动，美本土暴力极端分子将在美境内实施更多暴力恐袭。2013年9月26日，美国国务院向全球美公民发出安全警示称，中东、北非、东非和南亚仍是恐怖组织最活跃的地区，恐怖分子计划袭击美政府、商业机构及美公民。2014年9月3日至7日，美全国广播公司和《华尔街日报》联合对1000名美国人进行了调查，结果显示，47%受访者认为美现在比2001年纽约世贸中心“双子塔”倒塌之前更不安全。这一数据比2013年的民调结果增长19个百分点。①

一、“伊斯兰国”成美头号恐怖威胁

美《纽约时报》2014年8月29日刊登美国务卿克里的文章，克里强调称：“伊斯兰国”不仅对本地区构成威胁，也对包括美国在内的、可以渗透到的任何地区构成威胁。英《经济学人》2014年6月刊文认为，虽然“伊斯兰国”当前的首要目标是在中东地区掠夺和巩固“领土”，但其长远目标是袭击美西方在内的域外国家。随着“伊斯兰国”的发展壮大，其对美国的威胁愈发凸显。为报复美国的打击，2014年8月以来，“伊斯兰国”相继斩首了詹姆斯·弗利（James Foley）、史蒂芬·索托洛夫（Steven J. Sotloff）和皮特·卡西格（Peter Kassig）三名美国人质。

“伊斯兰国”预谋通过旗下的美籍成员在美发动恐怖袭击。2014年6月29日，美总统奥巴马表示，在叙利亚和伊拉克经过战争“洗礼”的武装分子，可能将会对美安全构成威胁。因此，美必须加强情报搜集，以降低这一风险。据英智库“激进化与政治暴力国际研究中心”统计，在中东参战的美欧“圣战”分子已约4000人，包括美180人、法1200人、

① “民调显示‘9·11’13年后美国人仍难寻安全感”，http://news.xinhuanet.com/world/2014-09/11/c_1112442346.htm。（上网时间：2014年12月20日）

德500多人、英500多人等。他们多数为20多岁的年轻人，受过良好教育。[①] 当前，仍不断有美国人奔赴中东为“伊斯兰国”效力，2014年8月，名为道格拉斯·麦凯恩的美国公民成为首名为“伊斯兰国”战死沙场的美国人。同时，思想激进又有作战经验的美籍“圣战”分子也开始回流母国，美一反恐高官表示已有50多名美国人在叙参战后回国，引发美安全部门的高度紧张。2014年1月脱离叙外籍“圣战”分子团伙的穆拉德表示，“来自西方的‘圣战’分子均已选定回国后计划袭击的目标，有一名美国人希望炸掉白宫。”此外，“伊斯兰国”组建专门针对美欧的暴恐团伙。“伊斯兰国”已新建一个完全由讲英语的武装人员构成的战斗营，并下令他们在使用这一语言的西方国家发动恐怖袭击。该营以有“网络本·拉登”名号的安瓦尔·奥拉基的名字命名，唯一目标是在美欧搞袭击，致力于让武装人员在训练营接受训练后“出口”美欧。一名“伊斯兰国”外籍圣战分子称，“最终已下令在美欧实施行动。”

大肆煽动美国穆斯林发动“独狼”袭击。面对外部联合围剿，“伊斯兰国”大肆煽动蛊惑美国穆斯林发动“圣战”。2014年1月，“伊斯兰国”指责犹太人和十字军煽动“圣战运动的内斗”，并称“你们很快就将遭到我们的直接打击”[②]。针对美欧等国介入伊拉克打恐行动，“伊斯兰国”威胁将发动第二轮“9·11”事件式恐怖袭击进行报复。该组织2014年8月发布名为“致美国的‘独狼’”的视频，号召支持者在美纽约等地的公共场所和交通枢纽发动袭击，这是其首次公开煽动“独狼”

---

① “ICSR Insight：Up to 11，000 Foreign Fighters in Syria”，http：//icsr. info/2013/12/icsr-insight-11000-foreign-fighters-syria-steep-rise-among-western-europeans/.（上网时间：2014年12月1日）

② “Al Qaeda′s Still a Major-League Threat”，http：//www. politico. com/magazine/story/2014/01/al-qaedas-till-a-major-league-threat-102564 _ Page2. html.（上网时间：2014年12月1日）

式袭击。9月，一名“伊斯兰国”的成员威胁称，“不久我们将对纽约发起一系列掷地有声的袭击，潜伏在美的‘伊斯兰国’武装人员正在进行动员”，“我们的很多生活在西方的兄弟，已经准备好了在你们的土地上发起攻击，‘伊斯兰国’的黑色旗帜最终将在白宫上空飘扬。”① 9月底，“伊斯兰国”又发布声明，煽动支持者袭击美、法、加、澳等参加打击“伊斯兰国”的国家。2014年11月13日，“伊斯兰国”头目巴格达迪发布音频称“美国及其盟友已经噤若寒蝉、虚弱无力”，煽动“全面引爆圣战的火山”②。在“伊斯兰国”等恐怖组织的大肆煽动下，一些图谋出境参战未果的极端分子转而选择进行就地“圣战”，导致美本土极端分子实施的“独狼”式恐怖袭击增多。

二、“基地”组织重趋复兴，图谋袭美

2013年8月7日，美总统奥巴马表示，藏匿在巴阿部落区的“基地”组织核心力量已遭到重创，正濒临败亡。但是其仍是国际暴恐势力的符号和精神代表。2013年9月，“基地”头目扎瓦希里公开发布首份有关如何推进“圣战”运动的纲领性文件——《“圣战”总方针》，强调“美国为首的西方国家仍是当前‘基地’的首要暴恐目标，而其在伊斯兰国家的盟友是第二目标。”

首先，“基地”组织蓄势反扑。随美西方从阿富汗撤军，藏匿地下多年的“基地”核心人物开始重组力量，图谋东山再起。一方面，巩固与

---

① “ISIS Threatens America：‘We will raise the flag of Allah in the White House’”，http：//www. examiner. com/article/isis-threatens-america-we-will-raise-the-flag-of-allah-the-white-house.（上网时间：2014年11月8日）

② “ISIS Leader al-Baghdadi：‘Erupt Volcanoes of Jihad’”，November 14，2014，http：//www. nbcnews. com/storyline/isis-terror/isis-leader-al-baghdadi-erupt-volcanoes-jihad-n247801.（上网时间：2014年12月25日）

巴阿各派武装关系。“基地”与“阿塔”（阿富汗塔利班）、“哈卡尼网络”、“虔诚军”、“巴塔”（巴基斯坦塔利班）等长期结盟，2014 年以来在巴阿重趋活跃。7 月，“基地”发文回顾拉登与“阿塔”的深厚友谊，重申效忠于“阿塔”领袖奥马尔，扬言在其“胜利旗帜下”重夺疆土。此外，5 月和 7 月，活跃于巴阿的“真主独一支持者”（Ansar ut-Tawheed）和“救赎军”（Junud al-Fida）先后宣布效忠扎瓦希里。另一方面，扩大活动范围。美智库报告称：“基地”在阿富汗库纳尔和努尔斯坦两省谋建新营地，并借助旗下“影子军”（Shadow Army）向整个阿北部地区扩展，地下兵工厂研发生产暴恐装备。2014 年 7 月，美军驻阿指挥官约瑟夫·邓福德称，“基地”在内的极端武装很可能死灰复燃。美前助理国防部长帮办谢伟森也认为，“基地”仍将对美西方构成重大战略威胁。为拉抬士气、招募新人，扎瓦希里在 9 月宣布成立“基地”组织印度次大陆分支，推动在印度、缅甸和孟加拉国等国的圣战行动。[①]

其次，成立新组织，专门策划袭击美国的行动。2013 年受扎瓦希里委派，“基地”的“资深”干将穆赫辛·法德利（Muhsin al-Fadhli）带领部分“基地”成员潜入叙利亚组建“呼罗珊”，蓄势策划袭击美等西方目标。据美多位情报、执法和军事官员称，该组织由来自中东、南亚和北非的“基地”成员组成，规模不超百人，但作战经验十分丰富。该组织主要“开展域外袭击、研制并测试简易爆炸装置，招募西方人实施恐袭”。该组织活跃于叙利亚阿勒颇附近，并将叙西部作为物色、招募及培训西方“圣战”分子的暴恐策源地。在叙“支持阵线”的庇护下，“呼罗珊”悄然发展壮大，但其最终目标并非阿萨德政权，而是直指美欧。

---

① Rohan Gunaratna，“Global Threat Forecast 2015”，December 26，2014，http：//www.rsis.edu.sg/wp-content/uploads/2014/12/CO14252.pdf.（上网时间：2014 年 12 月 30 日）

2014年9月底，美官员表示，“呼罗珊”在过去一年，已成为叙境内最想对美本土或海外设施发动袭击的组织。其袭击方案已进入实施阶段，欲派遣经过培训的美籍“圣战”分子回国作案，对美威胁“迫在眉睫”。美中情局副局长莫德尔指“呼罗珊”的目标是再次攻击美心脏。有鉴于此，美及阿拉伯5国于9月23日针对叙境内“呼罗珊”的训练营、弹药生产设备及通信设施进行了8次空袭。

再次，大肆鼓动袭击美国。“9·11”以来，尤其是2009年后，拉登等众多“基地”头目连遭折损，直接袭美显得力不从心，“基地”趁机改采“群龙无首”策略，号召“各自为战”，通过“网络圣战”和“个体圣战”等方式渗透美本土，鼓动美本土支持者发动恐怖袭击。2013年1月27日，“基地”通过“圣战”网站“圣战支持者”发布消息，扬言对美等西方国家发动“惊天动地”的袭击。2013年7月30日，在一个“圣战”论坛上，“基地”头目扎瓦希里发表了一段音频讲话，指责美同埃及军方、世俗主义者以及基督教徒一起“密谋”推翻了穆尔西。他还号召对美利益发动袭击，以此对美在穆斯林世界采取军事行动以及美无人机在巴基斯坦和也门的行动作出回应。9月13日，扎瓦希里在“圣战”网站发布“‘圣战’指引”，强调“独狼”袭击的重要性，称“美因为军事和安全方面的支出，早就元气大伤。我们应该诱导美继续将大笔资金花在安全上，从而在经济上给美国‘放点血’”，“我们应该以分散袭击让美保持紧张状态，让它总想着下一次袭击将在何时、何地发生，这样就可以消耗其国力。小规模袭击只需要通过我们的一个兄弟或几个兄弟就可以完成。”[1]“基地”通过发布视频等各种途径加大反美宣传，鼓吹伊斯

① Ayman al Zawahiri，“General Guidelines for Jihad”，September 13，2013，http://azelin.files.wordpress.com/2013/09/dr-ayman-al-e1ba93awc481hirc4ab-22general-guidelines-for-the-work-of-a-jihc481dc4ab22-en.pdf.（上网时间：2013年10月4日）

兰与西方之间爆发“文明的冲突”，号召对美“圣战”，这种反美意识形态通过网络不断渗透，影响加大。

“基地”还煽动袭击美海外目标。2013 年 8 月，美籍“基地”成员亚当·加达恩在网上发布视频，公开号召“基地”及其在各地的分支机构袭击西方国家在中东和北非的大使馆。加达恩还号召穆斯林富人为那些能够刺杀西方国家大使的人提供高额悬赏，称这笔赏金“可以让我们懦弱的敌人心中充满恐惧”，并能“鼓励心存疑虑的人以真主之名做出重要的行动”。

三、“基地”组织阿拉伯半岛分支仍构成重大威胁

在也门，“基地”组织阿拉伯半岛分支趁乱坐大，成员已由 2009 年的 300 人增至 2014 年的 1000 多人。《纽约时报》认为，阿拉伯半岛分支是“基地”暴恐网络中唯一一个既有意愿又有能力袭击美利益的分支。2014 年 2 月 4 日美发布的《美国情报系统对全球威胁的评估》把阿拉伯半岛分支列为对美构成最大威胁的国际恐怖组织。

首先，极力策划袭击美利益。阿拉伯半岛分支头目纳西尔·瓦赫希（Nasir al-Wahayshi）2013 年 7 月被扎瓦希里任命为“基地”二把手，负责统筹“基地”军事和宣传活动、联络“基地”各分支及同盟组织并督导对西方的袭击行动。为立威固位，阿拉伯半岛分支策动袭击美目标的意愿将更加强烈。

2013 年 8 月 1 日，美宣布 8 月 4 日将临时关闭驻中东、北非地区的 22 处使领馆并加强安全戒备。随后，英、德、法也宣布驻也门使馆 4 日暂时关闭。2 日，美又发布全球旅行警告，告诫美公民在中东、北非地区特别需要防范恐袭，袭击可能发生在或源自阿拉伯半岛，警告期限为 8 月 2 日至 31 日。警告称，“现阶段信息显示，‘基地’及其附属组织继

续策划在这一地区和其他地区发动恐怖袭击，时间可能集中在从现在至8月底。”“恐怖分子可能选择使用各种方式和武器袭击美官方和公民。恐怖分子可能在公交系统和其他旅游设施发动袭击。”8月4日，美又宣布将19个驻使领馆的关闭时间延长至10日并新增闭馆点。美《纽约时报》8月2日报道称，美方截获的电子通信内容显示，阿拉伯半岛分支正在策划袭击美及西方利益，并已进入最后阶段，执行袭击计划的恐怖分子已部署到位，但袭击具体时间和目标尚不明确。针对威胁，美总统奥巴马8月2日听取恐怖袭击威胁的简报，下令“采取一切适当措施”，保护美国人的安全。

2014年3月，阿拉伯半岛分支在也门某山区露天召开有100多名成员参加的会议，纳西尔·瓦赫希在会上发言称，“要记住我们正与最强大的敌人战斗，我们必须消灭十字架和美国。”美官员称，阿拉伯半岛分支毫不顾忌被美无人机袭击风险，举行近年来最大规模聚会非常罕见，可能意在彰显其“勇敢无畏和强大实力”。此次会议被以视频方式上传到互联网，意在公开对美发出威胁并煽动全球恐怖分子“共襄袭美盛举”。美反恐专家认为，该组织已酝酿新一轮恐袭计划，美本土和海外目标面临的袭击风险明显增大。

此外，阿拉伯半岛分支炸弹专家易卜拉欣·哈桑·阿西里被美视为“世界最危险的恐怖分子”，其研发的“内裤炸弹”对航空安全构成重要威胁，曾于2009年、2012年两度袭击美航班未遂。美运输安全管理局2013年7月表示，该组织已研发出新一代液体“内裤炸弹”，伺机再袭美，而且新炸弹杀伤力更强，可轻松通过现有机场安检。2014年2月19日，美向中东、北非和欧洲30余个开通赴美航班的机场发布警告，要求加强安检，警惕新型“鞋弹”。

其次，阿拉伯半岛分支大肆通过互联网传播暴恐技术、煽动袭击美国。阿拉伯半岛分支不遗余力地鼓吹“独狼”恐怖袭击。该组织创办的英文网络杂志《激励》在煽动“独狼”袭击方面发挥了重要作用。2013年5月，阿拉伯半岛分支通过“推特”账号发布了第11期《激励》，颂扬波士顿爆炸案嫌犯察尔纳伊夫兄弟的“壮举”，并鼓动生活在美国的穆斯林青年追随他们的步伐。[①] 2013年6月2日，该组织军事指挥官雷米（Qassim ar-Reimy）在题为《向美国发出的讯息》的音频中，敦促美本土激进分子采取行动。2014年8月，阿拉伯半岛分支的一份新英文杂志刊登了一篇如何制作汽车炸弹的文章，并建议可以对美一些目标发动恐怖袭击，其中包括拉斯维加斯的赌场、邮轮和军校，而且暗示可能马上就会发动袭击。2014年12月发布的第13期电子杂志《激励》，再次煽动支持者袭击美公众人物和商业航班。[②]

再次，阿拉伯半岛分支出版的英文网络杂志《激励》和网上传播的暴恐手册，已成恐怖分子接受洗脑和学习暴恐战术的行动指南。2013年2月28日，该组织发布了《“圣战”战士个人行动手册》，收编了多篇教人如何自己动手实施袭击的文章，比如“如何在你妈妈的厨房里制造炸弹?”。手册上提供的炸弹制造说明颇为准确。2013年4月美波士顿爆炸案中使用的“高压锅炸弹”就是参照该手册的指导制作而成。[③] 2013年3月，该组织发布的暴恐杂志《激励》，指导想要成为西方激进分子的人燃烧汽车、制造交通事故。

---

① Steven Stalinsky and R. Sosnow，“‘Inspire’ Magazine Issue XI”，June 10，2013，http：//www.memri.org/report/en/0/0/0/0/0/857/7226.htm.（上网时间：2013年10月4日）

② Karen DeYoung，“New Issue of Jihadist Magazine Produced by al-Qaeda in Yemen Suggests Attacks on U.S.”，The Washington Post，December 24，2014.

③ “Lone Mujahid Pocketbook”，March 2013，http：//azelin.files.wordpress.com/2013/03/al-qc481 _ idah-in-the-arabian-peninsula-22the-lone-mujc481hid-pocketbook22.pdf.（上网时间：2013年10月4日）

此外，随着恐怖势力在非洲的日益猖獗，美情报评估认为：尼日利亚“博科圣地”组织、“基地”北非分支、索马里“青年党”，已逐渐形成非洲大陆的暴恐势力核心，对美威胁不容忽视。

四、阿富汗塔利班伺机反扑，袭击频繁

2013 年 5 月，“阿塔”宣布发动新一轮“春季攻势”，旨在打击“外国侵略者及其顾问、合同商以及其他所有在军事和情报上帮助他们的人”。“只要能对犯戒的外国人造成沉重伤亡，一切可能的手段都将被使用。”2013 年 8 月 6 日，“阿塔”头目奥马尔发表讲话，表示阿总统选举只是美操纵阿富汗的把戏，“阿塔”绝不参加 2014 年选举。9 月，奥马尔继续要求武装人员加强对北约和阿富汗安全部队的攻势，并呼吁民众抵制 2014 年的总统选举。此后，“阿塔”发动多次大型袭击，如，10 月 15 日，阿富汗卢格尔省省长阿尔萨拉·贾迈勒参加清真寺祷告活动时，隐藏在麦克风中的炸弹爆炸，贾迈勒当场死亡。

2013 年 6 月 18 日，阿总统卡尔扎伊正式宣布阿安全部队全面接手安保责任，这意味着由北约主导的阿富汗战争将告一段落。在此情势下，“阿塔”多次通过强化袭击制造不稳定局面，打击阿民众对政府维护国家安全能力的信心。2013 年 7 月 31 日，联合国秘书长发言人内西尔基宣布，根据联合国阿富汗援助团的最新报告：2013 年上半年阿富汗境内暴力冲突导致 1319 名平民死亡、2533 人受伤，比 2012 年同期上升 23%。此外，“阿塔”极力号召更多阿人反抗“美军占领”，指责大国民会议是“美国阴谋”，称将发动更多袭击报复。2013 年 5 月 16 日，阿富汗首都喀布尔发生一起针对美军车队的自杀式汽车炸弹袭击，至少造成 15 人死亡、35 人受伤，死者中包括 6 名美国人。据统计，2013 年，共有 127 名

美军在阿阵亡。[①]

2014 年，“阿塔”等武装组织活动更加频繁，首都喀布尔发生多起重大恐怖袭击。1 月 17 日，喀布尔发生恐怖袭击。3 名武装人员袭击一家外国人经常光顾的黎巴嫩餐馆，导致 21 人死亡，其中 13 人为外国人，包括国际货币基金组织驻阿富汗代表和数名联合国雇员。“阿塔”随后宣布对袭击负责，并称“这是对北约上周无人机袭击帕尔万省造成平民伤亡的报复”。联合国阿富汗援助团 2014 年 12 月 19 日发布的年度报告显示，自年初至 11 月底，阿平民的死亡和受伤人数分别为 3188 人和 6429 人，平民伤亡人数较 2013 年增加 19%，创下有记录以来的新高。[②] 同时，至少有 4600 名阿安保部队成员被“阿塔”打死。2014 年 8 月 5 日，驻阿联军高级官员、美军哈罗德·格林少将（Harold Greene）在喀布尔郊外的军事训练学校遭一名阿士兵近距离射杀，另有 15 人在袭击中受伤。这名将军成为自 2001 年阿富汗战争爆发以来“死于敌对武力”的最高级别美军军官。据统计，2014 年共有 55 名美军士兵在阿阵亡。针对新当选阿富汗总统的阿什拉夫·加尼，“阿塔”9 月 22 日发表声明拒绝承认，还警告将继续作战。[③] 针对美撤军，2014 年 12 月 29 日，“阿塔”发布一份声明称他们“打败了”美国及其盟国，美国为首的联军没有获

---

① “Number of Fatalities Among Western Coalition Soldiers * Involved in the Execution of Operation Enduring Freedom From 2001 to 2015”, http: //www. statista. com/statistics/262894/western—coalition—soldiers—killed—in—afghanistan/.（上网时间：2015 年 1 月 20 日）

② Kay Johnson, “Civilian Deaths in Afghanistan War Reach New High in 2014: U. N. ”, December 19, 2014, http: //www. reuters. com/article/2014/12/19/us-afghanistan-casualties-idUSKBN0JX1ZS20141219.（上网时间：2014 年 12 月 20 日）

③ Javed Hamim Kakar, “Taliban Reject New Govt, Vow to Fight on”, September 22, 2014, http: //www. elections. pajhwok. com/en/2014/09/22/taliban-reject-new-govt-vow-fight.（上网时间：2014 年 12 月 20 日）

得任何实质性的胜利，现在只好“卷起铺盖回家”。

五、本土恐怖威胁不断发酵

2013年以来，“基地”组织、“伊斯兰国”等国际暴恐组织虽未能在美直接实施恐怖袭击，但其不断煽动美本土穆斯林发动“独狼”袭击，并取得了重要的成效。当前，美是“独狼”恐怖袭击最为高发的国家。根据美国会研究局2013年1月发布的报告统计显示，美近年来发生的涉嫌资助、策划、实施恐怖活动的案件，绝大多数为“独狼”案，共有近百人涉案，多为伊斯兰极端分子。美国反恐专家马特·奥尔森表示，随着“基地”、“伊斯兰国”煽动性宣传对美年轻人产生重要蛊惑力，美本土极端分子发动袭击的可能性大增。

2013年4月15日下午3时许，美波士顿马拉松比赛终点线附近发生两起爆炸，导致3人身亡，200多人受伤。制造这起袭击的两名嫌犯分别是26岁的头号嫌犯塔梅尔兰·察尔纳伊夫（Tamerlan Tsarnaev）和19岁的焦哈尔·察尔纳伊夫（Dzhokhar Tsarnaev），嫌犯主要通过网络受到伊斯兰极端主义的影响，无关任何恐怖组织或恐怖成员，独自行动，没有接受境外恐怖组织的训练或支持。该案是“9·11”事件后美本土遭遇的最严重恐怖袭击，显示美本土恐怖威胁形势依然严峻、复杂。2014年10月23日，美纽约一名名为扎莱·汤普森的美国人手持斧头砍伤两名警察，随后遭击毙。此案也属“独狼”案，纽约警方认为嫌疑人受“伊斯兰国”宣传的极端思想蛊惑而发动恐怖袭击。除了成功实施的恐怖袭击案外，美本土还破获多起恐怖袭击未遂案，如2013年5月3日，美联邦调查局在明尼苏达州挫败了一起正在策划的恐怖袭击，逮捕了24岁的比福德·罗杰斯，查获了燃烧弹、土制炸弹和枪支。

根据美国马萨诸塞大学卢维尔分校民调研究中心2013年9月做的民

调结果显示，59%的美国受访者因为波士顿爆炸案而更加担忧美国本土发生恐怖袭击。[①] 随着"伊斯兰国"加深对美国境内极端分子的渗透和煽动，美国国内面临的反恐压力日益增大。

第二节 美国主要反恐措施

2013 年以来，美国奥巴马政府继续推动美境外反恐收缩，奥巴马一度宣称要"结束反恐战争"。但愈发严峻的国际恐怖威胁表明，美政府此前对其反恐行动的成效过于乐观。面对"伊斯兰国"的突然崛起，美不得不减缓收缩步伐，重新牵头组建打击"伊斯兰国"国际反恐新联盟。

一、大幅修正和完善反恐战略

2013 年 5 月 23 日，奥巴马在美国防大学发表了被视为 2001 年以来美政府最重要的反恐政策演讲，提出了以无人机精确打击、有效力的伙伴关系、外交接触和援助为主要内容的新反恐战略，并表示要结束"无休止的全球反恐战争"。[②]

首先，武力反恐手段的运用更谨慎。美放弃反恐战争的思路更为明确，奥巴马表示，"任何总统都不能保证完全击败恐怖主义，美国也不可能在任何极端主义冒头的地方都动用武力"。美军、情和外交部门评估认

① UMassLowellCenter for Public Opinion，"Terrorism and Security Survey"，September 6-12，2013，http：//www. uml. edu/docs/UML-CPO-Security-Terrorism-Poll-HIGHLIGHTS_ tcm18-117555. pdf.（上网时间：2013 年 10 月 15 日）

② Remarks by the President at the National Defense University，May 23，2013，http：//www. whitehouse. gov/the-press-office/2013/05/23/remarks-president-national-defense-university.（上网时间：2014 年 12 月 1 日）

为，特种部队境外反恐也易引发“法律与外交危机”，“击毙拉登行动不能成为美反恐模版”，进一步修正奥巴马执政以来的反恐手法。

其次，提出结束反恐战争。奥巴马政府前阶段反恐战略调整主要聚焦于战略层面和境外反恐战线收缩，此轮调整着眼于因长期反恐战争产生的法律、道德和社会方面的深层次问题。奥巴马首次提出废止“9·11”后由国会通过和构成反恐战争法理基础的“使用武力授权法”，重启关闭关塔那摩监狱计划，并重新在国内反恐举措与保护公民自由之间寻找平衡，有意在任期内结束反恐战争，彻底摆脱“9·11”情结。

再次，加强对无人机打恐的管控。奥巴马表示，在阿富汗战区外，美只将“基地”及其同伙势力作为打击目标；美在有能力捕获具体恐怖主义分子时，不会实施打击，首选方式始终是拘留、审问和起诉；美不会在任何地方任意实施打击；逐步减少无人机行动次数；无人机行动受到与合作伙伴磋商以及对国家主权予以尊重的约束；打击行动针对的是对美构成持续和紧迫威胁的恐怖分子，而且是在其他政府没有能力有效解决这种威胁时才会采取行动；在实施打击之前，必须近于完全确定不会造成平民伤亡。为此，奥巴马2013年5月签署了一份《总统政策指导》，要求制定一个指导使用武力打击恐怖主义分子的框架，包括具有明确的方针、监管和问责。此外，据美媒2013年3月21日报道，美正着手制定无人机打击新规，除暂时保留巴基斯坦的无人机项目外，中情局其他地区的无人机项目均交军方，军方负责打击全球对美构成威胁的恐怖分子，中情局专注情报本身。

二、组建国际反恐新联盟打击“伊斯兰国”

随着“伊斯兰国”对美威胁日益凸显，美国迫于形势，结合中东战略调整反恐政策，出台针对“伊斯兰国”的新战略，加紧筹建由美国主导的国际反恐新阵线。

2014 年“伊斯兰国”的突然兴起，不仅危及美在中东的战略部署，对美本土威胁也不断上升，美被迫不断调整政策予以应对。2014 年 1 月，“伊斯兰国”突然占领伊拉克西部重镇费卢杰和拉马迪。1 月 5 日，美国务卿克里表示，美将全力支持伊反恐，向伊提供各种先进武器，包括“地狱火”导弹、无人机等。但同时强调这是“他们的战争”，美军没有重返伊计划。6 月上旬，美扩大了与伊的反恐合作，军方在情报、侦察以及战术指挥上向伊提供援助，并在巴格达和埃尔比勒两地建立了联合行动中心。美总统奥巴马 8 月 8 日发表讲话，宣布在伊拉克进行定向空袭，保护在伊的美国公民安全，化解伊境内的人道主义危机，帮助伊安全部队提高战斗力等，但不准备向伊派出地面部队。①

随着“伊斯兰国”对美敌意不断上升，美政策调整压力增大。2014 年 8 月 19 日和 9 月初，“伊斯兰国”先后斩首两名美国人质。在各方面压力下，奥巴马总统仓促公布了打击极端组织“伊斯兰国”的新战略。9 月 10 日，奥巴马向全国民众发表电视讲话，宣布打击“伊斯兰国”的战略。奥巴马表示：“我们的目标明确，即通过一项综合的持续反恐战略削弱并最终摧毁‘伊斯兰国’”，② 并认为需要 3 年时间才能彻底消灭“伊斯兰国”。一方面，美将空袭范围从伊拉克扩至叙利亚境内，打击重点从防止人道主义灾难和保护关键基础设施变为迎击“伊斯兰国”。美国国防部当地时间 9 月 22 日宣布，美及其伙伴国当天夜间对“伊斯兰国”在叙利亚境内的目标实施了首次空中打击。12 月 18 日，美陆军中将特里在

---

① “Obama Authorizes Airstrikes in IraqAgainst Islamic State”, http: //www. washingtontimes. com/news/2014/aug/7/obama-authorizes-air-strikes-iraq-against-islamic-/? page = all.（上网时间：2014 年 12 月 1 日）

② “Statement by the President on ISIL”, http: //www. whitehouse. gov/the-press-office/2014/09/10/statement-president-isil-1.（上网时间：2014 年 12 月 1 日）

发布会上表示，从2014年8月开始，美与打击“伊斯兰国”联盟成员共进行了1361次空袭。

美参联会主席登普西9月17日称，有1600名驻伊美军将担任“近战顾问”，如有必要，美顾问可能与伊人员并肩作战。11月10日，奥巴马授权美军向伊拉克增派1500名军事人员。目前，美军在伊拉克的主要任务是训练伊拉克军队、为伊拉克军方提出建议以及协调美空军与伊拉克地面部队的行动。另一方面，美加大力度扶植当地武装。包括扶持伊安全部队和地方武装，加大对伊库尔德、逊尼派武装、叙“温和反对派”的军援，向叙反对派提供5亿美元援助等。但奥巴马政府同时拒绝“反恐挂帅”，一再强调美决不会再犯伊战的战略错误，不会轻易发动大规模地面战。

美在打击“伊斯兰国”行动中，一直强调美不会单打独斗，宣称其是国际社会的共同责任。因此，美在加大对该地区反恐投入的同时，积极筹建美领导的打击“伊斯兰国”国际联盟。美国务卿克里、国防部长哈格尔频繁出访，指派“协调反恐特使”，加大构建反恐联盟外交努力，试图建立美领导、联合国认可、国际社会共同参与的反恐新阵线。

2014年9月5日，美国务卿克里与美防长哈格尔在北约峰会上提出了打击“伊斯兰国”的五个着力方向：一是对伊军事援助；二是阻止外籍“圣战”分子流入；三是切断“伊斯兰国”资金来源；四是进一步化解人道主义危机；五是摧毁“伊斯兰国”的意识形态。美还在峰会上宣布其主导的反恐联盟已成立。9月12日，美任命原北约驻阿联军司令约翰·艾伦为美总统打击“伊斯兰国”的国际联盟特使，专门协调美与各国的反恐合作。

随后，美不断游说西方和中东的盟友出钱出力，协同打击“伊斯兰国”。9月19日，法开始对伊北部“伊斯兰国”目标进行空袭。9月26日，英议会授权政府动用包括空袭在内的手段打击伊拉克境内的“伊斯兰国”目标。10 月 7 日，加国会批准了空袭伊境内“伊斯兰国”目标的动议。10 月 21 日，参与空袭任务的加空军 6 架 CF－18 战机起飞前往中东。澳向阿联酋派遣 600 多名军事人员、8 架战机、1 架预警机、1 架加油机以及一支特种部队分遣队，协助美军打击极端组织“伊斯兰国”。此外，阿联酋、约旦等中东国家也参与到对“伊斯兰国”的空袭中。根据美国务院 11 月 19 日发布的一份反对“伊斯兰国”国际联盟名单，英、法等 54 个国家，以及欧盟、北约以及阿盟等地区组织在列。

与此同时，美还借助联合国安理会和“全球反恐论坛”召开特别会议，寻求国际共识和打击“伊斯兰国”的合法性。2014 年 9 月 24 日，美总统奥巴马主持安理会反恐高级别会议，主题是“恐怖行为对国际和平与安全造成的威胁：外国恐怖主义战斗人员”。会议一致通过采取行动遏制外国恐怖主义参战者威胁的决议。鉴于外国恐怖主义参战者造成的威胁日益严重：增加了冲突的强度和时间，使冲突更加难以解决，并可能严重威胁其原籍国、过境国和目的地国的安全等，决议要求所有国家应通过有效边界管制，以及签发身份证和旅行证件方面的管制，防止恐怖分子和恐怖集团的流动。

三、调整阿富汗撤军步伐

1. 完成美阿《双边安全协议》的签署。美阿关于该协议的谈判始于 2012 年 10 月，但一直面临若干问题困扰，其中最重要的是 2014 年之后保留多少军队、留驻美军是否享有司法豁免权以及搜查民宅等权利。美反复敦促阿政府尽快签署《双边安全协议》，为美在 2014 年之后继续保留部分作战力量以及使用阿境内军事设施提供法律框架。

2013 年 11 月阿富汗召开“大国民会议”审议美阿《双边安全协议》草案，具体内容如下：美在 2014 年之后继续在阿保留部分军事存在，并使用阿境内军事基地；阿政府同意给予留驻美军“司法豁免权”。驻阿美军即使涉嫌犯罪也不受阿富汗法律约束，而是有权返回国内接受审判；留驻美军仍然可以夜间突袭搜查民宅。会议最终批准草案，并建议阿政府在年内与美签署协议。然而，美阿就签署《双边安全协议》分歧较大，阿政府并未按照大国民会议的要求尽快与美签约。相反，卡尔扎伊总统反复表示美若想签约必须先满足若干条件，甚至表示在 2014 年 4 月大选之后再正式签约，并要求美必须先满足推动和平进程取得实质进展、释放关押在关塔那摩监狱的阿富汗囚犯等前提条件。美则以彻底撤军威胁阿政府。直到 2014 年 9 月 30 日，阿与美才最终签订了延宕已久的《双边安全协议》。

2. 减缓撤军步伐。2013 年 5 月底，奥巴马表示，2014 年之后，美在阿保留 9800 名军人，2015 年再将这一数字减半。2016 年后，美在阿仅保留一支小型部队，任务是保护美驻阿使馆，这支小型部队的规模约为 1000 人。但是 2014 年 12 月 6 日，美国防部长哈格尔突访阿富汗，宣布 2014 年后美计划在阿驻留约 10800 名美军，较此前奥巴马宣布的计划增加了 1000 人。此外，2014 年 11 月初，奥巴马签署指令，授权驻阿美军指挥官 2015 年使用地面部队、空中力量继续在阿作战，执行打击“基地”组织及其他跨国恐怖势力、保护执行训练阿富汗安全部队任务的美方人员、支援阿安全部队作战三项主要任务。这一指令同美原本的在阿军事计划相比，最大的不同之处在于多了一个目标：“阿塔”。根据此前美阿双方签订的《双边安全协议》，2014 年后美军只能在“打击‘基地’组织”的目标下开展军事行动，如今又将阿塔拉进来。12 月 28 日，以美为首的国际安全援助部队正式降下军旗，结束在阿富汗的 13 年使命。奥巴马同日发表书面声明称，随着北约在阿战斗任务结束，美历史上

“最长战争”正迎来一个“负责任”的结局。[1]

3. 继续寻求与“阿塔”和谈。美在阿投入数千亿美元却始终无法搞定“阿塔”。最终，美不得不承认无法彻底消灭“阿塔”，转而希望推动“阿塔”坐下来谈判，将其纳入既有的阿富汗政治框架。为此，美方软化和谈立场，其“和谈三前提”（塔利班必须遵守《宪法》、放下武器、与“基地”组织切割）有所松动。鉴于卡尔扎伊旨在拉拢塔利班的“和解与再融入”计划见效甚微，美开始直接或者通过其他盟友与塔利班接触。2013 年 6 月，阿富汗、美国、“阿塔”尝试在卡塔尔展开和谈，但因“阿塔”高调设置驻卡塔尔办事处引发风波，令谈判无果而终。随后，“阿塔”表示拒绝加入政治和谈进程，不与政府谈判，重申“在外军撤出之前不会与政府进行任何形式的和谈”。

四、借机地区反恐合作，加强在非洲的军事存在

2013 年以来，美逐步加大在非洲的军事存在，扩大反恐行动。

首先，兴建无人机基地，建立后勤保障网络。美需进一步改进基于网络攻击、特种作战和无人机打击的反恐战略，利用科技优势和全球军事布局增强打击能力，并争取先发制人。美继续依托在吉布提、布基纳法索、埃塞俄比亚、肯尼亚、乌干达和塞舌尔等重要战略要冲的军事存在，完善反恐前沿作战基地。2013 年 1 月，美与尼日尔签署驻军协定，2 月底派 100 名美军赴尼协助在尼首都尼亚美新建无人机基地。该基地建成后将驻扎 300 名美军，与美吉布提和也门基地形成呼应，重点打击萨赫勒地区恐怖分子，防范其与索马里“青年党”和尼日利亚“博科圣

---

① “Statement by the President on the End of the Combat Mission in Afghanistan”，December 28，2014，https：//www.whitehouse.gov/the-press-office/2014/12/28/statement-president-end-combat-mission-afghanistan.（上网时间：2015 年 1 月 1 日）

地”等恐怖势力串联。2014 年 5 月，美与吉布提签署一项为期 10 年的军事基地租用条约，白宫将其称之为“打击恐怖主义的一个关键部分”；与此同时，美还将加强在非的无人机监视和侦察网，用以搜集恐怖组织活动的相关情报。

其次，拉拢地区大国，落实原有反恐机制。2005 年起，美便建立“跨撒哈拉反恐伙伴计划”、“全球和平行动倡议”、“国际军事教育和训练计划”等军需合作项目打击当地恐患。但因尼日利亚和阿尔及利亚等地区大国持两面心态，不愿与美走得太近，美在该地反恐机制作用无法最大化。2012 年开始，希拉里和美非洲司令部司令卡特·哈姆等人竭力宣扬美尼反恐合作的重要性，承认尼在维护几内亚湾地区安全的领导作用，加大经济、情报和装备支持打击“博科圣地”，双方合作迈入新台阶。同时，自 2013 年 1 月阿尔及利亚人质事件后，美积极推动与阿尔及利亚的反恐合作，向阿分享涉恐情报，获取在阿境内的无人机飞行授权。

再次，积极扶植地区反恐“代理人”。根据 2013 年度《国防授权法案》，美将以军援、军售形式重点援助尼日利亚、突尼斯、马里、尼日尔和肯尼亚等国提升反恐能力，以储备反恐“代理人”。2013 年美开始在非洲 35 个国家部署军队，美军第 1 步兵师第 2 旅从 2013 年 3 月开始训练，为部署军队积极做好准备。美特种部队秘密协助利比亚、尼日尔、毛里塔尼亚和马里四国组建精锐反恐部队，通过提供培训、咨询和援助促其打击“青年党”、“基地”北非分支及“博科圣地”等恐怖组织。此外，美在西非的“代理军团”还包括几内亚、布基纳法索、多哥、塞内加尔、贝宁、利比亚、乍得、加纳、冈比亚、塞拉利昂等国。美国防部一位高官透露，在新的非洲反恐计划支撑下，五角大楼将向尼日尔和毛里塔尼亚援助 7000 万美元组建反恐部队。

同时，美还通过特种行动等手段消除对美构成直接威胁的组织或个人。2013 年 10 月 5 日，美“海豹六组”对位于索马里南部港口城市巴拉韦的“青年党”据点发动突击，这次行动瞄准“青年党”军事指挥官伊克里马。此次行动是美军20年来在索发动的最大胆的一次行动，行动中，两名索马里“青年党”成员被击毙，但伊克里马逃脱。同日，美“三角洲”部队实施在利比亚首都的黎波里进行的抓捕行动取得成功，抓获了“基地”高级头目阿纳斯·利比。美国防部长哈格尔10月6日表示，美此次军事行动“向全世界传递了强烈的信息——对威胁美国民和国家利益的恐怖组织，我们要毫不留情，如有必要，我们将对其实施直接打击。这符合我国法律。”

此外，在也门，也门总统哈迪上任后，美加大对也门的反恐投入，却有“越反越恐”之势。通过援助强化也门政府军打恐能力和无人机定点清除行动是美在也门反恐战略两大支柱，但援助很难迅速扭转也门打恐力量孱弱的局面；无人机行动虽击毙阿拉伯半岛分支多名重要头目，但也引发民众反美情绪。为此，美反恐行动不得不因应调整。一方面，提高无人机打击精度、适当限制打击次数，且仅针对对美构成直接迫切的威胁。据美知名反恐网站“长期战争杂志”统计，2013年和2014年，美在也门实施的无人机行动分别为26次和23次，共击毙两百名武装分子。[①] 袭击次数明显低于以往。同时，美积极在也门当地发展人力情报，以为无人机行动提供更有力情报支撑，减少误伤无辜平民。另一方面，美意识到单纯武力反恐不足以消灭恐怖势力，开始敦促并积极支持也门政府和安全力量将公共服务延伸到阿拉伯半岛分支活动区，从根源上削弱该组织的生存基础。

① Bill Roggio and Bob Barry，“Charting the Data for US Air Strikes in Yemen，2002—2015”，http：//www.longwarjournal.org/multimedia/Yemen/code/Yemen-strike.php.（上网时间：2015年2月1日）

五、着力提升网络反恐举措

当前，互联网已成恐怖分子行动联络、袭击策划、人员招募和思想传播的主要途径。美发生的暴恐大案，如波士顿爆炸案的嫌疑人，均因在网上接触极端思想宣传而走上恐怖不归路。2013年5月，美奥巴马总统表示，互联网已成美本土恐怖主义抬头的主要诱因。美前防长帕内塔2013年警告称，“下一次‘珍珠港袭击’或将来自网络恐怖分子”。

一方面，加大反极端思想宣传力度。2013年1月23日，美国务卿希拉里表示，美将借网络与社交媒体对抗“基地”以及其他伊斯兰极端教义团体。希拉里称，美国务院为在网络上对付极端暴力组织，已经成立了两个机构，它们将借助“推特”等社交媒体对抗网络上的反美主义。上述两个机构将由“跨部门专家”组成。“如果恐怖分子上传一个视频，传播美国有多可怕。我们也将发布视频回应，我们将尝试在他们传播信息的社交网络与他们‘短兵相接’。”2013年3月27日，美国负责公共外交和公共事务的副国务卿塔拉·索南夏恩表示，美国正与“基地”支持者以及激进分子在网上论战，旨在否决极端主义信条的同时争取民心。索南夏恩指出，在虚拟空间中与“基地”对决是美国与极端暴力主义作战的策略。“我们坚定地在阿拉伯语、索马里语、旁遮普语以及乌尔都语的网络论坛中与他们作战。通过打击强硬路线者，我们能够真正接触到中间路线者、骑墙者、同情者以及被动支持者”。塔拉还表示：“我们不能袖手旁观，令愤世嫉俗的声音曲解和误报我们的政策、价值与利益。我们必须介入网络交流空间——这一年轻人获取信息的地方，用事实和批判与极端主义作战。”美国务院“战略反恐宣传中心”2013年在各类激进论坛上发布约7000条帖子。美国务院近期又开通名为“再思索便拒绝”的“推特”账号，在网上宣传“有关恐怖主义的真相”。当前，美正通过各种社交媒体向极端组织“伊斯兰国”发动攻势，吸引伊斯兰世界年轻人的眼球，以免他们误入歧途，受这些组织利用。

另一方面，重视对电话和互联网等开展秘密监控。根据“斯诺登泄密事件”披露，美2007年启动代号为“棱镜”的监控行动，包括两个秘密监视项目，一是监视、监听民众电话的通话记录，二是监视民众的网络活动。美国家安全局和联邦调查局直接进入一些互联网大公司的服务器，通过视频、声音、图像、电子邮件和网络浏览记录，监视个人的“网络踪迹”。美国家安全局局长、美军网络司令部司令基思·亚历山大2013年6月12日表示，“棱镜”在反恐工作中发挥了作用，近年来利用监控境外网民上网的“棱镜”项目，美挫败遍布20个国家的逾50起恐怖袭击图谋，其中至少10起企图在美本土实施。

六、加强本土防范措施

美国媒体曾指责美反恐战略重在“御敌于国门外”而轻视源自本土的威胁，波士顿爆炸案发生后，美开始填补本土防恐反恐薄弱环节。

一是培养执法部门“钓鱼执法”能力。目前，“钓鱼执法”成为美及时破获袭击预谋的重要手段，执法人员首先通过互联网、电话、电邮监控、民众举报等渠道发现潜在涉恐目标，然后安插“线人”接近嫌疑人并获其信任，“协助”其策划和“实施”行动，在获取足够证据后，将嫌犯捉拿归案。2013年以来，多起恐怖袭击未遂案是通过“钓鱼执法”破获。

二是强化打击暴力极端主义力度。2014年9月15日，美司法部长埃里克·霍尔德宣布启动一个试行计划，准备在全国范围内发动各基层的执法官员、社区领袖及各类社区服务人士，防范各自辖区内人员被极端思想洗脑，将潜在的暴力极端主义威胁扼杀在萌芽阶段，阻止本土恐怖主义。

三是着力应对美籍“圣战”分子回流威胁。2014 年 1 月 9 日，美联邦调查局局长科米称，入叙参战的美国人回流是“最大隐忧”，防范叙外籍“圣战”人员威胁已成联邦调查局首要反恐任务，回流的参战美国公民正被“24 小时密切监控”。2014 年 9 月 10 日，美国土安全部部长约翰逊表示，国土安全部正采取措施严防外籍武装分子威胁。国土安全部特别要求：在海外 25 个可直航美国的机场加强飞行安全，在海外有赴美航班的机场采取预检措施，包括在旅客登机前接受美海关官员检查及提高航行安全。此外，美还与其他国家的政府合作，为追踪外国武装人员加强信息交流。

此外，美大幅增加恐怖观察名单人数。美各种恐怖黑名单是其强化本土反恐防御的重要一环，被美政府视为应对恐怖主义的最好防御方式，根据美媒体 2014 年 7 月 23 日的报道，一份泄露的美国家反恐中心的文件显示，美执法部门可以在证据并不确凿的条件下，将任何美国人或外国人列入美联邦调查局恐怖分子筛查中心运作的“恐怖分子筛查数据库”（通常称为“恐怖分子观察名单”）。近年来，该名单人数急剧增加，从 2009 年至 2014 年新增了 150 万人，其中 2013 年 468749 人被提名列入“恐怖分子观察名单”，而 2009 年这一数字为 227932 人。

第四章　欧洲恐怖主义与反恐怖斗争形势综述

2013—2014年，欧洲恐怖主义形势日趋严峻，恐怖活动本土化、多样化、扩散化的特点日益凸显。宗教极端主义势力显著上升，前往中东地区的“圣战者”规模前所未有，构成严重安全威胁。欧洲受持续不断的债务危机困扰，社会凝聚力下降，极端排外思潮上升，分离主义阴影徘徊不散，周边局势动荡，“恐怖主义之弧”渐趋活跃，欧盟边境管理及海外利益保护压力倍增。欧盟机构及各成员国政府针对恐怖主义发展的新趋势和新特点，采取措施，积极应对，协调性有所增强，欧洲预防阻断和打击惩处相辅相成的“治恐之策”充分展现，但受制于当前的经济社会状况，欧洲恐怖主义形势短期内难以好转，反恐之路依然漫长。

第一节　欧洲恐怖主义形势

一、欧洲狂热分子赴冲突地区埋安全隐患

西方国家公民前往冲突地区参与战斗，即所谓“外籍圣战者”（Foreign Fighter）现象并非新闻，但2013年以来其人数迅速攀升，规模前所未有。法国官员介绍说，2000年左右前往伊拉克和也门参战的法国公民不到10人，到阿富汗参战的不到100人，而截至2014年9月，至叙利亚参战的法国“圣战者”已达930人。① 英国反恐专家彼得·诺依曼（Peter Neumann）称：“前往叙利亚参战的欧洲人超过20年来至其他冲突地区人数的总和。”② 据伦敦国际激进化研究中心（International Center for Study of Radicalisation）估计，至2014年底，约有3850名欧洲公民赴叙利亚和伊拉克参战。其中法国约1200人，英国和德国分别约600人，比利时约有440人。③ 欧洲前往叙利亚参战的圣战者之所以呈现“井喷”之势，有诸多原因。首先，“伊斯兰国”宣布建国极大地鼓舞了伊斯兰极端分子，吸引了欧洲众多狂热的追随者；其次，欧洲深陷债务危机，经济长期低迷，失业率高企，青年失业现象尤为严重，恐怖组织抓住年轻人心理特点进行宣传，招募了一大批欧洲青年；再次，冲突地区离欧洲越来越近，阿富汗距离欧洲路途遥远，从欧洲至叙利亚相对方便，叙利亚与土耳其有绵长的边境线，而绝大多数欧洲公民前往土耳其无需签证，

---

① Jeremy Shapiroand Daniel L Byman，“*Be afraid，be a little afraid：The Threat of Terrorism from Western Foreign Fighters in Syria and Iraq*”，Brookings Institute，Policy Paper 34/2014，http：//www. brookings. edu/～/media/research/files/papers/2014/11/western-foreign-fighters-in-syria-and-iraq-byman-shapiro-be-afraid-web. pdf.（上网时间2015年1月26日）

② Ella Flaye，“*At least 500 Europeans fighting with Syria rebels，study finds，stoking radicalization fears*，” CBS News，April 30，2013，http：//www. cbsnews. com/8301－202_162-57582040/at-least-500-europeans-fighting-with-syria-rebels-study-finds-stoking-radicalization-fears/.（上网时间2015年1月26日）

③ Peter Neumann，“*Foreign FightertotalSyria/Iraqnowexceeds*20000：*surpassesAfghanistanconflict*1980*s* ”， http：//icsr. info/2015/01/foreign-fighter-total-syriairaq-now-exceeds-20000-surpasses-afghanistan-conflict-1980s/.（上网时间2015年1月26日）

借道土耳其加入“伊斯兰国”成为众多欧洲“圣战者”的首选；此外，叙利亚在伊斯兰教教义和历史中地位特殊，穆罕默德的圣训中称大马士革是最终之战所在地，这也是吸引欧洲教徒投奔的因素。[①] 欧洲狂热分子涌向冲突地区构成了严重的安全威胁。一方面，西方人投奔极端组织令西方政府陷入尴尬。2013 年 10 月，受英国警方监控的西班牙恐怖分子达巴斯（Dabas）在叙利亚霍姆斯附近战死。达巴斯涉嫌制造 2004 年马德里爆炸案，但西班牙高等法院将其无罪开释，之后他前往叙利亚，并从英国向恐怖组织“胜利阵线”输送物资。[②] 2014 年在关于释放“伊斯兰国”所关押 11 名人质的会谈中，来自英国的“约翰”是代表反政府武装的主要谈判者。2014 年 8 月，美国记者詹姆斯·福利（James Foley）被蒙面武装分子斩首，武装分子流利的“伦敦英语”令英政府颜面尽失。2014 年 11 月 17 日，巴黎检察院确认，在极端组织“伊斯兰国”发布的视频中一名法国人参与了斩首美国人质以及 18 名叙利亚士兵的恐怖事件。该“伊斯兰国”极端分子系法国公民马克西姆·霍尔查德，1992 年出生于法国北部的诺曼底，2013 年 8 月赴叙利亚。[③] 一些欧洲激进分子还为极端组织运用网络媒体提供技术支持。2013 年欧洲刑警组织调查发现，许多宣传激进思想的阿拉伯语网络论坛是由欧盟公民主办，

---

① Jeremy Shapiroand Daniel L Byman，“*Be afraid，be a little afraid：The Threat of Terrorism from Western Foreign Fighters in Syria and Iraq*”，Brookings Institute，Policy Paper 34/2014，http：//www. brookings. edu/～/media/research/files/papers/2014/11/western-foreign-fighters-in-syria-and-iraq-byman-shapiro-be-afraid-web. pdf.（上网时间 2015 年 1 月 26 日）

② Fernando Reinares and Carda Garcia-Calvo，“*The Spanish Foreign Fighter Contingent in Syria*”，http：//www. ctc. usma. edu/posts/the-spanish-foreign-fighter-contingent-in-syria.（上网时间 2015 年 1 月 26 日）

③ 《法国确认一名法国公民参与斩首美国人质》，新华网 2014 年 11 月 17 日，\ http：//www. chinanews. com/gj/2014/11-17/6785681. shtml。（上网时间 2015 年 1 月 26 日）

其服务器设在欧洲境内。[①] “伊斯兰国”附属组织“网络哈里发”（Cyber Caliphate）由来自英国伯明翰的黑客阿布·侯赛因·阿尔布莱塔尼（Abu Hussain Al Britani）领导。[②] 令欧洲更为担心的另一方面，是这些“圣战者”回流成为威胁欧洲本土安全的“定时炸弹”。前往叙利亚的“圣战者”往往是欧洲社会的边缘人，不少人有过犯罪记录。他们中的一些人经过战争的洗礼，不仅思想上更为冷漠激进，而且掌握了军事战斗技能，拥有使用武器和爆炸物的经验，还与其他地区的基地组织或恐怖分子建立了联系，获得训练及资源供应更为便捷。英国安全与反恐办公室主任查尔斯·法尔（Charles Farr）指出，“叙利亚冲突深刻地改变了（恐怖活动的）游戏规则。”[③] 2014 年 5 月阿尔及利亚裔法国籍男子迈赫迪·奈穆什（Mehdi Nemmouche）在比利时布鲁塞尔的犹太人博物馆开枪扫射，造成 4 人丧生，被欧洲反恐协调员德凯尔肖夫称为“把恐怖带回家的第一个欧洲人”[④]。“基地”组织还积极引导欧洲狂热分子在本土发动袭击，“基地”组织旗下杂志《激励》（Inspire）号召成员袭击欧美各国人口密集的地区，目标包括法国卢浮宫及英国著名萨沃伊酒店，还提供袭击方

---

① European Police Office，*European Union Terrorism Situation and Trend Report* 2014，May 2014. https：//www. europol. europa. eu/sites/default/files/publications/europol _ tsat14 _ web _ 1. pdf.（上网时间 2015 年 1 月 26 日）

② Beatrice Berton and Patryk Pawlak，*Cyber jihadists and their web*，January 2015. http：//www. iss. europa. eu/uploads/media/Brief _ 2 _ cyber _ jihad. pdf.（上网时间 2015 年 1 月 26 日）

③ Colum Lynch，“*Europe's New ‘Time Bomb’ is Ticking in Syria*”，Foreign Policy，July 9，2013，http：//www. foreignpolicy. com/articles/2013/07/09/european _ fighters _ jihadists _ syria? page=0，1.（上网时间 2015 年 1 月 26 日）

④ 《防患未然，欧洲阻击“圣战者”》，人民网，2014 年 6 月 16 日，http：//paper. people. com. cn/rmrb//html/2014-06/16/nw. D110000renmrb _ 20140616 _ 5-21. htm。（上网时间 2015 年 2 月 17 日）

法，鼓励读者自制汽车炸弹，并建议于晚上10点在酒店外引爆，因名人多在这个时间离开，形容是“引爆的最完美地点时间”。[①] 欧洲情报机构的官员担心由叙利亚内战和伊拉克危机引起的新一波恐怖主义将横扫欧洲。据统计，自2013年10月至2014年底，欧洲安全机构阻止了至少9起回流“圣战者”策划的恐怖袭击，预谋的暴恐活动涉及英国、法国、荷兰、挪威、科索沃。[②]

二、传统恐怖组织依然高度活跃

欧洲传统恐怖组织多为分离主义和种族民族主义分子，其活跃程度不容小视。英国“北爱尔兰异议共和党人”近年来动作频频：2013年3月，英国警方在即将召开的“八国峰会”会场附近发现一辆装满炸弹的汽车，疑与该组织有关；4月14日，英国当局又在北爱发现该组织私藏武器。2014年英国政府表示，2月11日至13日期间，在位于雷丁、查塔姆、汉普郡、牛津、斯劳、布莱顿和坎特伯雷的军队就业办公室、购物中心和街道发现7个可疑包裹，含有小型、粗糙的爆炸装备，其中4个包裹与北爱尔兰恐怖组织有关联。同年3月14日，一辆北爱尔兰警察局车辆在贝尔法斯特被炸，所幸无人员伤亡，新北爱尔兰共和军宣布对此事件负责。[③] 在法国，以“科西嘉民族解放阵线”为主的分裂组织不

---

① 《基地组织刊文号召在欧美发动恐袭教人自制炸弹》，中新网2014年3月20日，http：//www. chinanews. com/gj/2014/03-20/5973217. shtml。（上网时间2015年2月17日）

② Andrew Zammit，“*List of alleged violent plots in Europe involving Syria returnees* ”， http：//andrewzammit. org/2014/06/29/list-of-alleged-violent-plots-in-europe-involving-syria-returnees/.（上网时间：2015年1月26日）

③ Vincent Kearney， “*Dissident IRA claims Wesr Belfast motor attack*”，www. bbc. com/news/uk-northen-ireland-26636763.（上网时间：2015年1月26日）

断制造事端，要求脱离法国独立。2013年3月13日，其涉嫌对科西嘉岛一座大型商业设施工地制造爆炸，伤及3人。2014年9月14日，科西嘉岛卡尔热斯一个夜总会遭到炸弹袭击，建筑严重受损，亦疑与其有关。科西嘉暴力事件和恐怖活动层出不穷，成为法国历届政府难以根治的顽疾。在西班牙，尽管最主要的恐怖组织之一“埃塔”已宣布永久停火，但仍在招募新的成员，并收集具有恐怖主义目的的资料，其青年组织参与街头暴力事件也日渐增多，加之曾多次背弃停火承诺，故欧洲刑警组织警惕其会卷土重来。针对少数族裔和外来移民的暴恐事件亦层出不穷。在身处欧债危机漩涡中心的希腊，曾制造及被制造恐袭的极端民族政党“金色黎明党”得到了不少选民的支持，该党主要领导甚至还被选为了国会议员。在匈牙利，一些打着“新纳粹”招牌的组织对吉普赛人进行殴打，使吉普赛人在当地社会的处境更加窘迫。2013年1月9日，巴黎3名为库尔德工人党募捐的库尔德妇女被杀，1名30岁库尔德人涉案被捕。同年11月1日，希腊2名右翼极端分子被左翼极端组织“武装民众革命军”枪杀。

三、恐怖分子利用网络平台手段日趋成熟

一方面，网络论坛作为恐怖组织宣传极端思想重要阵地的影响力与日俱增。欧洲刑警组织《2014年恐怖主义形势报告》称：“互联网是恐怖组织与其追随者之间交流的主要平台。”[①]“阿拉伯半岛基地组织”（al Qaeda in the Arabian Peninsula）创办的网络版英文版时事快报《激励》（Inspire）制作精巧，常常刊登对公开身份的“圣战者”的采访，颇具影

① European Police Office, *European Union Terrorism Situation and Trend Report 2014*, May 2014. https://www.europol.europa.eu/sites/default/files/publications/europol_tsat14_web_1.pdf.（上网时间2015年1月26日）

响。英国军情五处（MI5）称："英国境内策划的恐怖袭击十之有七的参与者拜读过《激励》杂志。"[①] 尤其值得关注的是，以"推特"、"脸书"等为代表的"自媒体"的兴起强化了恐怖主义的宣传效果，缩短了战场作战的"圣战者"与远方追随者之间的距离。特别是由于一些网络论坛在政府部门的干预和黑客的攻击下时常瘫痪，这些公共社交媒体平台日益受到恐怖组织的重视。据报道，"伊斯兰国"能运用70万个讨论恐怖组织的网络账号产生夸张的宣传效果。在其侵入伊拉克北部重镇摩苏尔当天有4万条"推特"对此进行了报道。[②] 许多恐怖组织都拥有自己的固定账号，在第一时间将战场情况和恐怖主义行径上传到网络，吸引追随者关注。英国反恐专家什哈兹·马赫尔（Shiraz Maher）指出："叙利亚危机可能是第一场由西方'圣战者'（利用社交媒体）实时记录的冲突，反之，社交媒体又是他们获取信息和启示的主要来源。"[③]"伦敦刺杀士兵案"中嫌疑人杀人后"召开新闻发布会"，在可以逃跑的前提下留在作案现场，要求路人用智能手机为其拍照或录像，使得该案的血腥画面迅速传播，造成不可估量的社会心理震慑，取得了"基地"此前通过大规模袭击才能达到的轰动效应。另一方面，极端组织通过网络招募新生力量更具针对性和欺骗性。它们通过社交媒体鼓励穆斯林移民至"伊斯兰国"，尤其是工程师、医生和护士等各领域的专家。近来"伊斯兰

---

① The Rt. Hon. Sir Malcolm Rifkind, *Report on the intelligence relating tothe murder of Fusilier Lee Rigby*, 25 November 2014http://isc.independent.gov.uk/files/20141125_ISC_Woolwich_Report（website）.pdf.（上网时间：2015年2月20日）

② "*How terrorists are using social media*", http://www.telegraph.co.uk/news/worldnews/islamic-state/11207681/How-terrorists-are-using-social-media.html.（上网时间：2015年2月20日）

③ "*Social media a 'window' into minds of foreign fighters in Syria*", http://www.kcl.ac.uk/newsevents/news/newsrecords/2014/April/Social-media-a-window-into-minds-of-foreign-fighters-in-Syria.aspx.（上网时间2015年2月20日）

国”加大针对女性的招募力度，仅法国就有数百名女性赴叙利亚、伊拉克等地参与“性圣战”。[①] 恐怖组织为自己蒙上了温情脉脉的面纱。2014年4月，“伊斯兰国”发布一段德国罪犯丹尼斯·库斯珀特（Danis Cuspert）同一群极端分子打雪仗的视频，并用德语打出字幕称：“伊斯兰‘圣战’带来了乐趣，来吧，请加入我们。”从2014年6月起，“伊斯兰国”制作了8集系列视频，有针对性地将自身描述为“受到市民爱戴，意图建立更美好的社会”的慈善组织，第一集即由德国人演唱欧洲歌曲。[②]

四、“本土化”、“独狼式”恐袭愈演愈烈

“独狼”恐袭是指袭击者不隶属于或受命于某个国际暴恐组织，而多因经济、情感、心理等问题，在极端思想影响和煽动下，选择“软目标”自发策划和实施恐怖行动，且规模往往仅为一人或数人。近年来，受基地组织诱导或模仿激进分子犯罪活动，独立或三五成群发动恐袭的行动日渐增多，突破了传统的概念。2013年3月，法国3名恐怖分子自制爆炸装置，企图模仿2012年射杀7人的梅拉赫。2013年5月22日，1名英国士兵在伦敦军营附近被2名英籍尼日利亚后裔残忍杀害，两名嫌疑人——28岁的迈克尔·阿德波拉杰（Michael Adebolajo）和22岁的迈克尔·阿德波瓦尔（Michael Adebowale）均为尼日利亚裔英国人，原本出自一个虔诚的基督教家庭，但在2001年左右皈依伊斯兰教。其袭击手段

---

① Le HuffPost,? Etat islamique: quelques centaines de femmes (dont un quart de Fran? aises) auraient rejoint les rangs des jihadistes?, 4 octobre, 2014, http://www.huffingtonpost.fr/2014/10/04/etat-islamique-centaines-femmes-quart-francaises-jihadistes-syrie-irak_n_5931172.html.（上网时间：2015年2月15日）

② *Hashtag Terror: How ISIS Manipulates Social Media*, July 11, 2014, http://www.adl.org/combating-hate/international-extremism-terrorism/c/isis-islamic-state-social-media.html.（上网时间2015年2月26日）

有明显的“基地”烙印。袭击者将用刀砍取受害者首级示人，手段极其残忍，行凶中还口念，“真主至大，我们生命不息、战斗不止，以眼还眼、以牙还牙。”据悉，袭击者长期参与伊斯兰极端组织的活动。阿德波拉杰在2005—2011年间积极参与伊斯兰极端组织“移民”（al-Muhajiroun）各项活动，并曾因试图加入索马里“青年党”而遭捕，阿德波瓦尔则是《激励》杂志的忠实读者。[①] 2013年5月25日法国巴黎1名士兵被伊斯兰教徒用刀捅伤，而该罪犯刚刚通过自我学习加入伊斯兰教。2013年11月18日，法国“反社会分子”德哈走进位于巴黎解放报社接待大厅，用猎枪向一名23岁的摄影师助理连开两枪，致其胸部和腹部中弹，伤势十分严重。袭击者随后又到法国兴业银行附近，朝着银行大楼开了几枪，然后劫持了一辆轿车到巴黎市中心的香榭丽舍大街乘地铁逃逸。2014年5月犹太人博物馆枪杀案，亦是一起典型的“独狼式”袭击，且凶手从法国跨境前往比利时发动袭击，充分利用了欧盟因内部迁徙自由形成的安全漏洞。2014年8月19日，英国警方逮捕了一名19岁的青年，他身藏匕首和“伊斯兰国”旗帜，蓄意谋杀英国士兵。[②] 2014年12月20—23日法国茹艾—莱—图尔、第戎、南特和戛纳4座市镇4天内接连发生“独狼”式袭击事件，致1人死亡、20余人受伤，4名袭击者均系法籍男性穆斯林，与“伊斯兰国”等极端组织有染。其中茹艾—莱—图尔袭警事件确认系恐袭，戛纳事件则因被街头监控探头提前发现而被成功制止。袭击突然、手段多样。袭击者分别采取持刀攻入警局、驾车冲撞行人、驾车冲入圣诞集市及持猎枪和刀具袭击市场等方式突袭。3名已遂袭

---

① The Rt. Hon. Sir Malcolm Rifkind, *Report on the intelligence relating to the murder of Fusilier Lee Rigby*, 25 November 2014 http://isc.independent.gov.uk/files/20141125_ISC_Woolwich_Report（website）.pdf.（上网时间：2015年2月20日）

② *Brusthom Ziamani*: *Teenager guilty of plot to behead soldier*, http://www.bbc.com/news/uk-31540281.（上网时间：2015年2月13日）

击者均在高喊“真主至大”等“圣战”口号后突然作案，防不胜防。法国总理瓦尔斯称这一系列袭击事件“太激进、太突然”，法国正遭遇“前所未有的伊斯兰恐怖主义威胁”。实际上，这些“本土化”、“独狼式”的袭击者绝大多数已被警方纳入监控视野，但常常因为身份低微而被忽略。而且，监视1名潜在的恐怖袭击者通常需要20名警力[①]，令资源有限的欧洲警方深感力不从心。面对“本土化”、“独狼式”恐袭的新特点，欧洲防不胜防，遭遇恐袭的风险进一步上升，加剧了欧洲反恐的压力。

五、外溢效应日增

以穆斯林群体为主的移民问题本就长期是欧洲的“老大难”，“撵不走也无法撵”，“想融合又融不了”。近年严峻的伊斯兰恐怖主义威胁促穆斯林移民与本土白人矛盾不断加深，反伊斯兰、反移民的极端思潮和行为显著抬头。法国、德国、匈牙利、希腊、奥地利、芬兰等国极右政党支持率均水涨船高。例如2014年欧洲议会选举中，法国“国民阵线”得票率达25%，几乎是执政的社会党的两倍，而该党2009年仅获6.3%的选票，其党首玛丽娜·勒庞得意洋洋地要求总统奥朗德解散国民议会，提前举行议会选举；丹麦人民党在本国拿下26.6%的选票，得票率不仅国内第一，也创下本党历史纪录。德国、意大利、斯洛伐克、斯洛文尼亚等国皆有极右政党首次进入欧洲议会，例如近年才成立的“德国的选择”党、意大利五星运动党首次参加选举即分别赢得7%和21.2%的选票。极右的奥地利自由党则以19.7%的得票率成为该国第三大党，远高

① Sam Jones and Anne-Sylvaine Chassany, Paris killings show the challenges for security services, http://www.ft.com/intl/cms/s/0/77c73f3c-9cc2-11e4-a730-00144feabdc0.html.（上网时间：2015年2月13日）

于上届的12.7%。[①] 2014年12月20—23日法国接连发生“独狼”式袭击事件后，法国另一城市斯特拉斯堡大清真寺大门随即遭汽车“有意”冲撞。“国民阵线”也趁机指责政府打击和管控伊斯兰极端势力不力，强调穆斯林袭击背后兼具“政治和宗教动机”。另一方面，反欧情绪也日益在欧洲周边穆斯林国家蔓延。2013—14年多次曝出法籍人士在境外被伊斯兰极端组织绑架、杀害事件，2014年12月阿富汗喀布尔法国文化中心亦遭自杀式袭击，造成至少1人死亡、15—20人受伤。为此，法政府将“驻外人员安全警告清单”新增11国，包括阿富汗、印尼、马来西亚、巴基斯坦等非周边穆斯林国家。冲突还殃及犹太人等其他少数族裔，迫其大量出逃。2014年有7000名法国犹太人移民以色列，创下纪录。[②]当年英国针对犹太人的袭击数量亦是有记录的30年以来最多的一年，仅7月就有130起。[③]

第二节 欧洲主要反恐措施

欧洲反恐战略[④]包含四大支柱，即：预防（寻根溯源阻止普通民众

① Le Monde，*Elections européennes：les résultats dans chaque pays*，25 mai，2014，http：//www.lemonde.fr/europeennes-2014/article/2014/05/25/les-premieres-projections-pays-par-pays_4425475_4350146.html.（上网时间2015年2月17日）

② AFP，“*Le départ des juifs de France vers Israël a doublé en 2014*”，2 janvier，2015，http：//www.lexpress.fr/actualite/societe/le-depart-des-juifs-de-france-vers-israel-a-double-en-2014_1636938.html.（上网时间2015年2月17日）

③ Caroline Wyatt，“*Jewish fears for safety in wake of Paris attacks*”，13 January，2015，http：//www.bbc.com/news/world-europe-30723713.（上网时间2015年2月17日）

④ European Council，*The European Union Counter-terrorism Strategy*. November 30，2005. http：//www.refworld.org/docid/47fdfb28d.html.（上网时间2015年2月17日）

激进化，阻断恐怖组织招募活动）、保护（防止公民及基础设施遭遇恐袭）、追索（追踪调查恐怖组织，及早发现恐情，及时摧毁恐怖主义网络）、回应（提升处理恐袭发生后续事件的能力）。2013 年以来，针对反恐形势的新发展，欧盟各成员国政府调整了防控措施，进一步加强合作。

一、提高防控级别，强化安保意识，加大公共场所警戒力量，保护公共安全

2013 年 1 月 14 日，法国决定继续实施反恐预警方案“警惕海盗计划”，并将级别由“红色”调至仅次于最高级别的“红色加强”，以加强法军事干预马里后本土防范恐袭的能力。2013 年圣诞前夕，法国发生一系列“独狼式”袭击事件后，政府要求“动员一切安全和司法力量保护法国”，并决定派遣近千名士兵协助安保，警察和宪兵巡逻队优先在商业区段、市中心、火车站及交通枢纽等人群密集区域巡逻。① 2013 年 3 月 13 日，荷国家反恐和安全协调局将该国反恐警戒级别由“有限”提高至“实质”级别。2014 年 8 月 29 日，英国政府宣布提高应对来自伊拉克和叙利亚恐怖袭击的安全级别，由原来的“较严重”级上升到“严峻”级，是英国五个威胁等级中的第二级，仅次于“危急”，这意味着英国随时可能遭受恐怖袭击。此外，边境监管随之加强，英国政府要求各航空公司必须执行禁飞名单安排，并向政府提交往返于冲突地区旅客的更多信息。如果航空公司拒绝执行，其航班将不能在英降落。2014 年 3 月荷兰召开的核安全大会以及 9 月英国召开的北约峰会都收到了恐怖分子的威胁，官方如临大敌，安保投入力量空前。2014 年 7 月，挪威警方收到恐怖主

① La Dépêche du Midi，*La France renforce sa vigilance*，24 décembre，2014，http：//www.ladepeche.fr/article/2014/12/24/2017815-la-france-renforce-sa-vigilance.html.（上网时间 2015 年 2 月 17 日）

义威胁，立即启动紧急防暴部署，在火车站、公车站与机场等关键交通枢纽配置了持械警察，同时也在边境配置了持枪警力。每年举行诺贝尔和平奖颁奖典礼的奥斯陆市政厅也暂停对游客开放。[①]

二、加强监管引导，严惩“招募者”，劝阻青少年参与圣战

2013 年 1 月，法国监狱系统聘请了 164 名伊斯兰传教士，协助政府预防罪犯在监狱中走向极端化。[②] 2014 年 4 月 23 日，法制订“制止参与圣战计划”法案，整个计划包括 20 多项措施，针对了“圣战”组织一般招募过程的各个环节，从观看激进组织网络视频开始到出发前往冲突地区，各个阶段都分别有相应的防范措施。对于未成年人的出境管理进一步加强，其出境必须提供父母准许文件。此外还将建立一个接待中心，向那些孩子出现极端化的父母提供帮助以及加强预警，增加对圣战组织据点的监控等。针对“圣战者”奔赴冲突地区的行为，法国反恐部门加大逮捕力度。2014 年 3 月 10 日，在巴黎大区逮捕了 8 名准备前往叙利亚从事所谓“圣战”活动的年轻人。这 8 名被捕的法国人年龄都在 20—30 岁之间，其中包括 7 名男子和一名女性。同年 5 月 13 日，法国警方在东部城市斯特拉斯堡开展反间谍活动，逮捕了 6 名涉嫌前往叙利亚参加圣战的罪犯。此外，根据该法案，法国已两次将意图来法招募战士的“圣战”者驱逐出境。同年 6 月 15 日，德国逮捕 1 名法籍嫌犯，该嫌犯被怀疑为“圣战”组织到欧洲“招兵买马”。2013 年 4 月和 12 月，比利

---

① Kjetil Malkenes Hovland，*Norwegian Police Warn of Syria-Linked Terror Attack*，July 24，2014，http：//www. wsj. com/articles/norwegian-police-warn-of-syria-linked-terror-attack-1406192905.（上网时间 2015 年 2 月 17 日）

② Bureau Of Counterterrorism in US department of State，*Country Reports on Terrorism* 2013，*Chapter 2. Country Reports*：*Europe Overview*，http：//www. state. gov/j/ct/rls/crt/2013/224822. htm.（上网时间 2015 年 2 月 17 日）

时警方先后逮捕了9名恐怖组织“Sharia4Belgium”成员，其涉嫌在比利时招募恐怖分子前往叙利亚。2013年3月25日，两名丹麦人因涉嫌资助恐怖主义而被处以3年半监禁。同年7月3日，丹麦两家媒体因接受库尔德工人党的资助播放恐怖主义节目而被罚款86万美元。①

三、加强对恐怖嫌疑人的处置力度

在英国，政府赋予警方没收恐怖嫌疑人护照的权力，而不只限于“阻止和搜查”，2013年3月至2014年4月，警方共14次行使该权力。②内政大臣可授权警方将极端分子“流放”到远离其住所的社区。涉嫌前往中东等地参加恐怖活动的英公民将被禁止重新入境。已入籍恐怖分子和双重国籍的恐怖嫌疑人的英国国籍将被剥夺。在法国，2013年1月政府驱逐了3名伊斯兰传教士，时任内政部长的瓦尔斯称：“任何反对法国的外籍传教士都应该被驱逐。”③法国还多次逮捕审判涉恐嫌疑人，2013年1月8日，一名土耳其裔荷兰人因向“乌兹别克斯坦伊斯兰运动提供资金”而被判处8年监禁。2013年7月17日，法国执法部门怀疑定居法国的挪威著名黑金属乐手克里斯蒂安·威凯恩（Kristian Vikernes）准备效仿挪威于特岛屠杀案进行恐怖屠杀，迅速对其实施抓捕。据悉，

---

① Bureau Of Counterterrorism in US department of State，*Country Reports on Terrorism* 2013，*Chapter* 2. *Country Reports*：*Europe Overview*，http：//www.state.gov/j/ct/rls/crt/2013/224822.htm.（上网时间2015年2月17日）

② Home affairs Committee in House of Commons，*Counter-Terrorism* 17th *Report of Session* 2013-2014，30 April 2014. http：//www.publications.parliament.uk/pa/cm201314/cmselect/cmhaff/231/231.pdf.（上网时间2015年2月17日）

③ Bureau Of Counterterrorism in US department of State，*Country Reports on Terrorism* 2013，*Chapter* 2. *Country Reports*：*Europe Overview*，http：//www.state.gov/j/ct/rls/crt/2013/224822.htm.（上网时间2015年2月17日）

2014年以来，法国已审讯110名涉恐嫌疑人，其中74人被起诉，一系列恐怖组织的招募网络被捣毁。[①] 在德国，涉嫌恐怖活动往往面临严厉的处罚。2013年1月柏林法庭以参加恐怖组织的罪名分别判处一名德国人和奥地利人9年和6年零9个月的监禁。同年5月，一名土耳其人因加入恐怖组织被判入狱6年半。[②] 2013年7月17日，德国联合多国警方对6名涉嫌成立恐怖组织的新纳粹分子进行调查，搜查了其在德国、荷兰以及瑞士的11处住所、办公室及囚室进行搜查。这6名新纳粹分子联合数名同伙，计划通过制造爆炸来摧毁德国政治体系。他们将这次行动命名为“狼人”，以纪念“二战”时期纳粹分子的“狼人计划”。[③] 2013年12月，克雷什尼克·布（Kreshnik B）从叙利亚返回德国时被捕，随后以涉嫌参加恐怖组织并在国外筹备严重危害国家的犯罪行为而受审，成为德国首位受审的“伊斯兰国”嫌疑犯。德国政府还严格管控极端组织。2013年2月，联邦内政部取缔了德境内萨拉菲派圣战组织“DawaFFM”及其多个分支，2014年9月，德国宣布禁止“伊斯兰国”组织在德一切活动，包括社交网站、游行示威、佩戴徽章及募捐等。此外，在过去几年中，德政府已对国内30多个极右组织宣布了禁令，各州也多次尝试启动取缔最大极右政党“德国国家民主党”（NPD）的程序。

---

① 《西方国家加大本土反恐力度》，人民网2014年09月26日，http://world.people.com.cn/n/2014/0926/c1002-25737701.html。（上网时间2015年2月15日）

② Bureau Of Counterterrorism in US department of State，*Country Reports on Terrorism* 2013，*Chapter* 2. *Country Reports*：*Europe Overview*，http://www.state.gov/j/ct/rls/crt/2013/224822.htm.（上网时间2015年2月17日）

③ Madeline Chambers，*German police lead European raid on neo-Nazi terrorist suspects*，Jul 17，2013，http://www.reuters.com/article/2013/07/17/us-germany-farright-raids-idUSBRE96G0LS20130717.（上网时间2015年2月22日）

四、加强网络管控，切断“招募”途径，削弱恐怖分子网络宣传影响

2013年2月7日，欧盟发布《网络安全战略》，为阻止和应对网络干扰和攻击提供了全面的视角和专门的措施。① 政府加强了对网页的筛查。德国倡导建立的“网页检查”（Check the Web）门户网站由欧洲刑警组织管理，在一系列法庭调查中，起到了专业证据的作用。2013年，荷兰发起“互联网反恐欧洲联合倡议”项目，加强成员国间合作，清除互联网上非法的恐怖主义内容，目前有16个欧盟成员国参加该项目。为了更好地应对网络带来的挑战，政府与互联网企业的合作势在必行。2014年2月，欧委会成立专门论坛，以促进政府部门和互联网公司巨头之间的对话，共同应对网络恐怖主义的挑战。2014年10月19日，英国国务大臣乔·约翰逊主持互联网企业高层对话会，就政府打击网络极端主义寻求互联网企业的配合。英国政府希望互联网企业向警方“自动”提交任何发布非法极端主义内容的个人信息，并删除“一切”含有极端主义内容的视频和留言。迫于时势，互联网公司“推特”删除了1000多个与恐怖主义相关联的账号。② 与此同时，欧盟成员国政府还加强了为恐怖分子中提供网络技术支持人员的处罚。2013年1月25日，法国政府逮捕了一名26岁的网络管理者，他将基地组织的网站宣传内容翻译成法语传播。

---

① European Commision，*Cybersecurity Strategy of the European Union：an Open，Safe and Secure Cyberspace*. http：//eeas.europa.eu/policies/eu-cyber-security/cybsec_comm_en.pdf.（上网时间：2015年2月20日）

② “*How terrorists are using social media*”，http：//www.telegraph.co.uk/news/worldnews/islamic-state/11207681/How-terrorists-are-using-social-media.html.（上网时间：2015年2月20日）

五、加强情报工作力度，提高预防，有效决策

2014 年 1 月 15 日，欧盟委员会发布指令，要求欧盟及其成员国加强自身建设，防范各类暴力极端主义。根据计划，欧委会将于 2015 年出资建立防范暴力极端主义的“欧洲情报中心”，整合欧洲的防范极端主义研究，并为欧盟及其成员国提供“最好的措施”。该中心将与欧盟外的研究机构合作，成果向欧盟、成员国和地方三级决策者提供。欧委会 2014—2017 年将向中心和其他防范极端主义项目注资 2000 万欧元。德内政部成立了联邦层面的数据中心，包括“伊斯兰恐怖主义信息库”、“极右恐怖主义信息库”，将所有可能产生威胁的极端分子登记在册。该数据库由德联邦和州的警方及情报机构等共同掌握，以便各机构间加强合作，对打击恐怖主义形成合力。2014 年 4 月 24 日，德国联邦宪法法院裁定，情报部门可与警方共同收集恐怖嫌疑人信息。2014 年 6 月 24 日，英国情报部门截获情报显示，恐怖分子计划劫持一艘油轮，在英国港口制造袭击事件，英政府迅速采取措施，加强了对各个港口的监视和警戒。

六、加强各国协调合作，积极支持打击恐怖组织行动

一方面，加强欧盟内部的协调与合作。2014 年 1 月，时任欧委会内务委员的马尔姆斯特伦表示，没有哪个国家能够在极端主义的危害中独善其身，“我们的目标是推动成员国努力反对激进主义和暴力极端主义，并为欧洲整体的防范措施提供一个工具箱”。[①] 为共同应对赴冲突地区“圣战

① European Commission, *Preventing Radicalisation to Terrorism and Violent Extremism: Strengthening the EU's Response*, Jan. 15 2014, http: //ec. europa. eu/dgs/home-affairs/e-library/documents/policies/crisis-and-terrorism/radicalisation/docs/communication _ on _ preventing _ radicalisation _ and _ violence _ promoting _ extremism _ 201301 _ en. pdf. （上网时间：2015 年 2 月 22 日）

者”回流带来的挑战，2013年6月，欧盟司法内政部长会议采纳了欧洲反恐协调员提出的22条建议，从理解该现象、预防激进化、检查可疑行程、调查与起诉、“回归”以及同第三方合作6个方面加以应对。在比利时和法国的倡议下，受“圣战者”回流影响最为严重的欧洲9国内政部长定期举行会晤，交流信息，商讨对策，强化合作。[①] 2014年6月，欧洲理事会通过了《未来5年自由、安全和司法领域的战略指南》，在反恐方面，欧盟理事会表示：“有效的欧盟反恐政策是十分必要的，所有相关部门需要密切合作，整合内外资源，打击恐怖主义。”同时，欧洲理事会还通过了一系列具体措施，包括：2015年中评估和更新内部安全战略；改善跨越边界的信息交流，包括犯罪记录；进一步改进综合应对网络安全与网络犯罪的举措；阻止激进化和极端主义，采取行动处理“外籍圣战者”现象，包括通过有效利用现有的欧盟范围内的预警工具，并加速发展诸如“出入欧盟航班乘客信息记录系统”。[②] 截至2014年11月，已经有15个成员国从欧委会获得资金，建立了乘客信息部门。[③] 2014年7月18日，法国警方逮捕了西班牙巴斯克流亡者首领之一，并于当天向正在通缉此人的西班牙警方进行引渡。

另一方面，强化与欧盟外第三方的交流与互助。2013年1月10日，应马里过渡政府总统特拉奥雷要求，法国决定投入2500人的兵力发起

---

① EU Counter-Terrorism Coordinator, *Report on the implementation of the EU Counter-Terrorism Strategy*, November 24, 2014. http://data.consilium.europa.eu/doc/document/ST-15799-2014-INIT/en/pdf.（上网时间：2015年2月22日）

② Council of European Union, *Revised EU Strategy for Combating Radicalisation and Recruitment to Terrorism*, May 19, 2014, http://data.consilium.europa.eu/doc/document/ST-9956-2014-INIT/en/pdf.（上网时间：2015年2月22日）

③ European Parliament, “*Foreign fighters*”, *Member States' responses and EU action in an international context*, February 2015.（上网时间：2015年2月22日）

“薮猫行动”介入马里内战[1]，并推动西非国家经济共同体集结5800名士兵联合行动，随后很快稳定该国战局。2014年6月23日，欧盟外长会议首次通过应对绑架索取赎金的决议，欧盟承诺将遵守联合国安理会2133号（2014）决议的规定，即禁止向一切恐怖组织支付赎金。2014年6月25日，英、法、德、意、西、波6国内务部长在巴塞罗那举行会议，探讨打击“圣战组织”的议题，一致决定邀请土耳其等国参与讨论打击恐怖主义。2014年8月1日，法军又在非洲的撒哈拉—萨赫勒地区正式启动“新月形沙丘行动”，通过调整兵力部署并密切同毛里塔尼亚、马里、尼日尔、布基纳法索和乍得5国的军事合作，在区域内更灵活、更有效地打击恐怖主义。当月，英、法、德等欧洲国家又相继宣布向伊拉克库尔德人提供人道主义援助及武器，帮助其打击“伊斯兰国”恐怖组织。德国表现尤为突出，2014年2月德议会批准将参加欧盟马里训练行动的德军士兵上限从180人提高至250人，进一步支持马里政府打击当地恐怖主义。针对当前“伊斯兰国”不断壮大、对欧威胁不断上升的状况，德议会首次突破禁忌，批准政府向伊拉克北部库尔德人提供武器，其中还包括反坦克火箭炮等重型装备，为德“二战”后首次向战争地区输出武器。

2013年至2014年，欧洲恐怖形势正如欧盟反恐协调员所言：“欧洲正面临着前所未有、多样化和严重的恐怖威胁。”[2]欧洲本土不断遭受恐怖主义袭击，给相关国家造成了惨重的人员伤亡和财产损失。抑制欧洲

---

① AFP，*Mali：Traoré demande une aide militaire de la France*，11 janvier，2013，http：//www. liberation. fr/monde/2013/01/11/mali-traore-demande-une-aide-militaire-de-la-france_873238.（上网时间：2015年2月14日）

② AP，“*EU leaders agree on new anti-terror measures*”，12 Feburary，2015，http：//www. dailymail. co. uk/wires/ap/article-"　2950314/EU-leaders-set-debate-anti-terror-measures. html.（上网时间：2015年2月22日）

目前所面临的恐怖主义新态势继续发展下去，需要强有力的手段，也需要调和好本土居民与外来移民在物质、精神等诸多领域的矛盾与冲突，这无疑将是一项艰巨的任务，欧洲各国政府执政能力面临巨大挑战。

第五章　俄罗斯恐怖主义与反恐怖斗争形势综述

2013—2014年，俄罗斯反恐形势总体保持平稳态势。北高加索和莫斯科地区仍是俄反恐的重点区域，伏尔加河沿岸—乌拉尔地区的极端主义势力依然严峻。与此同时，“伊斯兰国”的崛起及乌克兰局势的恶化也对俄国内极端势力产生刺激效应，成为影响俄乃至地区安全的重要外部因素。

第一节　俄罗斯恐怖主义形势

俄联邦安全局局长亚历山大·博尔特尼科夫在国家反恐委员会会议上表示：2014年的恐怖主义性质犯罪数量较2013年同期下降一倍。[①] 12月20日，普京在庆祝安全机关工作人员日的晚会上说：“今年由于你们

① 俄安全局2014年消灭130名武装分子，http://sputniknews.cn/russia/20140610/44089002.html。

的果断行动，制止了60起恐怖犯罪，其中8起恐怖袭击。清缴了46个恐怖和极端团伙。”普京强调说，必须提高预防性反恐行动的有效性，加强与公民社会机构的相互协作，对抗恐怖主义、极端主义、民族主义和排外主义。①

一、北高加索地区仍是俄反恐行动主战场的格局没有改变，伏尔加河沿岸地区的反恐形势日趋复杂

据俄罗斯安全会议透露，2013年俄罗斯境内98%恐怖袭击发生在北高加索。② 与此同时，俄第二大穆斯林聚居区伏尔加河沿岸地区的形势也日趋严峻。随着大批北高加索移民的到来，极端主义思想也接踵而至，北高恐情“外溢”风险日益加剧。2013年底，作为北高加索和伏尔加河沿岸地区重要过渡地带的伏尔加格勒市发生三次暴恐事件，引发各界高度关注。

（一）北高加索

作为传统的恐怖主义高发地区，北高加索2013至2014年的恐情依然复杂严峻。俄国家反恐怖委员会表示，2014年北高加索消灭了260多名匪徒，收缴320多枚自制炸弹。该委员会资料显示，北高加索联邦区全年进行了70次反恐行动和作战行动：“防止了78起恐怖犯罪，包括12次恐怖袭击，消灭的260多名匪徒中有42名头目，包括伏尔加格勒恐怖袭击的策划者。没收大量非法流通的自制炸弹、枪支与其他杀伤性

① 2014年俄特工部门制止8起恐怖袭击，http：//sputniknews.cn/russia/20141221/44223412.html。

② 俄特工部门年初以来共制止35起北高加索恐怖袭击，http：//sputniknews.cn/russia/20140812/44137101.html。

武器，并让 72 人‘成功重新过上和平生活’。”①

车臣共和国依然是反恐防恐的重点地区。车臣领导人卡德罗夫表示，“恐怖分子正在招募智障人士，用死后升入天堂的谎言引诱他们，随后诱使他们像僵尸一样爆炸，杀死自己和周围人。我们应尽一切可能防止我们的儿童被当作炮灰。”2014 年，车臣多次发生重大恐怖袭击案件，表明该地区要想彻底铲除恐怖主义还有很长的路要走。10 月 5 日，恐怖分子突袭车臣警方，造成 5 名警察死亡、12 人受伤。12 月 4 日凌晨，武装分子乘坐三辆汽车又袭击了格罗兹尼交警检查站，双方展开激烈枪战。此后，武装分子躲进市中心的“报刊之家”大楼，另外数名武装分子躲进第二十学校。俄国家反恐委员会透露，警方击毙 10 名武装分子，同时执法部门有 10 名工作人员牺牲。卡德罗夫向总统普京汇报了特别行动结果，并承诺采取措施保证不再发生类似事件。普京表示，将向特别行动期间受伤的强力部门工作人员以及牺牲工作人员的家属提供一切必要的援助和支持。

除了车臣，北高加索其他地区同样恐情不断。达吉斯坦、印古什和卡巴尔达—巴尔卡尔共和国是车臣恐怖势力“外溢”的重点地区。2013 年 3 月 7 日，强力部门在达吉斯坦共和国的莫吉列夫斯科耶村附近林区发现了“哈萨维尤尔特”匪帮掩蔽所，“这座 4×6 大小的掩蔽所是匪徒的长期掩蔽所，在这里发现了 3 枚自制爆炸装置，威力约达 10 公斤 TNT 当量，此外还有弹药、各式设备和食品。”反恐委员会强调，捣毁该处掩蔽所使达吉斯坦成功避免了数起恐怖袭击。② 3 月 13 日，强力部

---

① 俄国家反恐委员会：今年北高加索消灭 260 多名匪徒，http：//sputniknews.cn/russia/20131224/43943483.html。

② 俄反恐委员会：达吉斯坦成功防止一系列恐怖袭击，http：//sputniknews.cn/russia/20130307/43710045.html。

门又在印古什逮捕了4名向武装分子供应武器的嫌疑人。此前，强力部门已经在卡巴尔达—巴尔卡尔逮捕了8名武器走私者。警方称："在过去的一昼夜内，由于俄联邦安全总局在卡巴尔达—巴尔卡尔共和国、印古什和北奥塞梯开展了侦查活动，匪帮的重要武器和弹药供应途径被切断。"① 7月11日，警方在达吉斯坦盖德朱赫（Gedzhuh）村制止一起针对警方的恐怖袭击，拆除2颗威力达150公斤TNT当量的炸弹。警方称："匪徒们计划用汽车炸弹对'高加索联邦公路'某警察岗进行自杀式袭击。"② 10月16日，强力部门又拘捕了4名参与策划印古什恐怖行动的匪徒，缴获大量武器和炸药，对7处地下匪帮可能的藏身地点进行了检查，并抓获5人。执法部门表示，这些人准备在古尔邦节期间发动系列恐怖活动。③

2013年度，确保索契冬奥会的顺利实施，成为北高加索"维稳"工作的重点。10月8日，联邦安全局局长博尔特尼科夫表示，为应对即将召开的索契冬奥会安保工作，从2012年开始举行了15次各种演习，其中7次在大索契区举行。演习中检验了部队及时应对局势的能力。④

2013—2014年度，俄罗斯反恐还有一个"利好"消息。身负多起命案、数次逃过俄军追杀的"高加索酋长国"匪首——多库·乌马罗夫可能已经丧命。据非法组织"高加索酋长国"网站2014年3月18日报道，

---

① 俄特工部门在北高加索截断武装分子武器供应渠道，http://sputniknews.cn/russia/20130313/43715422.html。

② 达吉斯坦制止针对警方的恐怖袭击，http://sputniknews.cn/russia/20130711/43811894.html。

③ 印古什共和国拘捕四名参与策划恐怖活动者，http://sputniknews.cn/russia/20131016/43887376.html。

④ 索契270个奥运设施将举行大型演习，http://sputniknews.cn/russia/20131008/43881694.html。

领袖乌马罗夫已于2013年夏天去世，但因接班人问题迟迟未决而隐瞒死讯。据悉，来自达吉斯坦的穆罕默德·苏莱曼诺夫成为其继任者，但该网站并未明确说明乌马罗夫是被打死的还是病死的，也未披露他死亡和安葬的地点。印古什联邦安全局也间接证实了乌马罗夫可能死于这一时间："已发现的他（乌马罗夫）最后一次公开露面是在2013年7月。"据消息人士透露，乌马罗夫可能因糖尿病加剧，伤口坏疽而死。

舆论认为，支持者一直隐瞒乌马罗夫死讯是因为未能商定其继承人选。阿斯兰别克·瓦达洛夫曾是乌马罗夫指定的接班人，他因2010年组织袭击车臣总统卡德罗夫家乡及车臣议会而名声大噪，但瓦达洛夫拒绝当该组织领导。于是，来自达吉斯坦吉姆雷镇的穆罕默德·苏莱曼诺夫几经波折成为非法组织的新领袖。但俄国家反恐委员会对此反应谨慎，称尚未掌握有关武装分子首领死亡的资料。俄联邦调查委员会表示，法律上尚未确定头号恐怖分子已死，因此没有取消通缉。①

（二）伏尔加河沿岸地区

2013至2014年，伏尔加河沿岸地区并不太平。继2012年鞑靼斯坦宗教人士遇害后，伏尔加河沿岸重镇伏尔加格勒市在2013年连遭三次恐怖袭击，俄第二大穆斯林聚居区能否成为第二个"北高加索"，成为俄反恐领域的另一个关注焦点。

伏尔加格勒暴恐案是2013—2014年度俄罗斯最大的恐怖案件。2013年12月29、30日，在不到一昼夜时间内，伏尔加格勒相继发生了两起爆炸，分别在火车站和无轨电车上，两起爆炸均被认定为恐怖袭击。火车站大楼爆炸案致20人死亡，无轨电车爆炸案导致14人死亡。俄紧急

---

① 车臣叛军公布乌马罗夫死讯，http://news.sina.com.cn/w/2014-03-20/094629752964.shtml。

情况部表示，两起恐怖袭击共造成 34 人死亡，70 人受伤。[①]

事发后，强力部门迅速查明了两起暴恐事件的恐怖分子身份："他们是'布伊纳克恐怖团伙成员——阿斯克拉·萨梅多娃和苏列伊曼娜·马戈梅多娃。"[②] 随后，伏尔加格勒州政府向遇难者家庭发放补助，每个家庭获得 200 万卢布。[③] 2014 年 4 月 8 日，博尔特尼科夫在国家反恐委员会会议上宣布，伏尔加格勒和皮亚季戈尔斯克恐怖袭击案告破。强力部门逮捕了一伙参与筹备和实施上述犯罪的嫌疑人。2013 年，伏尔加格勒接连发生三起大型恐怖袭击：10 月一名自杀式袭击者引爆公交车，12 月自杀式袭击者在间隔一天的时间里分别引爆了火车站和无轨电车，造成数十人死亡。皮亚季戈尔斯克恐怖袭击案发生在 12 月 27 日，犯罪分子引爆了停在交警对面家具店旁的一辆汽车，造成三人死亡。[④]

二、"伊斯兰国"的"横空出世"也对俄罗斯的国家安全和反恐形势产生了重要影响

2014 年，"伊斯兰国"强力崛起，对俄罗斯的反恐形势产生了重要影响。对"圣战者"回流的担心，成为扰动俄国家安全形势的新热点。材料显示，约 1000 名俄籍和中亚籍极端分子奔赴中东地区参加"圣战"，其中许多人还成为"伊斯兰国"的重要领导者，这些"圣战者"回流后

---

① 恐怖分子招募者在吸引智力发育落后者，http://sputniknews.cn/russia/20131230/43947976.html。

② 俄强力部门已查明伏尔加格勒爆炸案恐怖分子身份，http://sputniknews.cn/russia/20140130/43969717.html。

③ 伏尔加格勒恐怖袭击 30 多个遇难者家庭分获 200 万卢布，http://sputniknews.cn/russia/20140110/43953947.html。

④ 俄安全局破获伏尔加格勒和皮亚季戈尔斯克恐怖袭击案，http://sputniknews.cn/russia/20140408/44030449.html。

对地区安全构成何种影响，正成为各方关注的焦点。2014 年 4 月 1 日，卡德罗夫在自己的“Instagram”网页上写道：“我可以负责任地说，这些恐怖分子全由西方培养、武装和豢养，由北约特工部门培训。他们执行瓦解叙利亚、削弱伊斯兰国家的任务。”他还指出，武装分子的攻击导致叙利亚卡萨布市约 100 人死亡，这些人是叙利亚的土著亚美尼亚人。正如叙利亚当局强调的那样，这些武装分子来自土耳其，参加袭击卡萨布的有“胜利阵线”（Jabhatal-Nusra）和伊斯兰阵线中的“基地组织”武装分子。[①] 4 月 8 日，博尔特尼科夫在国家反恐怖委员会会议上说：“中东、阿巴地区和北非的恐怖事件对俄罗斯的恐怖主义产生越来越深的影响，在这些地区有 1000 多名俄罗斯公民在国际恐怖组织和各种武装团伙接受培训。”[②] 9 月 20 日，俄联邦安全总局第一副局长谢尔盖·斯米尔诺夫再度表示，约 300—400 名俄罗斯人在叙利亚作为雇佣军作战。他说：“我们认为，他们返回会构成巨大威胁。”他同时指出，俄罗斯法律中没有明确概念禁止雇佣军，“因此应该在这方面进行研究。这个问题不仅在俄罗斯存在，还在上海合作组织其他成员国存在。”[③]

2014 年 10 月 20 日，俄外交部长拉夫罗夫表示，俄罗斯准备建立打击恐怖组织“伊斯兰国”联盟。他说：“这种联盟必须在联合国安理会框架下依据国际法建立。我想说，使反恐服从于地缘政治利益、力求惩罚

① 车臣行政长官：在叙作战的武装分子由“西方喂养”，http：//sputniknews.cn/russia/20140401/44024123.html。

② 俄安全局：约 1000 名俄公民为国际恐怖组织战斗，http：//sputniknews.cn/russia/20140408/44030462.html。

③ 数百名俄雇佣军在叙利亚作战，http：//sputniknews.cn/russia/20130920/43869270.html。

不合心意的政权并不十分正确，甚至是不道德的。”[①] 11月13日，卡德罗夫再次在社交网站“Instagram”上透露，“伊斯兰国”指挥官塔尔汉·巴季拉什维利已被打死。巴季拉什维利是格鲁吉亚人，绰号“奥马尔—车臣人”，是“伊斯兰国”领导人巴格达迪的重要军事助手。他曾在电话中告诉自己的父亲，他的部队击溃伊拉克军队并夺取了摩苏尔，下一个目标将是俄罗斯。此前“伊斯兰国”武装分子还在网络发布视频，向俄总统“叫板”，称打算“解放”车臣和高加索地区并在那里创建“伊斯兰哈里发”。作为回应，卡德罗夫承诺，如果恐怖分子试图入侵俄罗斯，就消灭他们。[②]

三、极端主义泛滥滋生恐怖主义土壤

极端主义是恐怖主义赖以生存的土壤，更是恐怖主义来袭的前奏。俄罗斯一直高度重视对各类极端主义的跟踪和监控，出台了一系列措施严防极端主义在俄蔓延，但总体看，效果并不十分理想，各类极端主义仍呈现出由重点地区向全俄扩散的势头。博尔特尼科夫对非传统伊斯兰激进思想在俄穆斯林聚居区的蔓延深表忧虑。他表示：“在社会经济领域问题依然存在的情况下，非传统伊斯兰打着争取所谓真正信仰和公正的幌子正在向全俄穆斯林聚居区渗透。这种趋势不仅出现在北高加索，还出现在穆斯林聚居的伏尔加河沿岸联邦区、乌拉尔和西伯利亚联邦区。”他建议社会各界，包括青年组织、阿訇和长老等参与到打击宗教极端主

① 俄准备建立打击伊斯兰国联盟但会，http：//sputniknews. cn/russia/20141020/44184702. html。

② 车臣领导人称曾威胁俄罗斯的伊斯兰国指挥官被打死，http：//sputniknews. cn/russia/20141113/44199640. html。

义方面的工作中。[①] 博尔特尼科夫还特别强调了社交网络对传播极端主义的作用，他说："现在社交网络上有各种秘密组织，对用户进行意识形态灌输，并展开大规模的招募工作。部分互联网实际上正在成为极端主义思想的孵化器和源泉。"为此他提出，特工部门应积极应对，在互联网中对极端主义网站采取严厉打击。[②]

在与伊斯兰极端思想斗争的同时，俄罗斯还面临境内外各类极端民族主义势力的威胁。首先，俄境内的极端民族主义组织十分猖獗。近年来，俄境内的排外、种族主义和对非斯拉夫人的暴力显著增加。专家认为，其原因主要有二：一是民众对经济停滞和官员腐败的不满，二是对来自俄罗斯"近邻"高加索和中亚地区外来劳工激增的反应。目前，到俄罗斯打工的外国人多达 1300—1400 万人次，外来劳工数量仅次于美国。通常，俄极端民族团体会对外来者伤害当地俄罗斯人的暴力事件进行追踪、"炒作"，然后再安排自己人组织集会，在社会上挑起骚乱，极右团体的这种排外模式被称为"孔多波加脚本"。2013 年 10 月 13 日，25 岁的俄罗斯人叶戈尔·谢尔巴科夫在莫斯科与人发生争执，被一名高加索人捅死，引发一场全面的种族骚乱。人们呼喊着"俄罗斯人的俄罗斯"和"白人权力"等口号，捣毁了一个购物中心。警方抓捕了大约 400 人，其中多数是极右民族主义者。

其次，在应对境内极右民族主义势力威胁的同时，俄罗斯还面临境外极右团体的"夹击"。2014 年 3 月 12 日，莫斯科巴斯曼区法院裁定，以"号召实施恐怖主义罪"缺席批捕乌克兰极端民族主义组织"右区"

---

① 俄安全总局：激进伊斯兰在乌拉尔和西伯利亚日益壮大，http://sputniknews.cn/russia/20130226/43702619.html。

② 部分互联网成为极端主义"孵化器"，http://sputniknews.cn/russia/20130611/43787725.html。

领袖德米特里·亚罗什。亚罗什早前在社交网站上发文，呼吁车臣恐怖主义组织匪首乌马罗夫予以援助。俄侦查委员会发言人马尔金指出，亚罗什公开呼吁反俄势力在俄境内采取极端行动以及恐怖袭击，因此侦查部门已宣布全球通缉亚罗什。[①]

第二节　俄罗斯主要反恐措施

完善法律体系建设，加强国际反恐合作一直是俄反恐措施建设的重点，每年俄立法部门都会根据形势的需要对反恐法律、法规进行修订和补充，同时继续深化与各级国际反恐合作机制的合作，满足俄反恐斗争的需要。

一、通过反恐法规范网络行为，遏制极端和恐怖主义的快速传播

2014 年 8 月 1 日，俄“反恐法”修正案正式生效。此次生效的“反恐法”修正案规定，日访问量超过 3000 次的博主应遵守对新闻工作者的规定，包括应检查信息真实性，不利用博客从事泄露国家机密、传播宣扬恐怖活动或美化恐怖主义的信息。俄联邦通讯、信息技术与大众传媒监督署有权监督知名博主和博客网站，违者将被追究行政、刑事或其他责任。[②] 此举在俄引发民众热议。新法实施后第一天，180 多名知名博主

① 莫斯科法院缺席批捕乌克兰右区领袖亚罗什，http：//sputniknews. cn/russia/20140312/44006570. html。

② 俄罗斯“反恐法”正式生效：大 V 须遵守媒体规定，《环球时报》，2014 年 8 月 4 日。

前往监督机构注册。首批注册者包括著名演员马丽娅·科热夫尼科娃、网络活动家盖尔曼·克里梅科和作家鲍里斯·阿库宁。科热夫尼科娃表示："任何一位博主都应为自己发布的消息负责。如果你不打算在网上发布虚假、诽谤或极端挑衅言论，为什么不注册合法身份呢？这一规定有助规范网络秩序。"但也有人对此提出不同意见。"莫斯科回声"电台援引知名博主瓦尔拉莫夫的话说，新法将影响博主自由发表言论，并让监督部门拥有过大的权力，让他们可用任何理由审查和打击博客。

二、推出"连坐"措施，遏制亲属共同犯罪

2014 年 12 月 4 日，车臣恐怖分子袭击了首府格罗兹尼"报刊之家"，并劫持了一所学校的人质。恐怖活动造成 15 人丧生，数十人受伤。事后调查显示，恐怖分子的一些亲属知情不报，因为恐怖分子制造恐怖活动一旦被击毙，其亲人就可得到一笔数目不菲的钱款。

针对反恐斗争中常遇到的这一现象，车臣代表提议，应尽快通过立法措施，剥夺恐怖分子亲属靠"脏钱"过日子的可能，把协助恐怖活动获利行为视为恐怖犯罪同罪对待。俄安全、防御与治安问题研究所专家冈察洛夫认为："此建议很现实，那些帮助恐怖分子的人当然应受到严惩。"

这份提交给俄联邦国家杜马的草案，旨在将扰乱社会治安罪的最长刑期增至 25 年，并查封罪犯财产和银行账户。这些惩罚措施既适于恐怖分子，也适于那些因以某种形式与恐怖分子合作而获利的成年亲属。草案还考虑没收那些因公开呼吁实施恐怖活动或公开为恐怖主义辩解而被判刑的人的财产。①

---

① 从恐怖分子亲人中发现同伙，http://sputniknews.cn/russia/20150113/1013512874.html。

三、继续深化与各层级的国际反恐合作机制的合作

俄罗斯的国际反恐合作机制由三个同心圆组成。最核心部分是独联体和集体安全条约组织框架下的反恐合作，其次为上海合作组织，最外围是与联合国及其他国家的反恐合作。2013—2014年度，俄罗斯继续加强与国际组织的多层次、多级别反恐合作，夯实俄反恐的外部基础。

（一）继续依靠和完善独联体和集安组织反恐合作机制

2014年9月9日，独联体反恐中心宣布，独联体国家安全机关将在哈萨克斯坦国家安全委员会“阿雷斯坦”反恐分队的训练场举行联合反恐演习。演习科目包括营救人质和抓捕假想恐怖分子的行动。一年一度的独联体国家联合反恐演习根据独联体国家2014至2016年打击恐怖主义和其他形式的极端主义计划举行，旨在完善主管机关在应对恐怖主义威胁和挑战活动中的伙伴协作。[①] 10月28日，集体安全条约组织秘书长尼古拉·博尔久扎表示，反恐联盟的分裂将助长恐怖组织影响区域的扩大，并可能在全球范围内引发新一轮恐怖袭击。博尔久扎称：“反恐联盟的分裂、大国间行动不一致、安全部门与执法机构间因美国和欧盟立场不同几乎缺乏协作，只会助长恐怖组织扩张其影响区域及获取巨额资金和新型武器。”他指出，必须“立即恢复俄罗斯、美国和欧盟之间的相互协作”。[②]

---

① 独联体国家情报部门反恐演习将在哈萨克斯坦落幕，http：//sputniknews.cn/russia/20140909/44158312.html。

② 集安组织：反恐联盟分裂将引发全球新一轮恐怖袭击，http：//sputniknews.cn/russia/20141028/44189378.html。

（二）重点加强和深化与上合组织的反恐务实合作

上合组织一直是俄罗斯国际反恐合作的重要平台。近年来，上合组织的使命和任务虽在不断扩展延伸，但打击三股势力一直是该组织的核心任务，俄罗斯与上合组织成员国的反恐合作也在不断深化，在机制建设、联合演习、情报合作领域展开更加务实的合作。上海合作组织地区反恐怖机构执行委员会指出："目前地区安全局势总体上仍然稳定和可以预见，但我们面临的挑战和威胁很大。国际恐怖和宗教极端势力正在地区积极复苏。"①

1. 机制建设。为适应不断发展的新形势，上合组织将机制建设放在了重要的位置。2013 年 3 月 29 日，上海合作组织地区反恐机构宣布将成立"制止挑战和威胁中心"，负责包括信息安全和打击毒品走私在内的一系列问题。俄安全局第一副局长谢尔盖·斯米尔诺夫表示，"上合组织有必要制定自己的信息安全保障模式，但要考虑每个成员国的安全标准和敏感问题，这个问题不应照搬西方标准。"目前，在建立信息安全系统的问题上各方暂时没有统一意见，也没有时间表。② 但为适应上合组织成员国面临的新安全威胁，俄罗斯与中国这两个组织内最强大的国家，将承担起更多的安全责任。

2014 年 4 月 1 日，俄国防部长绍伊古在塔吉克斯坦举行的上合组织防长会议上表示，莫斯科完全支持中国有关建立上合组织反恐中心的倡议，因为中国国内民族分裂分子的活动越来越具有跨境特点。俄战略研

① 上合组织地区反恐机构指出国际恐怖势力在该地区复苏，http：//sputniknews.cn/china/20140617/44094438.html。

② 俄安全局高官：上合组织应制定自身信息安全系统，http：//sputniknews.cn/china/20130329/43729849.html。

究所专家库尔托夫认为，成立上合组织反恐中心将有助于提高该组织对新的安全威胁做出相应反应的能力，他说："上合组织成立之初的一个重要宗旨就是中国提出的打击三股势力，其中之一就是恐怖主义。从这一角度看，成立反恐中心显得更加迫切。与现有的上合组织地区反恐机构相比，新的反恐中心必将把合作质量推向一个更高的水平。新中心应该强化队伍建设，能够迅速对新的挑战做出反应。"中俄军事首长还讨论了两国2014年在与阿富汗交界处进行联合行动的计划。双方同意，俄罗斯、中国和上合组织其他成员国在国际力量撤出阿富汗后将在同独联体国家的交界处建立缓冲带，旨在阻止阿富汗的不稳定因素向周边地区扩散。上合组织国家国防部都强调，将进一步加强各国军队间的合作以及军事领域的相互信任措施。[①] 6月6日，俄罗斯安全委员会秘书帕特鲁舍夫在俄中第十轮战略安全磋商结束后表示，"加速落实俄总统关于在上合组织地区反恐机构基础上成立应对现代挑战和安全威胁中心的倡议日趋迫切。俄罗斯感谢中方在该方面支持俄方的努力。"他指出，中俄还谈到了阿富汗因素，以及它对地区安全的影响。帕特鲁舍夫认为，恐怖分子最近几个月来在中国新疆维吾尔族自治区频繁活动并非偶然。[②]

2. 联合演习。2014年8月28日，俄罗斯总参谋长瓦列里·格拉西莫夫要求参加"和平使命－2014"国际演习的俄军特别注意与其他上合组织成员国部队的配合问题。上合组织成员国武装力量"和平使命－2014"联合军事演习于8月24至29日举行。参加演习的有俄罗斯、中国、哈萨克斯坦、塔吉克斯坦和吉尔吉斯斯坦军人。俄罗斯方面参加演

---

① 俄支持中国提出成立上合组织反恐中心的倡议，http：//sputniknews.cn/russia/20140403/44026038.html。

② 俄安全委员会秘书：俄中应强化区域联合潜力，http：//sputniknews.cn/russia_china_relations/20140606/44086611.html。

习的有大约 100 个武器和战斗技术设备，包括 4 架军队苏—25 攻击机和 8 架米—8 AMTSH 直升机。[①] 9 月 19 日，上合组织宣布，将与伊朗、阿富汗和蒙古三国在打击恐怖主义方面紧密合作。塔吉克斯坦国家安全委员会副主席阿布杜拉兹斯·扎罗夫指出：上合组织打算采取措施，保护石油和天然气管道跨境运输安全。各国商定，2015 年至 2016 年将举行一系列专家会议，研究发现、警告和取缔利用互联网宣传三股势力。[②]

3. 情报合作。上合组织高度重视极端势力对地区安全的影响及“圣战者”回流问题，不断加强成员国之间的情报合作。2014 年 9 月 19 日，俄联邦安全局副局长斯米尔诺夫表示：“这些‘圣战者’都训练有素，我们在各国都发现了类似情况，他们仍执行国外指令。”他表示，上合组织必须紧密协作，共同采取行动，绝不允许“圣战者”在上合组织境内搞破坏。[③] 10 月 23 日，上合组织地区反恐机构执行委员会主任张新枫与阿富汗驻乌兹别克斯坦大使穆罕默德·萨迪克在塔什干讨论了阿富汗局势。阿富汗大使表示，阿富汗准备邀请上合组织成员国在打击恐怖主义方面向阿安全力量提供帮助。张新枫表示，在塔什干举行的第二届科学实践会议上可能会讨论这一问题。[④] 10 月 28 日，上合组织地区反恐怖机构表示，该机构执委会和联合国安理会反恐怖主义委员会执行局打算更广泛地交换打击恐怖主义方面的情报。应联合国安理会反恐怖主义委员会领

① 俄总参谋部提出和平使命演习中加强军队配合任务，http：//sputniknews. cn/russia/20140828/44148911. html。

② 上合组织特工部门决定与伊、阿、蒙三国加强合作，http：//sputniknews. cn/china/20140919/44165912. html。

③ 上合组织特工部门在监视从国外归来的武装分子，http：//sputniknews. cn/china/20140919/44165963. html。

④ 阿富汗请上合组织成员国帮助本国情报部门反恐，http：//sputniknews. cn/china/20141023/44186515. html。

导层邀请，上合组织地区反恐怖机构执行委员会主任张新枫抵达纽约，与联合国相关机构商讨两组织在打击恐怖主义和极端主义方面的合作事宜。张新枫呼吁联合国安理会反恐怖主义委员会成员国共同努力，展开对恐怖组织及其工作人员的情报收集和交换，特别在边境安全领域和利用互联网进行恐怖主义活动领域。联合国安理会反恐怖主义委员会积极评价上合组织地区反恐怖机构的活动，并且强调联合国安理会反恐怖主义委员会和相关地区机构紧密合作的重要性。①

（三）保持与国际组织和重要国家的国际反恐合作

在加强与核心国家反恐合作的同时，俄罗斯也注重与联合国和一些重点地区的重点国家继续保持密切的合作。首先，继续保持与中国、美国的双边反恐合作。2013 年 7 月 1 日，俄中两国商定今年举行“海上联合—2013”及“和平使命 2013”联合军事演习。格拉西莫夫说：“我与房峰辉总参谋长讨论了当前军事合作问题、各地区局势以及安全问题。确定了两国领导人通过的两国武装力量之间的战略合作方针。我认为它将有益于两国的武装力量。”房峰辉指出，此次访问目的是为落实中国国家主席习近平与俄罗斯总统普京关于深化中俄武装力量军事合作以及进一步推进相互关系的重要协议。② 8 月下旬，俄美两国官兵在俄普斯科夫举行了第二次联合反恐演习。地点为普斯科夫市第 76 近卫空降师第 104 近卫空降团驻地。第一次俄美反恐演习于 2002 年 5 月在美国科罗拉多斯

① 上合组织地区反恐怖机构执委会和联合国安理会反恐怖主义委员会执行局打算更广泛地交换打击恐怖主义的资料，http://sputniknews.cn/china/20141028/44189526.html。

② 俄中两国今年将举行两次联合军演，http://sputniknews.cn/russia_china_relations/20130701/43803888.html。

普林斯市（科罗拉多州）卡森堡军事基地举行。[①] 其次，发展与地区盟友的反恐合作。印度是俄罗斯传统的反恐盟友。2014 年 10 月 21 日，俄总统普京在与印度总理辛格会谈后发表声明说，俄罗斯与印度将联合打击恐怖主义。[②] 此外，俄罗斯还十分重视与中东国家的反恐合作。11 月 14 日，俄外长表示，将加强与埃及的反恐合作，包括恢复打击恐怖主义双边工作小组的活动。[③]

① 第二次俄美空降兵联合反恐演习将在俄普斯科夫举行，http：//sputniknews.cn/russia/20130813/43837230.html。

② 俄印两国将合力打击恐怖主义，http：//sputniknews.cn/russia/20131021/43891590.html。

③ 俄埃将恢复打击恐怖主义双边工作小组的工作，http：//sputniknews.cn/society/20150117/1013557116.html。

第六章　中亚地区恐怖主义形势与反恐怖斗争形势综述

2013—2014 年度，中亚反恐形势依然严峻，主要面临两方面的压力：一是美国从阿富汗撤军后，在巴阿地区聚集的大量中亚极端分子回流，严重威胁地区安全形势；二是中亚多国已出现赴叙参战“圣战者”回国之势，使本已危机四伏的中亚反恐形势雪上加霜。此外，边界纠纷，毒品走私等影响地区安全的老问题依旧突出；贫富悬殊、宗教极端思想扩散等新问题层出不穷，为地区反恐形势频添变数。

第一节　中亚地区恐怖主义形势

一、中亚地区各国恐怖活动的基本情况

（一）哈萨克斯坦

2013—2014 年度，哈萨克斯坦反恐形势总体可控，涉恐案件稳中有降，表

明哈反恐工作成效显著。与此同时，哈萨克斯坦也面临极端主义扩散，伊叙、巴阿“圣战者”回流的严峻挑战。哈萨克斯坦副总检察长查吉普·阿萨诺夫透露：2013 年，哈共发生 65 起恐怖和极端性质的犯罪；2014 年为 52 起，有 29 人被以恐怖和极端主义罪名起诉。2013—2014 年，哈强力部门共破获 9 起恐怖袭击事件，有 100 多哈公民参加了境外恐怖组织。2014 年 4 月，两名极端宗教组织支持者因鼓吹赴叙利亚参加“圣战”并号召公民武装对抗执法机关被法院判刑 5 年。8 月，外国恐怖组织对一名哈公民进行了特训并将其派回国内，以建立武装恐怖组织，此人在吉尔吉斯斯坦被抓获并遣送回国。还有一名阿特劳居民参加了阿富汗恐怖组织，被判 8 年徒刑。从 2011 年至今，哈萨克斯坦发生了 10 余起恐怖案件，牺牲 21 人，其中 17 人为护法机关工作人员。这些案件遍及全国各地，主要发生在阿特劳州、阿拉木图州、阿克纠宾州、南哈萨克斯坦州、巴甫洛达尔州和阿拉木图市。恐怖主义扩散最快的地区是哈西部地区。[①]

（二）吉尔吉斯斯坦

2013—2014 年度，吉尔吉斯斯坦反恐形势复杂严峻，吉安全机关已抓获多名回流“圣战者”，恐怖主义和极端主义已对吉安全构成现实威胁。据吉尔吉斯斯坦国家安全委员会新闻秘书拉哈特·苏莱曼诺夫透露，2014 年，安全机关打掉了 7 个恐怖团伙，涉案人员达 36 人。苏莱曼诺夫确认了吉公民被招募赴叙利亚参加“圣战”的事实。近三年，已从伊叙回流多名“圣战”人员，这些人有的处于警方监控之下，有的发动了恐怖袭击，还有的已被抓获。在反恐与反宗教极端工作中，警方查明有 217 人参加了恐怖组织，其中 54 人的行动被挫败。142 人参加了极端组

---

① За экстремизм и терроризм с начала года в Казахстане осуждены 29 человек，http：//www.kazpravda.kz/news/proisshestviya/za-ekstremizm-i-terrorizm-s-nachala-goda-v-kazahstane-osuzhdeni-29-chelovek.

织，其中 62 人的行动被制止。[①]

（三）塔吉克斯坦

塔吉克斯坦是中亚恐情最为严峻的国家，面临来自境内外恐怖极端势力和贩毒集团的双重压力。塔吉克斯坦总统拉赫蒙表示，塔吉克斯坦正面临恐怖和极端组织的严峻威胁，特别是年轻人。[②] 塔内务部部长拉玛赞·拉希姆佐达称，目前，恐怖组织已在塔全国扩散。2014 年抓获的涉恐和涉极端人员有 150 人。大部分人都在巴阿和叙利亚接受过特训。塔强力部门透露，目前有 200 多名塔公民在叙利亚参加圣战，他们多由俄罗斯和土耳其过境前往叙利亚的恐怖训练营。这些人学历低，素质差，极易成为犯罪集团的牺牲品。

2014 年，与费尔干纳谷地接壤的塔吉克斯坦北部索格特州恐情骤然恶化。该州内务部部长沙立夫·纳扎尔佐达称，2014 年警方抓获了 100 多名涉恐和涉极端人员，这一数量是 2013 年的 3 倍。除一直在该地区活动的“乌伊运”、“伊扎布特”等恐怖组织，一些此前不在该地区活动的恐怖组织也冒了出来，包括“安萨鲁拉赫”，“朱杜拉赫”等。[③]

（四）乌兹别克斯坦

2013—2014 年度，乌兹别克斯坦的恐情也日趋紧张。新老恐怖组织“伊斯兰国”和“乌伊运”相互勾结相互渗透，对乌国家安全构成挑战。

---

① В 2014 году спецслужбы задержали семь готовящих теракты в КР руппировок，http：//www. vb. kg/299017.

② В САР убито более 50 террористов из Таджикистана，http：//www. sana. sy/ru/？p＝14037.

③ В Таджикистане стремительно растет число исламских террористов，http：//odnako. su/news/world/-246048-v-tadjikistane-stremitelno-rastet-chislo-islamskih-terroristov/.

乌国家安全委员会官员阿利舍尔·哈姆达莫夫称，“伊斯兰国”分子在乌兹别克领土上策划了一系列恐怖袭击，旨在破坏2015年春的大选。为此，乌加强了边界防卫力量，2014年11月、12月，安全部门成功抓获数名“伊斯兰国”和“乌伊运”分子，他们均为本国公民。这些人2013年在巴基斯坦接受训练，2014年被恐怖组织派回国内招募年青人赴叙利亚参加“圣战”。①

(五) 土库曼斯坦

土库曼斯坦一直是中亚最封闭的国家，因其奉行中立政策，与包括塔利班在内的阿富汗各方势力均保持了良好的关系，被认为是中亚最安全的国家。但2014年，长期相对平静的土库曼斯坦与阿边境地区形势突然趋紧。从2014年2月到12月，极端组织攻城掠地，不断袭击阿政府军和阿富汗土库曼族地方武装，并多次攻击土边防哨所，致土军多人伤亡。更为重要的是，极端组织在行动中显示出诸多“伊斯兰国”的特征，引发国际社会强烈关注。目前，极端组织已经控制边境地区的数十个村庄及交通要道，并在占领区招兵买马，建立政权，试图长期占领。随着冬季来临，恶劣的气候迫使极端组织暂缓进攻的步伐，但他们扬言，2015年春季将发动新的攻势，彻底扫清政府军和地方武装势力，打通通往土阿边境的通道。

土面临极端主义和毒品贸易齐头并进的复杂局面。贩毒组织和极端宗教组织往往相互渗透，难以区分。土当局越来越担心自己受到与塔利班有联系的犯罪集团和极端组织的威胁，而塔利班则越来越将土库曼斯坦视为打破双方“潜规则”的对手。但是，认为土阿毒品贸易因严打而

---

① Члены ИГИЛ готовили ряд терактов к выборам президента республики, http://www.regnum.ru/news/polit/1891033.html.

完全消失的想法是错误的。据报道，毒品贸易在土西南部边境城市谢尔赫塔巴德仍十分猖獗。2013年，土边防部队曾数次消灭阿富汗试图越境的毒贩，土阿双方都有人因边境管控加强，毒品价格推高而大发横财。而土境内另一条重要的贩毒通道——土东南部与阿接壤的边境城市阿塔穆拉特的形势更为复杂。当地因为建设铁路，导致人流、物流激增，同时境外极端分子也乘虚而入，在当地建立组织。土安全部门认为，阿塔穆拉特已被极端组织渗透，不久前在叙利亚还抓获了一名来自阿塔穆拉特的土族恐怖分子。土安全部门对类似问题已难以容忍，加大了清剿力度。近期相继在阿什哈巴德、列巴普州端掉多个与吉尔吉斯斯坦、塔吉克斯坦和土耳其有关的极端组织。

据自由欧洲电台（RFE-RL）驻阿富汗记者报道，现在塔利班在朱兹詹、法里亚布地区的队伍中吸收了大量土族和乌族“圣战者”，其中有360名土族“圣战者”曾在叙利亚参加过“圣战”。这些土库曼族塔利班在冲突中扮演了十分重要的角色。俄罗斯近东问题研究所所长萨塔诺夫斯基（Сатановский）认为，“伊斯兰国”的战术特征在冲突地区显现。萨塔诺夫斯基认为，该地区的斩首行动突然增多是“伊斯兰国分子”到来的信号，因为当地恐怖组织罕用此法。“更引人注意的是，以前匪徒进攻居民点就是搞破坏，制造恐慌，然后走人，但这次他们留了下来，所有缴获的物资都为己所用，这是新现象。”下一步，极端分子还可能效仿“伊斯兰国”占领油田、绑架人质、勒索赎金的战法，出巴德吉斯省攻占土边防重镇塔赫塔巴扎尔，这样既可以劫持人质，勒索赎金，又可以沿公路直达“复兴”气田，再造一个“伊斯兰国”。反恐专家叶尔兰·卡林也认为，“伊斯兰国”的分支——中亚恐怖组织“布哈里伊玛目”和“萨比利”（ДжамаатИмамаБухари，СабириДжамаат）可能已回流参战。从教派冲突的角度看，“伊斯兰国”如在伊朗东部获得立足点，将实现逊尼派对什叶派伊朗的东西夹击。其次，土库曼斯坦地缘战略地位使其成“管道战争”玩家的目标。土库曼斯坦天然气大规模开发改变了现有国际能源利益格局，不能排除极端分子背后有沙特、卡塔尔及美国的支持。而乌克兰局势的恶化也产生了深远影响，有人向塔利班提供了乌克兰的坦克和军事技术。他认为，2015年世界天然气市场将面临巨大风险，建设中的连接土库曼斯坦东部与里海地区的“东—西”和土库曼斯坦—阿富汗—巴基斯坦—印度（TAPI）—两条管线能否为继有待观察。

二、随着美军全面撤离阿富汗日期日益临近，中亚地区反恐形势面临巨大挑战

具体表现为：其一，阿富汗迄今仍是国际恐怖分子全球网络的大本营之一；部分恐怖和极端组织的目的旨在恶化中亚稳定局面，推翻现有世俗政权，争取建立伊斯兰哈里发国家；包括费尔干纳盆地、阿富汗和塔吉克斯坦的巴达赫尚地区以及中国新疆南疆在内的“恐怖三角地带”已隐然形成。其二，贩卖毒品是恐怖组织资金的重要来源，而中亚仍为阿富汗毒品的重要外输通道。最新报告显示，2013年阿富汗共种植罂粟15.4万公顷，其鸦片产量占全球非法鸦片总产量的74%。据统计，15%—30%的阿富汗毒品经由中亚、俄罗斯销往欧洲市场，而目前中亚和南亚缺乏有效的“防毒安全合作机制”。其三，“乌伊运”及其分支在中亚各国日趋活跃。最近两年，中亚安全局势发生了显著变化，激进伊斯兰势力及其武装网络在该地区正日益蔓延和扩散。原本处于低潮期的“乌伊运”死灰复燃，且更趋活跃。“乌伊运”和“伊斯兰圣战联盟”的分支机构“遍地开花”。更为关键的是，这一时期北高加索和中亚的恐怖活动与犯罪网络趋于重叠，二者之间的互联互通和相互协作更为紧密。2011年以来，哈萨克斯坦境内新涌现出十余支极端组织，包括“乌伊运”分支“哈里发战士”、“哈萨克斯坦虔诚军”、“乌兹别克斯坦伊斯兰

圣战联盟”等，在哈连续作案。阿克纠宾州、曼吉斯套州的扎瑙津地区、阿拉木图市、阿斯塔纳市和希姆肯特市的一些市场和棚户区、卡拉干达州的杰兹卡兹干市都成为恐怖活动的重点地区。吉尔吉斯斯坦内务部资料显示，2013 年吉共发生 200 余起极端主义案件。极端组织“乌伊运”分支“吉尔吉斯斯坦伊斯兰运动”（简称“吉伊运”）、“伊斯兰圣战联盟”等新老恐怖组织在吉南部积极活动。2012 年，塔吉克斯坦副总检察长宣布，塔新近将“乌伊运”分支“安拉战友”列为塔最危险的极端组织并禁止其在境内活动。

资料显示，目前哈萨克斯坦在叙利亚的“圣战者”约 190 人、吉尔吉斯斯坦约 100 人、乌兹别克斯坦 45 人、塔吉克斯坦 200 多人、土库曼斯坦数十人。2013 年以来，中亚各国相继破获多起在叙“圣战者”潜回国内预谋发动恐怖袭击的案件。哈萨克斯坦金融监管局首次查获一些大公司与极端分子勾结，为其提供境外融资的事实。哈萨克斯坦宗教问题科研和分析中心副主任基穆尔·科基列夫表示，“这些从‘血雨腥风’中回国的‘圣战者’，将使哈国内反恐形势更趋严峻。”2013 年 9 月 18 日，吉尔吉斯斯坦安全机关宣布，在奥什地区打掉了一个从叙利亚回国的“伊斯兰圣战联盟”的“圣战”团伙，该团伙预谋在吉独立日和比什凯克“上合峰会”期间发动恐怖袭击，团伙成员包括哈萨克斯坦公民和吉尔吉斯斯坦公民。同年，吉警方还在奥什地区抓获 6 名从叙利亚回国的恐怖嫌疑人。2013 年，塔吉克斯坦最高法院判处 5 名从叙利亚回国的大学生 2 年徒刑，指控其参加了反对阿萨德的军事行动。此外，警方还指控一名嫌疑人囤积物资，准备到叙利亚参加“圣战”。目前看，叙利亚和巴阿地区两股“圣战”势力回流中亚乃至中国新疆的行动已经启动，其对地区安全形势构成的威胁将逐步显现。其中哈萨克斯坦西部和南部、吉尔吉斯斯坦南部、塔吉克斯坦和阿富汗的边境地区受到的冲击尤为明显。由于塔阿边境的地理状况以及边防守卫薄弱，塔前反对派武装残余力量、

“乌伊运”等恐怖组织成员，以及来自中东和巴基斯坦、阿富汗的非法武装分子经常越境进入中亚开展破坏活动。另外，阿富汗各派势力向北部运动频繁，塔阿边境安全压力激增，情况堪忧。塔阿边境已然成为各种非法武装势力往来中亚和阿富汗的“开放式”门户，这无疑已经影响到上合组织中亚成员国的安全与稳定。藏匿于巴阿部落地区的“东伊运”恐怖分子始终是影响我新疆稳定的安全大患。外媒透露，目前藏匿于该地区的“东伊运”恐怖分子约上千名，这些恐怖分子如回流新疆，必将对新疆的长治久安和我国丝路经济带战略构成严重威胁。

三、传统安全问题对地区恐怖主义形势的影响不容低估

由于历史原因，中亚国家在边界划分、水资源分配等问题上始终存在各种冲突与矛盾。虽然近年来在边境线界定方面做出了很大努力，但仍经常出现各种纠纷，尤其是在一些国家的“飞地”地区，矛盾冲突更加激烈和频繁。例如，仅在费尔干纳地区，就有十余个民族“飞地”。有的边界线甚至把一个村庄分成两个部分，还有一些“飞地”在国家之间相互镶嵌。近年来，边界地区经常发生冲突，主要发生在乌吉、乌塔、吉塔之间，发生冲突的双方通常是边防士兵与居民或是两国居民直接产生矛盾，冲突的原因包括争水争地、毒品走私、非法越境、日常琐事等等。冲突事件虽然很少造成重大伤亡，但由于发生频率高（平均一年300多起）、参与人数多（有时多达数百人）又涉及敏感的边界线问题，因此已经成为影响中亚地区稳定的重要因素。从未来趋势看，这种边界威胁倾向在逐年上升。在当前中亚地区持续动荡的背景下，边界冲突的深层次影响变得愈发复杂，甚至有可能引发国家之间的矛盾，一旦管控失效，极易引发地区冲突，破坏地区稳定，为恐怖极端势力的扩散增添新的土壤。

第二节　中亚地区主要反恐措施

面对日趋严峻的反恐反极端形势，中亚各国纷纷出重拳严厉打击暴恐、极端和涉毒团伙，严防境外恐怖组织渗透。同时，中亚各国也借助各层级反恐安全机制和平台，加强区域反恐合作，完善各项反恐法律法规，走依法治恐之路。

一、继续建立健全反恐反极端法律体系

2013 年 1 月 5 日，哈萨克斯坦国家官网刊登了总统纳扎尔巴耶夫签署的反恐法修正案法令。新反恐法重点加强反恐预防措施，同时完善反恐垂直领导体系的建设，全国将依法建立地区反恐委员会。新版反恐法增添了三方面的内容：预防恐怖主义，消除所有国家和社会生活中滋生恐怖主义的条件；发现并制止恐怖主义行为；动用一切力量最大程度消除恐怖主义后果。[①] 为与反恐法相适应，哈萨克斯坦在新刑法草案中对建立和参加恐怖组织犯罪予以严惩。如，对参加境外军事组织，参加恐怖和极端组织训练，参加外国武装冲突的行为都将给予严惩。[②]

2014 年 3 月 26 日，吉尔吉斯斯坦国家安全委员会新闻官透露，吉尔吉斯斯坦法院已经禁止极端组织“阿克拉米亚”在吉境内活动。“阿克拉米亚”是为纪念阿克拉姆·尤尔达舍夫，由前伊扎布特组织成员于 20

① Назарбаев подписал закон о противодействии терроризму, http: //asker. kz/blog/terrorizm _ v _ kazakhstane/nazarbaev-podpisal-zakon-o-protivodejstvii-terrorizmu. html.

② Более 50 человек осуждено в Казахстане за терроризм в 2013 году, http: //www. newskaz. ru/society/20140409/6348619. html.

世纪 90 年代在乌兹别克斯坦建立。[①]

2014 年 5 月 3 日，塔最高法院宣布“安萨鲁拉赫”为非法组织，禁止其在塔境内活动。最高法院同时还禁止出版与该组织有关的视频、书籍并查封了该组织的两家网站“irshod. com”和“irshod. net”。塔总检察院发言人哈伊鲁拉耶夫称：“安萨鲁拉赫”是“乌伊运”的分支，并接受基地组织的资助。该组织组织实施了 2010 年对胡占德市强力部门的恐怖袭击。该组织前领导人拉西莫夫，绰号阿卜杜拉，于 2011 年被打死。在搜查其住处时，发现了“安萨鲁拉赫”的旗帜。2013 年秋，该组织公开在互联网上发布视频，反对塔政府。[②]

二、严打各类涉恐涉暴团伙，严控利用互联网传播极端主义，净化社会环境

2013 年，哈萨克斯坦有 38 起涉恐涉极端案件，涉案人员 83 人，与 2012 年的 127 起相比，已大为降低。2013 年 10 月，阿特劳州跨区法院起诉了该州库尔曼格金区的一个犯罪组织。该组织在数年间鼓吹萨拉菲极端思想，煽动居民赴巴阿、北高加索和叙利亚参加“圣战”。他们组成恐怖团伙，自制爆炸物，策划利用人体炸弹对区国家安全委员会、内务部大楼发动恐怖袭击。这些行动均被挫败，涉案人员被判刑 6—14 年不等。2014 年，哈萨克斯坦在抵制宗教极端主义和恐怖主义的框架下，加大了对利用互联网散播极端思想的整治力度，对 10 万多个互联网网址进

① Движение “Акрамия” признано в Киргизии экстремистской организацией, http: //www. fondsk. ru/news/2014/03/26/dvizhenie-akramia-priznano-v-kirgizii-ekstremistskoj-organizaciej-26625. html.

② В Таджикистане запретили движение “Джамаат Ансаруллох”, http: //m. regnum. ru/news/1527203. html.

行了排查监控，其中 703 个网站因鼓吹极端和恐怖主义思想被检察机关关闭，对 1405 名涉案人员提起诉讼，共立案 1873 件，为国家挽回经济损失 200.6 亿坚戈，为公民和法人挽回损失 30.7 亿坚戈。检察机关透露，经过专项整治，2014 年国家治安形势得到改善。犯罪率由 35.9 万件降为 34.1 万件，降低了 5.2%。特大、重大犯罪分别降低 18.2% 和 17.4%。[①]

2014 年 12 月 26 日，塔吉克斯坦国家安全委员会工作人员尼基纳伊·阿齐兹穆罗德宣布，塔及时打掉了数支旨在破坏地区稳定的暴恐组织。11 月，在塔北部的索哥特州逮捕了 20 余名恐怖分子——人体炸弹，他们试图破坏当地重要的战略设施。据被捕者交代，他们是“乌伊运”成员。警方在搜查时发现了大量自杀腰带和极端主义宣传品。11 月 12 日，在索哥特州还抓获 12 名涉嫌为叙利亚招募雇佣军的塔公民。所有被捕嫌犯都是恐怖组织“安萨鲁拉赫”的成员，年龄在 26—42 岁之间。据塔护法机关材料，从 2014 年起，在塔境内取缔了 20 个有组织犯罪团伙，抓获 79 名极端组织成员。包括“伊扎布特”、“乌伊运”、“安萨鲁拉赫”和“巴伊阿特”成员。

三、加强国际合作，打击跨境毒品走私

打击毒品走私一直是切断涉恐涉暴犯罪资金来源的重要方式，也是中亚国家执法务实合作的重点。2013 年，塔吉克斯坦执法机构共登记 936 起贩毒品犯罪，占犯罪总数的 5%。从 1994 到 2013 年，塔吉克斯坦

---

① Более 700 террористических и экстремистских сайтов выявили прокуроры в Казахстане в 2014 г，http：//365info.kz/2015/01/bolee-700-terroristicheskix-i-ekstremistskix-sajtov-vyyavili-prokurory-v-kazaxstane-v-2014-g/.

共收缴各类非法转运的毒品 102.15 吨，在中亚国家中成绩最为显著。[①] 10 月底，塔吉克斯坦国家安全委员会成员在反恐部队“阿尔法”的支持下，抓获 134 名跨国贩毒集团成员，包括塔吉克斯坦和阿富汗公民，缴获 32 公斤海洛因。其中一名成员是 32 岁的塔国安委边防部队军官，毒品是他们在 9 月下旬从一个 20 人的阿富汗武装团伙手中购买的。[②]

2014 年 2 月 24 日，塔毒品管制机构与强力部门召开协调会，商讨在“渠道”行动框架下的反毒行动。参加会议的还有集体安全条约组织和俄罗斯毒品管制机构的代表。会议重点探讨了缉毒行动的组织训练问题。“渠道”反毒机制始于 2003 年，是集安组织成员国框架下的反毒合作机制。包括亚美尼亚、白俄罗斯、哈萨克斯坦、吉尔吉斯斯坦，俄罗斯和塔吉克斯坦都加入了该机制。

2 月 24—25 日，塔吉克斯坦毒品管制局局长鲁斯兰·纳扎洛夫对哈萨克斯坦进行了为期两天的工作访问。纳扎洛夫是来参加中亚国家反麻醉药品、精神药物及其前体的非法贩运信息中心国家协调委员会（ЦАРИКЦ）例会的。在哈期间，纳扎洛夫与哈国家安全委员会主席阿贝卡耶夫举行了会谈。双方就反毒品走私领域的合作进行了深入交流，并就 2014 年美联军撤军后的地区毒品形势交换了意见。双方同意，合作的优先方向是互换毒品走私情报，包括跨境贩毒组织头目的情报以及共同消除威胁工作的组织协调。双方还就评估阿富汗毒品“北方线路”毒品转运情况的方法交换了看法。双方一致认为，该问题应与地区和国际

① ПРАВООХРАНИТЕЛЬНЫЕ ОРГАНЫ ТАДЖИКИСТАНА ОБСУДИЛИ ВОПРОСЫ О ПРОВЕДЕНИИ ЛОКАЛЬНОГО МЕРОПРИЯТИЯ В РАМКАХ ОПЕРАЦИИ “КАНАЛ”，http：//ecrats.org/ru/situation/status/3456.

② 塔吉克斯坦安全机关宣布恐怖分子试图破坏塔稳定，http：//tajikta.tj/news/detail.php? ID=330496&sphrase_id=28166.

组织的意见一并考虑，以提高评估方法的准确性。[①]

2014 年 8 月底，欧安组织向土方派出培训人员，对部分土边防军进行为期 45 天的培训，以提高土军反渗透能力。9 月 14 日，伊朗国防部长达赫甘史上首次出访土库曼斯坦，土军事观察员应邀观摩伊在东北部呼罗珊扎拉维省的军事演习，这是两国在地区安全问题上首次协调行动。

① Главы АКН Таджикистана и КНБ Казахстана обсудили ожидаемую после 2014 года ситуацию в регионе, http: //news. tj/ru/news/glavy-akn-tadzhikistana-i-knb-kazakhstana-obsudili-ozhidaemuyu-posle-2014-goda-situatsiyu-v-reg.

第七章　南亚地区恐怖主义与反恐怖斗争形势综述

第一节　南亚地区恐怖主义形势

2013—2014 年南亚整体恐怖主义形势仍然比较严峻，巴基斯坦、阿富汗深陷恐怖主义泥潭不能自拔，印度仍然面临左翼激进势力、宗教极端势力和东北部分裂势力的严重威胁，孟加拉国安全形势自 2013 年以来出现严重反复，部分宗教极端组织再度活跃。

一、印度恐怖主义形势

自 2012 年以来，印度安全形势已有所好转，但仍是恐怖袭击多发国。根据澳大利亚智库经济与和平研究所（IEP）2014 年发布的报告，印度恐怖主义指数为 7.86，位列世界第六。印度的恐怖组织主要分为左翼激进势力、宗教极端势力和东北部分裂势力。与 2012 年相比，近两年暴恐事件死亡总人数有所上升。2013 年，印国内各种暴恐事件共造成

885 人死亡，包括恐怖分子 388 人、安全部队 193 人和平民 304 人。2014 年，共造成 976 人死亡，包括恐怖分子 408 人、安全部队 161 人、平民 407 人。[①] 两年内共造成 1861 人死亡，其中，左翼激进势力造成 735 人死亡，印东北部分离主义叛乱造成 717 人死亡。[②]

左翼激进势力依旧活跃。2013 年，左翼激进势力共造成 421 人死亡，占总死亡人数近半，与 2012 年相比有所增加。2014 年则有所回落，共造成 314 人死亡。[③] 纳萨尔派（毛派）是印度主要左翼激进势力，曾被前总理辛格称为印度“最主要安全威胁”，在切蒂斯格尔邦和卡纳塔克邦等地尤为活跃。作为印度最大的反政府武装组织，该武装继续袭击印度政府机构和安全部队。2013 年 5 月 25 日，纳萨尔武装分子在恰蒂斯加尔邦苏格玛袭击一位国大党领导人，造成 27 人死亡，包括邦前内政部部长卡尔马（Mahendra Karma）和前外长舒克拉（Vidya Charan Shukla）。大选期间发动恐袭也是纳萨尔派活动惯例。2014 年 4 月，纳萨尔派在印度中部恰蒂斯加尔邦加尔达尔普尔地区和比加普尔地区，袭击选举工作人员和安全部队人员，造成至少 15 人死亡。4 月 24 日，其又在印中部恰尔肯德邦针对选举人员发动地雷袭击，造成至少 8 人死亡。

东北部分离主义势力造成大量伤亡。与 2012 年相比，2013 年印东北部分离主义活动死亡人数有所下降，为 252 人，2014 年则有所回升，

---

① “India fatalities：1994 — 2015”，South Asia Terrorism Portal，ttp：//www.satp.org/satporgtp/countries/india/database/indiafatalities.htm.（上网时间：2015 年 2 月 20 日）。

② “India fatalities：1994 — 2015”，South Asia Terrorism Portal，http：//www.satp.org/satporgtp/countries/india/database/indiafatalities.htm.（上网时间：2015 年 2 月 20 日）

③ “Cumulative Fatalities by Conflict Theatres：2005-2015”，South Asia Terrorism Portal，ttp：//www.satp.org/satporgtp/countries/india/database/Cumulative _ Fatalities.htm.（上网时间：2015 年 2 月 20 日）

为465人，占总死亡人数近半。[①] 印东北部分离主义势力包括“波多民族民主阵线”（NDFB）和“阿萨姆联合解放阵线”（ULFA）等。2014年5月1日—2日，印东北部爆发严重暴力事件，近30名穆斯林被杀，数间民宅被烧毁，数百人被迫离开家园。印警方称，“波多民族民主阵线”系主要黑手。[②] 2014年12月23日，阿萨姆邦再次发生重大流血事件，系“波多民族民主阵线”为报复政府的清剿行为，袭击并屠杀部落民众，造成70人死亡，超过80人受伤，250人失踪。

伊斯兰极端组织发动恐袭。与2012年及2014年相比，伊斯兰极端组织在2013年更为活跃。2013年2月21日，“印度圣战者组织”（IM）恐怖分子在海德拉巴一个购物区引爆两枚炸弹，造成17人死亡、119人受伤。2013年7月，印度佛教圣地菩提迦耶发生连环爆炸案，造成10人受伤。有关调查部门称，袭击由“印度圣战者组织”发动。有分析指出，此次袭击或与缅甸若开邦佛教徒与罗兴亚族穆斯林间持续不断的宗教冲突有关，意在报复并警告佛教徒。伊斯兰极端组织还在2013年涉嫌发动两起针对印度人民党（简称“印党”）的重大恐怖袭击。2013年4月，印人党班加罗尔办公室附近一摩托车被引爆，18人重伤。政府逮捕15名与伊斯兰极端组织相关的嫌疑人。同年10月，巴特那火车站、市中心电影院和集会广场发生连环爆炸案，至少6人死亡，80多人受伤。[③]

---

① “Cumulative Fatalities by Conflict Theatres：2005－2015”，South Asia Terrorism Portal，ttp：//www. satp. org/satporgtp/countries/india/database/Cumulative _ Fatalities. htm.（上网时间：2015年2月20日）

② “Dozens of Muslims killed in ethnic violence in north-east India”，*The Guardian*，3 may 2014，http：//www. theguardian. com/world/2014/may/03/dozens-muslims-killed-ethnic-violence-north-east-india-assam.（上网时间：2015年1月1日）

③ U. S. Department of State，“Country Reports on Terrorism 2013”，http：//www. state. gov/j/ct/rls/crt/2013/224824. htm.（上网时间：2015年2月15日）

警方认定，此由“印度圣战者组织”发动，目标就是在此举行大型政治集会的印人党总理候选人莫迪。

大选前族群冲突升温，大选后有所缓和。印度教派和民族众多，族群矛盾和冲突多发，尤以印度教和穆斯林间的教派矛盾为甚。2013 年 9 月初，印度北方邦穆扎法尔讷格尔地区爆发宗教暴力冲突，截至 10 月底已造成 60 余人丧生。事故源于当地印度教徒和穆斯林两个家庭间的纠纷，但最终演变为两大宗教和族群间的流血冲突。当地警方多次实施宵禁，学校停课，商店关门，民众正常生活被打乱。印度新总理莫迪上任后，安全形势总体平稳，未发生大规模宗教冲突。

此外，“基地”组织南亚分支和“伊斯兰国”（IS）构成安全挑战。印度内政部长辛格称，“伊斯兰国”对印度次大陆威胁增加是主要安全挑战。[①] 2014 年 5 月，有 4 名穆斯林青年前往伊拉克—叙利亚冲突地区加入“伊斯兰国”。印度前情报局局长阿西夫·易卜拉欣（Asif Ibrahim）称，这将产生示范效应，印度青年前往伊拉克—叙利亚地区的可能性上升，将直接或间接威胁印度安全。[②] “基地”组织头目艾曼·扎瓦赫里 2014 年 9 月宣称，已在印度次大陆建立分支，把印度、缅甸和孟加拉国列为目标。在扎瓦赫里威胁“升起圣战旗帜”、在印度次大陆传播伊斯兰神权统治几小时后，印度情报机构在全国发布警告。安全部门和警方官员已被告知对“基地”恐怖组织任何大规模招募年轻穆斯林的举动保持警惕。

---

① “ISIS our biggest challenge：Rajnath Singh”，*the Aisan Age*，Nov 30，2014，http：//www. asianage. com/india/isis-our-biggest-challenge-rajnath-singh-119.（上网时间：2015 年 2 月 15 日）

② “ISIS group to be banned in India”，*The Indian Express*，Feb 14，2015，indianexpress. com/article/india/india-others/isis-to-be-banned-in-india/.（上网时间：2015 年 2 月 15 日）

二、阿富汗恐怖主义形势

2013—2014年是阿富汗反恐战争的转折年。2013年中期，以美国为首的国际安全援助部队将主要防务责任移交给阿富汗国家安全部队，后者逐步承担起维护国家安全的责任。整体看来，阿富汗安全形势自2013年以来迅速恶化，阿富汗塔利班频繁发动较大规模的恐怖袭击。联合国2013年底发布报告称，当年共有超过12000名塔利班成员被捕、丧生或受伤，阿富汗安全形势恶化由此可见一斑。[①] 2015年2月，联合国报告显示，2014年阿富汗平民伤亡人数高达10548人，同比上升了22%，多数是由地面战场冲突造成。2014年更是国际安全援助部队撤出作战部队的关键年份，塔利班围绕外国军队撤出和阿富汗举行总统大选两大关键节点加大袭击力度。2014年已经成为2001年以来阿富汗安全形势最为糟糕的一年。

首先，塔利班继续实施非对称作战军事行动。塔利班早已认识到不能同以美国为首的国际安全援助部队硬拼，多年来一直使用包括简易爆炸装置（IED）、突袭重要军政目标以及暗杀军政要人等在内的非对称作战手法与外军和阿富汗安全部队周旋。为了持续对阿富汗政府施压，塔利班一度不区分目标实施袭击，造成严重平民伤亡，这损及其在阿民众中的形象。为此，塔利班调整作战手法，将袭击目标转向阿军政设施以及外国在阿人员和机构，避免伤及无辜平民。2013年以来，塔利班在首都喀布尔、南部坎大哈、东南部贾拉拉巴德、西部赫拉特等地连续发动暴力恐怖袭击，而且重点打击警察局、国家安全局等军政设施。印度驻

---

① "UN report detailing Taliban fighter deaths warns of force's illicit funding", http://www.theguardian.com/world/2013/nov/17/un-report-taliban-fighter-deaths.（上网时间：2015年1月28日）

贾拉拉巴德领事馆、美国驻赫拉特领事馆、英国在赫尔曼德省军事基地等均成为袭击目标。例如，2013 年 9 月 8 日，阿富汗国家安全局驻中部瓦尔达克省分部遭到武装分子袭击，造成至少 10 人死亡、150 人受伤。当月 13 日，美国驻阿富汗西部赫拉特省的领事馆遭袭击，造成至少 6 人死亡、23 人受伤。2014 年新年伊始，塔利班即针对西方目标发动具有轰动效应的袭击。1 月 17 日晚，3 名塔利班武装分子对喀布尔市一所外国人经常光顾的餐厅发动恐怖袭击。一人先在餐馆门外引爆身上的炸药，另两人随即闯进餐馆，手持 AK－47 步枪扫射。袭击一共造成 21 人死亡，其中 13 人为外国人，包括国际货币基金组织（IMF）驻阿富汗代表和几名联合国雇员。

其次，塔利班试图破坏 2014 年阿富汗总统大选。阿富汗未来长治久安的核心在于顺利实现“三重过渡”，即政治、经济和安全过渡。其中政治过渡的核心就是顺利举行总统大选，经选举产生下一任总统，实现权力顺利移交及从“卡尔扎伊时代”向“后卡尔扎伊时代”的过渡。为此，国际援助方和阿富汗政府考虑再三，决定在 2014 年 4 月 5 日举行总统大选。此举具有明显的安全考虑。阿富汗冬季天气寒冷，塔利班一般会在冬季蛰伏等待时机，直至 4 月底、5 月初发动新一轮的“春季攻势”。选举日期公布之后，塔利班宣布大选受外部势力操控，根本就是“浪费时间”，威胁“参选者都无法逃脱死亡的惩罚”。为此，塔利班打破了 5 月份之前“休战”的惯例，早在 3 月份就威胁将对大选工作人员、安保部队和参与投票的阿富汗人发动袭击。3 月 20 日晚，4 名塔利班武装分子闯入位于首都喀布尔的塞雷纳五星级酒店，并与保安发生激烈交火。塔利班袭击目标明显系居住在酒店的外国人，其中包括联合国人员以及 4 月总统大选的外国观察员。当月 25 日，阿富汗前财政部长、主要总统候选人阿什拉夫·加尼住所附近发生两次爆炸，所幸其本人并未受伤。29 日，塔利班武装分子袭击阿富汗“独立选举委员会”总部。塔利班在 4

月 5 日总统选举投票日之前针对选举相关目标连续发动恐怖袭击，明显试图破坏选举。在国际安全援助部队和阿富汗安全部队的全力保驾护航之下，阿富汗总统选举整体顺利进行，投票率保持较高水平，这在一定程度上反映了阿富汗民众心理的变化，即希望通过参加投票影响阿富汗未来政治进程乃至国家的整体发展方向。

第三，重新发动较大规模地面进攻行动。随着以美国为首的国际安全援助部队持续向阿富汗国家安全部队移交防卫责任，阿富汗安全部队，特别是国民军逐渐成为与塔利班作战的主体力量。整体而言，国民军作战装备要强于塔利班，但并未形成压制性优势，这为塔利班卷土重来提供了可能。2013 年中期以来，塔利班数次发动数百人参与的较大规模地面进攻行动，这与之前其一味依赖武装伏击、自杀式炸弹袭击等做法形成了鲜明的对比。例如，2014 年 6 月 25 日，800 多名塔利班叛乱分子针对阿富汗南部赫尔曼德省的桑金地区发动了较大规模的进攻行动。据阿内政部数据，阿安全部队与塔利班形成拉锯战，打死打伤至少 500 名塔利班武装分子，有超过 100 名军警和至少 200 名平民在交战中丧生。[①] 8 月份，阿富汗军队被迫与塔利班谈判，这标志着阿富汗军队彻底失去对桑金地区的控制。塔利班控制桑金地区袭击彰显其仍然具有相当作战潜力，不排除未来控制若干乡村地区，乃至中小城镇的可能性。当月，超过 700 名塔利班武装分子还在卢格尔省的查尔赫区袭击阿富汗安全部队。9 月，700 余名塔利班武装分子袭击卢格尔省战略意义巨大的阿杰尔斯坦地区，导致至少 100 名安全部队成员和平民死亡，地方当局已经紧急向

① “Dozens killed as Taliban makes major bid for former Afghan stronghold of Helmand”, http：//www. washingtonpost. com/world/taliban-kills-dozens-attempts-to-retake-former-afghan-stronghold/2014/06/. 28/ddbd9132-1b60-41d2-af3e-4a76643abced _ story. html. （上网时间：2015 年 1 月 28 日）

阿中央政府求援。阿杰尔斯坦位于连接首都喀布尔和南部重镇坎大哈的交通要道，战略意义重大。此后，塔利班不断发动较大规模地面进攻行动。例如，塔利班指挥官塞得·拉赫曼表示，塔利班已经控制了瓦尔达克省的赛义达巴德地区。塔利班战士白天公开巡逻，并且设立宗教法庭解决当地纠纷，征收税款，在当地学校传授塔利班制定的课程。在北部昆都士省，阿富汗官员承认塔利班已经控制了察哈尔达拉和达什阿奇两个地区。

第四，“伊斯兰国”积极向阿富汗拓展影响。“伊斯兰国”虽然活动重点仍在叙利亚和伊拉克等中东国家，但已经着手向南亚拓展影响。在此过程中，当地一些武装分子成为“伊斯兰国”的重要依托。例如，曾被关押在关塔那摩监狱的塔利班前高级军事指挥官拉奥夫·卡蒂成立了“伊斯兰国”位于阿富汗南部赫尔曼德省的分支，其成员包括100多人，悬挂“伊斯兰国”黑旗。阿富汗军官表示，很多部落长老、“圣战”指挥官和宗教领袖表示拉奥夫正在积极拉拢人员入伙。美国驻阿富汗最高指挥官坎贝尔也表示，“伊斯兰国”正在阿富汗招募人员，例如在夜间投放信件等等。目前，拉奥夫已经宣布对“伊斯兰国”大头目巴格达迪效忠。在阿富汗，宣布对“伊斯兰国”效忠不只是拉奥夫一个人。鉴于塔利班最高领袖奥马尔不见踪影，导致塔利班缺乏明确的领导，战斗多年也未能重新建立“阿富汗伊斯兰酋长国”。与此同时，“伊斯兰国”却在短期内在伊拉克、叙利亚占领大片土地，这导致塔利班产生严重落差。一名“呼罗珊组织”（涵盖印度、巴基斯坦、阿富汗等南亚国家的极端组织）指挥官表示，很多塔利班成员怀疑奥马尔是否还活着，但巴格达迪却是真正存在。目前，“伊斯兰国”的理念正迅速向阿富汗渗透，例如首都喀布尔的一些学生成立了支持“伊斯兰国”的地下组织。

三、巴基斯坦恐怖主义形势

自 2007 年“红色清真寺”事件以来，巴基斯坦安全形势迅速恶化并一直持续至今。以巴基斯坦塔利班为代表的极端势力不断针对巴政府、军队以及平民发动血腥恐怖袭击。2013 年以来，巴基斯坦安全形势略有好转，巴塔发动恐怖袭击频率和规模较前几年有所下降，但这并未彻底扭转巴基斯坦安全颓势，恐怖事件仍然时有发生。

首先，巴基斯坦塔利班等本土暴恐势力频繁施暴。以 2013 年 7 月为例，巴基斯坦当月共发生 27 起恐怖袭击，造成至少 127 人死亡、410 人受伤。其中至少有 112 平民丧生、347 人受伤；巴政府官员、安全人员也成为主要袭击目标，当月共有 15 人丧生、63 人受伤。“巴塔”尤其强化对巴军袭击。2013 年 9 月，巴军 1 名少将及随从两名军官在开伯尔—普赫图赫瓦省遭路边炸弹袭击身亡，巴塔声称对此负责。据统计，巴基斯坦 2013 年至少有 5379 人死于恐怖主义袭击，相比 2012 年的 6211 人下降 13.39%。其中，2472 名恐怖分子被安全部队打死。676 名安全部队成员死于恐怖主义袭击，相比 2012 年的 732 人下降 7.67%。纵观 2013 年，巴基斯坦一共发生 355 起较大规模恐怖袭击（致死 3 人以上），共导致 3268 人死亡。[①] 总体看来，巴基斯坦 2013 年的恐怖袭击频率以及造成的伤亡人数均出现较大规模下降，但单次恐怖袭击导致的伤亡率却开始上升。例如，2013 年 8 月 8 日，“巴塔”在俾路支斯坦省首府奎达针对安全部队发动炸弹袭击，导致包括 21 名警察在内的 38 人死亡，

---

① “Pakistan Assessment 2014”, http: //www.satp.org/satporgtp/countries/pakistan/index.htm.（上网时间：2015 年 1 月 28 日）

另有40名安全部队成员受伤。[1] 从恐怖袭击发生地区分析，联邦直辖部落区（1716人死于恐怖袭击）仍然是最不安全地区，信德省（1668人）位居第二，俾路支斯坦省（960人）第三，开伯尔一普什图赫瓦省（936人）位居第四，旁遮普省（81人）仍是巴基斯坦最安全的地区。[2] 2014年以来，巴基斯坦安全形势依然严峻。以1月为例，巴基斯坦恐怖袭击造成至少460人死亡，其中包括241名平民、86名安全部队成员以及133名武装分子。其中38起主要恐怖袭击至少导致309人死亡。[3]

其次，巴基斯坦塔利班逐渐走向分裂。2013年，美军无人机袭击打死"巴塔"领导人哈基姆拉·马赫苏德，该组织陷入领导人危机，在谁接任哈基姆拉以及是否与政府和谈问题上争执不下。出任"巴塔"领导人的法兹鲁拉既不能服众，也无法在和谈问题上凝聚共识。2014年3月，法兹鲁拉宣布暂时与政府停火，这成为"巴塔"走向分裂的导火索。此前，乌玛尔·卡西米就宣布成立"自由印度"组织，公开反对和谈，继续与巴军作战。5月中旬，萨迦那·马赫苏德宣布成立南瓦济里斯坦塔利班，并且指责巴塔已经"背离了伊斯兰教的基本原则"。随后，来自莫哈曼德部落区的奥马尔·哈立德·呼罗珊与巴焦尔、开伯尔、奥拉克宰、查萨达、白沙瓦和斯瓦特地区的武装组织领导人宣布成立"自由圣战者"组织。该组织与先前的"自由印度"组织合并，并由卡西米统一领导。9月中旬，北瓦济里斯坦部落区的谢赫亚尔·马赫苏德宣布脱离"巴塔"。10月13日，"巴塔"发言人沙希杜拉·沙希德以及5名地区埃

① "Pakistan Assessment 2014", http://www.satp.org/satporgtp/countries/pakistan/index.htm.（上网时间：2015年1月28日）

② "Pakistan Assessment 2014", http://www.satp.org/satporgtp/countries/pakistan/index.htm.（上网时间：2015年1月28日）

③ "Pakistan Assessment 2014", http://www.satp.org/satporgtp/countries/pakistan/index.htm.（上网时间：2015年1月28日）

米尔（包括来自库拉姆的多拉特·汗，奥拉克宰的赛义德·汗，开伯尔的古尔·扎曼，白沙瓦的哈桑·斯瓦提以及汉古的哈立德·曼苏尔）发布视频，宣布脱离“巴塔”，对“伊斯兰国”大头目巴格达迪效忠。[①]

“巴塔”走向分裂彰显其内部派别林立以及不同派别具有不同的利益诉求，同时也表明尽管该组织具有与“基地”组织类似的全球圣战理念，但其本质上仍然是一个基于部落纽带的组织。在法兹鲁拉之前，“巴塔”连续多任领导人均出自马赫苏德部落，该部落也是“巴塔”组织下最强和最核心的一支武装。法兹鲁拉上台之后，马赫苏德部落并不认可其领导权，而且“巴塔”内部派系在和谈等问题上立场不同，最终导致了2014年不断出现各派别脱离“巴塔”、自立门户的现象。然而，“巴塔”自身分裂却不一定是好事，这意味着“巴塔”不再具有统一的领导机构和组织形态，而是进一步分散成为各自为政、无不隶属的极端组织，未来巴军在武装清剿或者和谈时将面临找不到合适对象的困难。

第三，国际恐怖组织拓展在巴影响。2014年6月底，“伊斯兰国”头目巴格达迪宣布其目标是建立一个“伊斯兰哈里发国”，自封为领导全世界穆斯林的“哈里发”。此后，“伊斯兰国”强化对南亚，特别是巴基斯坦的渗透。在俾路支斯坦、白沙瓦和克什米尔地区均出现“伊斯兰国”号召穆斯林参加“圣战”的宣传材料。巴境内极端组织“简格维军”成员表示，已经有超过200名武装分子前往中东支持“伊斯兰国”。[②]“巴塔”发言人沙希杜拉·沙希德在宣誓对“伊斯兰国”效忠之后，表示将继续向伊拉克和叙利亚派遣武装人员，支持“伊斯兰国”的战斗。此外，

---

① “Discord dissolves Pakistani Taliban coalition”, http://www.longwarjournal.org/archives/2014/10/discord_dissolves_pa.php.（上网时间：2015年1月22日）

② “The Islamic State Is Spreading Into Pakistan”, http://www.newrepublic.com/article/119535/isis-pakistan-islamic-state-distributing-flags-and-flyers.（上网时间：2015年1月22日）

“巴塔”还曾经发表声明，敦促“伊斯兰国”与中东地区的其他极端组织在面临共同敌人时“搁置分歧”、“团结抗敌”。巴基斯坦安全部队已经逮捕“伊斯兰国”在巴指挥官以及2名助手。

在“伊斯兰国”积极拓展影响的同时，老牌国际恐怖组织“基地”组织更是不甘寂寞，将南亚作为其核心活动区域而重点经营。2014年9月3日，“基地”组织头目扎瓦赫里发布视频，宣布在印度次大陆成立新的分支，威胁将把“圣战”带到印度、缅甸和孟加拉，将会在印度半岛实行“沙里亚法”，并“升起圣战旗帜”以“粉碎”将该地区伊斯兰教徒分隔开来的“虚假边界”。“基地”组织此举明显是针对“伊斯兰国”大肆拓展地盘的反制措施，进而维护其作为全球圣战“领军者”的地位。在成立后不久，“基地”组织次大陆分支就发动恐怖袭击，其发言人乌萨马宣布对9月两起恐怖袭击事件负责。9月2日，“基地”次大陆分支杀死巴军陆军准将扎霍尔。9月6日，次大陆分支试图劫持巴基斯坦军舰，进而以导弹袭击美国军舰。

最后，教派冲突事件时有发生。巴基斯坦穆斯林人口众多，其中逊尼派占80%以上，什叶派和艾哈迈迪亚派是少数。长期以来，巴存在“逊尼派至上”倾向，逊尼派极端组织不断针对什叶派和艾哈迈迪派发动各类袭击。作为回应，什叶派也成立了武装组织，与逊尼派武装组织对抗，双方斗争不断升级。2013年，巴基斯坦共发生128起教派袭击，共导致525人死亡，相比2012年发生173起教派冲突、共导致507人死亡出现了一定程度的下降。2013年1月10日，俾路支斯坦省省会奎达发生2起针对什叶派穆斯林的炸弹袭击事件，共导致105人死亡、169人受伤。[①] 2014年巴基斯坦教派袭击仍然猖獗，俾路支斯坦省首府奎达、

① “Pakistan Assessment 2014”，http：//www.satp.org/satporgtp/countries/pakistan/index.htm.（上网时间：2015年1月28日）

联邦直辖北部地区以及白沙瓦等地均成为教派袭击的重灾区。12月，逊尼派领导人沙姆斯·穆阿维叶遭暗杀，引发巴各大城市逊尼派连日游行抗议活动，抗议者要求政府立即逮捕暗杀者。此前，1名重要的什叶派领导人曾在卡拉奇被暗杀，引发什叶派严重不满。巴政府担忧此类事件若管控不好将引发大规模暴力冲突。

四、孟加拉国恐怖主义形势

2013年，孟加拉国内因现政府审判1971年反对孟加拉国独立的“战犯”和大选将至而陷于动荡，恐怖主义事件频发。据统计，全年造成死亡人数3人以上的恐怖主义事件多达29起，[①] 各类恐怖主义事件造成平民死亡228人、安全部队人员死亡18人，为近年来之最。[②] 2014年，谢赫·哈西娜领导的人民联盟（AL）政府严厉管控恐怖主义，全年内造成死亡人数3人以上的恐怖主义事件仅有两起，各类恐怖主义事件造成平民死亡29人、安全部队人员死亡9人。2014年恐怖主义事件数量及其造成人员伤亡虽较上年有大幅下降，但仍是近年来除2013年之外最严重的一年。[③] 据统计，2006年至2012年，孟加拉国内恐怖主义活动共造成平民死亡12人，未造成安全部队人员死亡。[④]

---

① “Major incidents of terrorist violence since 1996”，http：//www.satp.org/satporgtp/countries/bangladesh/database/majorincidents.htm.（上网时间：2015年2月23日）

② “Fatalities-Islamist Terrorism 2005-2015”，http：//www.satp.org/satporgtp/countries/bangladesh/database/Fatalities-Islamist%20Terrorism%202010.htm.（上网时间：2015年2月23日）

③ Ibid.

④ “Fatalities-Islamist Terrorism 2005-2015”，http：//www.satp.org/satporgtp/countries/bangladesh/database/Fatalities-Islamist%20Terrorism%202010.htm.（上网时间：2015年2月23日）

首先，政治动荡刺激宗教极端主义抬头。2009 年孟加拉国设立国际刑事法庭（ICT），就 1971 年孟加拉国独立战争期间的“战争犯罪”进行检控和审判。随着国际刑事法庭审判进程不断推进，孟加拉国内包括宗教政党、宗教极端组织在内的宗教势力感到压力倍增。国际刑事法庭于 2013 年 2 月 28 日、9 月 17 日、2014 年 10 月 29 日，先后判处或改判“伊斯兰大会党”（JeI）副主席德瓦尔·侯赛因·赛义迪、副秘书长阿卜杜勒·卡迪尔·毛拉、主席拉赫曼·尼扎米死刑，并于 2013 年 12 月 12 日执行了对卡迪尔·毛拉的死刑。至 2014 年底，共有 25 人遭到控告，其中包括伊斯兰大会党 13 人及“孟加拉国民族主义党”（BNP）4 人，两党共有 6 名高级领导被判处死刑。[①]

民众对审判倾向于支持，宗教势力则诉诸暴力手段予以反对。2013 年 2 月 5 日，达卡爆发了大规模游行示威，要求审判伊斯兰大会党相关人员所涉嫌战争罪行。伊斯兰大会党宣称该示威由“无神论者推动”，旨在反对伊斯兰教。[②] 2 月 15 日，组织协调示威活动的拉吉布·海德尔被杀害，调查显示凶手与“真主护卫者—孟加拉团”（ABT）有关，该组织宣扬通过“圣战”夺权，推行伊斯兰教法。据被捕的五名涉嫌谋杀的学生称，伊斯兰大会党学生组织“伊斯兰学生营”（ICS）一头目怂恿其加害海德尔并称此举是“宗教义务”。[③] 此后，伊斯兰大会党及“学生营”在各地引发冲突，造成大量伤亡。4 月以来，孟加拉国伊斯兰极端组织

---

① “Bangladesh Assessment 2015”，www. satp. org/satporgtp/countries/bangladesh/index. htm.（上网时间：2015 年 2 月 9 日）

② David Lewis，“The paradoxes of Bangladesh's Shahbag protests” http：//blogs. lse. ac. uk/indiaatlse/2013/03/21/the-paradoxes-of-bangladeshsshahbag-protests.（上网时间：2015 年 2 月 14 日）

③ “5 Rajib murder accused remanded”，http：//bdnews24. com/bangladesh/2013/03/02/5-rajib-murder-accused-remanded.（上网时间：2015 年 2 月 23 日）

“保卫伊斯兰”组织（HeI）逐渐走到台前，发动示威人群从吉大港进发至达卡举行“长征”示威，提出包括“惩罚‘侮辱’伊斯兰教者、取消妇女发展政策”等在内的13点要求，[①] 引发暴力骚乱。

其次，本土恐怖组织“死而不僵”。一方面，被禁恐怖组织仍有能力发动恐袭。被取缔的恐怖组织“孟加拉国圣战者组织”（JMB）在2014年2月23日，袭击了押禁恐怖嫌犯的卡车，造成1名警察死亡、数名警察受伤。[②] 另一方面，被禁组织“借尸还魂”，以新的面目出现。被取缔的“圣战者组织”、“孟加拉国伊斯兰圣战运动”（HuJI-B）以“古兰经学习课程”（QSC）、“BEM”等新名称进行重组和活动。这些组织在意识形态上更为极端，仇视执政的总理哈西娜及其领导的人民联盟政府，视其为“伊斯兰的敌人”，并积极鼓吹“全球圣战”。[③] 同时，基于互联网的新型恐怖组织兴起，与传统激进组织勾连。其代表就是因海德尔遇袭案而露出水面的“真主护卫者—孟加拉团”。该组织此前一直打着非政府组织、研究机构等旗号，通过网络进行煽动和串连，鼓吹“圣战”，视“基地”组织头目扎瓦赫里为其精神领袖。据称，该组织追随者目前已超过3000人。[④] 该组织与传统激进组织深度勾连，警方称有证据显示该组织与伊斯兰大会党及“学生营”有着密切联系，被认为是“学生营”分支

---

① “Govt must accede to our demands：Hifazat”，http：//bdnews24. com/bangladesh/2013/04/06/govt-must-accede-to-our-demands-hifazat.（上网时间：2015年2月14日）

② “Militants escape from Bangladesh prison van in bomb ambush”，http：//uk. reuters. com/article/2014/02/23/uk-bangladesh-militants-idUKBREA1M0M520140223.（上网时间：2015年2月14日）

③ “Splinter Terrorist Groups：Emerging Trends Of Terrorism In Bangladesh”，http：//mercury. ethz. ch/serviceengine/Files/ISN/171215/ipublicationdocument _ singledocument/ed1bd26f-8597-445d-acf1-22c5f8266631/en/p1a. pdf.（上网时间：2015年2月14日）

④ Ibid.

组织之一。[1]

恐怖组织活动呈“秘密渗透”态势。一方面，恐怖组织活动日渐隐秘。恐怖组织打着不同的名号进行低调活动，以躲避警方侦查。例如，目前警方仍旧对新出现的恐怖组织“BEM”的相关情况掌握不多，甚至不清楚其名称的具体含义。[2] 此外，恐怖组织正改变高调爆炸袭击的策略，转而使用小型武器进行暗杀活动。另一方面，恐怖组织加紧煽动渗透。在手法上，开始更广泛地使用互联网进行煽动、串连、募资等，通过发布实时信息，在散布极端思想的同时放大恐袭对公众的心理冲击。在对象上，则开始注重向青年学生、城市受教育阶层和女性的鼓动和渗透。

第三，恐怖活动显露“国际化”趋势。一是恐怖活动出现“跨境联动”。2014 年 10 月 2 日，印度国家调查局在调查一起发生在印度西孟加拉邦的意外爆炸事件中，偶然侦破了“圣战者运动”刺杀孟总理哈西娜及民族主义党主席卡莉达·齐亚的图谋，并发现该组织企图将孟加拉国建成一个包括印度西孟加拉邦在内的“伊斯兰国家”的计划。之后，孟国家安全情报局（NSI）局长穆罕默德·沙缪尔·哈克承认“恐怖组织或已经建立跨境据点”。[3] 二是域外恐怖组织加紧渗透。“基地”组织宣布成立次大陆分支。2014 年 9 月 5 日，“基地”组织头目扎瓦赫里宣布成立该组织次大陆分支（AQIS），鼓动次大陆穆斯林参加“全球圣战”，

---

① “Bangladesh: an Emerging Centre for Terrorism in Asia”, www. terrorismanalysts. com/pt/index. php/pot/article/view/348/html1/10.（上网时间：2015 年 2 月 14 日）

② “BEM modelled on JMB”, http: //bdnews24. com/bangladesh/2013/08/23/bem-modelled-on-jmb.（上网时间：2015 年 2 月 23 日）

③ “Bangladesh boosting counter-terrorism capabilities: NSI chief”, http: //bdnews24. com/bangladesh/2014/12/15/bangladesh-boosting-counter-terrorism-capabilities-nsi-chie. f.（上网时间：2015 年 2 月 14 日）

并宣称该组织将扩展其在巴基斯坦、印度、孟加拉国和缅甸的活动。11月29日，一个自称是"'基地'组织次大陆分支""孟加拉国分部"的组织发布视频，鼓动孟加拉国穆斯林尽快加入圣战。"伊斯兰国"渗透孟加拉国。2014年9月29日，一名英籍孟裔青年萨缪恩·拉赫曼在达卡被捕，该人涉嫌在孟加拉国为"伊斯兰国"和与"支持阵线"（JN）组织进行招募活动。[①] 2015年1月19日，达卡警方逮捕了萨哈瓦图尔·卡比尔等四人。卡比尔曾是"圣战者运动"中的活跃分子，后加入新成立的"基地"组织次大陆分支，然后转投"伊斯兰国"，成为该组织孟加拉国分支的头目。[②] 此外，孟加拉国内网络、社交媒体上也出现宣扬"伊斯兰国"的网站、言论等。恐怖活动的"国际化"态势，尤其是域外恐怖组织的加紧渗透，将进一步加剧孟加拉国本土恐怖组织再网络化，增加孟加拉国内恐怖主义风险。

整体看来，恐怖组织再度抬头的原因主要有二：一是恐怖组织有一定的社会基础。一方面，有诸如"伊斯兰大会党"等宗教政党为其"背书"。相较于人民联盟等世俗政党普遍存在的贪腐问题，宗教政党及其领导人贪腐问题较轻，受到部分民众支持。另一方面，"圣战者组织"等往往以慈善组织等面目出现，通过推行一些社会福利项目，拉拢了部分基层民心。二是恐怖组织有其外部资金来源。通过传统的"哈瓦拉"体系，孟加拉国本土恐怖组织获得了"国际伊斯兰阵线"（IIF）、"两圣地伊斯兰基金会"（AHIF）、"伊斯兰遗产复兴协会"（RIHS）等合法、半合法

---

① "UK citizen remanded in Dhaka for link with Syrian militants", http://www.thedailystar.net/print _ post/uk-citizen-remanded-in-dhaka-for-link-with-syrian-militants-43859.（上网时间：2015年2月14日）

② "4 suspected ISIS men arrested", http://www.thedailystar.net/4-suspected-isis-men-arrested-60785.（上网时间：2015年2月14日）

组织源源不断的资金支持。①

第二节　南亚地区主要反恐措施

一、印度政府采取多重反恐措施

自2008年孟买袭击案以来，印度通过印度中央调查局（CBI）、印度国家安全卫队（NSG）、印度国家调查局（NIA）加强了反恐打击力度。过去两年内，印度继续根据《南盟打击恐怖主义公约》、《禁止非法活动法》（UAPA）及各邦反恐法律进行反恐斗争。

重视国内安全和反恐工作。印政府重视国内安全和反恐工作，新总理莫迪上台后尤为明显。他任命前任情报局局长多瓦尔为国家安全顾问。多瓦尔具有丰富国内维安经验，曾领导或参与重大平叛和反恐行动。印新政府视国内安全为重中之重，誓对恐怖主义、分离主义、骚乱和犯罪采取零容忍政策。

完善反恐机制，加强跨部门协调。印度反恐受制于部门间信息共享和协调不畅，为改善这一问题，印度计划通过多机构中心（MAC）加快情报收集和共享，还计划实施国家情报网（NATGRID），连接不同政府机关数据库供情报机构使用。多机构中心隶属于印度情报局（IB），为不同情报机构分享情报提供交流平台。印度政府提议设立国家反恐中心（NCTC），但因受邦政府反对尚未实施。印度国家反恐中心拥有独立调查取证和逮捕权，还可要求印度几乎所有情报机构和调查部门以及包括国家安全卫队在内的7大中央武装警察部门协助配合调查和共享信息，

---

① Bangladesh Encourages Islamic Radicals，www. strategypage. com/htmw/htterr/articles/20140409. aspx.（上网时间：2015年2月14日）

其成立将大大提升印度反恐能力，但因其打破现有国家情报司法权力体系，从而招致地方政府的反对。印新总理莫迪强调加强中央和地方安全合作，通过磋商，共同制定应对族群冲突和打击左翼极端主义的方案。他还特别强调情报工作在维稳中的关键作用。在 2014 年 11 月召开的全国安全年会上，莫迪表示，一个拥有高级情报网络的国家，可减少对武器弹药的依赖。①

加强警察队伍建设，提升现代化水平。印新总理莫迪在全国安全年会上提出“SMART”政策，“S 意味着严格而敏感，M 代表现代和移动，A 代表警醒和负责任，R 代表可靠和反应灵敏，T 代表技术和训练有素。”他认为应向警察部队灌输这些理念，以改善警察形象和文化。② 印新总理莫迪称，将以最新技术装备警察部队，提高其应对毒品恐怖主义、网络威胁等新型恐怖主义的能力。同时，莫迪提出政府应为警务人员建立福利机制，解决其医疗、子女教育、住房等实际问题。

多途径打击暴力极端主义。印度的反激进主义和极端主义暴力措施主要由邦政府和地方当局主导。目前，虽未形成全面的国家政策，但是政府已经通过设立提供高质量和现代化教育的宗教学校等措施间接打击激进和暴力极端主义。印政府还通过“东北部武装分子移交及安置计划”等收服和安顿不同叛乱组织，使其回归社会主流。同时，印度官方更加

---

① “Good intelligence is key for internal security: Modi at security meet in Guwahati”, *The Times of India*, 30 November 2014, http://timesofindia.indiatimes.com/india/Good-intelligence-is-key-for-internal-security-Modi-at-security-meet-in-Guwahati/articleshow/45323334.cms.（上网时间：2015 年 2 月 15 日）

② “At key security meet in Guwahati, PM Modi calls for ‘SMART’ policing”, *Deccan Chronicle*, Nov 30, 2014, http://www.deccanchronicle.com/141130/nation-current-affairs/article/pm-modi-address-police-chiefs-intelligence-officials-high.（上网时间：2015 年 2 月 20 日）

关注如何利用社交媒体和因特网应对激进势力。

密切关注“基地”组织（AQ）南亚分支和“伊斯兰国”（IS）。国家安全顾问多瓦尔2014年10月在慕尼黑安全会议上表示，印度正密切跟踪“基地”组织和伊斯兰国的活动，印安全机构有能力防范其威胁。多瓦尔称，“我认为这两个组织任何一个都不构成重大威胁，我们（印度）有能力应对。”他表示，政府一直在监视外国组织是否试图与印度激进组织建立联系，“我们必须对其进行密切监视，一旦这些关系进一步发展，恐怖分子开始将目标对准印度或印度的利益，我们将非常认真地对待。”① 印度官方来源称，印度政府将很快宣布“伊斯兰国”为非法组织。②

加强国际反恐合作。一是积极在国际反恐平台上发挥作用。印度是全球反恐论坛（GCTF）创始国之一并参与联合国反恐论坛。因联合国安理会通过的1373号议案未准确定义恐怖主义，印度在2014年多次呼吁联合国准确定义恐怖主义，并请求建立一项联合国公约来确立自动、协调和统筹应对全球任何恐怖主义行动的原则。二是与美国等大国及周边国家加强反恐合作。2013年5月，第二次美印国内安全对话在华盛顿举行，印美领导人重申双边反恐合作的重要性。2013年12月，两国举行警局局长国内安全对话，为美印执法官员提供机会分享反恐经验教训。印度还加入美国反恐援助计划及其他地区反恐能力建设计划。同月，美

---

① “India can cope with terror threats from ISIS and Al Qaeda' Doval tells security conference in Delhi”，*Daily Mail*，21 October 2014，http：//www.dailymail.co.uk/indiahome/indianews/article-2802229/india-cope-terror-threats-isis-al-qaeda-doval-tells-security-conference-delhi.html.（上网时间：2015年2月15日）

② “ISIS group to be banned in India”，*the Indian Express*，Feb 14，2015，http：//indianexpress.com/article/india/india-others/isis-to-be-banned-in-india/.（上网时间：2015年2月15日）

国运输安全管理局和印度民用航空安全局签订敏感安全信息共享协议，以加强民航安全合作。2014年印总理莫迪访美期间，两国宣布将合作对付虔诚军（LeT）、“穆罕默德军”（JeM）、“基地”组织（AQ）、“哈卡尼网络”（HN）和黑社会头子达乌德·易卜拉欣（Dawood Ibrahim）。[①] 2013年，通过与尼泊尔合作，印度逮捕恐怖分子阿卜杜勒·卡里姆·顿达（Abdul Karim Tunda）和巴特卡（Yasin Bhatkal）。印度希望未来能与尼泊尔在管理共同边境上开展更多合作。印度和孟加拉国政府继续合作开展边境协调管理计划，以控制非法跨境活动，并宣布两国通过附加安全协议加强安全和边境管理合作。

二、美国和阿富汗政府深入调整反恐策略

首先，美国深入实施“撤而不离”战略。美国政府决定从阿富汗战争泥潭中脱身，减少在阿富汗的军事和财政投入，削减自身财政负担，这既是应对财政危机的无奈之举，也是为了服务于“重返亚太”的全球战略考虑。同时，美国自2001年以来在阿富汗鏖战多年，不能容忍阿富汗在其撤军之后再度成为国际和地区极端势力的庇护所，因此美国的“撤”是“有保留的撤”，即“撤而不离”。为此，美国政府宣布在2014年阿富汗总统大选之前撤出3万余军队，剩余部队将全力保障阿富汗大选，并将2014年底之前撤出所有作战部队。2014年5月28日，奥巴马总统宣布详细的撤军计划表：在2014年底之前撤出所有作战部队，同时继续在阿富汗保留大约9800名士兵从事非战斗任务，2015年底削减至

---

① “Anti-terrorism to trade: Narendra Modi, Barack Obama join hands for ‘model’ partnership”, *the Indian Express*, Oct 1, 2014, indianexpress. com/article/india/india-others/anti-terror-to-trade-modi-obama-join-hands-for-model-partnership/.（上网时间：2015年2月23日）

4900 人，2016 年底进一步削减至仅能维护驻阿使领馆安全的水平。[①] 留驻阿富汗非战斗部队的主要任务有二：一是在情报搜集、后勤保障、空中力量等方面为阿富汗安全部队提供支持；二是继续为阿富汗安全部队提供培训，不断提升其战斗力。奥巴马同时提出，阿富汗方面如果希望美国继续驻军，就必须与美国签署《双边安全协议》，其核心就是给予美国驻外法权。在卡尔扎伊担任总统期间，一直以有损阿富汗主权和独立为由拒绝与美国签约。2014 年 9 月 29 日，阿什拉夫·加尼就任阿富汗新总统，次日即宣布与美国签署《双边安全协议》。在协议内容方面，美军仍能在满足一定条件下在阿富汗采取武力。例如，“美军将继续使用阿富汗境内军事基地，有权在双方达成共识的前提下新建军事基地”，“美军在阿富汗主要任务是提供情报支持、提升阿富汗空军能力等。除非达成共识，美军不能在阿富汗采取单独作战行动。”在上述周密安排下，美国逐步实施其撤军进程。事实上，自 2013 年中期以来，美国及国际安全援助部队已经基本完成向阿富汗安全部队的防务移交过程，阿富汗国家安全部队已经成为与塔利班作战的主角。

其次，阿富汗安全部队逐步承担主要防务责任。2013 年 6 月 18 日，阿富汗举行防务移交仪式，国际安全援助部队将最后一阶段（95 个地区）的安全防务移交给阿国家安全部队。时任总统卡尔扎伊在防务移交仪式上宣布，阿富汗安全部队将于 19 日全面接管在阿境内各类军事行动的指挥权。北约秘书长拉斯穆森说，阿富汗部队战斗力已经逐渐成熟，北约军队在阿富汗境内的战斗任务将于 2014 年后全部终止。目前，阿富

---

① “Obama's Afghan plan is not a ‘withdrawal’ but a ‘transition,’ U. S. commander says”，http：//www. washingtonpost. com/world/europe/obamas-afghan-plan-is-not-a-withdrawal-but-a-transition-us-commander-says/2014/06/04/96288de0-ebde-11e3-b98c-72cef4a00499 _ story. html.（上网时间：2015 年 1 月 28 日）

汗安全部队已经达到 35 万人，可谓历史最高水平。在国际安全援助部队的援助和支持下，阿富汗安全部队已具备了一定作战能力。2014 年，国际安全援助部队和阿富汗军队打死或者俘虏了至少 34 名塔利班“影子政府”成员，其中包括 7 名“影子省长”以及若干“影子县长”。2014 年 12 月，塔利班在朱兹詹省“影子省长”带领其 200 多名下属向阿富汗政府投降。与此同时，阿富汗安全部队也遭受了重大伤亡。美军数据显示，2014 年约有 4634 名阿富汗安全部队成员在军事行动中丧生，2013 年约为 4350 人。

尽管取得了一定战果，但阿富汗安全部队未来仍然面临若干问题。例如，阿富汗国民军除了若干作战单位之外作战素质普遍不高，后勤保障能力和独立作战能力欠缺，特别是在空中力量上严重依赖国际安全援助部队的支持。阿富汗国家警察部队作战能力一般，而且经常被塔利班渗透、充当“内鬼”向塔利班通风报信。阿富汗地方警察部队实际上就是穿着统一制服的地方部落武装分子，非常依赖美军特种部队提供指导和资金支持，未来反而有可能成为阿富汗安全的隐忧。此外，2014 年阿富汗大选久拖不决对阿富汗安全部队造成了严重的消极影响。阿富汗总统大选于 4 月 5 日投票，先后举行两轮，但由于候选人阿卜杜拉指责选举存在大规模舞弊，最终结果公布日期一拖再拖，直至 9 月底加尼才就任阿富汗新总统。在此过程中，国际社会担心阿富汗因为选举舞弊出现政局动荡。在此情况下，国际投资方持观望态度，对阿富汗直接投资几乎完全停止，这导致严重依赖国际援助和投资的阿富汗陷入财政危机。加尼总统上台之后，被迫向国际社会寻求 5 亿多美元的紧急财政援助用于支付政府雇员和安全部队的工资，然而仅仅得到了 1 亿多美元。10 月底，阿富汗警察在喀布尔举行大规模抗议要求支付薪资，威胁若仍无法拿到薪水将加入塔利班。阿富汗当地媒体 Khaama Press（KP）报道称，由于已经数月没有领到工资，部分阿富汗警察被迫向塔利班组织出售武器。加兹尼省、卢格尔省和瓦尔达克省的警察表示，他们已经三个月分文未领，无法养家糊口。卢格尔省中央警察局长阿克巴尔·阿里·巴拉基表示，“如果中央政府进一步拖延我们的工资，我们将开始出售这些武器养家糊口”。美国阿富汗重建特别监察长（SIGAR）办公室称，阿富汗警察工资基金存在严重腐败和管理不善，导致出现数亿美元的缺口。

第三，美国和阿富汗政府继续推动阿富汗和平进程。一方面，美国与塔利班展开直接接触。美国早已认识到无法武力剿灭塔利班，将塔利班纳入和平进程已经是势在必行。为此，美国调整和谈立场，在一定程度上放弃了“和谈前提条件”，即塔利班若想和谈必须先满足三个条件：与“基地”组织彻底断绝关系、遵守阿富汗《宪法》并且放弃暴力行为，转而将其作为和谈所达到的结果。同时，塔利班也在和谈问题上表现出了一定的灵活性。2013 年 6 月 18 日，塔利班发言人表示当天在卡塔尔开设和谈办公室，全权负责和谈事宜。阿富汗政府也表示将派遣“高级和平委员会”代表团前往卡塔尔与塔利班接触。这是阿富汗和平进程启动以来取得的最大成果。然而，好景不长，美国、阿富汗政府和塔利班在和谈办公室悬挂“阿富汗伊斯兰酋长国”旗帜等问题上产生重大分歧，和谈办公室旋即关闭，塔利班宣布中止一切和谈行动。阿富汗和平进程再度陷入僵局。

另一方面，阿富汗政府求助于巴基斯坦推动和平进程。随着北约撤军日期的临近，阿富汗政府面临塔利班的强大军事压力，加之卡塔尔和平进程遇挫，阿政府转而求助于巴基斯坦助推阿富汗和平进程。作为重要地区国家，巴基斯坦历来在阿富汗事务中发挥重要影响。外界普遍认为，巴基斯坦的支持和参与是阿富汗和平进程获得成功的关键外部因素。2013 年 8 月，阿富汗时任总统卡尔扎伊访问巴基斯坦，希望巴基斯坦鼓励塔利班与阿富汗“高级和平委员会”进行和谈，要求巴基斯坦释放前二号人物巴拉达尔等塔利班高层领导人。卡尔扎伊表示：“我们希望巴基斯坦能够释放所有未被审判的阿富汗在押人员，尤其是未被审判的阿富汗塔利班成员，和那些释放后有益于推动和平进程的塔利班成员。”9月7日，巴基斯坦外交部表示释放了7名阿富汗塔利班在押人员，以“进一步推动阿富汗和平进程”。事实上，巴基斯坦自2013年以来就开始释放塔利班在押人员，连同此次7人在内巴释放的塔利班人员已达33人。

然而，巴基斯坦和阿富汗关系仍然波折不断，两国在和平进程方面存在一系列分歧。一方面，和谈目的不尽相同。卡尔扎伊政府希望通过和谈结束目前混乱局势，着眼于维系现行政治体制，确保在“后美军时代”政治生命以及人身安全。巴基斯坦旨在避免阿富汗局势完全失控，通过支持塔利班帮助普什图势力获取更多政治权力，确保自身在阿富汗局势走向方面拥有足够的发言权。另一方面，和谈对象存在差异。卡尔扎伊政府内部的前“北方联盟”势力对和谈持谨慎态度，要求制定严格的和谈标准，反对盲目招安各类反叛势力。巴基斯坦则不仅支持塔利班参加和谈，还希望将更加激进的“哈卡尼网络”等其他反叛势力纳入和平进程。此外，有分析认为，塔利班已经不再是自上而下的金字塔式结构，与“哈卡尼网络”组织关系密切的新一代武装分子很可能不接受和谈。例如，主张和谈的塔利班前成员扎伊夫就多次遭遇暗杀。2014年9月底，阿什拉夫·加尼出任阿富汗新任总统，着力修补阿巴关系。例如，加尼就任总统后不久后即访问巴基斯坦，与总理谢里夫、陆军参谋长拉希勒等巴基斯坦军政高层会谈，试图改善阿巴关系。巴基斯坦总统侯赛因、陆军参谋长拉希勒以及三军情报局局长等要人也先后访问阿富汗。阿巴关系出现缓和迹象，但截至2014年底仍未见双方在和谈问题上取得实质性进展。

三、巴基斯坦政府“谈打结合”促反恐

首先，试图诉诸和谈，但最终以失败告终。谢里夫在2013年5月议

会选举中获胜，上台后迅速兑现其有关“以和平方式解决巴基斯坦安全问题”的承诺。9月9日，谢里夫主持召开巴基斯坦全国政党大会，各方就与巴基斯坦塔利班和谈达成一致。随后，“巴塔”也表现出和谈意愿。2014年1月29日，巴基斯坦政府成立由总理顾问伊尔凡·西迪基等人组成的谈判委员会，着手展开与“巴塔”的接触。2月2日，“巴塔”表示欢迎政府的对话请求，指定由5名宗教和政治领袖组成的谈判委员会与政府会谈。2月6日，巴基斯坦政府谈判委员会和“巴塔”谈判委员会在伊斯兰堡举行首轮对话，就停止一切“暴力行为”、推动和平进程达成共识。3月5日，双方在伊斯兰堡附近的阿克拉哈塔克镇再次举行会谈，并在会后举行联合新闻发布会。双方表示，和谈第一阶段已经完成，目前已进入至关重要的第二阶段。在此期间，双方都采取了一些措施推动和谈，“巴塔”于3月1日宣布停火1个月，随后又宣布将停火期延长至4月10日。巴基斯坦政府则宣布停止针对“巴塔”的空袭。然而，双方在和谈中未能取得实质性进展。4月16日，“巴塔”宣布不再延长停火期，并在首都伊斯兰堡等地重新发起恐怖袭击。

巴基斯坦和平进程再度被打断的根源在于双方谈判底线相差过大。巴基斯坦政府提出了五大前提条件，其中包括遵守巴基斯坦现行《宪法》、谈判范围局限于受到暴力活动影响的地区等，“巴塔”则要求政府释放被关押的囚犯、实施“沙里亚法”、巴军撤出部落区以及促使美国停止对部落区的空袭等。“巴塔”上述条件显然有违巴基斯坦《宪法》，且要求美军完全停止针对部落区的空袭也面临很大困难。此外，巴基斯坦政府对和谈能否奏效并无把握。在2004-2008年间，时任穆沙拉夫政府与部落区武装分子达成8项和平协议，但只有与纳齐尔派和巴哈杜尔派武装的和平协议真正生效，其余的协议基本上沦为一纸空文。

其次，被迫在部落区展开大规模地面清剿行动。2014年6月8日，位于巴基斯坦卡拉奇的真纳国际机场遭受严重恐怖袭击。非法武装分子闯入真纳国际机场，并与随后赶到的安全部队交火一整夜，造成34人死亡。事后，“巴塔”宣布与乌兹别克族武装组织共同制造了卡拉奇机场袭击事件。这是巴基斯坦近期所发生的最大规模恐怖袭击，标志着巴基斯坦政府试图与“巴塔”和平谈判的努力以失败告终。巴基斯坦军方迅速对此作出回应。10日，巴军对西北部与阿富汗接壤地带的塔拉山谷进行空袭，至少击毙15名武装分子。15日，巴军宣布针对北瓦济里斯坦的武装分子展开“利剑”军事行动。据巴基斯坦陆军参谋长拉希勒·谢里夫介绍，此次军事行动旨在打击躲藏在北瓦济里斯坦部落区的本国和外国恐怖分子，并清除其藏匿点。9月3日，巴军宣布已经打死910名武装分子，摧毁了27个土制炸药加工厂和一个火箭弹工厂等。82名巴基斯坦士兵在行动中身亡，另有269名士兵受伤。巴方消息人士表示，巴军已经清剿并且控制了北瓦济里斯坦80%以上地区，摧毁了“巴塔”、“哈卡尼网络”和“东伊运”等极端组织的后勤设施，军事行动已经“取得了很大成果”。目前，巴军已经将清剿范围扩大到邻近的开伯尔地区。

然而，此次军事清剿尚难言成功。一方面，北瓦济里斯坦与阿富汗接壤，很多武装分子逃入阿富汗境内躲避巴基斯坦军方的打击，准备在军队撤出之后返回巴基斯坦，继续从事恐怖活动。另一方面，军事清剿已经造成近百万人流离失所，沦为“国内难民”。未来面临的最大难题在于如何使国内难民返回家园、安居乐业。为此，巴基斯坦政府和军方已经制订了相应计划，如在北瓦济里斯坦修建道路等基础设施，兴建学校、医院、技能培训中心等民生设施，提升当地教育水平，创造更多就业机会，以此确保北瓦济里斯坦的长治久安。上述行动不仅需要投入巨额资金、人力和物力，更需要政府和军方展开密切配合。然而，伊姆兰·汗领导的“正义运动党”以及卡德里领导的“人民运动党”自2014年8月16日以来在巴基斯坦首都伊斯兰堡发动大规模游行示威，要求谢里夫政府下台，重新举行议会选举。巴基斯坦政治危机持续发展，谢里夫政府忙于应对伊姆兰·汗和卡德里的抗议示威，无法全力确保对北瓦济里斯坦的民事投入及后续重建进程，这显然对实现部落区的长期稳定不利。此外，抗议示威还造成人员伤亡、部分核心政府部门无法正常运作，增加了伊斯兰堡、拉合尔等巴基斯坦核心城市遭遇恐怖袭击的风险。

面对巴军规模空前的地面清剿行动，“巴塔”威胁将实施报复行动，并警告在巴基斯坦活动的外国企业尽快撤出。2014年12月16日，“巴塔”武装分子袭击了位于白沙瓦的陆军公立学校。军方发言人称袭击造成141人遇害，其中132人是学生，还有9名教职人员，另有超过100人受伤。这起针对无辜学生的血腥袭击成为巴史上最严重的恐怖袭击事件之一，招致联合国秘书长潘基文、美国总统奥巴马等国际社会领导人的严厉谴责。阿富汗塔利班17日也发表声明，指责“对包括妇女儿童在内无辜者的国际屠杀违反了伊斯兰原则。”[①] 此次血腥恐怖袭击引起巴国内强烈反响，推动各方就举国反恐形成共识，有可能成为巴基斯坦反恐历程中的关键转折点之一。17日，巴总理谢里夫宣布取消6年来暂停在涉恐案件中判死刑的做法。巴内政部长乔杜里·尼萨尔·汗随即宣布处决500名已定罪恐怖分子。17日，巴陆军参谋长拉希勒·谢里夫访问阿富汗，与阿富汗总统阿什拉夫·加尼讨论就联合打击两国极端势力展开情报共享和共同行动。当天，拉希勒·谢里夫在“推特”发文，要求“总理谢里夫把所有恐怖分子通通吊死”、“‘巴塔’杀害我们的儿童，你们将尝到致命后果，准备好为此付出代价。巴军将为逝去小天使们流下

① “Afghan Taliban condemn Pakistani Taliban attack on Peshawar school”，http：//www.euronews.com/2014/12/17/afghan-taliban-condemn-pakistani-taliban-attack-on-peshawar-school/.（上网时间：2015年1月9日）

的每一滴血报复。我保证。”① 此后不久，阿富汗军方在阿巴边境靠近库纳尔省的地区实施了反恐行动，打死了数十名“巴塔”和“虔诚军”武装分子。鉴于一直有消息称“巴塔”大头目法兹鲁拉一直在库纳尔省藏身，因此此次袭击目标可能包括法兹鲁拉等“巴塔”高层头目。

第三，美国继续在部落区展开无人机空袭行动。2004 年以来，美国针对藏身于巴基斯坦西北部地区的极端势力进行无人机袭击，袭击主要目标包括“基地”组织高层领导人、“基地”组织外围势力、威胁阿巴两国安全的塔利班等组织。截至 2014 年底，美军针对巴基斯坦部落区发动了 380 起无人机空袭，其中 369 起发生在 2008 年 1 月之后，2010 年无人机袭击次数达到了创纪录的 117 起。2014 年，美军发动无人机袭击次数为 24 起，一共击毙 153 名“基地”组织和塔利班领导人，其中绝大部分集中在北瓦济里斯坦部落区，其次为南瓦济里斯坦部落区。② 一般认为，纳兹尔、瓦利·拉赫曼武装主要位于南瓦济里斯坦，哈卡尼网络、古尔·巴哈杜尔武装位于北瓦济里斯坦，哈基姆拉·马赫苏德武装主要位于奥拉克宰，法齐尔·穆哈迈德武装主要位于巴焦尔部落区。

整体看来，美军无人机空袭取得了显著效果，击毙了包括“巴塔”大头目哈基姆拉·马赫苏德等在内的高价值目标。同时，近年来，美军无人机空袭越来越精确，导致平民伤亡人数大幅下降，2014 年几乎为零，进一步提升了该作战手段的有效性。此外，美军无人机袭击与巴军的配合力度不断强化。2014 年 6 月 10 日，巴军宣布针对北瓦济里斯坦实施大规模地面清剿行动。11 日，美军随即派遣两架无人机空袭巴西北

① “Pakistan responds to Peshawar school massacre with strikes on Taliban”，http：//www.theguardian.com/world/2014/dec/16/pakistan-taliban-peshawar-massacre-attack.（上网时间：2014 年 12 月 18 日）

② “Charting the data for US airstrikes in Pakistan，2004-2015”，http：//www.longwarjournal.org/pakistan-strikes.php.（上网时间：2015 年 1 月 26 日）

部地区，至少打死16名武装分子，这是数月来美军首次对部落区实施无人机空袭。此前，美军曾于2013年12月应巴基斯坦当局请求一度停止对部落区的空袭行动，以配合巴基斯坦当局的和谈努力。

四、孟加拉国严打恐怖主义

自2009年哈西娜政府上台以来，对恐怖主义和极端势力保持高压态势。2014年初，哈西娜在争议声中再次赢得大选，继续对宗教势力保持打压，严控恐怖主义和极端组织。

强化反恐立法。2013年，孟加拉国出台“反恐怖主义法案（修正案）”。该修正案规定，支持、资助任何个人（而非仅是组织）参与恐怖活动为犯罪，最高可处以死刑，同时可依法冻结任何参与恐怖活动人员的资金资产。此外，该修正案还允许采用社交网络信息中的照片、视频等内容作为法定证据。同年，还出台了“儿童法案”，规定鼓动、利用儿童参与恐怖活动可判处死刑。

完善反恐执法体系。警方对恐袭案侦破迅速，其专职反恐的“快速行动营”（RAB）效力日显，对恐怖组织活动保持高压打击。2013年、2014年抓捕恐怖分子人数分别达到163人和96人。[①]

严查恐怖资金链。孟加拉国是亚太反洗钱组织（APG）成员，并在2013年保住了艾格蒙国际反洗钱组织（EG）的成员资格。[②] 孟加拉国央行金融情报部（FIU）推动一系列针对反恐和反洗钱的改革，同国际相关制裁制度接轨。2014年2月，国际金融反洗钱特别工作小组（FATF）

---

① “Bangladesh Assessment 2015”.

② “Bangladesh in Egmont group”, http://bdnews24.com/economy/2013/07/04/bangladesh-in-egmont-group.（上网时间：2015年2月9日）

不再将孟加拉国列入其“灰名单”。[①]

肃清极端思潮的社会根源。教育部对宗教学校严格监管，建立国民教育标准，规定八年制小学教育中必须包含数学、自然科学、语言等课程，并设定了小学教育中世俗课程的最低标准。此外，教育部还在教科书中加入了反对极端主义的相关内容。宗教事务部等机构加强与宗教界人士和宗教学者的联系沟通，增进反恐共识。政府还通过增加妇女经济机会，让妇女成为防范暴恐的一股力量。同时，加强互联网管控，打击通过互联网、社交网络散布极端思想言论等行为。

打压宗教势力。人民联盟政府继续打压宗教势力，尤其是对带有极端主义色彩的伊斯兰大会党及“学生营”保持高压态势。一是通过司法进程打压宗教势力活动。推进国际刑事法庭审判进程，对伊斯兰大会党核心人物进行司法裁判。[②] 利用司法手段限制宗教势力活动。2013 年 8 月 1 日，达卡高等法院宣判伊斯兰大会党在选举委员会注册为非法，禁止其参加大选。[③] 二是通过执法手段抓捕宗教极端分子。2013 年、2014 年安全部队抓捕“伊促会”及“学生营”相关人员分别达到 4201 人和 1757 人[④]。

开展区域和国际合作。2013 年 1 月，孟加拉国与印度签署了引渡协议，以应对南亚地区恐怖组织及网络的活动。此外，两国还同意推动协

---

① “Bangladesh out of FATF grey list”，http：//www.thedailystar.net/bangladesh-out-of-fatf-grey-list-11764.（上网时间：2015 年 2 月 9 日）

② “Govt wants to ban Jamaat thru war trial：Minister”，http：//www.thedailystar.net/govt-wants-to-ban-jamaat-thru-war-trial-minister-56704.（上网时间：2015 年 2 月 23 日）

③ “Bangladesh court declares Jamaat-e-Islami illegal”，http：//tribune.com.pk/story/585048/bangladesh-court-declares-jamaat-e-islami-illegal/.（上网时间：2015 年 2 月 23 日）

④ “Bangladesh Assessment 2014”，“Bangladesh Assessment 2015”.

同管理边界，加强双方共同巡守边界，打击包括暴恐势力在内的各类犯罪活动。[①] 同年10月，孟加拉国与美国签署反恐合作协议，加强两国在反恐能力建设、信息交流分享、执法机构交流等方面的合作。[②] 此外，孟加拉国还将继续参加美国国务院的反恐援助项目（ATA），接受美国方面的培训。[③] 2014年5月，孟加拉国还成为了亚信会议（CICA）成员国，总理哈西娜在南盟（SAARC）峰会和上海亚信峰会期间积极呼吁展开区域和国际合作共同打击恐怖主义。

① "India and Bangladesh sign extradition treaty, new visa regime", http://www.dnaindia.com/india/report-india-and-bangladesh-sign-extradition-treaty-new-visa-regime-1793550.（上网时间：2015年2月23日）

② "Joint Statement of the Third U.S.- Bangladesh Partnership Dialogue", http://www.state.gov/r/pa/prs/ps/2014/10/233506.htm.（上网时间：2015年2月23日）

③ Bureau of Counterterrorism, US Department of State, Chapter 2. Country Reports: South andCentral Asia Overview, *Country Reports on Terrorism* 2013, www.state.gov/j/ct/rls/crt/2013/224824.htm.（上网时间：2015年2月9日）

第八章　东南亚地区恐怖主义与反恐怖斗争形势综述

2013—2014年，东南亚地区恐怖主义形势依然持续严峻，有两国位居全球恐怖主义指数排名前列，地区恐怖主义有卷土重来之势，并与国际恐怖主义的联动性加强，日益成为国际恐怖主义的人员与资金重要来源之一。另一方面，东南亚国家和政府高度重视打击恐怖主义，相互之间加强协调，努力掐灭恐怖主义复燃的苗头。

第一节　东南亚地区恐怖主义形势

2013—2014年，东南亚恐怖主义形势更为严峻，菲律宾南部、泰国南部等不同文化交接处的恐怖主义活动较为活跃，仍高居国际恐怖主义指数排名之前列；马来西亚、印尼等穆斯林国家也日益面临恐怖主义的威胁，受到国际恐怖主义活动的影响日益增多。

一、恐袭活动数量有所增加

2013—2014 年，几个长期遭受恐怖主义困扰的东南亚国家面临越来越多的恐怖主义袭击活动。根据经济与和平研究所（IEP）发布的 2014 年《全球恐怖主义指数》报告指出，2013 年菲律宾遭遇恐怖袭击次数急剧增多，几乎是 2012 年的 2 倍，死亡人数也从 2012 年的 122 人增加到 292 人；泰国 2013 年因恐怖袭击致死的人数虽然降到 2005 年以来的最低记录，从 2012 年的 171 人减少到 131 人，但 2013 年的恐袭次数却比 2012 年增长了 54%，多达 116 次，其中有 75%的恐袭事件无人领责。[①] 虽然 2013 至 2014 年上半年，马来西亚、印尼两国几乎无重大恐情，局势相对稳定，但 2014 年下半年，随着“伊斯兰国”组织在东南亚渗透和影响的深化，马来西亚和印尼恐怖分子重新活跃起来，有卷土重来之势，成为当地社会的重大安全威胁。

二、恐袭事件规模有所扩大

近年来，东南亚地区较少有类似 2002 年巴厘岛爆炸案等引起国际关注的重大恐怖主义活动。但 2013—2014 年，东南亚地区在恐怖袭击中的伤亡人数增多，影响增大。据经济与和平研究所 2014 年《全球恐怖主义指数》报告指出，菲律宾 2013 年因恐袭致死人数为 292 人，是 2012 年的一倍多。[②] 2013 年 8 月 5—8 日，菲律宾南部棉兰老穆斯林自治区首府

---

① Global Terrorism Index, Institute of Economics and Peace. http://www.visionofhumanity.org/#/page/our-gti-findings.（上网时间：2015 年 1 月 20 日）

② Global Terrorism Index, Institute of Economics and Peace. http://www.visionofhumanity.org/#/page/our-gti-findings.（上网时间：2015 年 1 月 20 日）

哥打巴托市连遭爆炸袭击，至少造成8人死亡、37人受伤。[①]“亚太防务论坛”网站评论称，此是哥打巴托市近年来遭受的最为严重的爆炸袭击。[②] 2014年7月底，约40至50名阿布沙耶夫反政府武装分子在苏禄省手持突击步枪向约50名斋月结束后探亲访友的村民开火，至少造成23人死亡。菲海军准将马丁·平托称此次袭击是近年来最为血腥的一次。[③] 除了这种传统的恐怖主义袭击之外，菲律宾政府军在2013—2014年间还与“新人民军”、“摩洛民族解放阵线”（MNLF）等反政府武装爆发多起规模较大的武装冲突，死伤重大。例如，2013年9月9日，一批MNLF武装分子闯入三宝颜市多座村庄，试图占领市政府并升起旗帜宣布“独立”，后被菲政府军包围，双方持续交火长达17天，造成218人死亡，其中，政府军方面有18人丧生，169人受伤；警察有5人丧生，14人受伤；12名平民丧生，72人受伤；而MNLF武装分子有183人被击毙，292人被俘或投降。菲军方共解救了195名人质，并从MNLF武装分子手中缴获逾百件武器。[④] 泰国2014年所遭受的几起恐怖事件规模也较大。2014年5月24日晚，泰国南部边境北大年府孟市至少13起暴

---

① Rush hour carnage on the streets of the Philippines：Six dead and more than 30 injured after bomb tore city apart，http：//www.dailymail.co.uk/news/article-2384890/Philippines-bombing-6-dead-30-injured-bomb-tore-Cotabato-apart.html.（上网时间：2015年1月20日）

② 恐怖主义：菲律宾调查“基地”组织攻击威胁，http：//apdforum.com/zh/article/rmiap/articles/online/features/2013/08/14/philippines-bombing-security.（上网时间：2015年1月20日）

③ Death toll climbs to 23 in Abu Sayyaf attack on villagers in southern Philippines，http：//www.foxnews.com/world/2014/07/29/death-toll-climbs-to-23-in-abu-sayyaf-attack-on-villagers-in-southern/.（上网时间：2015年1月21日）

④ “菲律宾官方称三宝颜危机结束已致218人死”，中新网，2013年9月28日，http：//www.chinanews.com/gj/2013/09-28/5333808.shtml.（上网时间：2015年1月21日）

力事件几乎同时发生，造成至少 2 人死亡、多人受伤。[1] 11 月底，南部再度发生多次暴力袭击事件，造成多人死伤。

第三，恐怖主义活动的地理范围有所扩大。东南亚地区的恐怖主义活动大体上还只是地方性的，主要集中在泰国南部佛教与伊斯兰教交接处以及印尼、马来西亚两大穆斯林国家及菲律宾南部天主教与伊斯兰教交接处。但近年恐怖活动在地理位置上的分布有所扩大。例如，缅甸人大多信奉佛教，民众总体比较温和，但 2013—2014 年也发生一些恐怖主义袭击事件，并在经济与和平研究所发布的 2014 年《全球恐怖指数》报告中位列第 35 位，属于中等水平。[2] 2013 年 10 月 9—15 日，勃固省的彪关和东吁两市、仰光市、曼德勒市、实皆市等地发生 10 起炸弹案，其中 6 起炸弹引爆，导致 2 人死亡、3 人受伤。[3] 2014 年 5 月中旬，掸邦腊戍市发生两起爆炸事件，引发社会恐慌。10 月 31 日晚 9 点 15 分左右，宗教矛盾激烈的若开邦布迪导镇镇政府招待所前两枚自制定时炸弹爆炸，但未造成人员伤亡。[4] 此外，缅甸若开邦、仰光、曼德勒等地区还频发佛教徒与穆斯林之间的暴力冲突，虽然主要属于族群和宗教冲突，也有很多由强奸、生意纠纷等小规模治安事件引发，虽称不上是恐怖主义活动，但

① 张春晓、常天童："泰国南部多起爆炸枪击事件致 2 人死亡"，新华网，2014 年 5 月 24 日，http：//news. xinhuanet. com/world/2014-05/25/c _ 1110843744. htm。（上网时间：2014 年 5 月 25 日）

② "Global Terrorism Index"，Institute of Economics and Peace，p. 8. 但笔者的跟踪研究认为，缅甸 2014 年的实际恐怖形势似乎应该比这个指数的程度要低。

③ "缅甸官方说系列炸弹案为克伦下属经济组织所为"，新华网，2013 年 10 月 18 日，http：//news. xinhuanet. com/world/2013-10/18/c _ 117782409. htm。（上网时间：2013 年 10 月 20 日）

④ "情报部门称恐怖组织将潜入缅甸某地 31 日晚突发定时爆炸案"，缅甸中文网，2014 年 11 月 2 日，http：//www. md-zw. com/forum. php? mod = viewthread&tid = 138092&highlight=。（上网时间：2014 年 12 月 2 日）

也对社会造成极其恶劣的影响。另外，菲律宾南部的暴力冲突事件也向马来西亚东部地区外溢。例如，2013 年 2 月 12 日，200 多名支持苏禄苏丹贾马鲁尔·基拉姆三世的菲律宾人从菲南部潜入沙巴的拉哈达图镇索要祖地，其中约 30 人配备武器，与马来西亚警方对峙近三周，双方 3 月 1 日在拉哈达图镇交火，其后，又有苏禄苏丹支持者在距拉哈达图镇 300 公里的仙本那镇与马来西亚军警交火，连日冲突造成双方数十人丧生。2014 年 1 月，苏禄苏丹发言人阿伯拉罕表示，新苏丹埃斯梅尔（Esmail Kiram II）希望用和平方式索回沙巴地区，但不排除再派军队进入沙巴地区。①

四、与国际恐怖组织的联动性再次增强

2014 年以来，随着“伊斯兰国”在东南亚的渗透，东南亚与国际恐怖主义的联动性再次增强。印尼、马来西亚、菲律宾等国恐怖主义组织纷纷宣布效忠“伊斯兰国”。据伊斯兰问题专家索拉胡鼎博士研究，在“伊斯兰国”成立后的很短时间内，有 2000 名印尼人公开承认巴格达迪“哈里发”，并准备为之而战。② 目前，已有 9 个“圣战”组织支持“伊斯兰国”，包括“东印度尼西亚战士”（Mujahidin of Eastern Indonesia）领导人桑多索（Santoso ）和头号恐怖分子、“伊斯兰祈祷团”领导人巴希尔。③ 从 2014 年 3 月起，印尼极端分子持续游行示威，声援“伊斯兰

① Sultanate Warns Fresh Conflict in Sabah Possible，http：//thediplomat. com/2014/01/sultanate-warns-fresh-conflict-in-sabah-possible/.（上网时间：2014 年 12 月 2 日）

② “廖建裕：伊斯兰国与印尼”，新加坡“联合早报网”，2014 年 9 月 29 日，http：//www. zaobao. com/forum/views/opinion/story20140929-394503。（上网时间 2014 年 11 月 2 日）

③ “廖建裕：伊斯兰国与印尼”，新加坡“联合早报网”，2014 年 9 月 29 日，http：//www. zaobao. com/forum/views/opinion/story20140929-394503。（上网时间 2014 年 11 月 2 日）

国”。截至 2014 年底，前往叙利亚和伊拉克参加“伊斯兰国”的印尼人已增至 500 余人。[①] 同样，马来西亚恐怖分子也积极赴伊拉克和叙利亚参加“圣战”。截至 2014 年 12 月，马来西亚共有 50 名公民被确认在叙利亚参与“伊斯兰国”恐怖活动。其中，1 人在伊拉克实施自杀式炸弹后身亡，另有 4 人在叙利亚被击毙。国防部长希山慕丁称，马来西亚已成为恐怖分子前往叙利亚的中转站，将来可能成为“伊斯兰国”的攻击目标。警方政治部反恐组主任阿育汉表达了更大的担忧，称“伊斯兰国”支持者除招募马来西亚人到叙利亚参加“圣战”外，还可能号召民众单独行动，在马来西亚展开“独狼”式恐怖袭击。2014 年 4 月，菲律宾恐怖组织阿布萨耶夫武装分子绑架了两名德国人，要求德国停止帮助美国打击“伊斯兰国”并交付 2.5 亿比索（约 560 万美元）的赎金，否则将在两周后杀死其中一个。反恐专家担心，“伊斯兰国”声援者的出现会使当地“圣战”活跃分子与国际“圣战”分子出现联动。[②] 此外，“基地”等国际恐怖组织也开始向缅甸的若开邦等地渗透。据媒体报道，2014 年 9 月 3 日，“基地”组织头目艾曼·扎瓦希里发布的一段视频中宣称，该组织已在印度次大陆成立统一的新分支机构，武装人员将在印度、缅甸和孟加拉国发起军事行动，“打破人为划分的国界”。分析人士说，扎瓦希里此举意在重振“基地”，把势力范围扩展到印度次大陆，同时与极端组织“伊斯兰国”展开招募追随者的比赛。而缅甸若开邦地区的宗教冲突为“基地”组织等极端势力的渗透提供土壤和便利，这使得当地宗教

① “加入伊国组织国民增多专家指印尼反恐计划无效率”，新加坡“联合早报网”，2014 年 12 月 19 日，http：//www.zaobao.com/special/report/politic/attack/story20141219-425741。（上网时间 2014 年 12 月 26 日）

② Martin Sieff：*Indonesia dan Malaysia melacak ancaman berbau jihad dari Suriah*，2014 年 6 月 20 日，http：//apdforum.com/id/article/rmiap/articles/online/features/2014/06/20/indonesia-malaysia-syria。（上网时间 2014 年 7 月 11 日）

冲突增加新的危险刺激因素。缅甸当局已经加强对重点区域和目标的检查与安保力度，缅甸的温和穆斯林人士也不希望当地发生恐怖主义事件。[①] 不过，有关国际恐怖组织向缅甸渗透的消息真实性以及“基地”组织是真的在缅甸具有很强的组织活动能力，还是虚张声势，仍有待观察。

五、出现一些新的恐怖组织

随着国际恐怖主义势力的渗透和极端思想的传播，东南亚地区出现了一些新的恐怖主义组织。例如，据新加坡《联合早报》2014 年 10 月报道，赴“伊斯兰国”参战的马来西亚人和印尼人试图成立一个以马来语为主要语言的部队，并计划召集 100 人参加“圣战”。[②] “伊斯兰祈祷团”领导人巴希尔的两个儿子阿卜杜勒（Abdul Rohim）和罗希德（Rosyid Ridho）不满其父宣誓效忠“伊斯兰国”，另建极端组织“圣战组织伊斯兰教法捍卫者”[③]（Jamaah Ansharusy Syariah，简称 JAS），试图推动印尼全面实施伊斯兰教法。而据马来西亚情报部门透露，马来西亚已出现 4 个新崛起的恐怖组织，它们是由其他组织如伊斯兰教祈祷团、马来西亚“圣战”组织转变而成，并积极“招兵买马”，试图建立包括马来

① “基地”组织称已建立印度次大陆分支，新华网，2014 年 9 月 5 日，http：//news. xinhuanet. com/world/2014-09/05/c_126956009. htm。（上网时间：2014 年 9 月 6 日）

② 马美拟更密切合作打击伊国组织，新加坡“联合早报网”，2014 年 10 月 18 日，http：//www. zaobao. com/special/report/politic/attack/story20141018-401559。（上网时间 2015 年 1 月 29 日）

③ 该组织领导人是唯一真主游击队前主席莫查末（Mochammad Achwan），阿卜杜勒选为回教法委员会主席。参见：“因效忠伊斯兰国组织，峇希尔弄到众叛亲离”，http：//haobaodaily. co. id/news/read/2014/08/15/49093/#. VO3UwOaUc-0。（上网时间：2015 年 1 月 29 日）

西亚、印度尼西亚、新加坡、泰南及菲南在内的伊斯兰教群岛（Daulah Islamiah Nusantara）或所谓的“超级伊斯兰教国”。[①] 同样，据《马尼拉公报》报道，2014 年 8 月成立的新恐怖主义组织 USAFEE 曾于当年 9 月 1 日在马尼拉尼诺伊·阿基诺国际机场 3 号航站楼停车场内制造爆炸事件。该组织名称源于“二战”时期美国的一支远征军，部分成员来自现役及退役的士兵和警察。据菲司法部长德利马介绍，该组织拥有较强爆炸威力的武器，还计划袭击中国使馆、中资机构和商场、机场等公共设施。[②]

第二节　东南亚地区主要反恐措施

为应对严峻的恐怖主义形势，东南亚国家也是多管齐下，软硬手段并举，努力维护地区安全，保民众生命财产安全。

一、加大打击抓捕力度

印尼军警积极反恐，成效不错。2013 年 1 月，印尼苏拉威西省警察逮捕 7 名持械抢劫银行的歹徒，据称犯罪分子与波索（Poso）一个恐怖组织有联系。3 月，多名恐怖分子在雅加达抢劫珠宝店时被警方逮捕，其中 3 人被击毙，警方查获自制手枪和十多个自制炸弹。据警方调查，

---

① 四新恐怖组织马国崛起　图在马印新泰菲建立“超级回教国”，新加坡“联合早报网”，2014 年 7 月 1 日，http://www.zaobao.com.sg/sea/politic/story20140701-360753。（上网时间：2015 年 1 月 29 日）

② 起底菲律宾恐怖组织 UASFEE：系军警构成，http://news.sohu.com/20140924/n404615911.shtml。（上网时间：2015 年 1 月 29 日）

恐怖分子抢劫珠宝店旨在筹集恐怖活动经费。4 月，印尼警方在中爪哇省首府三宝垄逮捕一名疑为恐怖组织的“制弹专家”。5 月，警方又抓捕了两名专门制造硝酸甘油炸弹的隶属于基地组织印尼分支组织的恐怖分子。6 月，印尼法院判处基地组织印尼分支领袖巴德里·哈托诺（Badri Hartono）10 年监禁，此人被指控为恐怖组织招募新人。12 月，印尼警方在雅加达附近与激进分子开战，最终击毙 6 名恐怖嫌犯，逮捕 1 人。据悉，被击毙和逮捕的恐怖分子涉嫌计划袭击美国驻印尼大使馆、两座佛教寺庙、一座基督教堂和反恐警察。马来西亚也强力打击恐怖主义。2014 年 4-5 月，马来西亚警方先后在吉打、雪兰莪和吉隆坡等地抓捕十余名恐怖分子，这些人与基地组织和“伊斯兰祈祷团”有密切联系，并企图在马来西亚建立伊斯兰教国。5 月，印尼警方逮捕多名恐怖嫌犯，据介绍，“伊斯兰祈祷团”新成员组织有序，设有一个管理层、一名首领和至少 3000 名士兵。从 2014 年 2 月起至 2015 年 1 月，警方共抓捕 51 名前往叙利亚参加圣战的恐怖分子。据悉，被抓捕的恐怖嫌犯中有极端分子、政府高官（能源、绿色工艺及水务部污水处理服务组高级助理总监）、州议会议员、摇滚乐队鼓手、马来亚大学老师，甚至还有 14 岁的中学生。菲律宾继续加大反恐平叛行动。尽管屡遭恐怖分子或反政府武装的伏击，但菲律宾军警在反恐平叛方面也取得一些成绩。例如，2013 年 7 月初，菲律宾军方在南部马京达瑙省和北哥打巴托省向“摩洛伊斯兰自由运动”反政府武装发起进攻，尽管己方 6 死 2 伤，但据称也消灭了该组织 80 多人。同年 9 月，菲律宾军警击毙占领三宝颜市的 MNLF 武装分子达 183 人，抓捕 292 人。

二、颁布新法

一是针对恐怖主义融资推出新法。例如，菲律宾政府在 2012 年 6 月签发《恐怖主义融资预防与制止法》，[①] 泰国于2013年2月通过两份反洗钱和反恐怖融资法案，4月又宣布冻结近300个国际恐怖组织及个人的在泰资产[②]。同样，在酝酿接近一年的时间后，印尼于2013年2月也通过了《制止向恐怖主义提供资助法案》（简称反恐融资法案），[③] 旨在通过冻结国内外的可疑金融交易，试图从源头上截断恐怖分子的资金来源，触犯法令者将面临最高15年的监禁刑罚及巨额罚金，进一步打击恐怖分子。印尼国会副议长桑托索这样形容反恐融资法案："这是印尼反恐立法的一个重要篇章。"缅甸则在2013年10月系列爆炸案后也加快反恐立法进程。2014年2月，缅甸联邦议会人民院通过反恐法案，重点是切断恐怖分子的资金来源，与反洗钱法案相互配合，希望通过政府间部门合作，阻断恐怖分子的资金来源。二是强化现有法律增强反恐部门权力。马来西亚内政部长阿末扎希称：由于恐怖组织的活动形式日新月异，马来西亚必须加强现有法律应对恐情。2014年10月，马来西亚内政部建议政府制定全新的反恐法令，对付自愿参与恐怖活动的极端分子及在网上招募成员的恐怖组织。据报道，新反恐法是一部综合了紧急法、内安法及防范罪案法令的"综合法"，可加强现有的2012年国家安全罪行（特别措施）法令（SOSMA），预防恐怖主义渗入马来西亚。预计2015年3月国会会期前，国会可能召开特别会议讨论该反恐法案。一旦通过，反恐法将赋予警方逮捕被怀疑企图展开恐袭的嫌犯并扣留60天的权力。

---

① Philippine leader signs law on terror financing，http：//bigstory.ap.org/article/philippine-leader-signs-law-terror-financing.（上网时间：2015年2月1日）

② 东南亚反恐有待加强合作（全球恐怖主义形势扫描），《人民日报》2014年4月7日。

③ Indonesia Takes Aim at Financing of Terrorism，http：//www.wsj.com/articles/SB10001424127887323511804578299911897063222.（上网时间：2015年2月1日）

三、防止恐怖主义的国际联动

印尼武装部队总司令穆尔多戈上将称，“伊斯兰国”是极端运动，是印尼国家与人民的公敌。2014 年 8 月，印尼总统苏西洛召开内阁会议宣布禁止“伊斯兰国”在印尼开展活动，因“伊斯兰国”思想违反“建国五基原则（Pancasila）”，任何支持或宣誓效忠“伊斯兰国”的印尼人将被视为效忠其他国家，将被剥夺公民权。为防止极端思想的传播，2014 年 9 月，印尼国家反恐机构（BNPT）提出计划在茂物省森杜耳县（Sentul）的和平与安全中心（IPSC）内，兴建面积达 6.1 公顷的反恐监狱，将恐怖分子和其他犯人分开来，以免他们在监狱中散播极端思想。这座特别监狱将有 48 间囚室，每间可容纳 3 人，共可囚禁 144 名囚犯。这些经过特别设计的囚室将不仅关押强硬的好战分子，也可以囚禁一些需要被感化改造的犯人。据悉，监狱将安排心理学家、教士或前恐怖分子为囚犯主持灵修课程或进行辅导。目前，印尼全国 27 个监狱里关着 288 名被定罪的恐怖分子。

马来西亚也高度重视伊斯兰国在马来西亚的渗透问题。防长希山慕丁表示，如果政府发现“伊斯兰国”对马来西亚的安全威胁越来越严重，不排除军方军事介入的可能，以更强力手段打击恐怖分子，维护国家安全；必要时还将与印尼、菲律宾、文莱等东盟国家合作，共同应付恐怖威胁。另一方面，马来西亚政府将继续通过国民服务计划防范恐怖主义，向年轻人说明“伊斯兰国”的影响及威胁，让年轻人对恐怖活动保持敏感及关注。[①]

① “马国落网伊国组织恐嫌包括政府高官和中学生”，新加坡“联合早报网”，2014 年 10 月 17 日，http：//www.zaobao.com/special/report/politic/attack/story20141017-401141。（上网时间：2015 年 1 月 29 日）

四、与反政府武装展开和谈

国际恐怖主义者常常隐匿于泰南和菲南等地，与当地的反政府武装交往甚密，并为其培训从事恐袭的技能。在多年清剿不成的情况下，泰国和菲律宾都尝试与反政府武装进行和谈，试图以此防止恐怖主义蔓延。例如，2013 年 3 月 28 日，泰国政府和南部分裂组织在马来西亚首都吉隆坡举行首次和平谈判。泰国政府方面这次派出了由 15 人组成的代表团参加谈判，涵盖政府安全部门、南部边境省份行政中心、情报等机构的负责人。参加谈判的另一方则是国家革命阵线和其他一些分裂组织的代表。国家革命阵线成立于 20 世纪 60 年代初，该组织长期活跃在包括北大年、陶公以及也拉在内的泰南三府以及宋卡府部分地区，是泰国南部最大和最有影响力的组织之一，该组织将会在和谈后给其成员中的武装分子传达减少或者停止使用武力的命令。但是，国家革命阵线的核心领导层内部意见不一。就在和谈当天上午，陶公府发生路边炸弹袭击事件，造成 3 人死亡、5 人受伤，伤亡的都是当地民兵。泰国副总理差林当天在曼谷表示，他认为这起袭击事件就是企图阻止和平谈判的顺利举行。[①]与之相比，菲律宾政府与反政府武装的和谈取得较大进展。2014 年 3 月 27 日，经过几年谈判，菲律宾政府与该国最大反政府武装“摩洛伊斯兰解放阵线”在总统府签署和平协议。媒体报道称，此协议将为棉兰老岛自治铺平道路。[②] 据悉，这份全面和平协议包括双方在十余年和谈期间

① 柳青：“泰国政府和南部分裂势力展开和谈南部百姓盼带来和平”，国际在线，2013 年 3 月 29 日，http：//gb.cri.cn/27824/2013/03/29/6611s4068542.htm。（上网时间：2015 年 2 月 2 日）

② Philippines signs landmark deal to end Muslim uprising，http：//www.bbc.com/news/world-asia-26766215。（上网时间：2015 年 2 月 2 日）

达成的一系列共识，将成为起草《邦萨摩洛基本法》的基础，从而为菲律宾穆斯林在棉兰老岛部分地区建立名为“邦萨摩洛”的次国家政治实体铺平道路，以取代目前的棉兰老穆斯林自治区。[①]

五、加强区域和国际合作

长期以来，东南亚国家一直重视加强区域和国际合作以打击恐怖主义。2013 年 1 月，东盟秘书处发表公报，宣布东盟十国完成签署《东盟反恐公约》(ACCT)。分析称，该公约被视为本地区预防和打击恐怖主义的合作框架协议，有助于加强东盟在全球反恐之战中的战略性角色。2013 年 6 月，印尼《雅加达邮报》指出，恐怖主义不仅对某些国家，还对整个地区的政治稳定、经济进步和安全造成重大威胁，因此各国应加强合作，在犯罪调查和惩治支持、资助、策划、筹备或遂行恐怖活动的人上相互援助。[②] 2014 年 12 月，印尼在马来西亚政府协助下抓获了 19 名到叙利亚参战的印尼人。被抓获嫌犯中包括 13 名成人及 6 个年幼孩子。其中，一名男子曾于 2010 年在北苏门答腊的棉兰涉及银行抢劫案。警方在搜查过程中，缴获手机、银行账户资料、宗教文物及如何对抗反恐部队的说明书等证物。迄今，印尼已逮捕恐怖分子数十人，其中包括 4 名计划加入印尼恐怖组织的中国维吾尔族人。[③] 泰国则积极争取马来西

---

① 菲政府与最大反政府武装签署全面和平协议，http：//global. dwnews. com/news/2014-03-27/59461325. html。(上网时间：2015 年 2 月 2 日)

② Joint investigations tocounter terrorism in SoutheastAsia，http：//www. thejakarta-post. com/news/2013/06/03/joint-investigations-counter-terrorism-southeast-asia. html。(上网时间：2015 年 2 月 2 日)

③ 中国外交部发言人洪磊 9 月 17 日回应称，正在核实有关情况。参见《2014 年 9 月 17 日外交部发言人洪磊主持例行记者会》，外交部网站：http：//www. fmprc. gov. cn/mfa _ chn/fyrbt _ 602243/jzhsl _ 602247/t1192087. shtml。(上网时间：2014 年 9 月 20 日)

亚在打击泰南恐怖主义方面提供支持，因为泰南与马来西亚接壤，当地穆斯林极端分子不少是泰国的马来民族。2014 年 12 月 1 日，泰国总理巴育率领军政高官访问马来西亚，重点商讨如何合作推动南疆地区的和谈与发展事务。[①] 此外，东南亚国家还积极与国际组织展开合作。2013 年，联合国毒品与犯罪办公室下属的“恐怖主义预防小组”宣布进一步帮助东南亚强化刑事司法体系，采取预防和惩罚性措施，打击恐怖主义融资及为此目的开展地区司法合作。[②] 2013 年 4 月 7 日，在印尼泗水召开的亚太经合组织领导人会议（APEC）第一次会议讨论了如何打击恐怖主义融资。印尼外交部亚太与非洲合作司司长阿尔托苏尔约迪普罗表示，打击恐怖主义融资将成 APEC 各国领导人承诺的一部分，每个国家都将分享反恐经验，也将在联合国讨论双边和更广泛的合作。[③]

此外，泰国、菲律宾等国还希望加快落后地区经济发展，消除动荡因素，防止恐怖主义滋生。例如，泰国副总理兼国防部长巴威·翁素万上将于 2014 年 11 月视察南部的那拉提瓦府时表示，政府将在南部的那拉提瓦府、也拉府、北大年府、宋卡府实施安全治理与经济发展并举的措施，2015 年将拨款 200 亿泰铢（约 6.1 亿美元）用于南部的和平与发

---

① “Unrest in South as PM in Malaysia for talks”，*Bangkok Post*，December 1，2014，http：//www. bangkokpost. com/news/security/446458/unrest-in-south-as-pm-in-malaysia-for-talks.（上网时间：2015 年 1 月 20 日）

② Countering the Financing of Terrorism in South East Asia：Achievements，Challenges and the Way Forward，THE TERRORISM PREVENTION BRANCH BRIEFING，ISSUE 6-MAY 2013.

③ “印尼 APEC 论坛会议提出集资打击跨国恐怖主义”，国际在线，2013 年 4 月 9 日，http：//gb. cri. cn/27824/2013/04/09/5951s4078241. htm。（上网时间：2015 年 1 月 20 日）

展战略。[①] 泰国总理巴育也于 2014 年 11 月 26 日公开表示，将加强南部安全治理，用更优惠的政策吸引国内外投资者投资当地，以发展消除贫困，尽力消除南部穆斯林分子分离的经济诱因。[②] 同样，菲律宾也积极吸引外资进入棉兰老岛地区，以经济发展说服反政府武装与政府进行合作。

① “B20bn tabbed for South peace effort”, *Bangkok Post*, November 24, 2014, http: //www. bangkokpost. com/news/security/445162/b20bn-tabbed-for-south-peace-effort. (上网时间：2015 年 1 月 20 日)

② “Prayut to lure investors to deep South”, *Bangkok Post*, November 27, 2014, http: //www. bangkokpost. com/news/security/445653/prayut-vows-to-lure-investors-to-deep-south. (上网时间：2015 年 1 月 20 日)

第九章　中东地区恐怖主义与反恐怖斗争形势综述

2013 至 2014 年，中东乱局的暴恐并发症全面显现。“伊斯兰国”在伊拉克和叙利亚异军突起，与“基地”组织抢夺国际“圣战”运动领导权，“基地”也趁势深入拓展地区暴恐网络。在此背景下，伊斯兰极端思潮大肆传播，地区暴恐势力抬头，中东暴恐威胁已进入新一轮上升期。面对“伊斯兰国”对全球安全构成的重大威胁，美牵头组建打击“伊斯兰国”的国际联盟，国际反恐新阵线渐趋成型。

第一节　中东地区恐怖主义形势

一、政治与极端伊斯兰势力之间的“跷跷板效应”凸显，新一代萨拉菲“圣战”思潮泛起

以 2013 年 7 月埃及穆兄会政权遭军事政变推翻为标志，政治伊斯兰势力在埃及、突尼斯和摩洛哥等国的参政努力受挫，通过议会选举掌权

的温和变革之路变窄。萨拉菲极端势力和“圣战”思潮在该地区大行其道，多国出现“沙里亚法支持运动”，强调用伊斯兰法管理和改造社会，用“圣战”消除异教徒，以武装斗争夺取政权。

（一）“基地”组织趁机加紧意识形态宣教

一是大力推进极端思想的传播。“基地”高层认为，“阿拉伯之春”引发的动荡为其传播极端思想提供了良机，新时期的重要任务之一是加强宣教活动，扩大思想基础。袭击行动只能削弱敌人并取得短暂的胜利，宣教等活动则可强化自身影响力并为建立哈里发国家打下坚实基础。利比亚最大极端组织“沙里亚法支持者”积极践行该理念，将宣教作为首要任务辅以袭击行动，以提供各种社会服务为掩护宣传极端思想，颇得民心。阿拉伯半岛分支等也在控制区力避伤及平民的袭击，并通过多种手段拉拢民众。二是把互联网作为暴恐活动的“神经中枢”。互联网已成恐怖组织人员联络、袭击策划、思想传播、资金募集和情报搜集的主要途径。目前，“基地”及其分支开设多个网站、“推特”和“脸谱”账号，并出版多本网络杂志，如阿拉伯半岛分支的杂志《激励》和网上传播的暴恐手册，已成恐怖分子接受洗脑和学习暴恐战术的行动指南。2013 年 4 月美波士顿暴恐案嫌犯即参考杂志自制“高压锅炸弹”；同年 7 月加拿大破获的恐袭未遂案中也查获此类土制炸弹。同时，阿拉伯半岛分支通过网络积极煽动“独狼”式恐袭。受其蛊惑，个体自发式恐袭增多。

（二）暴恐新生代在新一波国际“圣战”人员大流动中崭露头角

叙乱局引发阿富汗和伊拉克战争后第三波国际“圣战”人员大流动，且在规模和速度上更甚一筹，这波人恐成未来十年国际暴恐活动的主力军。据美、英情报机构报告统计，自 2011 年底来，赴伊叙参战的逊尼派外籍“圣战”分子已达 81 国 1.2 万人，集聚速度和规模远超阿富汗。其中，阿拉伯国家和西欧人数最多，突尼斯、沙特和摩洛哥分别达3000、2500和1500，西欧约3000、美约100、俄高加索800、中国维族约百人。这些外籍人员主要栖身“伊斯兰国”、“支持阵线”和“叙利亚自由军”。其中，“伊斯兰国”外籍成员占其兵力的40%，“支持阵线”20%的领导层为外籍。随“伊斯兰国”在伊拉克封都建国，“支持阵线”和“叙利亚自由军”的外籍成员大量倒戈，“伊斯兰国”已吸引80%的外籍“圣战”分子，成国际逊尼派“圣战”领头羊，并导致新一代恐怖分子因势孳生。外籍“圣战”分子年龄多为18—29岁，甚至有不少妇幼，信奉萨拉菲“圣战”思想，欧美皈依者文化水平较高，有白领和大学生。这些人在当地接受身体素质、枪弹使用和爆炸技术训练后直接参战，甚至充当“人弹”，“支持阵线”外籍“人弹”有20%。美欧反恐专家认为，外籍“圣战”分子在伊、叙锤炼技能、搭建人脉，或催生新一代威胁更大的跨国暴恐网络。“伊斯兰国”威胁将随外籍“圣战”分子返流溢出中东。①

二、“伊斯兰国”异军突起，与“基地”组织展开全面博弈，中东暴恐版图大幅重构

由“基地”组织伊拉克分支衍生而来的“伊斯兰国”，利用中东乱局在伊拉克和叙利亚攻城略地，立国建政，坐大成势，严峻挑战“基地”组织在国际“圣战”运动中的领头羊地位。在南亚遭受重创的“基地”组织加紧在中东布建网络，以推进其全球“圣战”目标，同时应对“伊斯兰国”带来的挑战。二者的激烈竞争引发地区极端思潮泛起，暴恐网络急速扩张，严重搅乱中东格局。

---

① “ISIS in Control of ‘35 Percent’ of Syrian Territory”, *Al Arabiya News*, July 19, 2014.

（一）“伊斯兰国”成为搅动中东安全形势的最大恐怖威胁

1. 由“基地”组织伊拉克分支演变而来。2011 年底美撤军后，伊拉克分支东山再起，并趁叙内战之机大肆渗透。阿布·穆罕默德·朱拉尼在叙牵头成立恐怖组织“支持阵线”，并逐渐坐大成为国际暴恐新军。为遏制“支持阵线”独立倾向和壮大自身，2013 年 4 月，伊拉克分支头目阿布·巴克尔·巴格达迪宣布两组织合并，改称“伊拉克和黎凡特伊斯兰国”。

该组织主要活跃于伊中、北和西部的逊尼派聚居区和叙北部。“伊斯兰国”发布的年度报告称，至 2014 年中，“伊斯兰国”至少有 1.5 万名武装人员，其中 1.2 万人来自伊拉克、叙利亚，另有 2000 人来自英国、马来西亚和印尼等国。2014 年 9 月 11 日，美国中央情报局发言人里安·特拉帕尼表示，基于对过去 3 个月伊拉克和叙利亚形势的评估，“伊斯兰国”成员数目应在 2 万至 3.15 万人之间。

2. 摆脱“基地”组织，立国建政。“伊斯兰国”与“基地”长期貌合神离，扎瓦希里任命阿拉伯半岛分支头目瓦赫希为“基地”二号人物，巴格达迪公开反对。2013 年 4 月，巴格达迪未经请示即宣布兼并叙利亚本土极端组织“支持阵线”，遭扎瓦希里否决后又发布音频公然“抗旨”，称“选择听从真主而非扎瓦希里的旨意，伊叙为一个战场。”2014 年初，“伊斯兰国”与叙多股反对派武装发生冲突，扎瓦希里调停屡遭拒绝。2 月 3 日，扎瓦希里发布声明，宣布“伊斯兰国”并非“基地”分支，公开切割两者关系。6 月 30 日，“伊斯兰国”公开宣称建立哈里发政权，并将领土范围辐射到西亚、北非和中非（南至喀麦隆、肯尼亚等）、中亚地区，还包括欧洲的伊比利半岛、巴尔干半岛、克里米亚等地，以及巴基斯坦、印度和中国新疆、西藏。“伊斯兰国”超越“基地”控制了空前规模的地盘并宣布建国，严峻挑战了“基地”全球“圣战”领导地位。

这一国际圣战“里程碑”成为众多“圣战”分子的心灵归属地而争相加入。“伊斯兰国”成为新一代“圣战”分子的领头羊。同时，“伊斯兰国”的成立加速了“基地”网络的离心化趋势。一是“基地”分支内部分离趋势凸显。2014 年 1 月底，一些在叙战场的阿拉伯半岛分支成员以个人身份宣称支持“伊斯兰国”。4 月初，9 名在阿富汗的“基地”成员联名写信宣称效忠巴格达迪。6 月 25 日，叙边境重镇阿布·卡马尔的“支持阵线”分支也倒戈入伙。7 月，北非分支的个别成员宣布支持“伊斯兰国”。二是“基地”相关组织纷纷倒戈。包括突尼斯和利比亚“沙里亚法支持者”组织、西奈半岛恐怖组织“耶路撒冷支持者”、叙利亚自由军的几支武装和“圣战”团伙“先知的辅士军”及北非极端组织“穆拉比特”相继表示支持“伊斯兰国”。

3. 通过得力布阵，控制伊叙半壁江山，建立稳固的暴恐策源地。和“基地”组织的决裂并未妨碍“伊斯兰国”在军事上的节节胜利。在叙利亚东北部地区站稳脚跟后，该组织又反攻伊拉克。2014 年 6 月 10 日，占领伊拉克第二大城市摩苏尔。同时，进入炼油重镇拜伊吉，逼近首都巴格达。总理马利基要求国会颁布紧急状态令。6 月 11 日，又攻陷位于伊拉克北部的前总统萨达姆·侯赛因故乡萨拉赫丁省首府提克里特市，并放走囚禁在监狱的数百名犯人。6 月 18 日，攻入伊拉克最大的拜伊吉炼油厂。6 月 21 日，夺取了边境城镇卡伊姆，至此，其已控制了与叙利亚接壤的全部边境地区，控制了通往约旦、沙特的交通要道，打通了中东腹地的通道。6 月底，宣布建立“伊斯兰国”，推选其首领巴格达迪担任首任哈里发，并调兵继续向巴格达进军。8 月初，“伊斯兰国”武装分子击败尼尼微省的库尔德族武装，攻占聚居大量少数宗教群体的肖恩贾尔、克拉克斯等城镇，大量基督教徒、库尔德人和雅兹迪人被迫逃离家园。“伊斯兰国”还从库尔德武装力量手中夺取了舒马和附近的两个油田。辛贾尔有人数众多的库尔德雅兹迪教派社区，这些人被“伊斯兰国”

认为是异教徒。城镇中雅兹迪教派的两个圣地已经被“伊斯兰国”捣毁。8月24日，“伊斯兰国”攻占叙利亚政府军位于拉卡省的塔布卡空军基地，彻底控制拉卡省。10月，“伊斯兰国”武装在毗临叙利亚的伊拉克省份安巴尔持续保持攻势，并夺取了位于首都巴格达西部180公里的城市希特。而伊拉克政府军则节节败退，导致“伊斯兰国”攻占了伊拉克西北部的大片领土。自2014年8月初，美及其领导的反“伊斯兰国”国际联盟开始对伊叙境内的“伊斯兰国”目标进行打击以来，“伊斯兰国”的攻势受到遏制，地盘与人员都受到一定程度的折损。11月11日，伊拉克政府军收复萨拉赫丁省的石油重镇拜伊吉，并着手夺回提克里特。12月20日，库尔德武装出动8000人夺回了肖恩贾尔，由于战事进展不利，部分参加“伊斯兰国”的外国公民试图逃离战场回国，为了防止士气崩溃，“伊斯兰国”接连处决100名“意志不坚定”的外国战斗人员。但至2014年年底，“伊斯兰国”仍占领伊叙近一半的领土，实力不减。[①]

4. 向伊叙周边辐射，布建地区暴恐网络。也门是协助外籍“圣战”分子进入伊叙的主要通道，“伊斯兰国”一直想打通这一募人通道。据也门当地官员称，“伊斯兰国”已在也门南、中部的三个省份开展活动。2014年11月，即胡塞武装占领萨那后不久，“伊斯兰国”头目巴格达迪便发声号召也门逊尼派穆斯林抵抗胡塞武装，图谋趁乱充当也门逊尼派反政府武装代言人，扩展在当地的支持阵营。

穆尔西下台引发埃及政局再度陷入动荡，“伊斯兰国”趁机进行极端“圣战”宣教，招兵买马，勾连地方极端组织，图谋在西奈半岛建立新据点。2013年8月31日，“伊斯兰国”发布视频，向埃及军队公开宣战，号召埃及穆斯林暴力袭击安全部队，并抨击穆兄会及萨拉菲派的光明党

---

① Charles Lister, “Profiling the Islamic State”, BrookingsDohaCenter, 13, November 2014.

选择通过选举和民主进行夺权的错误做法。“伊斯兰国”还策动拉拢埃及本土暴恐组织“耶路撒冷支持者”。2014年11月10日，“耶路撒冷支持者”宣布效忠“伊斯兰国”。当天，“耶路撒冷支持者”分别通过其“推特”账户和官网发布讲话录音，宣誓效忠“伊斯兰国”头目阿布·贝克尔·巴格达迪，称这是“坚持团结和避免分裂”。早在一年前，“耶路撒冷支持者”就表现出拥护巴格达迪意识形态的倾向，2013年11月19日，“耶路撒冷支持者”公开了一段视频，显示其如何策划并实施了一次针对西奈半岛南部安全部门大楼的自杀式炸弹袭击，其中就穿插了巴格达迪的一段讲话。12月1日，再次发布视频，公开其于11月20日袭击北西奈省首府阿里什市拉法赫镇（Rafah）的行动细节，视频中再次出现巴格达迪的讲话。

“伊斯兰国”已在利比亚设立基地。利比亚有约500人赴叙、伊战场参加“圣战”，相当一部分加入了“伊斯兰国”。2014年春夏，前卡扎菲政权将领、世俗派代表人物哈夫塔尔发起“尊严行动”，向东部地区的伊斯兰武装发起攻击。为抗击世俗派，利比亚籍“圣战”分子踊跃回国参战，在利东部城镇德尔纳成立“伊斯兰青年协商会议”（Islamic Youth Shura Council，IYSC）组织，这些“圣战”分子作战经验丰富且手段残忍，影响不断扩大。2014年9月，“伊斯兰国”头目巴格达迪派其高级助手、伊拉克人安巴里和沙特人阿兹迪赴利，接管“伊斯兰青年协商会议”的领导权，并协调其活动。在其领导下，“伊斯兰青年协商会议”在利东部城镇德尔纳建立稳固据点。2014年10月，该组织见时机成熟，宣布效忠“伊斯兰国”。为巩固对德尔纳城的统治，“伊斯兰青年协商会议”纠集约800名武装分子，并仿照“伊斯兰国”模式迅速建立统治。该组织接管了城中的法院、行政机构、学校和广播设施，实行严苛的宗教统治。阿兹迪成为德尔纳的最高统治者，不仅下令公开斩首反抗其统治的人，还派遣巡逻队负责监督风纪，对“犯规者”集中执行鞭刑。同时，德尔纳附近亦建立起武装分子训练营，美非洲司令部司令罗德里格斯 2014 年 12 月初透露，训练营中有数百名武装分子在受训。

“伊斯兰国”在沙特多地布建力量。沙特私人捐助一直是中东乃至世界范围内一些极端组织的重要资金来源，对此，沙特政府则“睁一只眼闭一只眼”。沙特对待“圣战”一直持双重标准，一方面支持反什叶派国际“圣战”运动，另一方面则镇压威胁国内稳定的“圣战”组织。2014 年 6 月 8 日，伊拉克总理马利基就公开指责沙特阿拉伯和卡塔尔支持伊拉克反政府武装人员，称此举无异于向伊拉克“宣战”。随着“伊斯兰国”宣布建立哈里发政权及不断向伊拉克首都巴格达挺进，一向暗中支持叙利亚反政府极端组织的沙特意识到了“养虎为患”的威胁已迫在眉睫。2014 年 6 月底，“伊斯兰国”向沙特发出威胁，准备控制并接管沙特重要口岸阿尔阿尔，甚至威胁攻击圣地麦加。沙特立即在与伊拉克边境部署 3 万兵力，以应对其向沙特渗透。8 月，沙特敦促巴基斯坦和埃及派兵保护沙特与伊拉克接壤的地区。此外，沙特国内也渐现回流武装分子威胁。至 2014 年 8 月，沙特已逮捕了 62 名回流“圣战”分子，其中多数为沙特籍。沙特丰富的石油资源一直令“伊斯兰国”垂涎。据信，“伊斯兰国”已在沙特多地布建了组织，包括西部卡西姆、西南部海米斯—穆谢特市、东部达曼省及胡富夫省。9 月初，沙特宣布“伊斯兰国”为沙特头号敌人，并逮捕了 88 名涉嫌在国内外从事恐怖袭击的罪犯。其中 48 人为沙特人，并一直策划暗杀等恐怖袭击行动。

此外，“伊斯兰国”还向黎巴嫩渗透，介入当地逊尼派与什叶派的矛盾冲突，并参与打击真主党和黎巴嫩军队。

纵观“伊斯兰国”异军突起、急速晋升为国际头号恐怖势力的进程，主要取决于其得力的军事与施政策略。首先，利用伊拉克和叙利亚逊尼派与什叶派的教派冲突，趁势博取逊尼派反政府武装及民众的信任，从而巩固联盟并谋取发展空间。“伊斯兰国”军事战略目标的核心是激化什叶派，使其加入伊朗支持的民兵组织并发动反逊尼派武装袭击，从而加剧教派冲突，以利于“伊斯兰国”持续充当逊尼派代言人。实际上，“伊斯兰国”的强劲攻势主要依靠伊叙当地的逊尼派武装。“伊斯兰国”攻打巴格达时就得到了许多当地逊尼派武装的支持，其中不乏过去的反美残余力量，这些反美残余势力结成联盟，并在2012年逊尼派“崛起”后实力激增。其中与“伊斯兰国”联盟的主要组织包括以极端宗教分子为主的“安萨尔圣战部队”、“萨拉菲圣战运动”和以伊拉克前政府复兴党为骨干的“纳什巴迪军”、“伊拉克革命委员会”（GMCIR）、“安巴尔部落革命军事委员会”及“部落革命军事委员会”（MCTR）等。其中，“部落革命军事委员会”是除“伊斯兰国”外伊拉克境内最大的叛乱武装。据信包括约80个逊尼派阿拉伯部落和41个武装组织，其中包括萨达姆时期前官员。尽管与萨达姆旧部矛盾重重，为了巩固联盟，“伊斯兰国”任命前伊拉克陆军司令等高官作为摩苏尔和提克里特市市长。

其次，严密的组织体系及专业的军事战略是其致胜的法宝。“伊斯兰国”建立了高度集权、分工明确的管理体系及稳固的高层领导核心。巴格达迪虽名义上为“伊斯兰国”首领，但事实上，组织的最高权力归于一个名为“协商会议”的机构。这一机构主要负责确保所有成员和机构都遵守“伊斯兰国”确立的宗教法律。巴格达迪有两个重要的副手——阿布·穆斯林·图尔克马尼和阿布·阿里·安巴里，分别负责“伊斯兰国”在伊叙的行动。两名副手下设8名内阁组成“内阁顾问团”近13人组成军事委员会。还设置了各部“部长”和各省“省长”。“伊斯兰国”的招募机制也十分严格，以确保组织安全及成员的专业化。新招募人员必须由一名正式成员做担保，待完成一系列测试后，接受数周的宗教及军事培训。在军事战略上，“伊斯兰国”使用残酷手段，血腥屠戮，削弱军事对手的士气和作战能力。在伊拉克，“伊斯兰国”聚焦逊尼派聚居的城市中心和交通要道，特别是在素来具有强烈反美情绪的安巴尔省发动大规模杀伤性袭击，以向政府军施压。在叙利亚，则着重在东北和东部资源丰富的地区及与土耳其、伊拉克接壤的边境地区发动袭击。“伊斯兰国”在广泛的情报搜集基础上，频繁袭击重要哨卡和巡逻兵，以削弱伊拉克安全部队控制城市外围的能力。同时，针对军政官员搞大规模暗杀行动，进而削弱民众对军队、政府能力的信任。“伊斯兰国”旗下拥有众多具有丰富军情经验的前萨达姆政权的旧部，成就了其突出的战斗力。阿布·阿里·安巴里，如今由他负责“伊斯兰国”在叙利亚占领区的军事活动，相当于该武装组织的“副司令”。年过 50 岁的安巴里出生于伊拉克摩苏尔的北部地区，在萨达姆统治时期，他曾获共和国卫队的少将军衔，属于萨达姆的高级将领。图尔克马尼曾是伊拉克军方核心情报部门的一名中校，也曾在萨达姆总统的特种部队任职。这些军事干将成为“伊斯兰国”军事强势的有力后盾。

再次，在战乱环境下，运用有序的社会管理模式博取民众信任。“伊斯兰国”利用内战失序状态下，政府管理缺失之机，积极参与部落内部事务，充当协调人，帮助化解当地民众及部落间纠纷。在控制区内实施一套近乎完备的统治模式。向民众提供电、水、气等社会服务，并大幅降低基本生活消费，向贫困民众提供免费食物，公共设施及医疗实现普遍免费。“伊斯兰国”强调严苛的宗教教育，并将宗教教育与劝诱改宗视为其“政教合一”管理模式的关键。

最后，“伊斯兰国”通过强夺油田、抢劫银行、垄断商业、借名投资、文物走私、贩卖人口和劫持人质收取赎金等各种手段，实现了经济来源的“多样化”。“伊斯兰国”在控制区内向商店·加油站和超市等私营业主强行收取“消费税”和保护费。该组织在伊拉克尼尼微省首府摩苏尔市每月收取保护费高达 1200 万美元。早在 2010 年，该组织就开始在叙利亚控制区倒卖石油、挖掘贩卖文物获取暴利，并进行绑架和银行抢劫活动以获取资金。至 2014 年 8 月，每天贩卖伊叙原油 7 万桶。虽然法国极力否认，但北约知情人士透露，2014 年 4 月，法国向“伊斯兰国”支付了 1800 万赎金交换人质。同时，海湾国家的逊尼派阿拉伯商人的捐助也是其重要资金来源之一。根据英国《卫报》2014 年 6 月 25 日报道，“伊斯兰国”6 月在摩苏尔中央银行抢劫了 4.25 亿美元并劫获了伊安全部队大量军火，数量超过 40 万件。“伊斯兰国”已成最富有的恐怖组织。一名伊拉克官员表示，摩苏尔沦陷前，该组织凭现金和资产已达 8.75 亿美元，在抢银行和从伊军基地内部劫获大量武器和车辆后，其总资产可能增至 20 亿美元。该组织凭借强大经济实力，不仅可在伊叙境内大肆招兵买马，还可为全球其他恐怖组织和人员提供资金支持，实力和威望大幅提升。①

（二）“基地”组织加速渗透，深化地区暴恐网络建设

“基地”组织活动重心加速转向中东，在多处战略要地选点布线，谋建力量，以期推进组织发展目标的同时，积极应对“伊斯兰国”的挑战。在叙利亚，扎瓦希里巩固叙本土极端组织“支持阵线”的“基地”叙利亚分支地位，并积极扶持其提升对叙反对派武装的影响力。同时，秘密谋建新组织“呼罗珊网络”，以推进袭击美西方目标，抗衡“伊斯兰国”挑战。扎瓦希里还任命阿布·哈立德·苏里（叙本土激进组织“自由夏姆”重要头目）为“基地”驻叙代表，负责协调“基地”在叙分支与关联组织的关系。此外，加紧步伐，进行内部重组。2013 年 7 月扎瓦希里任命“基地”组织阿拉伯半岛分支头目瓦赫希为“基地”二把手，以拉拢和控制该分支。该分支多次煽动和策划袭美阴谋，2013 年 8 月迫使美

---

① Borzou Daragahi, “Biggest Bank Robbery That ‘Never Happened’ —＄400mISIS Heist,” *Financial Times*, 17 June 2014. http://www.ft.com/intl/cms/s/0/0378d4f4-0c28-11e4-9080-00144feabdc0.html#axzz380w59yNx.

大规模关闭驻外使领馆，2014年3月又开上百名成员参加的袭美动员大会。扎瓦希里将埃及列为重要的暴恐突破口，任命本·拉登私人医生马瓦菲统筹埃及西奈半岛事宜，令其重建组织网络。

1. 巩固在叙利亚的暴恐策源地，利用叙利亚分支“支持阵线”引导叙反政府武装的活动，并秘密建立新组织“呼罗珊网络”，完善了在叙的内外联动网络。“支持阵线”由“基地”伊拉克分支在叙设立的后勤保障网络孵化而生，并在组织结构、人员构成及意识形态上受其直接影响。早在2003年，叙已成为“基地”向伊拉克输送外国激进分子和物资的重要中转站。至2007年，伊拉克的外籍“圣战”分子中约85%—90%是借助叙利亚通道进入伊境内的。[①] 2011年叙国内冲突爆发后，伊拉克分支领导人趁势利用该网络组建“支持阵线”，并增援轻型武器、制爆专家及“圣战”分子以充实力量。2011年初，巴格达迪派遣指挥官阿布·穆罕默德·朱拉尼潜入叙利亚建立组织。2011年8月，朱拉尼到达叙东北部哈赛克省，并开始着手联系当地“圣战”小组，逐步建立了后来的“支持阵线”。2012年1月23日，“支持阵线”正式宣告成立，目标是推翻巴沙尔政权，在沙里亚法基础上建立伊斯兰国家，并最终实现“大伊斯兰哈里发王国”目标。在叙战场历经一年的磨砺后，“支持阵线”势力急速提升，至2013年1月，其已控制了叙北部两大军事基地，并成为叙反对派阵营中的重要力量。

目前，“支持阵线”已成为叙利亚反政府势力中的关键要素。“支持阵线”的势力并非来自压倒性的组织规模或辐射性的直接存在，而是其巧妙地联合地方反政府武装增强了自身作战能力。作为“基地”组织叙利亚分支，“支持阵线”的核心战略之一就是与叙利亚反政府组织建立紧

① Peter Neumann, “Suspects into Collaborators,” *London Review of Books* 36, No.7 (3 April 2014): 19—21.

密的关系网。“支持阵线”计划渗入反政府武装，利用自身影响力直接引导反政府武装进程，指挥其具体行动。目前，“支持阵线”已成为叙多数反政府武装的重要盟友，并逐步强化了自身影响力，及这些势力对“支持阵线”的依存度。2013 年 8 月起，“支持阵线”利用叙内战升级，继续挑拨宗派矛盾。同时，“支持阵线”在军事上积极配合反政府武装，成功地扩展了支持阵营。叙利亚政府于 2013 年 8 月 21 日使用化学武器对反政府武装控制的大马士革郊区古塔地区发动了袭击。事后，美国政府未对阿萨德政府进行直接干预，而是选择与其谈判，接手叙化学武器。这件事引发叙反对派的强烈不满，“支持阵线”紧抓这一在叙反对派势力中深化影响力的契机，立即开展反政府宣教活动。“支持阵线”率先在多个省份开展了题为“以眼还眼”的为大马士革屠杀事件复仇的活动，包括直接瞄准在拉塔基亚的阿拉维平民，并在 2013 年 8 月 26 日公开处决一名被绑架的阿拉维派牧师。此次复仇行动进一步推进了“支持阵线”激化宗派矛盾的议程。2013 年 11 月，叙政府在黎巴嫩真主党帮助下，频频针对反对派武装发动“桶式”炸弹袭击，并巩固了通往阿勒颇的补给线后，叙内战再度升级，并为“支持阵线”等强硬派武装获得更多支持创造了良机。“支持阵线”趁势与叙民众及萨拉菲派“圣战”武装建立了紧密的关系网。在这些战事中，“支持阵线”不断调整战略，以期利用有限的战略资源，实现配合叙反政府武装攻击效率最大化。例如，针对政府军严守的重要目标，“支持阵线”发动武装攻击，削弱政府军的攻击能力。在一些攻势中，“支持阵线”则使用自杀式袭击等非对称战术，发挥渗透作用。

叙利亚西部的“中央走廊”沿线的 M5 高速公路，从大马士革向北延伸至阿勒颇，控制着叙政府的关键后勤交通线和供给线，直接关系叙政府的军事投射力。同时，此区域也是反政府武装的重要补给线，特别是在伊德利卜省和霍姆斯市西南部的卡拉蒙山区。自 2013 年底至 2014

年，“支持阵线”的主要活动都围绕“中央走廊”区域展开，力求增强反政府武装破坏叙政府军通信线路的能力，同时，争取反叛力量的支持。2014 年 2 月，“支持阵线”联合反政府武装夺取了 M5 高速公路沿线的哈马城及一处重要哨卡。2014 年 3 月 21 日，“支持阵线”向拉塔基亚省发动了“安法尔战役”，夺取了与土耳其边境部分地区，并迅速向海岸线推进。在这一阶段，“支持阵线”与“伊斯兰国”的频繁活动也直接刺激了当地萨拉菲派及萨拉菲“圣战”组织，他们纷纷参与到反政府武装活动中。

“支持阵线”还积极推进“基地”组织在中东地区的区域战略，逐渐向叙周边渗透。2014 年 6 月 11 日，“支持阵线”的一伙武装分子袭击了与叙利亚接壤的黎巴嫩边界小镇阿尔萨勒附近的一处叙利亚难民营，目的是劫持一些叙利亚难民作为人质，向叙政府施压，并搅乱叙黎边境地区局势。

“伊斯兰国”于 2014 年 6 月 30 日宣布建立哈里发政权并夺取了伊拉克重镇摩苏尔后，“支持阵线”开始调整战略并进行重组。2014 年 7 月，“支持阵线”撤出在代尔祖尔省的重要据点，以巩固对伊德利卜省的控制。“支持阵线”向土叙边境地区推进，以重建因“伊斯兰国”而失掉的在代尔祖尔的油田收益。同时，对叙利亚西北部叛乱活动重新进行深入重组。“支持阵线”以反腐为切入点，得到伊德利卜省叛乱武装及当地人民的支持，从而在叛乱武装中扩展了影响力。“支持阵线”将目标瞄准西方支持的叙利亚温和反对派武装，以此彰显其打击叙温和反对派武装的能力，及继续反击受西方支持的势力的决心。10 月末，“支持阵线”从叙利亚自由军手中夺取了伊德利卜省南部的杰贝勒扎维耶地区（Jebel al Zawiya）。同时，在持续数周的交火后，美国在叙利亚的重要盟友“叙利亚革命者阵线”（SRF）和被“支持阵线”武装分子从叙利亚北部的据点击退。11 月初，“支持阵线”继续挺进，占领了“叙利亚革命者阵线”

在北部伊德利卜省的军事基地，掠夺了其大量美式武器装备。“支持阵线”对温和反对派武装力量的削弱，严峻挑战了美国“培训和协助”叙温和势力的进程。但“支持阵线”巧施战略，打击温和反对派武装的同时，发表声明表示支持“叙利亚革命者阵线”等武装对巴沙尔政权的打击行动，因此，“支持阵线”并未从整体上削弱温和反对派武装的实力，而是巩固现存的联盟，以应对“伊斯兰国”的挑战。

2014年底，“支持阵线”与“伊斯兰国”在叙利亚北部的阿勒颇展开激战，成功巩固了在叙的多处军事基地。“伊斯兰国”试图越过土耳其边境进入叛乱武装领地，遭遇“支持阵线”的强力抵制，“支持阵线”在当地反政府武装的积极支持下，击退了“伊斯兰国”的进攻。目前，“支持阵线”在叙利亚西部“伊斯兰国”未涉足的地方拥有许多据点。“支持阵线”还在大马士革东部郊区乌塔和南部德拉等地建立了军事存在，并支持叙利亚南方阵线领导的反政府武装夺取德拉省和库奈特拉市省的战役。“支持阵线”持续保持在阿勒颇的军事存在，以协助反政府武装反击政府军的合围之势。

2014年12月15日，“支持阵线”联合叙利亚自由军，在一天之内连续攻占叙政府军在西北部伊德利卜省的瓦迪代夫和哈米迪耶两大军事基地，直接威胁连接首都大马士革与北部重镇阿勒颇的交通要道。这两处基地位于一条连接首都大马士革、中部哈马省直至北部阿勒颇省的主要公路旁，具有重要的战略意义。至此，“支持阵线”及极端武装已经控制伊德利卜省大部分地区，令叙政府遭遇重挫。

2. “基地”组织在叙秘密组建“呼罗珊”网络，推进袭击“远敌”美欧目标进程。据英国广播公司报道，2013年，扎瓦希里委派包括本·拉登亲信穆赫辛·法德利（Muhsin al-Fadhli）在内的多名“基地”旧部潜入叙组建“呼罗珊”。该组织由来自中东、南亚和北非的“基地”组织成员组成，规模不超百人，但作战经验丰富。该组织主要“开展域外袭击、研制并测试简易爆炸装置，招募西方人实施恐袭”。为谋求在叙发展空间，该组织与“基地”组织叙利亚分支“支持阵线”搭建关系，活跃于阿勒颇附近区域，并将叙西部作为物色、招募及培训西方“圣战”分子的暴恐策源地。在“支持阵线”庇护下，“呼罗珊”隐蔽发展，与“支持阵线”合作开展反阿萨德武装、叙利亚自由军、伊斯兰阵线的行动，但重点聚焦策动域外袭击。

3. 在也门，强化阿拉伯半岛分支在“基地”网络中的领导地位。2013年7月，“基地”头目扎瓦希里召开高层电话会，多个“基地”分支及盟友头目共20余人参加，包括阿拉伯半岛分支、伊拉克分支、北非分支、西奈半岛分支、尼日利亚“博科圣地”、巴基斯坦塔利班等。会议强化共识并对新时期暴恐活动统筹布局，任命阿拉伯半岛分支头目纳西尔·瓦赫希为“基地”二把手，授权其管理其他分支。阿拉伯半岛分支趁也门动荡之机大肆扩张，成员已发展到约3000人。目前，阿拉伯半岛分支具备同时对也门安全部队及境内外国目标发动袭击的能力。2013年来该组织针对也门军政目标制造一系列暴恐大案，包括12月造成50余人死亡的也门国防部袭击案。2013年8月该组织恐袭预谋迫使美西方大规模关闭中东北非地区使领馆。2014年2月4日美发布的《美国情报系统对全球威胁的评估》把阿拉伯半岛分支列为对美构成最大威胁的国际恐怖组织。①

与“伊斯兰国”的争夺加速了阿拉伯半岛分支推进“圣战”目标的进程。在意识形态上，阿拉伯半岛分支打宗派分裂牌，争当逊尼派代言人。也门战场日益以逊尼派与什叶派间的教派矛盾划线，呼应了伊叙战场的教派冲突形势。“基地”组织积极弥补在伊叙战场教派冲突中的“失

---

① “Al Qaeda Organization in the Arabian Peninsula, Ansar al-sharia”, Jan 3, 2015, www. globalsecurity, org.

分”，争取获得对也门逊尼派穆斯林的领导权。在地盘上的抢夺导致二者发生武装冲突。2014 年 12 月，两组织在东部发生了一场激烈火并。阿拉伯半岛分支加速推进袭美西方目标。2014 年 12 月 24 日，阿拉伯半岛分支在《激励》期刊第 13 期中继续鼓动袭美目标，包括美航空公司、世贸中心、银行及外汇机构，并在视频中大力促销关于如何自制炸弹并通过安检的手册。

4. “基地”组织加紧向埃及渗透，图谋建立新的暴恐策源地。首先，“基地”组织趁乱激化教派矛盾，强化“圣战”意识形态。2013 年 8 月 3 日，即穆尔西被解除总统职务不久，扎瓦希里发布了一段 15 分钟的视频。扎瓦希里在视频中指责选举与民主不合法，唯有实施伊斯兰教法才是正确道路。号召“信奉《古兰经》的战士应为《古兰经》而战”，并将穆尔西的倒台及“穆斯林兄弟会”的被打压称为一次“十字军东征”。与此同时，谴责美国是策划此次“政变”的幕后黑手。2013 年 8 月 8 日，一群受“基地”组织鼓动的激进穆斯林手持木棍和武器聚集在尼罗河城市索哈杰的一座教堂前，并升起“基地”组织的黑旗。2014 年 1 月，扎瓦希里在埃及本土极端组织“耶路撒冷支持者”发布的视频中做了关于“致我们西奈的人民”的主旨演讲，鼓动反政府武装进行“圣战”。

其次，秘密向西奈半岛派遣力量。CNN 报道披露，早在 2012 年 6 月，与“基地”相关的也门激进分子就已取道苏丹潜入埃及，并在西奈半岛培训当地的“圣战”小组。2013 年 9 月初，美联社报道指出，穆尔西倒台后，西奈已成为外国武装分子新的聚集地，约有数百名也门激进分子涌入。2013 年 12 月，《观察者》杂志报道，据西奈当地部落长老称，近千名“基地”武装分子活跃于西奈半岛，其分布在不同的极端组织内，其中许多为外籍人。此外，“基地”组织西奈半岛分支（al-Qaeda in the Sinai Peninsula，AQSP）号召在西奈建立伊斯兰酋长国，其头目为本·拉登的亲信之一马瓦菲，此人是拉登的私人医生及爆破专家，受扎瓦希里指派返回埃及组建该组织。[①]

再次，“基地”组织积极发展本土极端暴恐势力，以形成坚定同盟。埃及本土暴恐势力“耶路撒冷支持者”自2011年袭击了西奈半岛北部的天然气管道后，得到扎瓦希里的“赏识”，并号召其发动更多的袭击，穆尔西下台及“穆兄会”失势后，扎瓦希里再次鼓动“耶路撒冷支持者”袭击埃及政府目标。此后，该组织势力大涨，2014年，已扩大袭击目标，开始针对埃及“经济目标”发起袭击，袭击范围亦扩展至埃及中心地带。2014年4月9日，美国将其认定为恐怖组织。此外，扎瓦希里与西奈半岛另一支极端组织“贾马尔网络”也建立了密切关系，通过阿拉伯半岛分支及北非分支与其开展合作。贾马尔网络创立者穆罕默德·贾马尔是扎瓦希里的亲信之一，因此该组织意识形态深受“基地”影响。贾马尔网络在西奈北部及利比亚东部建立恐怖分子训练营，利用“基地”组织阿拉伯半岛分支网络向训练营遣送“圣战分子”。该组织成员被指控参与了2012年9月袭击美驻班加西领馆案及2013年预谋袭击西方驻埃及使馆案。2013年10月7日，美国将“贾马尔网络”列入外国恐怖组织名单。该组织甚至已在欧洲本土建立关系网。贾马尔的通信显示其从利比亚购置了大量重型武器运往西奈，表明其可能与西奈其他“圣战”组织存在联系。

最后，与“基地”组织交情笃深的老派“圣战”分子，在穆巴拉克被推翻前后的埃及激进伊斯兰舞台均扮演着重要角色。目前，这些资深“圣战”人物成为“基地”组织在埃及网络的重要组成部分。2012年9月11日，在美国驻开罗使馆前的暴力抗议行动，就是由与“基地”组织关系密切的资深“圣战”分子策划实施的。抗议由示威急转为暴力冲突，抗议者打出“基地”组织黑旗，并公然颂扬本·拉登及“基地”组织。

---

① “ISIS gaining in Yemen, competing with AQAP”, Jan 2, 2015. www. wisn. com.

5.“基地”组织利用黎巴嫩教派矛盾升级，成功建立新据点，将黎纳入版图的意图彰显。“基地”组织利用逊尼派与什叶派的教派矛盾扩大支持阵营，谋建安全庇护所。黎巴嫩教派林立，在叙利亚问题上形成支持与反对叙政府的两大阵营，矛盾日益尖锐，为“基地”组织趁势渗入黎巴嫩扩大支持阵营及布建力量创造良机。代表什叶派的黎巴嫩真主党自叙内战伊始就力挺巴沙尔政权，并有力地增进了叙政府军的作战能力。法国外长评估，当2013年5月，叙政府军为从反政府武装手中夺取重要战略补给线而发动的古赛尔战役进入焦灼状态时，真主党向叙派遣了3000—5000名战斗人员。2013年9月，路透社报道称，叙境内约有2000—4000名真主党成员，其主要由高级军官和特种部队构成，从事直接战斗、给予援助及军事培训等。早在2012年，真主党就开始培训叙利亚军队。“基地”组织利用叙利亚和黎巴嫩逊尼派民众对真主党的仇视情绪，频频针对黎巴嫩境内什叶派目标发起攻击，以博取该地区逊尼派民众的支持，并向真主党武装施压。“基地”叙利亚分支“支持阵线”和黎巴嫩分支“阿卜杜拉·阿扎姆旅”针对黎巴嫩境内什叶派目标制造了多起恐怖袭击。两组织间在行动中经常相互协作。“支持阵线”主要在叙黎边境的丛山地区建立据点，并蓄势向黎巴嫩境内推进，尤其随着大量叙利亚境内的“圣战”分子不断涌入，届时“支持阵线”的实力将大幅增长。“阿卜杜拉·阿扎姆旅”是黎巴嫩面临的最直接安全威胁。该组织扎根于黎巴嫩境内最大的巴勒斯坦难民营，拥有庞大的支持网络。“阿卜杜拉·阿扎姆旅”宣称在黎巴嫩制造了一系列袭击事件，其中包括2013年11月针对伊朗驻黎巴嫩大使馆的连环汽车炸弹袭击事件、从黎巴嫩南部向以色列发射火箭弹以及袭击联合国驻黎巴嫩南部临时部队事件。2013年，“基地”组织及叙利亚叛乱分子从边境向希尔米勒及其周边地区发起了20多次火箭弹袭击。2014年2月10日，“阿卜杜拉·阿扎姆旅”对黎巴嫩真主党支持叙利亚当权者实施报复，向黎巴嫩真主党什叶派地区希尔米勒镇发起多次自杀式炸弹袭击和武装攻击，造成至少 40 人死亡、300 人受伤。2 月 19 日，“阿卜杜拉·阿扎姆旅”又在黎巴嫩首都贝鲁特南郊制造了连环爆炸袭击，造成 5 人死亡、80 多人受伤。“阿卜杜拉·阿扎姆旅”当天在“推特”网站上写道，将继续发动这类袭击，除非真主党退出叙利亚内战。

三、伊叙暴恐外溢效应全面凸显，中东陷入新一轮暴恐高发期

（一）埃及沦为新恐怖策源地

继“阿拉伯之春”直接导致穆巴拉克倒台后，埃及再次陷入政局动荡。通过民主选举上台的政治伊斯兰势力被推翻国内激进力量抬头，为国际恐怖势力趁机潜入布局提供良机。自从埃及军方罢黜前总统穆尔西，埃及国内暴力冲突不断升级，尤其是西奈半岛安全形势恶化，以北西奈为据点的武装分子加强了对检查站和警察局等目标的攻击。据统计，从 2013 年 7 月 3 日—2014 年 2 月 6 日，发生在西奈半岛的暴力袭击达 300 余起。暴力袭击扩展至埃及大陆地区，人口稠密的城市。日趋成为大规模袭击的目标。

埃及动荡成为国际恐怖组织及个体发展的新沃土，西奈半岛目前活跃着许多恐怖组织，恐怖分子数量达千人，其中许多人为外籍成员，包括巴勒斯坦人、也门人和利比亚人等。[①] 尤其鉴于“穆斯林兄弟会”与众多国际极端组织间盘根错节的关系，此次“穆斯林兄弟会”的再次受挫必然引发国际极端势力反弹及向该地区的涌入。阿富汗塔利班已发声

① “Al-Qaeda emerges amid Egypt’s turmoil”, Oct. 7, 2013. http://www.al-monitor.com/pulse/originals/2013/12/al-qaeda-egypt-sinai-insurgency-growing-influence.html#.

谴责埃及“政变”，“基地”组织北非分支也指责埃及军方与外国代理人狼狈为奸，并将对“穆兄会”的镇压称为对全世界穆斯林的镇压。巴基斯坦塔利班也因此中止与巴政府的和谈。[①] 2013 年 9 月 1 日，埃及安全部队宣布逮捕了阿德尔·阿巴拉（Adel Habbara），此人被指控为“基地”组织在西奈半岛的主要成员之一，曾策划了同年 8 月针对西奈半岛北部的恐怖袭击。此人还是本土极端组织“安萨尔圣战者”的主要成员。2013 年 8 月，埃及当局宣布在加沙逮捕了“基地”组织头目扎瓦希里的弟弟穆罕默德·扎瓦希里（Mohammed al-Zawahri），此人是当地萨拉菲圣战组织“沙里亚法支持者”的头目之一。[②] 此外，穆尔西倒台后，取道土耳其前往叙利亚参加反阿萨德政权武装的激进分子数量攀升。

同时，受“基地”组织意识形态影响的新生极端组织大量孳生。由一些加沙地区的小型“圣战”组织联合而成的“耶路撒冷地区圣战者协商委员会”（Mujahideen Shura Council in the Environs of Jerusalem，MSC）自 2012 年成立以来，多次袭击以色列目标，并开始在西奈半岛拓展与相近意识形态的组织联系。2013 年 8 月 13 日，该组织宣称对以色列南部城市埃拉特发动了火箭弹袭击。2014 年 2 月，该组织声明支持“伊斯兰国”。2014 年 8 月 19 日，美国政府将该组织列入外国恐怖组织名单。另一新兴极端组织“埃及沙里亚法支持者”是由原埃及老牌“圣战”组织“埃及伊斯兰圣战”（Egyptian Islamic Jihad，EIJ）元老之一阿赫迈德·阿舒什（Ahmed Ashush）组建。该组织也宣誓效忠“基地”组织，曾公开表示为成为“基地”组织扩展进程的一分子而无上荣耀。2014 年 5 月 22

① “Egyptian crackdown hands al Qaeda new recruitment cause”，http：//bangordailynews.com/2013/08/19/news/world-news/egyptian-crackdown-hands-al-qaeda-new-recruitment-cause/.

② “Report：Major Ansar Al-Sharia Egypt Figure Arrested”，Shoebat Foundation，August 17，2013.

日，埃及将新兴极端组织“埃及战士”（Al Salafiya）列为恐怖组织。该组织宣称制造了数起炸弹袭击事件，以报复埃及临时政府打压前总统穆尔西支持者。

（二）也门内乱升级，“基地”分支加速反弹

阿拉伯半岛分支趁也门内战谋取发展空间，已强势反弹。一是加紧开展反胡塞武装所属什叶派的宣教及恐袭。2014 年 9 月 23 日，阿拉伯半岛分支发表声明，表示“支持‘圣战者’对抗什叶派的运动”，将胡塞占领萨那的行动视为其完成什叶派在也门的夺权计划，并斥责神职人员和宗教领袖无视胡塞武装反逊尼派的罪行。同时，利用政府对胡塞武装的“让权”，激化逊尼派部落、萨拉菲派民众对政府的不满，以期与逊尼派结成统一战线。同时，频繁发动反胡塞武装的恐袭。2014 年 10 月 9 日，阿拉伯半岛分支对正在萨那市中心广场游行示威的胡塞武装发动自杀式袭击，造成 47 人死亡。12 月 16 日，该组织使用汽车炸弹袭击了胡塞武装在贝达省的一处办公室，致 40 人死亡。12 月 18 日，在西部港口城市荷台达针对一处训练机构的胡塞武装发动自杀式炸弹袭击，造成至少 18 人死亡。二是趁势强化与逊尼派部落联盟。逊尼派部落对胡塞武装及政府的日益不满正契合阿拉伯半岛分支的战略，阿拉伯半岛分支趁势争取部落支持，以在部落区建立安全庇护所，躲避美无人机空袭，同时扩大支持阵营。一些部落已和阿拉伯半岛分支就共同抵御胡塞武装达成共识。据 2014 年 9 月 4 日也门当地媒体报道，阿拉伯半岛分支高级指挥官已与部落长老在贝达省进行了会晤，阿拉伯半岛分支要求得到部落支持，以共同对抗胡塞武装在萨那和中部地区的控制。三是下设新组织，聚焦胡塞武装。2014 年 4 月，胡塞武装向中部地区展开攻势后，阿拉伯半岛分支宣布在中部建立新组织“沙里亚法支持者”，称其任务是打击胡塞武装，阻止其继续扩张。从其反胡塞武装的进程、规模和地域扩展看，

阿拉伯半岛分支开辟了新战线。2014 年 8 月和 9 月的密集攻势显示其已在南部老巢外建立起大型有效的地下网络。

（三）叙利亚乱局持续发酵，外溢效应直接导致黎巴嫩安全局势进一步恶化

一是恶性恐怖袭击频发。黎巴嫩首都贝鲁特 2013 年 10 月 19 日发生一起汽车炸弹袭击事件，造成包括黎安全部队情报局长维萨姆·哈桑在内的至少 8 人丧生，另有 80 多人受伤。同年 11 月 19 日，伊朗驻黎巴嫩使馆附近发生两起恐怖爆炸，造成至少 23 人死亡、146 人受伤，伊朗使馆文化参赞因伤重死亡。二是黎巴嫩逊尼派社会中支持“基地”及其关联组织的情绪日益高涨。目前，“基地”组织正稳步推进在黎巴嫩的支持网络，不断强化在该地区的实力。一些叙利亚战场的“圣战”分子可能跨越与黎巴嫩的边界进入黎巴嫩，这一动向将扩充黎巴嫩境内恐怖组织的力量，进一步恶化黎巴嫩境内安全局势。三是叙利亚乱局导致大量叙难民涌入叙黎边陲重镇阿尔萨勒并建立难民营，为恐怖分子提供了庇护所及招募池。据联合国难民署统计，逃到黎巴嫩寻求难民身份的叙利亚人近 150 万。黎巴嫩外长巴西勒 2014 年 8 月 6 日指出，在黎巴嫩非法建立的叙利亚难民营可能成为恐怖分子的庇护所。“伊斯兰国”武装分子于 2014 年 8 月 2 日袭击黎巴嫩与叙利亚接壤的阿尔萨勒地区黎军检查站、军营等设施，占据阿尔萨勒镇并将一些军人扣为人质，试图以此为据点向叙政府军发动袭击。一些逃到阿尔萨勒的叙利亚难民支持或参与了此次袭击行动。此外，鉴于黎巴嫩逊尼派政治力量的缺失，寻找不到政治出口的逊尼派青年很可能转而支持极端组织。

第二节　中东地区主要反恐措施

一、中东国家的反应应对措施

（一）完善反恐法案

沙特修改《反恐法》。2012年后，中东国家面临恐怖威胁上升，开始重视立法反恐。2013年12月16日，沙特内阁会议通过一项由协商会议和内政部联名提交的新反恐法案，内容包括对恐怖活动的界定和对资助者、恐怖分子以及相关组织的严厉制裁。同时，该法案再次定义恐怖活动范围，伊斯兰教立法中关于侵犯人权的犯罪也被纳入该项法案。该法案还规定了审理和处置恐怖嫌疑人和资助者的具体程序。2014年2月，沙特再次完善《反恐法》，要求在伊拉克、叙利亚参战的1200名沙特籍“伊斯兰圣战分子”在规定期限回国。[①]

约旦严厉惩处涉恐行为。2014年3月，约旦政府向众议院呈交一份《反恐法》的修正法案，该法案扩大了“恐怖主义罪行”的适用范围，内容包括对参与战斗、加入或试图加入法案所称的恐怖主义团伙的人进行定罪。观察员认定大约2000名在叙利亚参与反对巴沙尔·阿萨德政权的战斗的约旦人罪名成立。[②] 该法案还规定，在约旦国内外，以利用资金从事恐怖活动为目的，提供资金或通过任何直接或间接的手段管理资金，或向恐怖分子提供资金，不管恐怖活动是否发生，都将视为犯罪。只要

---

① New Saudi counterterrorism law alarms activists，AYA BATRAWY，The World Post，Feb3，2014.

② https：//publicintelligence.net/category/documents/jordan/.

参与犯罪、插手犯罪、鼓动犯罪或帮助犯罪，都将受到和原犯同样的判罚。修订的法律内容也包括“利用信息系统、互联网、任何出版渠道或媒体，或建立一个网站，为从事恐怖活动提供便利，或支持从事恐怖活动的团体、组织或协会，或宣传这些组织的思想，或向其提供资金，或从事任何威胁约旦人民及其财产的敌对报复行为”。“如果恐怖主义行为导致他人死亡，或导致建筑物部分或全部被毁，建筑物内有一人或多人，或恐怖主义行为中使用炸药、易燃物、有毒产品、可燃物、可传染物、细菌、化学物质、放射性物质、武器或弹药，以及与这些物质功能相似的物质，将被判刑。”

2014 年 10 月 22 日，也门国内遭受到严重恐怖袭击，恐怖分子多骑电动自行车进行恐袭，为防止袭击案再次发生，也门政府颁布禁令，在首都萨那禁止骑电动车。同时，也门警方严厉执法，逮捕了上千名违反禁令的民众，并将他们的电动车锁在警察总部前。

（二）提高民众参与，加大反恐力度

叙利亚民众组织反恐游行。2014 年 3 月，叙利亚政府军在首都附近的战场取得了胜利，一次歼灭 175 名极端分子，为叙民众赢得信心。同时，叙政府承诺加大反恐力度，呼吁民众参与共同打击恐怖主义的行动。在叙大马士革及其周边地区、中部城市霍姆斯、西南城市古奈伊特拉等，数千民众走上街头，举行声援政府军的游行活动。这是自叙利亚危机爆发以来，群众自发组织的最大规模的游行活动，叙政府与民众相互鼓舞，重创叙极端恐怖势力。[①]

埃及全面反恐。2013 年 7 月，穆尔西被罢免埃及总统，深感“不

---

① “Jihadist Sanctuaries in Syria and IraqImplications for the United States”. http://www.rand.org/pubs/testimonies/CT414.html.

公”的部分穆兄会成员已脱离其控制转向激进。“穆兄会”支持者一再发动反军方示威，埃及政府指责埃西奈半岛发生的270余起极端武装袭击政府机构和军方的暴力事件均与“穆兄会”有关。为维护埃及安定，埃及政府宣布进行全国大规模反恐战争。2013年7月24日，时任军方领导人塞西在亚历山大出席防空学院毕业生典礼仪式上号召民众反对“穆兄会”等恐怖组织，称“目前国家正处于严重时刻，光荣的埃及人民应走上街头和广场，以表示授权军方和警察打击暴力和恐怖。”塞西一直向埃及民众强调7月爆发的是“民主革命”而非“军事政变”，为了迎合人民的反恐心理，军队提高全国警戒级别，在开罗解放广场等主要游行地点实行重兵把守。塞西讲话后第二天，“出动”和“反恐”的大字指令占据着报纸的头版。2013年12月，埃及政府宣布“穆兄会”为恐怖组织，随后展开大规模逮捕“穆兄会”成员的行动。截至2014年初，埃及全国范围内针对“穆兄会”展开的突击行动中已经逮捕1000余名“穆兄会”成员及支持者，并查获相当数量的枪支、炸弹和弹药。[①]

黎巴嫩实施全面安全计划。2013年后，黎巴嫩安全局势恶化，2014年2月，黎巴嫩总理萨拉姆在贝鲁特呼吁黎巴嫩各派团结起来，支持军队和安全部队履行职责，共同打击各种形式的恐怖主义。2014年6月下旬后，黎多地再次发生多起炸弹和手榴弹袭击事件，其中两次发生在贝鲁特，造成众多人员伤亡。7月2日，黎巴嫩总理萨拉姆主持召开了有内政部长、国防部长、军队司令及各安全机构负责人参加的安全会议，决定在包括首都贝鲁特在内的全国各地实施全面安全计划，加大打击恐怖主义的力度。[②] 黎巴嫩军队和安全部队采取措施，挫败了多起企图实

---

① http：//www.ahram.org.eg/NewsQ/330120.aspx.

② “黎巴嫩召开安全会议决定加大反恐力度”，新华网。http：//news.xinhuanet.com/world/2014-07/03/c_126703037.html.

施自杀式袭击的阴谋，抓获了多名嫌疑人，缴获了多辆装有炸药的汽车及武器弹药。与此同时，黎巴嫩军警还加强了对重要机构和设施、外国驻黎巴嫩使团及宗教圣地的安全保卫。

阿尔及利亚大规模反恐。2013 年来，阿尔及利亚虽加强安全防范，但仍有一些隶属“伊斯兰马格里布基地组织”的恐怖分子在阿东北部的提济乌祖等地活动。该组织是“基地”组织的分支，已被美国和欧盟列入恐怖组织名单。2014 年 4 月，恐怖分子袭击阿尔及利亚军队士兵并造成人员伤亡，阿尔及利亚国防部对位于阿尔及尔以东 100 多公里的提济乌祖省山区展开大规模清剿行动。[①] 阿尔及利亚军队在首都以东地区展开大规模反恐军事行动，1000 多名士兵和特种部队成员参加了这次行动。阿空军当天还对恐怖分子活动地点发动了两次空袭。

（三）防范边境恐怖主义蔓延

埃及严防西奈半岛边境威胁。自 2013 年 7 月穆尔西被解职以来，极端分子以埃及西奈半岛及其边境为主要基地频繁发动袭击，至 2014 年底已造成 500 多人死亡，其中大多数是军人和警察。2014 年 10 月 24 日，埃及总统塞西宣布西奈半岛北部部分地区进入为期 3 个月的紧急状态。10 月 29 日，埃及开始从北西奈省拉法市距埃及与加沙边界 500 米的范围内撤出居民，以建立军事缓冲区，并修建一条长达 13 公里的运河，以阻止走私者挖掘从加沙通往拉法的地道。埃及政府当日即向这一划定范围内的居民发出通知，要求他们在 48 小时内撤离。该地区已有上千户家庭撤离。埃及政府向撤离居民发放搬迁赔偿款，并帮助寻找合适场所安置物品，直到搬迁居民找到新的住所。

---

① حدود. محاربة تنظيم الدولة الإسلامية， http：//www.aljazeera.net/knowledgegate/opinions/2014/9/25.

沙特陈兵边境。沙特与伊拉克接壤的边境长 800 公里。2014 年 6 月后，极端组织“伊斯兰国”及其他派别极端分子在伊拉克境内攻城略地，其威胁辐射范围之广，已殃及沙特、土耳其等重要邻国，2014 年 7 月，阿拉伯阿拉比亚电视台播出的新闻中显示，约 2500 名伊拉克士兵从边境撤离后，沙特与伊拉克边境几乎失守。[①] 不久后，沙特国王阿卜杜拉发出紧急命令，向该国与伊拉克边境部署了 3 万名士兵，“防范边境可能的‘恐怖分子威胁’”。

土耳其严防于土、叙边界。自 2014 年 9 月起，“伊斯兰国”占领叙利亚多地后已导致当地 18 万多居民逃到邻国土耳其。2014 年 10 月 8 日，土耳其在靠近叙利亚的边境部署大批坦克。“伊斯兰国”武装围攻与土耳其交界的叙利亚北部重镇科巴尼，造成众多库尔德族叙利亚难民逃入土境内避难。土军方向边境地区增派了大量坦克戒备，并没有采取越境行动。

突尼斯严防边境口岸。2014 年 7 月，利比亚安全形势迅速恶化，大量利比亚人和在利比亚居留的外国人涌入突尼斯—利比亚边境的两个口岸，其中包括不少外交官和石油公司的外籍员工，一些在利比亚的外国侨民因为签证问题滞留在口岸。利比亚国民安全受到巨大威胁。突尼斯政府宣布，将采取一系列紧急措施应对利比亚局势恶化，包括增强边境口岸安检措施、控制开放窗口、提高安全防范级别等。突尼斯外交部长表示，如果利比亚局势继续恶化下去，突尼斯倾向于关闭其与利比亚的边境。

叙利亚政府军强守叙、黎边境。2014 年 8 月，黎巴嫩的阿尔萨勒市距离叙利亚边境 12 公里并被视为极端分子向大马士革和霍姆斯挺进的后

---

① السعود على تنظيم الدولة الإسلامية， http：//www.aljazeera.net/knowledgegate/opinions/2014/7/19.

勤基地。2014 年 8 月 2 日，叙利亚极端武装“支持阵线”袭击了叙利亚与黎巴嫩交界的阿尔萨勒地区，并占领当地警察局大楼。叙利亚政府军对“支持阵线”武装展开回击，歼灭 20 名武装分子，成功收回被占领地区及其政府机构。

（四）以色列严密布局，引领中东反恐新模式

以色列作为反恐大国，其严密的反恐体系为中东各国反恐所借鉴。

第一，最高决策机构与社会民众总动员。以色列总理在反恐问题上拥有最高处置权，可随时召开内阁紧急会议，尽快商讨对策、下达命令；若遇特大暴恐，总理可召集国防、外交、军队、情报、警察等各系统组成应急指挥部，所有部门均须无条件配合。以决策层在反恐上分工明确：警察负责境内，军队负责境外及被占领土。同时，广泛动员社会民众参与反恐。以色列政府要求小学生每年到部队军训 12 个学时，中学生每周一节课，且军队定期要到学校演示各种应急技巧，提高学生反恐能力与意识；以军方也开设反恐课程，将社区居民培训为“反恐调查员”；政府依靠民间力量成立上百家保安公司，在全国各公共场所负责安检；广播、电视、报刊时常向民众普及反恐知识，通过普通民众举报排爆大量可疑物。

第二，扩大反恐情报网，提早预警、精准预判。一是招募情报人员。摩萨德、辛贝特等世界闻名的以色列情报机构不惜血本、费尽心机地在境内及敌国招募、安插眼线，且特工标准极高。2013 年 6 月其在官方网站上发布招聘情报人员广告，称“加入我们——见所不能见，成所不能成——摩萨德专家”。[①] 在主招聘页面的“引导问卷”一栏里，列出了对求职者的要求，尤其要说明求职者最出色的才能，如社交能力、人格魅

① http://www.israelisider.com/counter-terrorism/2014/09/07.

力、分析能力和好奇心等，并设计了有关个人爱好和性格等方面的指标选项。网站除了英文版外，还有希伯莱语、俄语、法语、阿拉伯语和波斯语五个版本。有关资料显示，这个网站于2004年5月24日正式推出。以色列总理内塔尼亚胡办公室发表的一份声明说，建立这样一个网站，目的是为了让那些极具潜质的求职者能够更容易地找到应聘摩萨德的渠道。二是情报搜集广泛及时。2014年9月，美军能对伊拉克境内的极端武装“伊斯兰国”进行精确打击，以色列情报机构功不可没。“伊斯兰国”在伊拉克猖獗后，以色列多颗侦察卫星就密切关注着该武装的行动，与此同时，以色列情报人员也加大了在伊拉克的活动，搜集情报，然后把搜集到的情报提供给美国，以便美军对该武装进行打击。[①] 美国方面又把以色列提供的情报转告给了土耳其和部分阿拉伯国家，希望它们和美国一起打击“伊斯兰国”武装。三是及时调整和改组情报机构。2013年3月11日，据以色列《晚祷报》报道，为应对阿拉伯世界接踵而至的动荡和变化，以色列决定重组情报机构，发展自身从阿拉伯世界搜集情报的手段和方式，保障情报的实效性。[②] 改组以来，以色列已有830名情报官员被调任到情报处下属单位，此外还成立了名为“特别行动小组”的独立小单位，每个小组由一名准将领导，负责整理情报，并在“敌人”的心脏地带进行情报搜集工作。

第三，多支队伍紧密配合、严格训练。以色列拥有数十支专业反恐部队，训练有素、装备精良，分突击、掩护、支援三类。保证每日4支部队全天战备，暴恐“临时指挥部”可根据现场情况灵活决策，避免因逐级上报延误战机，极大提高反恐实效性。为保证战斗力，部队的训练强度相当大，淘汰率很高。女兵在以色列现役防卫军中占三分之一，负

---

① Israel Intelligence superiority，http：//www. jinsa. org/hom/home. html.

② 同上。

责侦察恐怖事件频发的埃及西奈半岛一带，她们承担的训练项目和任务重要程度绝不亚于男兵。2014 年 7 月，她们在埃及西奈半岛执行射杀恐怖分子的任务中表现出色，备受关注。

第四，提高反恐装备高科技含量。在反恐技术方面，以色列遥遥领先。在增加反恐的科技含量的同时，研制生产了一系列世界一流水平的反恐装备。目前，以色列已有 400 余家非军事工业公司从事与反恐安全有关的技术开发和产品研制工作。2013 年以来，部分公司纷纷展示了他们的反恐科技新成果。2013 年 6 月 4 日，以色列第六届国际防务展在特拉维夫开幕。此次展会由以色列经济部、国防部和塔尔公司主办，来自以色列、美国和英国等国的 200 多家武器厂商参展，同时举办反恐行动谈判策略研讨会、视频数据分析研讨会、大数据融合研讨会等。[①] 展览展出了以色列在电子保安系统、危机风险管理、安全保护技术、电脑与数据安全、武器弹药、指挥控制系统、光电通信、防暴控制、爆炸物及生物检测与保护等方面的新科技成就。其中以色列墙角射击公司研制的“拐弯枪”经过改进后首次参展，引起众多公司瞩目。RAFAEL 集团推出新一代战场指挥车，LHB 公司展示了用 IPAD 操控的微型无人机，这些武器采用高新科技，增强了军队生存能力和指挥能力。

以色列严密和卓越的反恐体系在中东多国产生良好示范效应。沙特学习以色列反恐经验，实施民众参与的情报反恐，并向提供情报的公民发放数额可观的奖金鼓励。2014 年 4 月，由沙特公民提供的反恐情报最终帮助沙特警方抓获了大量恐怖分子，对进一步瓦解沙特恐怖组织发挥了关键作用。约旦加大武器装备的高新技术投入，借鉴国外的先进经验，不断研发新型武器。2014 年 5 月，约旦在其首都安曼的阿卜杜拉一世空

---

① The Israeli international defence exhibition 2013，http：//en. wikipedia. org/wiki/International _ Defence _ Exhibition.

军基地举办国际特种作战部队武器装备展。展会聚集数十个国家的最新武器技术和装备，其中包括特种部队特制的步枪、卫星定位系统、夜视仪、防弹钢盔、防弹衣以及可移动野战医院战车等。这些具备最新技术的武器正是提升约旦军队反恐效率的关键。[①]

二、加强地区与国际反恐合作

(一) 区域国家双边、多边反恐合作

突尼斯与阿尔及利亚合作。2013 年 8 月 6 日，突尼斯外长奥特曼·贾兰迪访问阿尔及利亚，与阿开展应对地区恐怖主义的对话与合作，双方商定在突尼斯南部（毗邻阿尔及利亚与利比亚边境地带）设立一个军事区，以监察和阻止突、阿两国边境地区的非法武器贩运及恐怖组织和人员的流动。并将密切进行反恐技术与能力方面的合作，突尼斯希望借鉴阿尔及利亚的反恐经验，展开专家级的信息沟通与交流，通过加强与突尼斯的安全对话和双边协调，共同制定国家层面的反恐战略，有效打击和控制马格里布地区的恐怖组织。

沙特援助埃及反恐。2014 年 8 月 12 日，埃及与沙特联手就抵御中东地区的宗教极端武装分子事宜进行协商。埃及总统塞西和沙特国王阿卜杜拉共同商讨联合抵御宗教极端武装分子事宜。沙特外交部长费萨尔称，此次会议对阿拉伯国家具有重大意义。埃及总统塞西罢黜前总统穆尔西后，埃及国内抗议不断，沙特与科威特、阿拉伯联合酋长国共同向埃及捐助了约 150 亿美元用于反恐，其中沙特捐助 50 亿美元。沙特国王阿卜杜拉还呼吁举行捐助会议，进一步为埃及提供帮助。此前，沙特已

---

① Jordan international defence exhibition2013. http: //en. wikipedia. org/wiki/International _ Defence _ Exhibition.

向黎巴嫩资助10亿美元反恐。[①]

以色列、埃及和约旦合力反恐。面对极端伊斯兰威胁，以色列与埃及、约旦有着共同利益。他们都意识到“当前局势下，开展打击伊斯兰恐怖主义的安全合作比建立一个巴勒斯坦国更迫切，只有这样才能打好该地区的安全基础”。2013年9月以色列国防部长巴拉克称：“以色列与埃及、约旦两方的安全合作，能让以色列应对系列安全挑战。当前地区的局势让以色列能够采取措施清除哈马斯及其在加沙地带的统治，如果不能推翻哈马斯政权，未来很长一段时间内以色列人都需忍受不稳定因素。”

伊朗协助伊拉克、叙利亚反恐。2014年6月，随着“伊斯兰国”不断扩大在伊拉克的占领区域，伊朗随即向其被围困的阿拉伯盟友伸出援手，派兵援助伊拉克政府。作为革命卫队的海外分支，伊朗至少3个营的“圣城旅”（Quds Forces）[②] 被派遣到伊拉克，助伊拉克守卫首都巴格达、重城纳杰夫和卡尔巴拉。伊朗支持叙利亚反恐。2014年10月7日，伊朗外交部呼吁国际社会保护在叙利亚被恐怖组织“伊斯兰国”袭击的平民，并称伊朗已向叙利亚科班等地提供人道援助。

海湾国家成立反恐联合部队。2014年12月海湾阿拉伯国家合作委员会发表声明，分别以阿拉伯联合酋长国首都阿布扎比和巴林为基地，成立一支地区联合警察部队和海军部队。这一组织包括阿联酋、阿曼、

① “埃及与沙特考虑联手反恐获沙特慷慨资金捐助”，环球网，http://world.huanqiu.com/exclusive/2014-08/5102902.html。

② 伊朗“圣城旅”是伊斯兰革命卫队的一部分，是伊斯兰革命卫队最神秘、最精锐的部队。建于1990年，由卡西姆·苏莱马尼准将领导，他直接对伊朗最高精神领袖哈梅内伊负责。“圣城旅”同时被一些国家认为是世界上由国家支持的最先进、资金最充足的恐怖组织。

巴林、卡塔尔、科威特和沙特阿拉伯六个成员国。[①] 卡塔尔埃米尔谢赫塔米姆·本·哈马德·阿勒萨尼称“恐怖主义的出现要求我们和国际社会齐心协力，寻找恐怖主义的根源，并根除其真正的政治、社会和经济成因。”卡塔尔外交大臣哈立德·本·穆罕默德·阿提亚说，警察部队会提升成员国反恐合作能力，“它将成为一支类似国际刑警组织的部队，但存在于海湾合作委员会内部”。六个成员国中，沙特、阿联酋和巴林已经参与针对伊拉克和叙利亚境内“伊斯兰国”目标的空袭行动，卡塔尔和科威特为参与空袭行动的西方国家提供基地支持。

（二）加强国际反恐合作

1. 美欧国家参与反恐

美国援助伊拉克反恐。美国从伊拉克撤军后，伊拉克极端势力不断猖獗，其国内安全局势堪忧。自 2013 年 1 月中旬以来，美国向伊拉克安全部队交付逾 1100 万发子弹、数千支机关枪、狙击步枪、M16 步枪和 M4 步枪、数千枚照明弹和手榴弹以及其他武器。2013 年 3 月美国继续向伊拉克提供武器、弹药，美国驻伊拉克大使馆发表声明重申美国与伊拉克的战略框架协议和长期安全伙伴关系，称美国将继续向伊拉克提供武器装备，以加强伊安全部队的反恐能力。

2014 年 6 月，伊拉克极端武装“伊斯兰国”攻占伊北部部分城镇，导致数十万民众流离失所。8 月初，“伊斯兰国”武装逼近伊拉克库尔德自治区首府埃尔比勒，威胁到美国领事馆和美国军事顾问的安全，且北部辛贾尔地区的雅兹迪难民面临极端武装围困。8 月 7 日，美国总统奥巴马正式宣布，授权美军对伊拉克极端组织武装采取定点空袭，同时向

① “Gulf says it is committed to fighting Daesh”, http://gulfnews.com/news/gulf.

受困伊拉克平民提供人道主义救援，但重申不会派遣作战部队重返伊拉克。[①]

2014年9月10日，美国总统贝拉克·奥巴马发表电视讲话，全面阐述美国打击极端组织“伊斯兰国”的战略方案。同一天，美国国务卿克里抵达中东地区，与沙特、阿联酋、卡塔尔、巴林、埃及、伊拉克、约旦、科威特、黎巴嫩、阿曼10个阿拉伯国家共同商讨建立打击极端组织“伊斯兰国”的广泛联盟。10国签署一份公报，承诺将共同打击在伊拉克和叙利亚活动猖獗的极端组织“伊斯兰国”[②]。

美国援助叙利亚反恐。2014年9月11日，奥巴马在对全国电视观众发表的直播讲话中表示，将扩大空袭行动至“伊斯兰国”控制的叙利亚地区。9月22日凌晨，美国与沙特阿拉伯、卡塔尔、约旦、巴林和阿联酋展开对叙利亚境内的伊斯兰国目标的首轮空袭。美军战机和军舰打击了数十个目标。9月24日，美国与沙特阿拉伯及阿联酋的战斗机进行新一轮空袭，取得收效。12座“伊斯兰国”控制下的炼油厂在空袭中被破坏。“伊斯兰国”过往一直靠黑市交易石油以获得资金。美国此次空袭是为了摧毁为“伊斯兰国”提供资金的相关设施。9月28日和29日，联军再破坏4个临时炼油厂。同期，由于阿尔及利亚有效忠“伊斯兰国”的武装人员斩首法国人质，法国表示也考虑将空袭行动扩大至叙利亚。截至2014年10月20日，以美国为首的多国部队在叙利亚境内发动了231次空袭。造成785名伊斯兰国武装分子、72名努斯拉阵线成员及52

① “US aircraft hit Islamic State artillery in Iraq”，http：//www.bbc.com/news/world-middle-east-28709530.

② 2013 Country Reports on Terrorism，http：//www.state.gov/j/ct/rls/crt/2013/index.htm，Feb. 10，2015.

名平民丧生。[1]

2013 年 9 月，美国与土耳其合作制定反恐新措施，投入 2 亿美元用于教育青年穆斯林，并为其提供工作，防止青年极端分子加入恐怖组织。尽管此次行动更像是“扫盲”，但获得了许多国家的支持。土耳其政府认为，尽管这是一场长期的“战斗”，但其意义却要比投入大量金钱用于实施无人机和卫星监控以及机场安全检查要大得多。同时，国际反恐论坛呼吁如沙特阿拉伯、约旦等国开展此类“反恐”行动，并取得一定的成效。

英国援助阿尔及利亚。2013 年 1 月 30 日，英国首相卡梅伦首次访问阿尔及利亚，并与萨拉勒总理举行首脑会谈。英国与阿尔及利亚都深受恐怖主义威胁，卡梅伦到访利比亚不仅是寻求与利比亚联合反恐，更重要是建立一个与英国合作更加密切的北非国家反恐联合体。[2] 通过各国共同行动，组成反恐网络，阻断撒哈拉地区基地组织和恐怖势力的武器与资金的来源和通道。2013 年 1 月 16 日，极端组织武装分子袭击阿尔及利亚天然气田，并劫持数百名人质，其中包括 6 名英国人。此事件引起英、阿两国高度重视，并将合力打击恐怖势力、抑制伊斯兰激进势力作为合作重点。

法国严禁极端分子外流伊、叙。自 2013 年底，极端组织“伊斯兰国”肆虐叙、伊后，欧美国家参加“圣战”组织的极端分子日益增多，且大量前往叙利亚和伊拉克参加极端武装的训练及恐怖袭击活动，外籍人员比例中，法国约占 1/4。法国为防止本国极端人员外流，采取严格

---

① http：//www.state.gov/j/ct/gctf/index.htm，The Global Counterterrorism Forum，Feb.10，2015.

② UK aid Algeria against terrorism，http：//www.thetimes.co.uk/tto/news/？id＝3698828&offset＝8&sectionName＝World&randnum＝1208016775546.

出入境管控，并严惩赴叙、伊等国参加“圣战”的法国公民。2014 年 3 月，法国反恐部门北部及周边马恩河谷省在巴黎逮捕了共 8 名准备前往叙利亚从事所谓“圣战”活动的年轻人，他们都被判处 2 至 4 年监禁。①

德国与土耳其合作。2013 年 2 月，德国内政部长弗里德里希和多名高级顾问访问土耳其。将反恐问题作为此次访问的最重要议题。2013 年 2 月 1 日，美国驻安卡拉大使馆发生的自杀式爆炸事件造成两人死亡、一人受伤。据称，发动此次袭击的“人体炸弹”埃杰维特·桑利一直潜伏在德国，而且正从德国偷渡到土耳其。② 且德国的极右翼势力也将本国土耳其移民视作目标。此前，埃尔多安曾严厉指责德国在反恐问题上没有提供支持。此次访问意义重大，表明德国在土耳其的反恐问题上发挥关键作用。土耳其也一直期待能够与德国等欧洲国家展开合作。

2. 俄罗斯援助反恐

2014 年 12 月 3 日，俄罗斯外长拉夫罗夫在苏丹首都喀土穆参加阿拉伯—俄罗斯合作论坛时强调，俄罗斯支持阿拉伯国家有关反对恐怖主义、缓解地区紧张局势以及使中东成为无大规模杀伤性武器地区的诉求。

俄罗斯援助伊拉克。俄罗斯在打击以“基地”组织为首的极端分子和恐怖组织方面向伊拉克提供了有效援助。俄罗斯与伊拉克于 2012 年签署了价值 43 亿美元的一揽子军事技术合作协议。协议规定，俄罗斯向伊拉克供应 40 架武装直升机（米－35 和米－28NE“夜间猎手”）。同时，伊拉克军事飞行员小组在俄接受使用俄制装备的培训。截至 2014 年初，伊拉克已经收到两批米－35 和米－28NE，这些装备成功参与了打击恐

---

① Michael，Shurkin，“france gets tougher on terrorism”，http：//www. rand. org/blog/2014/07/france-gets-tougher-on-terrorism. html.

② 2013 Country Reports on Terrorism，http：//www. state. gov/j/ct/rls/crt/2013/index. htm，Feb. 10，2015.

怖分子的军事行动。伊拉克政治学家、巴格达大学教师沙马里表示，“俄罗斯根据2012年与伊拉克签署的武器出口合同，在很大程度上促进了伊拉克西部此次反恐行动，伊拉克军方成功抵御了极端分子的进攻”。①

俄罗斯援助叙利亚。2014年5月，俄罗斯副总理罗戈津前往叙利亚首都大马士革进行访问，并与叙政府达成协议，以改善叙利亚人权现状为名，向叙提供1.75亿欧元（约合人民币14.89亿元）援助反恐。②

3. 域外国家联合反恐

伊朗与巴基斯坦合作。2014年2月，伊朗边防士兵遭巴基斯坦极端武装绑架。2014年5月，巴基斯坦总理谢里夫访问伊朗，与伊朗最高领袖哈梅内伊、总统鲁哈尼等伊方高级官员举行会谈。反恐问题是谢里夫访问的重点议题。鲁哈尼呼吁巴基斯坦与伊朗共同携手打击恐怖主义。鲁哈尼称，恐怖主义对整个中东地区都是巨大的威胁，伊朗和巴基斯坦应该与地区国家一道，加强在情报、安全和共同协作方面的努力，将恐怖主义彻底铲除。他同时强调建立伊朗和巴基斯坦共同的战略和机制以对抗恐怖主义行为，识别和打击恐怖主义组织，保证两国边境地区的安全。

土耳其与吉尔吉斯斯坦联合军演。2013年11月13日，吉尔吉斯斯坦与土耳其两国军队在吉尔吉斯斯坦楚河州塔图尔峡谷举行联合反恐演习。该演习是基于吉、土两国国防部先前签署的协议，是双方军事合作培训项目的一部分。

约旦为伊拉克提供反恐培训。自2003年美国入侵伊拉克以来，依据

---

① The Global Counterterrorism Forum, http://www.state.gov/j/ct/gctf/index.htm, Feb. 10, 2015.

② “俄罗斯援助叙利亚反恐”，新华网，http://news.xinhuanet.com/world/2014-05/27/c_36708894.htm。

两国安全协议和美方倡议，约旦已累计为伊拉克训练 3 万余名军队士兵军官及警察。2013 年下半年，伊拉克军队面临诸多冲突事件，伊境内“伊斯兰国”等“基地”组织分支和武装部落林立。与伊拉克接壤的约旦日感威胁。2014 年 1 月，应驻伊拉克美军邀请，约旦政府着手为伊拉克政府训练“反恐部队”。[①] 大部分伊拉克士兵在约旦的阿卜杜拉二世国王特种作战训练中心完成训练。此前利比亚、黎巴嫩、巴勒斯坦和阿富汗等多国部队曾在此受训。

伊拉克召开国际反恐会议。2014 年 3 月 12 日，第一届巴格达国际反恐会议在伊拉克首都巴格达国际区内的共和国宫举行。[②] 来自 25 个国家和地区以及联合国、欧盟、阿拉伯国家联盟、非洲联盟和国际刑警组织等多个国际组织的代表出席会议。会议集中讨论伊拉克目前面临的反恐形势及与他国合作反恐问题。时任总理马利基在开幕式上呼吁伊拉克国内各方应团结打击恐怖主义，并呼吁世界各国加强安全和情报等领域的合作，共同对抗极端恐怖势力。

叙利亚召开国际反恐大会。2014 年 11 月 30 日，叙利亚总理在叙利亚首都主持召开为期两天的国际反恐大会，俄罗斯、伊朗、美国等 25 个国家的政治、宗教、文化界人士参加会议，共同探讨对抗“伊斯兰国”等极端组织威胁的措施。

联合国支持黎巴嫩反恐。2014 年 8 月 13 日，联合国驻黎巴嫩特别协调员普拉姆布利与黎巴嫩总理萨拉姆举行会晤，双方讨论黎巴嫩军队同叙利亚反对派武装分子冲突后的安全局势，及向黎巴嫩军队提供援助

---

① The Global Counterterrorism Forum，http：//www.state.gov/j/ct/gctf/index.htm，Feb.10，2015.

② “伊拉克将举行巴格达国际反恐会议”，http：//news.xinhuanet.com/world/2014-03/05/c_119606747.htm。

等问题。普拉姆布利称，联合国对黎巴嫩政府、军队和安全部队在打击恐怖主义方面所作出的努力表示赞赏，表示坚决支持黎巴嫩军队和安全部队的反恐行动。[①]

① “联合国表示支持黎巴嫩军队反恐”，新华网，2015年2月10日。

第十章　非洲地区恐怖主义与反恐怖斗争形势综述

第一节　非洲地区恐怖主义形势

2013年以来，部分非洲国家和地区暴力恐怖袭击事件频发，安全形势日益严峻、复杂。总体来看，该地区暴恐活动呈现以下几方面新特点和新趋势。

一、恐怖袭击数量不断攀升

2013年以来，非洲地区恐怖主义和宗教极端事件频发，日渐成为全球恐怖主义活动的“新中心”。《2014年全球恐怖主义指数》报告统计显示，在全球20大恐怖主义最为猖獗的国家中，非洲国家占8个，分别为尼日利亚（第四）、索马里（第七）、肯尼亚（第十二）、埃及（第十三）、利比亚（第十五）、刚果（金）（第十八）、苏丹（第十九）

以及南苏丹（第二十）。[①] 另外，据“和平宗教网”统计数据显示，2013 年和 2014 年，全球发生穆斯林针对基督徒的恐袭事件分别是 150 起和 145 起，非洲地区各有 87 起、101 起，分占全球总数的 58％和 70％；尼日利亚先后以 34 起、66 起（分别占非洲总数的 39％和 65％）高居地区恐袭事件数量“榜首”。[②]

其中不乏造成重大人员伤亡、占据全球媒体头条的特大暴恐事件[③]：2013 年 1 月 16 日，阿尔及利亚东南部城镇因阿迈纳斯（In Aménas）一座油气田发生恐怖组织劫持人质事件，造成来自 9 个国家的至少 69 名人质丧生；5 月 23 日，尼日尔北部一座军营和一座铀矿发生连环自杀式爆炸袭击，至少造成 25 人死亡、30 人受伤；9 月 17 日，恐怖分子在尼日利亚东北部着政府军服装袭击过往行人，造成至少 142 人死亡，成为该年全球造成死亡人数最多的恐袭事件；9 月 21 日，肯尼亚西门（Westgate）购物中心遭恐怖袭击，造成至少 72 人死亡（其中包括 1 名中国人）、240 人受伤，这成为 1998 年美国驻肯尼亚大使馆爆炸案以来该国境内死亡人数最多的一次恐袭事件；9 月 29 日，尼日利亚约贝农业大学遭到恐怖组织偷袭，50 余名睡熟中的学生被枪杀；12 月 20 日，尼日利亚博尔诺州巴马镇一处兵营遭恐怖分子袭击，造成至少 70 人死亡、数名士兵被绑。

---

① 阿尔及利亚排名第二十一位，参见 Institute for Economics & Peace：“Global Terrorism Index，2014”，http：//www.visionofhumanity.org/sites/default/files/Global%20Terrorism%20Index%20Report%202014_0.pdf。（上网时间：2014 年 2 月 1 日）

② “Islamic Terror Attacks on Christians（Since9/11）”，http：//www.thereligionofpeace.com/Pages/ChristianAttacks.html.（上网时间：2015 年 2 月 1 日）

③ 据统计，2013 年，全球造成死亡人数最多的 50 起暴恐事件中，非洲占 14 起，约占总数的 28％。其中，尼日利亚占 9 起。参见 Institute for Economics & Peace：“Global Terrorism Index，2014”，p.84。

2014 年可谓非洲特大暴恐事件“井喷年”：4 月 14 日，尼日利亚首都阿布贾遭汽车炸弹袭击，造成至少 72 人死亡、124 人受伤，这是该市历史上最严重的恐袭事件；同日晚，尼日利亚博尔诺州奇博克镇（Chibok）一所寄宿学校遭袭，276 名女学生被恐怖组织绑架，震惊全球；5 月 16 日，中国水利水电第十六工程局在喀麦隆极北大区项目营地遭恐怖分子袭击，造成 10 人失联、1 人重伤、10 辆车被劫；6 月 15 日，肯尼亚拉穆地区海滨小镇姆佩卡托尼遇袭，造成约 49 人死亡；7 月 27 日，喀麦隆副总理兼司法和掌玺部长在该国极北大区住所遭恐怖分子袭击，其妻被绑架；11 月 10 日，尼日利亚约贝州波蒂斯库姆一所中学遭爆炸袭击，造成至少 78 人死亡、45 人受伤；12 月 14 日，尼日利亚东北部一村庄遭到恐怖分子袭击，造成至少 32 人丧生、185 名妇女和儿童被劫。

二、新兴暴恐组织迅速崛起

非洲恐怖组织数量众多、分支繁杂、诉求各异，其中以发源于阿尔及利亚的伊斯兰马格里布“基地”组织（又称“基地”组织北非分支）、索马里“青年党”和尼日利亚的“博科圣地”三大恐怖组织对非洲地区政局与社会稳定的影响最大。三者及其分支分别为 2013 年“1・16”阿尔及利亚人质劫持事件[①]、“9・21”肯尼亚西门购物中心袭击案和 2014 年“4・14”尼日利亚奇博克镇女学生绑架案等重大暴恐事件的始作俑者。同时，2013 年以来，受地区局势动荡、恐怖组织内部分歧加剧等因素影响，一批新兴恐怖组织趁势“崛起”。

在北非，“阿拉伯之春”催生新一代“萨拉菲圣战”运动，埃及、利

① 此次暴恐事件为后文提到的“血盟者”和“西非统一与圣战运动”联合实施。此外，2013 年 5 月 23 日发生在尼日尔一军营和一座铀矿的连环爆炸案，也由两者共同完成。

比亚、突尼斯等国相继出现名为“伊斯兰教法支持者”（Ansar al-Sharia）的宗教极端组织。他们彼此独立又互相配合，成为地区爆恐活动的“新源头”。联合国安理会分别于2014年9月和11月将活跃在突尼斯和利比亚两国的“伊斯兰教法支持者”列入“‘基地’组织制裁”名单。[①]同时，受政见不一、分赃不均等影响，伊斯兰马格里布“基地”组织的数位高级将领相继出走并分别于2011年中期、2012年12月和2014年9月另建“西非统一与圣战运动”（The Movement for Oneness and Jihad in West Africa）、“血盟者”（Signers in Blood）及“哈里发战士”（Soldiers of the Caliphate）等宗教极端组织。其中，“血盟者”前身为“独眼龙”穆赫塔尔·贝勒穆赫塔尔（Mokhtar Belmokhtar）领导的“蒙面旅”（Al-Mulathameen）。该战斗旅长期活跃于马里及周边地区，通过从事绑架、毒品、武器及香烟走私等犯罪活动积累了雄厚资本，是伊斯兰马格里布“基地”组织资金及武器的重要来源。2013年8月，马里行动受挫后，“西非统一与圣战运动”与“血盟者”宣布合并组成“穆拉比特”（Al-Mourabitoun）[②]，以利比亚南部为“大本营”，伺机“东山再起”。

---

① “UN recognizes ties between Ansar al Sharia in Libya, al Qaeda”, http://www.longwarjournal.org/archives/2014/11/un_designates_ansar.php.（上网时间：2015年2月1日）

② “穆拉比特”为11世纪柏柏尔人在西非地区建立的伊斯兰古国，意为“武僧”，其鼎盛时期势力范围可包括现在的马格里布地区、塞内加尔、马里，以及西班牙、葡萄牙的大部分地区。有分析称，该组织以西非古国命名目的有三：一是号召西北部非洲地区所有的“圣战”组织联合起来，为建立一个“从尼罗河到大西洋的、统一的大伊斯兰王国”而共同努力，这也是该组织的成立宣言；二是历史上穆拉比特王国在抵制“十字军”入侵北非方面发挥过重要作用，该组织希望借此表明其反西方（尤其是反法国）的立场；三是穆拉比特王朝一首领叶海亚（Yahya ibn Ibrahim）因发起“伊斯兰净化”运动而受后世敬仰，该组织欲借此为其推行的严苛的伊斯兰教法等极端行为“正名”。参见 http://www.refworld.org/docid/5295e2af4.html，http://en.wikipedia.org/wiki/Al-Mourabitoun_(jihadist_group)。（上网时间：2015年2月1日）

在西非，“博科圣地”高层成员曼马恩·努尔（Manan Nur）因对该组织最高头目阿卜巴卡尔·谢考（Abubakar Shekau）独断专行的领导风格不满，同时在暴恐理念、袭击方式等方面与之存在分歧，遂于2012年1月出走，并组建伊斯兰极端组织“安萨鲁”（Ansaru）。努尔倾向于针对特定目标发动暴恐袭击，反对谢考伤及平民的做法。2013年2月，为宣扬其“温和”暴恐理念，“安萨鲁”对尼日利亚包奇州一处黎巴嫩人拥有的施工营地进行突袭，绑架并杀害7名外国人。2013年以来，该组织先后被尼日利亚和美国政府列入“恐怖组织”名单，目前有成员数百人，主要活跃于尼日利亚北部。此外，2012至2013年马里内战期间，该国北部游牧民族图阿雷格族在伊亚德·阿克盖里（Iyad Ag Ghaly）领导下成立了一支名为“信仰捍卫者”（Ansar Dine）的伊斯兰极端宗教组织。该组织曾与“西非统一与圣战运动”等极端组织联合攻占马里北部，并推行严格的伊斯兰教法，要求妇女佩戴面纱，对通奸者、偷盗者施以酷刑等，2013年3月被美国国务院列入“外国恐怖组织”名单。

三、组织活动范围急剧扩大

2013年以来，非洲地区三大恐怖组织在国内外力量联合打击下迅速向周边国家或地区扩散，且出现相互勾连、彼此配合之势。一条西起塞内加尔、东至索马里、横跨萨赫勒地区[①]且不断向非洲中南部推移的“不稳定地带”逐步成型。一是2013年初以来，在法国、马里政府军和非洲联军联手打击下，伊斯兰马格里布“基地”组织及其分支在马里的扩张活动虽得到一定程度遏制，但其活动范围却逐步向尼日尔、突尼斯、

---

① 萨赫勒地区是非洲撒哈拉沙漠和苏丹热带草原之间的一条长达3800多公里的地带。该地区横跨塞内加尔、毛里塔尼亚、马里、布基纳法索、尼日尔、尼日利亚、乍得、苏丹共和国和厄立特里亚9个国家。

毛里塔尼亚、利比亚南部、甚至尼日利亚北部等国家或地区拓展，并与活跃在利比亚、突尼斯等国的恐怖组织“伊斯兰教法支持者”相互勾连，对萨赫勒地区安全与稳定构成重大威胁。目前，利比亚南部已成为该组织及其分支的避难所和武器来源，令其实力不减反增。另有报道称，参加2013年1月阿尔及利亚人质事件的24名恐怖分子中，12人曾在利比亚“伊斯兰教法支持者”大本营接受过特训。[①]

二是索马里“青年党”近年来在非盟驻索马里特派团（AMISOM）和索马里政府军联合打击下，陆续从该国首都摩加迪沙和南、中部大部分地区撤出，转而对肯尼亚、埃塞俄比亚等非盟驻索马里特派团派兵国发动恐怖袭击。2014年5月，“青年党”高级将领哈拉夫宣布该组织已将战场转移至肯尼亚，并称肯政府“在索马里和肯尼亚境内大肆杀戮穆斯林儿童”，“穆斯林应拿起武器，来回击并推翻肯尼亚政府”，以此鼓动肯境内穆斯林实施报复行为。同年9月，“青年党”最高头目戈登（Shaykh Abdi Goane）被美军空袭击毙。不久，该组织迅速推出新领导人艾哈迈德·奥马尔（Ahmad Umar），扬言将对戈登之死进行报复，并接连在摩加迪沙发动恐怖袭击。“青年党”暴恐行动日益呈现“碎片化”、“流动化”等新特征，打击难度加大。据不完全统计，2011年肯出兵索马里打击“青年党”以来，“青年党”在肯已制造至少100起恐怖袭击，造成近400人死亡、1000余人受伤。[②]

三是“博科圣地”近年来以尼日利亚北部的博尔诺、约贝和阿达马瓦三州为“根据地”，逐步向西部索科托州、南部科吉州及中部的卡诺、

---

① “UN recognizes ties between Ansar al Sharia in Libya, al Qaeda”, http://www.longwarjournal.org/archives/2014/11/un_designates_ansar.php.（上网时间：2015年2月1日）

② “肯尼亚反恐路漫漫与‘青年党’较量将是持久战”，http://www.cssn.cn/hqxx/gjgch/201409/t20140922_1337558.shtml。（上网时间：2015年2月3日）

卡杜纳、包奇和高原州扩张，并深入首都阿布贾大搞恐袭。英“每日电讯”网站称，目前该组织在尼境内活动范围东至与喀麦隆交界的曼德拉山、北至乍得湖、西至耶德塞拉姆河[①]，总计可超过 11 个地方政府区域（Local Government Areas[②]）。同时，“博科圣地”借尼日利亚东北部与喀麦隆、尼日尔和乍得三国交界之便利，频繁跨界作案。马里的加奥和基达尔，尼日尔的迪法、马拉迪和马依纳索罗，喀麦隆的马罗纳和加罗纳地区，乍得的赞戈和瑞迪纳等地已成该组织培训基地和恐怖分子的孵化器。此外，“博科圣地”还利用中非共和国教派冲突[③]之机，加紧向该国渗透，鼓动当地反西方和反基督教情绪，企图将“触角”进一步伸向更广阔地区。[④]

四、恐怖袭击目标日趋多样

“博科圣地”曾多以安全部队和政府设施为主要打击目标，但自 2013 年以来，该组织逐步针对学校、车站、交通工具和商场等平民集中的“软目标”发起袭击。其主要目的在于通过造成重大人员伤亡和严重社会恐慌，对当事国剿恐举措予以反击。2013 年 5 月、11 月及 2014 年

① “Boko Haram is now a mini-Islamic State, with its own territory”, http://www.telegraph.co.uk/news/worldnews/africaandindianocean/nigeria/11337722/Boko-Haram-is-now-a-mini-Islamic-State-with-its-own-territory.html。（上网时间：2015 年 2 月 3 日）

② 尼日利亚实行联邦制。设联邦、州和地方三级政府。1996 年 10 月重新划分行政区域，全国划分为 1 个联邦首都区、36 个州以及 774 个地方政府区域。

③ 2013 年 3 月，反政府武装联盟“塞雷卡”推翻时任总统博齐泽后，主要信奉伊斯兰教的前“塞雷卡”武装和信奉基督教的地方自卫武装“反巴拉卡”之间暴力冲突不断。

④ “BOKO HARAM's REGIONAL CROSS-BORDER ACTIVITIES”, https://www.ctc.usma.edu/posts/boko-harams-regional-cross-border-activities。（上网时间：2015 年 2 月 3 日）

5月，尼日利亚政府连续三度在该国东北部“博科圣地”大本营实施“紧急状态”。此后，“博科圣地”为实施报复，曾数次通过武装袭击、人肉炸弹、车载炸弹等暴恐手段对平民发起恐袭。统计显示，2014年上半年，该组织至少造成2053名平民丧生。[①] 仅2014年5月20日该国中部城市乔斯发生的一起爆炸案便造成118人死亡，其中多为妇女和儿童。可以预见，随非洲多国加大对“博科圣地”的围剿力度，该组织借“软目标”实施报复行为的风险恐进一步增强。

同样，为制造轰动效应并加剧恐慌情绪，“青年党”在肯尼亚等国将恐袭目标由教堂、警卫哨所、公交站等小型目标升级为当地富人和外国人经常光顾的大型商场或人口密集区。2013年9月21日，经过精心策划、周密准备，该组织在肯尼亚制造了震惊世人的西门购物中心袭击事件，造成至少72人死亡，其中包括1名中国人，成为1998年美驻肯尼亚大使馆遭袭以来该国发生的最大规模恐袭事件。2014年6月期间，“青年党”连续两次袭击肯尼亚旅游城镇姆佩卡托尼，造成至少60名平民死亡。同年11月该组织在开往肯尼亚首都内罗毕的一辆大巴上杀害28名平民。12月初，又在肯尼亚北部、靠近索马里的曼德拉地区以极其残忍的方式杀死36名平民。联合国安理会秘书长对此表示强烈谴责，并呼吁尽快将袭击者绳之以法。

此外，伊斯兰马格里布“基地”组织或其分支的作案手法亦由过去惯常的临时安置爆炸装置或劫持少量人质发展为袭击重要能源设施。2013年1月21日，“血盟者”刚从伊斯兰马格里布“基地”组织独立不久便策划实施了阿尔及利亚油气田人质事件，绑架至少37名西方人质。

---

① “Report：Attacks by terror group Boko Haram increasing，2，053 killed this year”，http：//www.foxnews.com/politics/2014/07/15/report-attacks-by-terror-group-boko-haram-increasing-2053-killed-this-year.（上网时间：2015年2月3日）

分析称，该组织发起此次行动有多重目的，其一是为新组织“宣传造势”，筹集资金；其二是为报复阿尔及利亚政府允许法国军机经过该国领空，前往马里北部反恐。事件发生后，阿军方在恐怖分子遗留武器中发现6挺机关枪、21支步枪、2门60毫米迫击炮及2枚火箭助推式发射器等诸多重型武器。[①] 这从某种程度上表明，2011年西亚北非变局以来，非洲地区恐怖组织借利比亚、叙利亚等国内乱之机，通过劫掠、走私等方式获取大量武器，装备水平及破坏能力不断增强。

五、国际勾连互动日益加深

一方面，非洲三大恐怖组织均与“基地”组织建立联系。三大恐怖组织之间共享资源、互通情报等“合流”之势不断增强，同时呈现多点同步袭击、注重意识形态渗透及主张全球“圣战”等“基地”特色。同时，“安萨鲁”、“穆拉比特”等新兴恐怖组织与“基地”组织之间的联系也十分密切。“穆拉比特”在2013年8月成立之初，便宣布以忠于“基地”头目扎瓦西里为己任。2014年4月，该组织发表声明，称在叙利亚极端武装组织“支持阵线”（Al-Nusra Front）与“伊拉克和黎凡特伊斯兰国”（Islamic State of Iraq and the Levant，现称“伊斯兰国”）矛盾问题上支持“基地”总部的决定，即不承认“伊斯兰国”为“基地”组织的正式分支。有分析称，“穆拉比特”积极挂靠“基地”，有双重目的：一是借“基地”招牌，打响知名度；二是证明自己、而非伊斯兰马格里布“基地”组织才是“基地”在北非地区的唯一“官方认可”分支。但“基地”总部为不破坏与伊斯兰马格里布“基地”组织之间的关系，对此较为谨慎，甚至未做过多回应。近期一次讲话中，扎瓦西里提及了“基地”

---

① “阿尔及利亚死亡人质数或上升，细节与交火迷雾逐渐揭开”，http://gb.cri.cn/27824/2013/01/21/2225s3997113.htm。（上网时间：2015年2月3日）

组织在非洲的各大分支，但唯独没有“穆拉比特”。[①]

另一方面，2014年以来，随着“伊斯兰国”异军突起并在中东地区建立“哈里发国”，非洲恐怖组织也逐渐出现了一些“伊斯兰国特色”。2014年6月，在“伊斯兰国”宣布成立“哈里发国”（Caliphate）后，伊斯兰马格里布“基地”组织内部就是否继续效忠“基地”组织出现分化。9月14日，该组织中部地区指挥官阿卜杜勒马立克（Abdulmalik Suleiman Abu Gori）宣布脱离“基地”组织，成立名为“哈里发战士”的宗教极端组织并效忠“伊斯兰国”。该组织成立不久便在阿尔及利亚绑架一名法国游客，并威胁法国政府在24小时内停止空袭“伊斯兰国”，否则便将人质斩首。[②] 同时，“博科圣地”亦仿效“伊斯兰国”模式建立政权，加速融入国际暴恐网络。2014年7月，该组织头目谢考首次公开表态，称支持“伊斯兰国”头目阿布贝克尔·巴格达迪（Abu Bakr al-Baghdadi）。8月，谢考宣布已在“博科圣地”攻占的尼日利亚东北20多个城镇建立“哈里发国”，这是继“伊斯兰国”在叙利亚、伊拉克交界地带“建国”之后全球第二个“哈里发国”。10月，“博科圣地”再次发布视频，宣布其统辖区域为“伊斯兰国”领土一部分，同时将把“伊斯兰国”旗帜、“国歌”等意识形态元素引入组织内部。此后，“伊斯兰国”为示回应，称支持“博科圣地”暴恐行为，并号召不能亲赴叙利亚参加

---

① “African al Qaeda leader sides with Zawahiri in Syrian dispute”，http：//www.longwarjournal.org/archives/2014/05/african_al_qaeda_lea.php.（上网时间：2015年2月4日）

② 有分析称，“伊斯兰国”和“基地”组织在处理人质问题上存在显著差别，前者倾向于对人质进行斩首，后者则希望利用人质换取赎金。参见“Who are the ‘Caliphate Soldiers in Algeria’ that Joined Isis and Beheaded French National Herve Gourdel?”，http：//www.ibtimes.co.uk/who-are-caliphate-soldiers-algeria-that-joined-isis-beheaded-french-national-herve-gourdel-1465880.（上网时间：2015年1月20日）

“圣战”的非洲恐怖分子就地入伙“博科圣地”。

第二节　非洲地区主要反恐措施

2013 年以来，面对日益严峻的恐怖主义形势，部分非洲国家和组织在反恐方面“独立自主”、“联合自强”意识不断增强。但囿于资金、装备、能力的缺失，非洲国家化解当前安全困境仍面临诸多挑战。

一、加大反恐立法和执法力度

2013 年以来，非洲地区主要国家（尤其是深陷恐患国家）为有效打击暴恐行为，相继出台或完善相关反恐立法，并加强执法力度。2011 年 2 月，地区反恐大国尼日利亚参、众两院先后通过《2011 反恐法案》。2012 年 12 月，两院对该法案存在异议之处进行联合修订。在此基础上，尼于 2013 年 2 月 21 日推出《反恐法案》（2013 修正案）。根据该修正案相关规定，尼国家安全顾问（National Security Advisor）出任该国涉恐情报、安全和执法等活动的总协调人，尼司法部长则出任该修正案执行过程总负责人，以保证尼日利亚相关反恐法律和政策等与国际标准和联合国惯例保持一致。[①] 在执法方面，2013 年 5 月，尼联邦最高法院对参与 2011 年 8 月联合国驻尼总部爆炸案的 4 名嫌疑人进行提审。同年 11 月 15 日，联邦最高法院对参与 2012 年 4 月某广场爆炸案的 1 名“博科圣地”成员判处了终身监禁。12 月，尼国防部下辖“联合调查组”建议，

---

① “Nigerian senate passes new anti-terrorism act with death penalty for offenders”，http：//www. nigerianwatch. com/news/1334-nigerian-senate-passes-new-anti-terrorism-act-with-death-penalty-for-offenders.（上网时间：2015 年 1 月 20 日）

立即对2013年5月实施“紧急状态”以来逮捕的500余名“博科圣地”疑似成员进行审讯，同时释放另外167名在押人员。12月，最高法院对参与2011年圣诞节教堂爆炸案2名嫌犯进行审判，其中1人根据《经济和金融犯罪委员会法案》和《2011反恐法案》（修正案）被判处终身监禁。①

2013年“9·23”西门购物中心袭击事件以来，肯政府加速推进反恐立法，以为其各项反恐举措提供法律依据。在《2010预防有组织犯罪法案》、《2011犯罪收益和反洗钱法案》、《2012反恐法案》基础上，肯政府于2014年12月推出颇具争议的新反恐法案，授予政府全面反恐权力。一是警察可随意逮捕任何恐怖嫌犯，并可在未经审判的情况下，将关押嫌犯期限由90天延长至360天；警察可未经法院批准对疑似恐怖组织据点进行突袭；妨碍警察执法的个人将被处以14至20年监禁。二是加强宗教事务管控。通过法律途径，划分穆斯林和非穆斯林人口；穆斯林学者不得发表反政府言论或出席此类会议；任何批评政府的集会活动均将被视为“恐怖组织支持的反政府活动”；政府可关闭藏有疑似恐怖分子的清真寺，且与恐怖活动有关的清真寺负责人将被处以20年监禁。三是加大媒体管控力度。禁止媒体对政府反恐举措持批评态度；记者仅可报道警方提供的信息，禁止刊登恐怖嫌犯或未经批准而被逮捕嫌犯的照片；记者若违反上述规定，将被处以至少3年监禁。② 肯反对派强烈反对新方案，称其违反人权和公民自由，有可能将肯尼亚变成“警察国家”。同时，该国反恐新法案也遭到欧美政府和媒体指责，称其实施的严

---

① “Country Reports：Africa Overview”，http：//www.state.gov/j/ct/rls/crt/2013/224820.htm.（上网时间：2015年1月20日）

② “Kenya′s new anti-terror laws target Muslims”，http：//www.worldbulletin.net/news/151632/kenyas-new-anti-terror-laws-target-muslims.（上网时间：2015年1月20日）

刑重典策略将造成严重的人道主义灾难。[①]

二、武力打击与非军事化途径相结合

2013年初以来，尼日利亚东北部安全形势不断恶化，尼政府加大武装剿恐力度。同年5月14日，尼总统乔纳森宣布在该国北部博尔诺、约贝和阿达马瓦三州实施“紧急状态”，派遣数千名军事人员携重型武器进驻“戒严区”，同时动用空军对“博科圣地”目标进行空袭。这是该国历史上为打击“博科圣地”第六次实施“紧急状态”。按尼日利亚宪法规定，国内“紧急状态”有效期为6个月。此后，鉴于暴恐形势严峻，尼政府又分别于2013年11月、2014年5月连续两次在该国东北部三州延续“紧急状态”。总体来看，尼政府军在上述3个“戒严区”内的军事行动取得了一定成果。在空军配合下，特遣部队捣毁了大量“博科圣地”的组织据点，在博尔诺州首府迈古杜里实行的宵禁等举措也在一定程度上稳定了当地局势。同时，被击毙和逮捕的疑似暴恐人员也有所增加。

然而，由于“博科圣地”在尼东北部地区经营多年，加之数次军事行动中，尼军方多次被国际组织爆出未经审讯虐待、处决囚犯甚至滥杀无辜等丑行，政府军的清剿行动并未获得民众足够的理解和支持。2014年4月1日，国际人权组织“大赦国际”公布统计数字显示，2014年1月至4月，尼东北部恐怖袭击与反恐战争造成死亡人数已超过1500人，其中半数为无辜平民。同时，该组织还表示，如此巨大的死亡数字是尼日利亚反恐历史上新的“血腥里程碑”。此外，该组织呼吁非洲联盟（非盟）、西非国家经济共同体（西共体）、非洲人权组织、联合国人权理事会等对该国反恐行动中可能存在的“战争罪”以及“反人类罪”展开独

① “美学者呼吁肯尼亚政府反恐别产生反效果”。

立调查，以避免人道主义危机再次爆发。[①]

面临国内外对其剿恐不力的指责，尼政府意识到，一味“以暴制暴”可能激发更大政治与社会矛盾，转而探寻以武力之外的“软实力”解决恐怖主义问题之道。2014 年 3 月 19 日，尼日利亚国家安全顾问桑博—达苏在首都阿布贾公布一项以“非军事化途径”为核心的全新反恐战略。根据该战略，未来在反恐问题上，尼政府除继续依靠军事手段进行武装清剿以外，还将更多关注恐怖主义产生根源等问题：一方面，对“博科圣地”活跃地区加强安抚，弱化恐怖主义影响；另一方面，通过实施经济发展计划、与恐怖组织开展和平对话、继续发展教育等多重手段，彻底铲除恐怖主义滋生的根源。该计划公布后，在尼国内外赢得颇高期待，但实施起来需克服多重障碍。事实上，早在 2013 年尼北方部分州政府便推出过类似举措，但由于缺乏中央政府支持，几乎成为一纸空文。[②]

三、加强地区反恐磋商

2013 年以来，面对不断恶化的暴恐形势，非盟等地区组织和非洲国家深感忧虑，多次召开地区或国际性会议，共商对策。从非盟层面看，2013 年 1 月 27 日，第 20 届非盟首脑会议在埃塞俄比亚首都亚的斯亚贝巴开幕，马里和刚果（金）危机为本次会议关注重点。据非盟官员透露，解决马里危机需筹资约 7.6 亿美元。对此，非盟轮值主席、埃塞俄比亚总理海尔马里亚姆宣布，非盟决定为非洲主导的“国际支援马里使命团”

---

① “大赦国际指责尼日利亚反恐战争再创血腥里程碑”，http://nigeria.mofcom.gov.cn/article/e/aqxw/201404/20140400538470.shtml。（上网时间：2015 年 2 月 5 日）

② “Country Reports：Africa Overview”，http://www.state.gov/j/ct/rls/crt/2013/224820.htm.（上网时间：2014 年 2 月 5 日）

（International Support Mission to Mali，简称非洲支助团）出资 5000 万美元。这是非盟历史上首次出资支持此类行动。此外，为有效应对地区冲突频发造成的安全风险，非洲国家领导人在本届峰会期间还讨论了加快建设非洲快速反应部队等重大问题。2013 年 5 月，第 21 届非盟首脑会议在亚的斯亚贝巴举行。在 27 日闭幕式上，非盟轮值主席海尔马里亚姆宣布非盟决定成立一支快速反应部队（The African Capacity for Intervention and Response to Crises），以应对地区内可能出现的安全形势。该提议由南非总统祖马首倡，并得到与会国家响应。据报道，这支规模约为 1500 人的部队主要由非盟成员国自愿派兵组成，其装备和资金也由派出国自行解决。在非洲常备部队（African Standby Force）正式组建前，快速反应部队将承担打击非法政权更迭、大规模侵犯人权行为及打击毒品走私等任务。阿尔及利亚、安哥拉、布基纳法索、喀麦隆、乌干达等 10 余国已承诺为建立这支部队提供支持。[①]

2014 年 1 月 24 日至 31 日，非盟召开第 22 届首脑会议，地区安全形势仍为会议的热门议题。非盟新任轮值主席、毛里塔尼亚总统阿齐兹称，为建立一个繁荣、民主和包容的非洲，非洲各国必须团结一致，以自己的方式解决自己面临的危机和内部冲突，在地区安全事务中发挥更加重要的作用。同时，会议决定将进一步采取措施维护非洲大陆的和平与稳定，帮助战乱国家重建，打击恐怖主义、跨国人口贩卖、绑架以及武器走私等犯罪活动。同年 6 月，非盟第 23 届首脑会议在赤道几内亚首都马拉博举行。此次会议虽以“非洲农业和粮食安全”为主题，但地区冲突

① “Playing the African Statesman，with teeth：Is President Zuma's new fighting force such a good idea?”，http：//www. dailymaverick. co. za/article/2015-01-14-playing-the-african-statesman-with-teeth-is-president-zumas-new-fighting-force-such-a-good-idea/ # . VLjUQuOSyXN.（上网时间：2015 年 2 月 6 日）

和反恐合作等安全问题仍是与会首脑讨论重点。非盟委员会主席祖马称，农业的转型和发展离不开稳定的外部环境。近年，非洲国家战乱和冲突时有发生，恐怖分子和极端分子日益猖獗，破坏了发展环境。为此，非洲国家需尽快完善非盟和平与安全机制，建立健全危机预警和快速反应机制。埃及新任总统塞西亦表示，在和平与安全领域面临重大挑战时，应当遵循“用非洲方案解决非洲问题”的原则，非洲不欢迎西方国家插手非洲大陆的安全事务。9月2日，非盟和平与安全理事会在肯尼亚首都内罗毕举行安全峰会，肯尼亚、尼日利亚和乍得等多国元首出席。会议强调非洲各国在打击恐怖主义和极端思想方面应加强协作，共同维护非洲大陆的稳定与发展。

非洲次区域方面，有关国家就反恐问题加强合作的意愿亦十分强烈。在北非，2013年11月，萨赫勒—撒哈拉国家第二届边界安全国际会议在摩洛哥首都拉巴特举行。摩内政大臣倡议地区各国建立边界安全预警系统，加强涉及边界安全的司法建设，建立信息互换机制，切实履行双边和多边框架内的边界安全协议，共同打击恐怖主义和跨国犯罪。2014年2月16日，萨赫勒地区毛里塔尼亚、马里、尼日尔、乍得和布基纳法索五国元首在毛里塔尼亚首都努瓦克肖特举行峰会，决定成立“萨赫勒五国集团”，就反恐问题加强协作。在东非，2014年4月底，东非共同体五国[①]领导人在坦桑尼亚北部地区阿鲁沙举行会议，并通过了新的地区反恐战略，以合力打击恐怖主义、跨国犯罪等共同威胁。在西非，2014年5月17日，尼日利亚、乍得、喀麦隆、尼日尔和贝宁五国总统参加在巴黎召开的“尼日利亚安全峰会”，与法国总统、欧盟委员会主席范龙佩、英国外长黑格和美国副国务卿舍曼共同商讨关于打击“博科圣地”战略。为应对共同威胁，五国领导人决定采取以下5项措施：建立

---

① 东非共同体包括肯尼亚、坦桑尼亚、乌干达、卢旺达和布隆迪五个成员国。

联合巡逻队；建立情报和武器走私信息共享机制；加强武器存储安全；建立边境监控机制；在乍得湖盆地委员会的框架下组建专项小组，由其制定地区反恐战略。[①]

四、支持联合国反恐行动

2012年年初以来，马里安全形势急剧恶化，成为地区暴恐活动新策源地：1月，该国北部图阿雷格族分离组织“阿扎瓦德民族解放运动”发动武装叛乱；3月22日突发军事政变，杜尔总统去职。“西非统一与圣战运动”、伊斯兰马格里布“基地”组织、“信仰捍卫者”等极端宗教和暴恐组织趁乱占据马里北部基达尔、加奥和通布图三个大区，马里形势告急。在这种情况下，联合国安理会于2012年12月20日一致通过第2085号决议，批准向马里派驻由非洲（主要是以尼日利亚为首的西共体国家）主导的“国际支援马里使命团”（简称非洲支助团），旨在帮助马里政府军提高作战能力、收复北部失地，并减小地区恐怖主义威胁。该决议案由法国起草，包含政治与安全两方面内容。其中安全内容包括培训马里军队、提供国际支持、人道主义救助与财政补给等内容，但未提供详细的军事干预方案。根据西共体11月11日特别会议通过的向马里北部派兵方案，多国部队由3300人组成，将执行1年期任务。同时，该决议还呼吁，除西共体成员国外，萨赫勒地区其他国家也向支助团提供军力支援，希望国际社会助力支助团工作，向多国部队与马里军队提供补给、装备与培训支持。

根据决议，支助团部队只有在相关准备工作（包括训练、指挥体系的效率、装备以及对地形的适应能力等）令联合国安理会评估团感到

① “非洲多国合力打击‘博科圣地’”，http：//world. people. com. cn/n/2014/0519/c1002-25032030. html。（上网时间：2015年2月6日）

“满意”之后，方有可能被部署到马里北部地区。[①] 因此，外界认为，无论是加强马里士兵作战能力，还是同北部武装对话都需要一定时间，支助团在 2013 年 9 月之前无法发起军事行动。然而，2013 年 1 月初，马里北部暴恐势力突然大举南下，威胁首都巴马科安全，法国紧急出兵支援。在这种情况下，支助团决定提前发起军事行动。1 月 17 日，尼日利亚首批规模约为 200 人的空军和地面军事人员奔赴马里。数日后，布基纳法索一支由 160 人组成的特遣队前往马里。同时，西共体国家和政府首脑还通过决定，分别任命尼日利亚少将阿卜杜勒卡杜尔·谢胡（Abdulkadir Shehu）以及尼日尔准将亚叶·加尔巴（Yaye Garba）为支助团部队的指挥官和副指挥官。美国务院统计显示，截至 2013 年 1 月 31 日，尼日利亚、多哥、贝宁、塞内加尔等国共向支助团派遣 1400 名军事人员参与马里战事。[②]

总体来看，非洲支助团军事行动并未取得预期效果，且非洲国家的领导作用也大打折扣：一是支助团联军主要由西共体国家部队构成，除尼日利亚、尼日尔军队外，其他国家军队均面临能力不足、实战经验缺乏等问题。战斗期间，支助团部队几乎沦为法军助手，主要负责巡逻和把守马里北、中部地区被法军夺回的城镇。二是乍得应马里政府请求单独向马里派兵 2000 余人，[③] 但并不受支助团直接领导[④]；同时，尼日利

① “Security Council Authorizes Deployment of African-Led International Support Mission in Mali for Initial Year-Long Period”，http：//www.un.org/press/en/2012/sc10870.doc.htm.（上网时间：2015 年 2 月 7 日）

② “Mali：U.S. State Department Daily Press Briefing”，http：//allafrica.com/stories/201301311371.html.（上网时间：2015 年 2 月 7 日）

③ “Chad，Once Forgotten by the UN，is Back，Front and Center”，http：//theglobalobservatory.org/2013/06/chad-once-forgotten-by-the-un-is-back-front-and-center/.（上网时间：2015 年 2 月 7 日）

④ 乍得与法国关系密切，且不是西共体成员国。

亚和乍得军队作为非洲援军的中坚力量，分别于2013年4月和5月宣布从马里撤回部分战斗部队，严重削弱非洲军作战能力。[①] 2013年4月25日，安理会通过2011号决议，决定设立"联合国马里多层面综合稳定团"（United Nations Multidimensional Integrated Stabilization Mission in Mali，简称马里稳定团），决定自7月1日起将此前部署的非洲支助团移交给马里稳定团。此外，决议还授权法国部队"采取一切必要手段"，在稳定团人员受到严重威胁时，应要求进行干预和提供支持。稳定团将最多有1.12万名军事人员和1440名警察人员。在全部39个出兵国中，包括西共体国家、毛里塔尼亚、肯尼亚等在内的非洲国家共计16个。[②]

五、非洲自主反恐面临多重困境

近年来，非洲国家联合反恐意愿增强，但受自身能力及资金局限，

① 据报道，尼日利亚撤军主要是基于国内不断恶化的安全形势和恐怖主义威胁，乍得撤军则主要是基于人员伤亡惨重。从马里首都巴马科一路推进到北部边界的数次重大战役当中，乍得军队一直担任地面部队的急先锋，承担攻城拔寨的攻坚重任，当然由此带来的损失也最为严重，至2013年4月乍得部队已在正面战场牺牲超过30名士兵，人数位居参战各国之首。另外，乍得总统代比在接受法国媒体采访时候说，与伊斯兰极端武装分子面对面的作战已经结束了。而现在马里北部主要是游击战一样的影子战争，这不是乍得士兵的专长。参见"乍得撤军引多米诺效应，'后法国时代'马里安全恐成空谈"，http：//gb.cri.cn/42071/2013/04/16/6611s4085262.htm。（上网时间：2015年2月7日）

② 设立马里稳定团为联合国在全球第三大维和任务，截至2014年12月31日，稳定团共有成员9494人，其中包括8461名军事人员和1033名警察人员。其中，中国首批由395人（包括一支155人的工兵分队、一支170人的警卫分队和一支70人的医疗分队）组成的赴马里维和部队于2013年12月抵达马里。这是中国首次成建制向维和任务区派出安全部队。参见"MINUSMA Facts and Figures"，http：//www.un.org/en/peace-keeping/missions/minusma/facts.shtml及"沙漠绿洲的和平使者——中国首批赴马里维和部队维和记事"，http：//news.xinhuanet.com/world/2014-11/13/c_1113239513.htm。（上网时间：2015年2月7日）

未来反恐仍任重道远。首先，非洲恐怖主义成因错综复杂，仅靠单纯的军事打击难以有效根除其根源。发展滞后、贫富不均、民族与宗教矛盾（尤其是穆斯林与基督徒之间的矛盾）丛生等，使非洲地区成为恐怖主义滋生的温床。而大多数国家政府治理不良、资金与情报不足，军警部门缺乏训练和装备、对边境地区管控不利等，则为该地区暴恐势力的发展、壮大提供了后天的便利条件。据相关组织的统计数据，自 1995 年以来，非洲经济保持在年均 5%左右的较高增速，但“有增长、少发展”甚至“有增长、无发展”现象依然突出，经济增长的成果难以惠及普通百姓，《2012 年非洲千年发展目标进展报告》称，到 2015 年，撒哈拉以南非洲地区贫困率仍将高达 40%以上。澳大利亚“经济与和平研究所”报告指出，全球最不和平的 11 个国家中，非洲占了 5 个，分别为刚果（金）、中非共和国、苏丹、索马里和南苏丹。[①] 此外，非洲反恐事务严重依赖外援，“非洲解决方案”的目标大打折扣的同时，也为域外势力“敲诈”非洲创造了条件。据统计，在目前非盟和平与安全行动中，有超过 90%的任务依靠美欧财政支持。[②]

其次，非洲国家的反恐机制存在一定缺失：一是相关部门之间缺乏配合。以 2013 年初以来发生的恐袭事件为例，“9·21”西门购物中心袭击案发生前一周，肯尼亚情报部门就已发出准确的预警信息。以色列也曾警告肯尼亚，称以色列公民拥有的建筑物可能在 2013 年 9 月 4 日至 9 月 28 日间遭受攻击。但肯尼亚内政部、国防部和外交部等部门相互“踢

① 参见 Institute for Economics & Peace, “Global Peace Index 2014”, June 2014。（上网时间：2015 年 2 月 7 日）

② “东非国家年内成立快速反应部队解决地区叛乱”，http://world.people.com.cn/n/2014/0903/c1002-25594807.html。（上网时间：2015 年 2 月 7 日）

皮球”，使该预警信息未获得足够重视。[①] 二是策略失当。自 2013 年 5 月以来，尼日利亚政府加大对“博科圣地”的清剿力度，企图以打促谈，但打击方式简单粗暴，直接导致数千所疑似藏匿“博科圣地”成员的房屋被烧毁，大量无辜平民伤亡。同时，尼日利亚政府还切断了“博科圣地”活跃地区的手机信号。这一举动非但没有阻断该组织的对外联络，反而使平民在遇袭时无法向外界求救。[②] 三是相关国家情报部门缺乏必要沟通。有媒体报道，“9·21”肯尼亚购物中心袭击案头号嫌犯、有“白寡妇”之称的萨曼莎·卢斯韦特（Samantha Lewthwaite）曾在南非居住，并持南非护照进入肯尼亚，但由于南、肯两国间缺乏有效的反恐合作与情报共享机制，导致恐怖分子出入该国“畅行无阻”。[③]

第三，地区国家利益分歧导致反恐合作效果不彰。在北非，阿尔及利亚为地区军事头号强国，武器装备领先，且经过 1992 至 2002 年十年内战，积累丰富反恐经验，但该国“自扫门前雪”心态严重，几乎不参与地区联合反恐行动。同时，分析指出，为保持国际反恐地位、持续获得西方国家军援，阿尔及利亚还有意在该国南部的沙漠地区维持一定数量暴恐分子。[④] 在西非，有关国家虽多次就共同打击“博科圣地”进行磋商，但互不信任及核心利益冲突等在一定程度上导致合作效果不佳。

---

① “肯尼亚媒体称以色列曾就袭击风险向肯发出警告”，http：//world. people. com. cn/n/2013/0929/c157278-23077935. html。（上网时间：2015 年 2 月 7 日）

② “尼日利亚打响对博科圣地清剿行动，‘紧急状态’非灵丹妙药”，http：//news. xinhuanet. com/world/2013-05/18/c _ 124730383. htm。（上网时间：2015 年 2 月 7 日）

③ “肯尼亚恐袭嫌犯‘白寡妇’曾冒用身份获南非护照”，http：//www. chinanews. com/gj/2013/09-27/5330942. shtml。（上网时间：2015 年 2 月 7 日）

④ “From New Frontier to New Normal：Counter-terrorism Operations in the Sahel-Sahara”，http：//www. oxfordresearchgroup. org. uk/publications/briefing _ papers _ and _ reports/sahel _ counterterrorism _ new _ normal。（上网时间：2015 年 2 月 8 日）

如，尼日利亚和喀麦隆长期存在的领土纠纷一直是两国开展联合反恐行动的重要阻力。在东非，非盟驻索马里特派团是打击“青年党”的关键力量，由肯尼亚、埃塞俄比亚等国出兵组成。其中，肯尼亚有意在索马里边境建立名为“朱巴兰”的缓冲自治州，并支持其挑选出的军阀管理该州，引发索马里政府不满。[①] 此外，受历史等因素影响，埃塞俄比亚与其邻国厄立特里亚关系长期不睦，两国互相指责对方为本国反政府武装提供支持。有报道称，厄立特里亚国内部分势力曾为“青年党”提供武器、培训，成为解除“青年党”威胁重要障碍。[②]

第三节　欧美以“反恐”之名加速对非洲的军事渗透

当前，非洲地缘局势处于剧烈变动时期，大国在非竞争加剧。2013年以来，部分非洲国家局势动荡、恐怖威胁大增，为西方国家军事介入非洲提供难得机遇。这种情况下，地区反恐事务逐步形成“西主非从”（即西方主导、非洲从属）格局。

一、法国：从“薮猫行动”到“新月形沙丘行动”

长期以来，法国一直将非洲、尤其是法语非洲国家视为其传统“势

① 严帅：《非洲恐怖活动态势及面临的反恐困境》，《当代世界》2014年第10期，第70页。

② “US sanctions on Eritrea spy chief Negash over al-Shabab”，http：//www.bbc.com/news/world-africa-18735931.（上网时间：2015年2月8日）

力范围”。当前深受恐怖主义荼毒的萨赫勒—撒哈拉地区[①]多数国家，如阿尔及利亚、毛里塔尼亚、乍得、尼日尔、马里等国曾受法国殖民统治长达数十年之久。即便20世纪50至60年代相继独立以后，上述国家仍与法保持密切的经济、军事合作，被法视为维护国内经济和巩固大国地位的“根据地”。1968年以来，法国曾先后6次对萨赫勒—撒哈拉地区国家进行军事干预，包括1968年、1978年、1983年、1986年、2006年五次出兵乍得、1977年出兵毛里塔尼亚。此外，在1999年科特迪瓦叛乱、2011年科特迪瓦选后冲突和利比亚内战中，“非洲宪兵”的身影也清晰可见。[②] 2013年1月以来，马里形势急转直下。10日，马里政府军与北部反政府武装在位于首都巴马科东北约600公里的重镇科纳镇发生激烈交火。科纳镇失守，直接威胁首都安全。这种情况下，马里过渡总统特拉奥雷紧急致函联合国秘书长和法国总统请求援助。11日，法国宣布，应马里政府请求，法国将派出包括空中力量在内的武装部队进入马里，协助马里政府军打击该国北部“西非统一与圣战运动”、“信仰捍卫者”等反政府武装和宗教极端组织，即“薮猫行动”（Opération Serva）。

法国总统奥朗德表示，此次行动目的有二：一是保护马里人民和在马里的6000名法国侨民；二是维护地区和平与稳定。同时，奥朗德将此

---

① 萨赫勒—撒哈拉地区国家包括阿尔及利亚、布基纳法索、喀麦隆、乍得、利比亚、马里、毛里塔尼亚、摩洛哥、尼日尔、尼日利亚、塞内加尔和突尼斯等12国。同时，这12个国家与美国提出的《跨撒哈拉反恐伙伴关系计划》（Trans-Sahara Counterterrorism Partnership）非洲伙伴国基本重合，喀麦隆于2014年加入该计划，利比亚虽未正式加入，但为该计划的受邀国。

② 有统计显示，近50年来，法国在整个非洲地区共进行近50次军事干预。在撒哈拉—萨赫勒地区，法国目前同区域国家共签有8个防务协议和16个合作协议，这为法军在区域内展开军事行动提供了法律依据。参见“法军在非洲展开‘新月形沙丘行动’有效反恐”，http：//world. people. com. cn/n/2014/0802/c157278-25389275. html。（上网时间：2014年2月9日）

次出兵定义为打击“恐怖分子”，称将持续“必要的时间”。“薮猫行动”启动后，法国凭借其与非洲国家紧密的军事联系，迅速对马里进行兵力部署。目前，法国在东非、西非和北非地区拥有5个军事基地，与31个非洲国家签署了有关军事协定，驻非法军超过8000人[①]，配有战斗机和装甲车等重型武器。行动开始后数小时内，法军便可从400公里以外、位于布基纳法索首都瓦加杜古的军事基地调遣武装直升机和特种部队至马里。几天内，装甲增援部队便可从科特迪瓦经济首都阿比让抵达1000公里以外的马里。同时，法可从位于乍得首都恩贾梅纳的军事基地调遣米拉奇战斗机，为地面部队提供侦查、近距离空中支援等；阿尔及利亚同意对其开放领空后，法还可从3000公里之外的本土南部出动“阵风”战斗机前往马里，并在阿尔及利亚进行空中加油。截至2013年2月，“薮猫行动”麾下共有6500名军事人员，其中包括4000名法国军事人员、2000名乍得军事人员及来自其他10个国家的约500名军事人员。此外，美、英、荷兰、加拿大、瑞典、阿联酋等国还提供战略运输机，为法军事人员、装甲部队和直升机提供空运支持。[②]

从短期目标来看，“薮猫行动”取得了一定成效：2013年1月11日以来，在法国、马里政府军和非洲联军的联手攻势下，武装分子南下扩张的趋势得以遏制；2月，被武装分子占据的马里北部城市基本被收复；同年，马里政府分别于8月、11至12月顺利举行总统及议会选举。但

---

① 另有一说为，“新月形沙丘行动”前，法国在非总兵力超过6000人，包括科特迪瓦500人、乍得825人、吉布提3200人、加蓬680人、塞内加尔1170人。参见“法国军事干预马里，意外让法军非洲部署曝光”，http://mil.huanqiu.com/world/2013-01/3512335.html。（上网时间：2015年2月9日）

② “From New Frontier to New Normal：Counter-terrorism Operations in the Sahel-Sahara”，http://www.oxfordresearchgroup.org.uk/publications/briefing_papers_and_reports/sahel_counterterrorism_new_normal.（上网时间：2015年2月9日）

从长远来看，此次行动也存在一定缺陷：首先，此次行动范围仅局限于马里，忽视了恐怖活动的跨国流动性。在法军空地一体的打击下，暴恐分子被逐出马里主要城镇，转而流窜至利比亚南部、尼日尔甚至尼日利亚北部。2013 年 4 月以来尼日尔多次发生暴恐袭击，便是该行动的负面效应之一。其次，法国片面实施军事打击、忽视矛盾根源的做法无法彻底化解乱局。马里问题的根源在于政府对北部图阿雷格族丧失有效控制，而法国正是该问题的始作俑者。20 世纪 60 年代，非洲掀起民族独立浪潮，法国为继续控制和介入该地区人为划定出多条边界。图阿雷格族聚居区便在此时被划分至多个国家，成为尼日尔、阿尔及利亚、马里等国民族问题根源。同时，法国于 2011 年发起和主导的利比亚战争使马里图阿雷格族反叛武装和其他宗教极端组织实力大为增强，甚至可与总兵力达 1.5 万的马里政府军抗衡。第三，欧美政府对伊斯兰马格里布“基地”组织支付赎金、解救人质的做法，也一定程度上抵消了法国的军事努力。据《纽约时报》报道，2008—2013 年欧洲国家政府共向伊斯兰马格里布“基地”组织支付赎金 9150 万美元，其中 580 万美元由法国政府支付。[①]

基于种种考虑，2014 年 8 月 1 日，法国宣布启用代号为“新月形沙丘行动”（Opération Barkhane）的全新反恐计划。2014 年 7 月中旬，奥朗德访问科特迪瓦、尼日尔和乍得三国，主要目的即为部署该计划，以升级“薮猫行动”。奥朗德表示，新的行动计划将把法在马里的反恐机制扩大至受暴恐活动威胁的整个萨赫勒——撒哈拉地区。其主要内容包括：一是调整兵力。派遣 3000 名法军人员至马里、毛里塔尼亚、尼日尔、布基纳法索和乍得五个萨赫勒地区国家，与上述五国军队协同作战，共同

---

① “Paying Ransoms，Europe Bankrolls Qaeda Terror”，http：//www. nytimes. com/2014/07/30/world/africa/ransoming-citizens-europe-becomes-al-qaedas-patron. html? _ r=0.（上网时间：2015 年 2 月 9 日）

打击暴恐活动；二是增加军备。部署6架战斗机、10架运输机、20架直升机、200辆装甲车至法国在该地区的军事基地，为法及相关国家军事行动提供支持。三是整合资源。将早前部署在马里（“薮猫行动”）、乍得（“食雀鹰行动”[①]）、尼日尔（基地设在该国首都尼亚美的无人机侦察行动）、布基纳法索（总部位于该国首都瓦加杜古的特种部队行动）等国的军事力量并入新计划。从具体国家来看，法国在乍得军事人员将由950人增至1250人，同时将该国首都恩贾梅纳作为新反恐行动总指挥部及多数战斗机、运输机和侦察机的驻扎地点；在马里，法军事人员2014年7月由1600人降至1000人，名义上采取独立行动，必要时可对联合国马里稳定团提供军事支持；此外，部署在西非塞内加尔和科特迪瓦的上千名军事人员也被纳入新计划。有分析认为，该计划有效整合了法国在萨赫勒地区的反恐资源，标志着其在非洲的军事部署进入新阶段。

二、美国：强化在非洲军事部署成为“新常态”

2012年9月11日，美国驻利比亚班加西领事馆遭武装分子袭击，造成包括大使克里斯托弗·史蒂文斯（Christopher Stevens）在内的4名美国人死亡，使得美比以往任何时刻都关心非洲安全形势。此后，美借反恐事务加速对非洲的军事渗透，并逐步形成以非洲司令部（Africom）为主导，以军事基地或其他设施为依托、以军事援助、军事训练和联合军演等为主要形式的“泛非军事网”。2013年以来，美在非军事动作频频，概括起来主要包括几下几个方面。

---

① 1986年2月，为帮助乍得抵御利比亚军事入侵，法国与乍得签署防务协议，标志着“食雀鹰行动”（Opération Epervier）正式启用。在该计划下，法国在乍得常驻一支代号为“食雀鹰”的部队。“新月形沙丘行动”开始后，该部队人数由950人增至1250人。该部队熟悉沙漠作战，曾于2013年初打响“薮猫行动”第一枪。

一是提高快速反应能力。2013年以来，为在紧急情况下迅速将军事力量部署到非洲大陆，保障美驻当地使馆和人员的安全，美加大对非快反能力建设。其一是设立“东非快反部队”（East Africa Response Force）。这支部队约成立于2013年春季，最初由陆军第1步兵师第2战斗旅抽调的150人组成，部署在美位于吉布提的莱蒙尼尔军营，并受“非洲之角联合特遣部队”（Combined Joint Task Force-Horn of Africa）联合指挥，主要负责非洲之角和东非地区快反行动。[①] 2013年底以来，受内部冲突影响，南苏丹安全形势持续恶化。12月22日，“东非快反队”首次“亮相”，一支驻扎在首都朱巴的45人小分队受命前往被反叛武装占据的博尔市（Bor）帮助美国公民撤离。[②] 其二是“特种用途空地特遣队一危机反应部队”（Special Purpose Marine Air Ground Task Force-Crisis Response）。该部队成立于2013年4月21日，隶属总部位于德国斯图加图的海军陆战队驻非洲部队（Marine Corps Africa），最初部署在西班牙南部的莫龙（Morón）空军基地，主要负责西、北部非洲安全事务，目前总兵力约800人。自2014年5月开始，该特遣队一支由180人组成的小分队被部署在意大利西西里岛的西格奈拉（Sigonella，Sicily）海军航空站，专门应对利比亚、突尼斯等国突发状况。同年7月26日，美驻利比亚大使馆附近发生猛烈战斗。美军派出上述小分队及数架战斗机前往，协助美使馆人员撤离。另据报道，美还有意将另外一小分队派遣至西非

① “East Africa Response Force（EARF）”，http：//www.globalsecurity.org/military/agency/army/earf.htm。（上网时间：2015年2月10日）

② “Marines Evacuate More U.S. Embassy Personnel from South Sudan”，http：//www.defense.gov/news/newsarticle.aspx？id=121429.（上网时间：2015年2月10日）

沿岸国家，塞内加尔首都达喀尔和加纳首都阿克拉等可能成为首选。[①]

二是增加兵力投放。2013年初，据美联社透露，美国防部拟推出一项新的军事战略，计划未来一年内，向非洲国家派遣3500名军事人员，执行100多项任务。这批军事人员将从美陆军第1步兵师第2战斗旅选调，通过赴非执行培训、咨询等任务，帮助非洲国家应对恐怖威胁和其他安全风险。这些任务规模不等，小到向布隆迪派遣一个2人狙击小组，大到派遣350名军人赴南非进行空降和人道主义演练，上文提到的"东非快反部队"即为该计划的一部分。[②] 2013年4月，美国防部发言人表示，美已向马里派遣10名军事人员，为法国和非洲联军提供联络支持，但不直接参与地面作战。2014年1月，3名美军官员确认，美已于2013年10月向摩加迪沙秘密派遣20名军训人员和军事顾问，为非盟驻索特派团提供咨询、培训等支持。这是1993年"黑鹰坠落"事件（美一架直升机被当地武装击落，18名官兵被杀死）以来，美首次向该国派遣正规部队。近年来，奥巴马政府日益增强对索马里事务接入力度，如从吉布提军事基地出动无人机，对索马里进行监控，并针对爆恐人员发动空袭；[③] 派遣精

---

① "Corps wants crisis response unit in western Africa', Marine Corps Times", http://www.marinecorpstimes.com/article/20140412/NEWS08/304120026.（上网时间：2015年2月10日）

② 该计划可能于2010年10月左右开始执行，参见"美军拟派3500人赴非洲执行上百项任务"，http://mil.news.sina.com.cn/2013-10-21/1339745429.html。（上网时间：2015年2月10日）

③ 美注重使用定点清除、速战速决的战术，2013年以来，曾多次动用无人机击毙"青年党"头目。美曾分别于2014年9月、12月，动用无人机击毙"青年党"最高领袖戈登及情报主管阿卜迪沙库尔。另外，美无人机2013年10月28日攻击索马里南部城镇一辆汽车，车上两名索马里青年党成员被炸死，其中一人是该组织高级指挥官易卜拉欣·阿里·阿布迪。参见"美媒称美无人机炸死索马里青年党高官"，http://world.huanqiu.com/exclusive/2013-10/4505920.html。（上网时间：2015年2月10日）

锐特种部队空降索马里，执行反恐突袭和人质营救任务，[①]但均为秘密行动，且停留时间不超过数小时，因而不在正式派驻之列。[②] 2014 年 5 月 8 日，美非洲司令部向尼日利亚派遣一支来自 FBI、情报、军事等部门共 16 人组成的协调小组，其目的在于与尼军方协调，评估其在搜救被绑女学生过程中需何种帮助。[③] 同年 5 月 21 日，白宫宣布向乍得派遣 80 名军事人员，协助当地搜寻尼被绑架女学生。[④]

① 同时，动用特种部队对恐怖目标进行突袭、抓捕为美近年反恐战术的新特点之一。2013 年 10 月，美动用最精锐的“三角洲”（即美陆军特种部队第一特种作战分遣队，1st Special Forces Operational Detachment-Delta，简称 Delta Force）和“海豹”特种部队（即美国海军三栖特种部队，United States Navy Sea，Air and Land Teams，简称 SEALs），分别对索马里和利比亚的恐怖主义分子头目实施突袭。在利比亚，美军成功抓获制造 1998 年美驻肯尼亚和坦桑尼亚两起爆炸时间的“基地”组织头目比利，在索马里却折戟而归。参见“U. S. strikes al-Shabab in Somalia and capturesbombing suspect in Libya”，http：//www. washingtonpost. com/world/national-security/us-navy-seals-raid-al-shabab-leaders-somalia-home-in-response-to-nairobi-attack/2013/10/05/78f135dc-2e0c-11c3 8ade-a1f23cda135e _ story. html。（上网时间：2015 年 2 月 10 日）

② “U. S. has deployed military advisers to Somalia，officials say”，http：//www. washingtonpost. com/world/national-security/us-has-deployed-military-advisers-to-somalia-officials-say/2014/01/10/b19429f2-7a20-11e3-af7f-13bf0e9965f6 _ story. html.（上网时间：2015 年 2 月 10 日）

③ “U. S. Africa Command Team supports Department of State-led support effort in Nigeria ”，http：//www. africom. mil/newsroom/article/23055/u-s-africa-command-team-supports-department-of-state-led-support-effort-in-nigeria.（上网时间：2015 年 2 月 10 日）

④ 美称，这支军事力量主要由美空军人员组成，主要在尼日利亚北部及其周边地区进行侦察机和无人机操作等情报搜集工作，但不直接参与地面搜救行动。同时，这支部队将长期驻扎在乍得，直到绑架案破获为止。美未说明这支军事力量的具体驻扎地点，但鉴于法军事力量在乍得首都恩贾梅纳（靠近尼日利亚北部边境）有一空军基地，而美法近期在非洲反恐问题上合作紧密，这支 80 人的军事力量很有可能驻扎在该空军基地。参见“U. S. deploys 80 troops to Chad to help find kidnapped Nigerian schoolgirls”，http：//www. washingtonpost. com/world/national-security/us-deploys-80-military-personnel-to-chad/2014/05/21/edd7d21a-e11d-11e3-810f-764fe508b82d _ story. html。（上网时间：2015 年 2 月 10 日）

三是打造反恐跳板。为加强对地区恐怖组织的情报、监视和侦查能力，美自2001以来陆续与部分非洲国家就使用当地军事基地或其他设施签署《驻军地位协定》。这些协定允许美预先在非洲签约国军事基地或设施内存放军事物资或武器装备，需要时可迅速启动或实施军事行动。为避免过分刺激非洲国家或给外界留下常驻非洲的印象，美迄今尚未在非洲建立永久性军事基地，官方唯一承认的吉布提莱蒙尼尔军营亦为常驻性军事基地。[①] 但美媒披露，2004年以来，美已陆续与20多个非洲国家就使用其机场、港口设施签署协议，建立临时性军事基地（合作性安全点或称"睡莲叶子"）。从有限的报道来看，美在非洲无人机或侦察机基地多集中在东非地区，如吉布提国际机场、埃塞俄比亚阿巴门奇机场、塞舌尔国际机场等。为进一步完善在非基地网络，美自2013年以来加速在萨赫勒一撒哈拉地区"布局设点"进程。2013年1月28日，经多年协商，美与尼日尔最终签署《驻军地位协定》，在尼首都尼亚美国际机场附近的一处军事设施建立无人机基地。据分析，美军在尼设立无人机基地主要任务有三：一是对马里北部反政府武装进行监控和情报收集，配合法军及盟国部队地面军事行动；二是对马政府军提供反恐培训；三是利用无人机或载人侦察机，监控整个萨赫勒地区伊斯兰极端武装势力动向。另据2014年9月《华盛顿邮报》称，尼日尔政府已授权美军在其北部阿加德兹地区建立第二处无人机基地。[②] 此外，美国还与法国共用乍

---

① 2014年5月，美与吉布提就续租莱蒙尼尔军营达成协议，租期10年，年租金达6300万美元，几乎是之前的2倍。参见"美国与吉布提达成军营续租协议"，http://news.xinhuanet.com/world/2014-05/06/c_1110557869.htm。（上网时间：2015年2月11日）

② "Drone base in Niger gives U.S. a strategic foothold in West Africa", http://www.washingtonpost.com/world/national-security/drone-base-in-niger-gives-us-a-strategic-foothold-in-west-africa/2013/03/21/700ee8d0-9170-11e2-9c4d-798c073d7ec8_story.html.（上网时间：2015年2月11日）

得的恩贾梅纳国际机场、布基纳法索的瓦加杜古机场、塞内加尔的达喀尔国际机场及意大利的西格奈拉无人机基地，在非基地网不断完善。

四是强化军事合作。近年来，包括军事援助、军训合作、联合军演、反恐合作等在内的美非军事合作，正成为美国以非战争形式“重返非洲”、培植“战争代理人”的重要渠道。2014 年 3 月初美军非洲司令部司令大卫·罗德里格斯（David M. Rodriguez）上将在参议院作证时表示，2013 年，美军在非洲共执行 546 次军事任务（较 2008 年增加 217%，相当于每天 1.5 次），其中包括 10 次军演、55 次军事行动和 481 次“安全合作行动”。[①] 同时，为帮助非洲国家提高反恐能力、配合其全球反恐需要，美国对非洲军援规模也不断扩大，包括“全球训练和装备计划”（Global Train and Equip Program）、“对外军事资助项目”（Foreign Military Financing Program）等在内的经援项目多达 8 项。2014 年 8 月，首届“美非峰会”在华盛顿召开。为强化美非安全合作，美推出两项新的军援计划，一是“非洲快速反应维和伙伴计划”（African Peacekeeping Rapid Response Partnership），旨在帮助非洲国家快速部署维和人员，以支持联合国或非盟维和任务。奥巴马表示，美将首先与近年有良好维和记录的非洲 6 国——加纳、塞内加尔、卢旺达、坦桑尼亚、埃塞俄比亚和乌干达开展合作；今后 3 至 5 年内，美方每年将投入 1.1 亿美元帮助上述六国提升快速部署维和部队的能力。[②] 二是“安全治理倡议”（Secu-

---

① 参见“Statement of General David M. Rodriguez, USA, Commander United Stated Africa Command Before the Senate Armed Services Committee Posture Hearing”, 6 March 2014.

② 据报道，在提高非洲维和能力方面，美国自 2009 年以来已承诺向非洲提供近 8.92 亿美元，同时为超过 25 万名联合国和非盟维和人员提供培训和装备支持。参见“African Summit Yields $37 Billion in US Commitment”, http://www.voanews.com/content/obama-meeting-with-african-leaders-at-summit/1972753.html。（上网时间：2015 年 2 月 11 日）

rity Governance Initiative），通过帮助非洲国家继续建设“强有力的职业化安全部队”，共同应对恐怖主义和人口贩卖等威胁。奥巴马称该计划将首先在肯尼亚、尼日尔、马里、尼日利亚、加纳和突尼斯实施，启动资金为6500万美元。此外，鉴于西非国家希望提升应对危机能力，奥巴马还宣布将帮助该地区国家加强预警能力及情报共享网络等建设。[①]

① “美将帮助非洲提升维和快速反应能力”，http：//news. xinhuanet. com/world/2014-08/07/c _ 1111971918. htm。（上网时间：2015年2月11日）

第十一章　大洋洲地区恐怖主义与反恐怖斗争形势综述*

2013—2014年大洋洲反恐形势日益严峻，有越来越多的澳大利亚人和新西兰人赴叙利亚、伊拉克等地与恐怖分子并肩参战，地区内安全形势出现“分化”：大洋洲最大国家澳大利亚面临“随时可能发生”的恐怖威胁，并已发生本土恐怖袭击案；新西兰恐怖威胁虽有所上升，但遭受恐袭的可能性大大低于邻国澳大利亚，恐怖威胁“可能但没有预期”。为应对日益严峻的安全形势，澳大利亚等国全方位加强了反恐防恐力度。

第一节　大洋洲地区恐怖主义形势

澳大利亚作为西方国家的一员、美国坚定的盟友，早在“9·11”之前就已经成为恐怖分子袭击的目标，但十几年来澳大利亚本土并未发生

* 本章撰稿人：郭春梅、田京灵。

恐怖袭击事件，以至于人们常将澳大利亚比作远离恐怖主义的“世外桃源”。但伴随叙利亚乱局所催生的新一波跨国“圣战”潮迅速在澳大利亚蔓延，澳大利亚面临的恐怖形势日益严峻，直至2014年底发生震惊世界的马丁广场人质劫持案，正式宣告澳大利亚进入恐怖袭击的“高风险”国家之列。

一、海外“圣战者”人数增多

近年来，叙利亚乱局催生了国际暴恐新生态，继阿富汗战争和伊拉克战争之后出现了第三波国际“圣战”人员大流动，包括澳大利亚人在内的西方穆斯林成为“圣战”主力军。[①] 据澳大利亚政府透露，目前至少有70多名澳大利亚人在叙利亚、伊拉克与恐怖分子并肩作战，他们大多参加了“支持阵线”和“伊斯兰国”，包括2名澳籍自杀式爆炸袭击者在内的15名澳大利亚人已经在此身亡。[②] 澳大利亚总理阿博特本人甚至表示，以人口比例计算，澳大利亚已经成为向海外输送极端分子最多的国家之一。[③]

这些澳籍“圣战者”不仅人数不少，而且异常活跃。如20世纪80年代从阿富汗移民澳大利亚的巴亚雷（Mohammad Ali Baryalei）已经成为“伊斯兰国”的高级头目，也是“伊斯兰国”中级别最高的澳大利亚人，在叙利亚和伊拉克参战的澳籍极端分子中有一半为其招募。据澳媒报道，澳本土挫败的街头随机杀人的恐怖阴谋也由其在海外策划。2014

---

① 中国现代国际关系研究院：《国际战略与安全形势评估2013/2014》，时事出版社2014年版。

② “At least 70 Australians fights with terror groups in Iraq and Syria：Julie Bishop”，*The Sydney Morning Herald*，Oct 27，2014.

③ “Rob Taylor：Australia Warns of Islamic Militant Migration”，*The Wall Street Journal*，Jun 24，2014.

年 10 月，有消息称巴亚雷已经在中东战场上被击毙。[①] 另一名臭名昭著的澳籍恐怖分子沙罗夫（Khaled Sharrouf）经常通过社交网站发布恐怖视频。沙罗夫现年 32 岁，曾因 2005 年策划对悉尼发动炸弹袭击被判 4 年监禁。2009 年出狱后被列入恐怖分子国际观察名单，护照被澳大利亚当局没收。但他还是于 2013 年底用其兄弟的护照飞往了叙利亚，并加入极端组织“伊斯兰国”。2014 年 6 月，他在社交网站“脸谱”上发布了一张其挥舞“伊斯兰国”旗帜在伊拉克作战的照片；一个月后，他又在“推特”上发布了一组血腥的照片，照片中其同伴、前悉尼拳击手埃罗玛（Mohamed Elomar）手提据称为叙利亚士兵的人头，并向人炫耀“战绩”。二人之前还曾在网络上叫嚣可以“轻易对澳大利亚发起袭击”，并自称“喜欢屠杀澳大利亚人”。[②] 最令人震惊的是：2014 年 8 月，沙罗夫在“推特”上发布了一张澳大利亚 7 岁男孩手提叙利亚士兵人头的照片。照片中手提人头“炫耀战果”的男孩是沙罗夫的儿子。与这张“秀人头”照片一并上传的还有一张“全家福”，照片上的沙罗夫身着迷彩服，和他的 3 个儿子手持枪械站在“伊斯兰国”的旗帜下。[③]

此外，澳籍“圣战者”因为有语言优势以及西方国家的背景，在海外招募新的极端分子方面也起到了“领导性”作用。2014 年 6 月，“伊斯兰国”首次用英语招募新人，在公布的招募视频中，携带枪支、操有

---

① “Mohammad Ali Baryalei: Government trying to confirm reports Australia′s most senior Islamic State terrorist killed in fighting in Middle East”, http://www.abc.net.au/news/2014-10-29/australias-most-senior-islamic-state-member-killed/5850510.

② “Police issue arrest warrants for Australian Islamic State fighters Mohamed Elomar, Khaled Sharrouf, after gruesome beheading photographs published online”, http://www.abc.net.au/news/2014-07-29/warrants-out-for-australian-islamic-state-fighters/5632562.

③ “Jared Owens: Barbaric image of Khaled Sharrouf's son a warning to the world: Tony Abbott”, *The Australian*, Aug 11, 2014.

澳大利亚口音的武装人员在颂扬“圣战”，并邀请观看视频的人参与他们在叙利亚和伊拉克的战斗。[①]

二、本土恐怖主义成最大安全威胁

伴随日益增多的澳籍“圣战者”回流澳大利亚，澳大利亚国内面临“极其严重的安全隐患”。“这些人拥有恐怖袭击技能，在极端分子中有一定声望，有能力吸引其他极端分子加入恐怖组织并鼓励他们实施恐怖袭击，他们回国后必将大大提高澳本土发生暴力恐怖活动的可能性。”在此背景下，澳大利亚安全情报局（ASIO）早在其2012/2013年度报告中就明确指出，澳大利亚本土恐怖主义和“独狼”式恐怖袭击已经成为澳大利亚面临的最大安全威胁。[②] 澳大利亚本土挫败的多起恐怖袭击预谋中，从平民到国家领导人，从学校到国会大厦等均成为恐怖袭击目标。

2014年9月18日，澳大利亚发起史上最大规模的反恐突击行动，在悉尼、布里斯班出动800多名警员搜查多处民宅，逮捕了15名恐怖嫌疑人，其中包括22岁的奥马詹·阿扎里（Omarjan Azari）。阿扎里涉嫌在澳大利亚街头发起针对平民的“斩首行动”，拍成录像后再传给“伊斯兰国”对外发布，他还被指控为海外恐怖组织募集资金。澳发起此轮搜查行动的一个重要原因就是，在反恐行动发起前一周，澳当局侦破了一起针对国会大厦的潜在恐怖威胁。情报机构拦截的“对话”称恐怖分子可能会随机攻击国会大厦，总理阿博特和其他政府要员成为首要目标，

---

① “Jihadi recruitment video for Islamist terror group Isis features three Britons”，http://www.theguardian.com/world/2014/jun/20/jihadi-recruitment-video-islamist-terror-group-isis-features-britons.

② “ASIO Report to Parliament 2012-2013”，www.asio.gov.au/img/files/ASIO-Report-to-Parliament-2012－13.pdf.

他们还策划对澳大利亚安全情报局实施报复袭击。[①]

9月23日，18岁的阿富汗裔男子在墨尔本刺伤警察后被击毙。海德尔曾公开“展示”恐怖组织“伊斯兰国”的旗帜，甚至还威胁总理阿博特。海德尔3个月前引起两名反恐警察的注意，这两名警察于22日将其带到警察局问讯，海德尔拿刀刺向警察，其中一人随即掏枪将其击毙。[②]英国《卫报》24日报道称，海德尔来自一个阿富汗家庭，作为一名年轻穆斯林，他正努力寻找自己在澳大利亚及整个世界中的“位置”。他对目前发生在伊拉克和叙利亚的事情感到失望，对澳新反恐法不满。因此计划按照“伊斯兰国”指令，将官员们斩首，用该组织的旗帜覆盖尸体，并将照片传到网上。阿博特24日称，此次事件表明澳境内藏匿着极端分子，呼吁公民提高警惕。

尽管澳大利亚当局对本土恐怖主义给予前所未有的重视，但也未能防止2014年底发生震惊世界的马丁广场人质劫持案。2014年12月15日，悉尼市区马丁广场的一间咖啡馆内发生劫持事件，伊朗裔男子莫尼斯（Man Haron Monis）劫持了咖啡厅内17名人质，他提出了三个要求：要求提供有极端组织标志的旗帜；要求与澳大利亚总理阿博特进行直接对话，并进行直播；要求媒体报道人质劫持案是“伊斯兰国”对澳大利亚的袭击等。他还声称在咖啡馆内安装了2个炸弹，在悉尼市内其他地方也安设了2处爆炸装置。最终在与警察对峙16个小时后，咖啡馆经理与一名女性律师遇害，莫尼斯被当场击毙。莫尼斯早在犯案前已经被控谋杀，并面对几十起性侵指控，劫持人质时他正处保释期。莫尼斯长期

① “Latika Bourke，Tony Abbott confirms Parliament House a target for terror，security boosted”，*The Sydney Morning Herald*，Sep 19，2014.

② “Melbourne shooting：Man being investigated over terrorism shot dead after stabbing police officers outside Endeavour Hills police station”，http：//www. abc. net. au/news/2014-09-23/one-person-shot-dead-two-stabbed-endeavour-hills/5764408.

倾向于伊斯兰极端主义，曾因 2007-2009 年间写信冒犯在阿富汗阵亡的澳大利亚军人的家属而被定罪，他还在社交媒体上公开支持“伊斯兰国”，2014 年 11 月还在其个人网站上写了一封宣布效忠“伊斯兰国”的公开信。他也从不掩饰对澳大利亚政府的敌意，曾公开声明“以笔头为枪、以文字为弹”与澳大利亚作斗争。① 劫持案发生后，澳大利亚总理阿博特下令对安全体制进行全面检查。而就在悉尼人质案发生前数小时，澳大利亚警方刚在悉尼突击搜查中逮捕了一名 25 岁的男子，该男子涉嫌在澳本土实施恐怖袭击。

12 月 18 日，澳大利亚联邦与新南威尔士州警方采取联合行动，在悉尼又逮捕了两名恐怖活动嫌疑人。其中一名 20 岁的嫌疑人卡里德（Sulayman Khalid）持有一些文件，上面记载了密谋攻击悉尼市内政府设施的计划，另一名 21 岁嫌疑人涉嫌帮助澳大利亚“圣战”分子到叙利亚协助“伊斯兰国”作战。②

12 月 23 日，阿博特在国家安全委员会会议上说，来自情报机构的消息，在悉尼咖啡馆袭击事件后，那些被认为是恐怖分子同情者之间的网络交流越来越多。“我们不知道什么时候和在哪里将会再次发生恐怖袭击，但我们知道，有那么一些人，他们具备发起进一步攻击的动机和能力。”③

更为可怕的是极端思想开始向青少年甚至是儿童蔓延。除臭名昭著

---

① “Sydney Hostage Taker Man Haron Monis Had History of ‘Mental Instability’”, http://abcnews.go.com/International/sydney-hostage-taker-identified-man-haron-monis/story?id=27607179.

② “Sydney terrorism suspect Sulayman Khalid denies writing ‘guerrilla warfare’ notes”, *The Sydney Morning Herald*, Dec 26, 2014.

③ “Tony Abbott warns terrorist attack ‘likely’ post Sydney siege”, *The Sydney Morning Herald*, Dec 23, 2014.

的恐怖分子沙罗夫将其3个儿子带到叙利亚从事恐怖活动外，澳大利亚本土也发现持极端思想的儿童。2014年9月16日，14岁的男孩在悉尼一所学校外，对基督教徒大喊死亡恐吓话语，威胁要“杀死所有基督徒”，杀死他们的孩子，当时他还挥舞着伊斯兰国家的旗帜。[①] 10月30日，澳大利亚外长毕晓普表示，悉尼4名年纪在6—13岁之间的儿童在一段视频中挥舞着伊斯兰极端主义旗帜，其中一面旗帜属于“伊斯兰国”，他们还高呼反西方口号，让美国总统奥巴马“下地狱”，并希望砍掉叙利亚总统阿萨德的头颅等。一个位于悉尼西南区的穆斯林青年团被指向孩童灌输极端思想。[②]

三、国内外恐怖主义联动性增强

除有澳籍“圣战者”奔赴叙利亚、伊拉克战场直接与恐怖分子并肩作战外，澳大利亚本土也有约100多名“圣战”同情者在国内向中东武装分子提供各种形式的支持。[③] 这些支持既包括为海外恐怖活动提供资金、帮助招募新的“圣战者”，也包括听从海外恐怖组织的“指令”或“启发”，在本土搞恐怖袭击。当今世界最臭名昭著的两大恐怖组织“基地”组织和“伊斯兰国”均通过网络或社交媒体，呼吁其支持者将澳大利亚作为重要袭击目标。

2013年3月，“基地”组织杂志激励“Inspire”继2011年将悉尼歌剧院作为封面之后，再次将矛头对准澳大利亚，敦促个人“圣战者”将

① “14-Year-Old Sydney Boy Arrested for Threatening to ‘Kill the Christians’”，http：//au. ibtimes. com/14-year-old-sydney-boy-arrested-threatening-kill-christians-1373051.

② “Aussies “have a right to be outraged”：Bishop”，https：//au. news. yahoo. com/nsw/a/25383009/aussies-have-a-right-to-be-outraged-bishop/.

③ “At least 70 Australians fights with terror groups in Iraq and Syria：Julie Bishop”，*The Sydney Morning Herald*，Oct 27，2014.

澳作为重要目标，并呼吁澳大利亚本土穆斯林对澳大利亚发起攻击，消灭“异教徒”。[①] 2014 年 11 月，其杂志“Resurgence”呼吁“圣战者”朝西方经济的最薄弱环节展开进攻，其中澳大利亚的石油输送线路就被列入“时机成熟的袭击目标”之列。[②]

2014 年 9 月，“伊斯兰国”发言人阿德纳尼对追随者发出号召，呼吁他们在自己的国家实施“独狼”式恐怖袭击，其中点名澳大利亚。他还批评澳大利亚追随美国派遣战机及特勤队打击“伊斯兰国”，并呼吁其追随者将军人和平民作为下手目标，并称“无论异见者是平民或军人，都杀了他。他们都发动了战争。”[③] 2014 年 9 月 23 日，被澳大利亚警方击毙的 18 岁墨尔本青年海德尔就是该号召的响应者，他涉嫌企图策划绑架并杀害非穆斯林，然后将视频上传到社交媒体。

2014 年 9 月 10 日，澳大利亚联邦及昆士兰州警方在经过长达一年的调查后，对昆士兰州一处伊斯兰教中心展开突击行动，逮捕了两名恐怖嫌犯，他们被指控招募、武装并资助恐怖分子参战。其中一人为 31 岁的苏查里亚（Omar Succarieh），他是澳大利亚第一个在叙利亚发动自杀式炸弹袭击的恐怖分子“阿布阿斯马”（Abu Asma al-Australi）的兄弟，另一人为 21 岁的克鲁齐（Agim Kruezi），他涉嫌与基地组织叙利亚分支“支持阵线”有关联，并向其输送资金。[④] 9 月 30 日，澳大利亚联邦与维

---

① “Al-Qa’ida issues call to arms in Australia”，*The Australian*，Mar 4，2013.

② “Al Qaeda threatens Australia's overseas oil supplies，expert warns of possible ‘society collapse’”，http：//www. abc. net. au/news/2014-11-04/al-qaeda-threatens-to-target-australias-overseas-oil-supplies/5866510.

③ “Western allies reject ISIS leader′s threats against their civilians”，http：//edition. cnn. com/2014/09/22/world/meast/isis-threatens-west/.

④ “Recruiting for IS：court documents reveal Logan man Agim Kruezi accused of gathering fighters for Islamic State in Syria and Iraq”，http：//www. abc. net. au/news/2014-09-11/queensland-man-accused-of-recruiting-for-is/5737236.

多利亚州警方也在墨尔本逮捕了一名23岁男子，他涉嫌向在叙利亚作战的美籍恐怖分子募集资金。[①]

四、新西兰本土极端分子与海外恐怖组织互动增加

得益于相对隔绝的地理位置和较稳定的国内局势，新西兰2013—2014年仍被列为“最安全的国家”[②]之一。近两年，随着“伊斯兰国”影响力的迅速扩大，新西兰本土极端主义思想滋生，本土极端分子与海外恐怖组织建立联系甚至赴伊拉克、叙利亚等地参与恐怖活动的人员逐渐增多，新西兰国家安全及海内外利益面临的恐怖主义威胁逐步上升。2014年10月，新西兰政府将国家安全威胁等级由“非常低”提升至“低”，为史上最高级别。为此，新西兰政府有针对性地开展了一系列反恐措施改革，大幅增强反恐力度，应对国内外恐怖威胁。

首先，新西兰海外“自由战士”人数明显增加。目前，部分新西兰激进分子在也门、叙利亚、伊拉克等地接受恐怖主义培训，也有部分人员参与恐怖组织活动及叙利亚战争等。新西兰总理、新西兰情报机构负责人约翰·基表示，政府将继续对海外自由战士实施密切监控，“监控名单”人数已增加到30—40人，“名单”外另有30—40人正在被进一步调查。[③]目前新西兰有一小部分“基地”组织相关人员在国内活动，[④]他们向海外恐怖组织提供资金支持，并试图在国内传播极端主义思想。约

① “Melbourne raids：23-year-old arrested over alleged terrorism funding”，http：//www.theguardian.com/world/2014/sep/30/afp-victoria-police-joint-raids-melbourne.

② Institute for Economics and Peace，*Global terrorism Index* 2014.

③ John Key，*Speech to NZ Institute of International Affairs*，Nov 11，2014，http：//www.beehive.govt.nz/speech/speech-nz-institute-international-affairs-0.（上网时间：2015年2月5日）

④ “Kiwi radicals training in Yemen：Key”，*AAP Bulletins*，AAP. Aug 1，2013.

翰·基认为，较其他西方国家而言，新西兰海外“自由战士”数量虽不算最多，但在海外接受恐怖主义思想及武装训练的人员一旦返回新西兰，将使本土发生恐怖袭击的可能性大大增加。

其次，国内接受伊斯兰极端主义、暴力恐怖主义思想，并试图前往恐怖主义热点地区参与训练、战斗的人数有所上升。总理约翰·基表示，新西兰国内有一部分“伊斯兰国”支持者希望赴伊拉克、叙利亚等恐怖活动“前线”参与作战，政府将取消此类人员护照阻止他们出境。对此，新西兰国内有两种观点，一是根据其他国家经验，阻止其出境可能导致其“就地圣战”，较之其参与海外恐怖活动，把他们留在国内反而更加危险；另一种观点认为，新西兰并未直接参与打击“伊斯兰国”行动，在与国际社会一道共同打击恐怖主义行动上贡献不足，因此将企图前往海外的“自由战士”留在国内是新西兰对国际反恐行动的必要贡献，也有助于维护新西兰“声誉”。

第三，恐怖组织对新西兰关注度上升。据《新西兰先驱报》报道，新西兰国家党议员、前驻伊拉克安全专家马克·米切尔（Mark Mitchell）向议会汇报了关于恐怖主义的“一手信息”，表示新西兰并非与恐怖组织“绝缘”，应尽早警醒。报告中提到，2006 年，联军粮食补给队在伊拉克纳西里耶市遭到“基地”组织袭击，“基地”组织人员抢走了死亡司机的卫星电话。该电话现有账户随即被注销，但仍可使用。据相关部门统计，这部电话共打出过 200 个电话，遍布全世界，其中 14 个通话去向为新西兰。[①]

第四，反恐形势严峻性与社会不稳定因素同时增加。一方面，反恐形势严峻性使新西兰社会不稳定因素增加。2013 年 5 月 26 日，在“法蒂玛慈善组织”（Fatima Zahra Charitable Association）发起下，什叶派穆

---

① “NZ called on stolen phone”, *The New Zealand Herald*, A008, Aug22, 2013.

斯林在新西兰最大城市奥克兰举行抗议游行活动。抗议美西方国家在叙利亚、伊拉克、巴基斯坦、阿富汗、巴林、沙特、印尼、马来西亚等地“针对什叶派穆斯林的迫害行为”，反对军队对其“圣地”的袭击。[①] 2014 年 9 月，澳接连发生“反恐大事”，澳警方挫败一起意图攻击澳国会大厦的恐怖袭击计划后，又举行了大规模反恐搜捕行动，逮捕了十余名恐怖嫌疑人，随后不久，一名公开支持“伊斯兰国”的墨尔本男子袭击警察被击毙。上述事件对新西兰社会震动较大，部分民众将矛头指向穆斯林社会，新西兰穆斯林群体备受社会舆论压力，正常生活受到影响。《怀卡托时报》称“极端分子使新西兰穆斯林蒙羞”。[②]

新西兰社会安全受威胁，政府部门采取了更严格的安全防范措施，民众生活便利性受影响，招致国内民众诸多不满。以民航部门为例。据新西兰民航安全部门统计，过去 5 年中，新西兰机场在乘客手提行李中发现枪支、刀具等严禁物品高达 25 万件，其中有 5600 余把枪支（及零部件）、15 万把刀具（含匕首、裁纸刀、长剪刀等）；此外，2007 年至 2013 年，新西兰机场、航班共接到 13 次炸弹威胁，其中奥克兰 7 次、首都惠灵顿 4 次、南岛主要城市克赖斯特彻奇 2 次。[③] 虽然事后证明全都是“假警报”，但新西兰民航安全部门丝毫不敢懈怠。2013 年 11 月，新西兰机场因担心器械中藏有违禁物品，故将残疾女童医用设备拆解排查，女童母亲对此表示强烈不满，称此举“影响孩子心理健康”、“自己被当

① Fatima Zahra Charitable Association，“New Zealand Shias raise their Voice in Protest”，26th May. 2013. http：//www. bibifatima. org/english/blog/2013/05/26/protestindefenceofshia1434/.（上网时间：2015 年 2 月 5 日）

② Florence Kerr，Emma James，“Extremists Taint Kiwi Muslims”，*Waikato Times*，p. 5，Sep 30，2014.

③ “Knives and Handcuffs Found as Flier Flout Rules”，*Taranaki Daily News*，p2，Jan 26. 2013.

作恐怖分子对待”等，机场安检部门被迫道歉。① 机场安检人员压力骤增。

受恐怖主义蔓延影响，社会不稳定因素容易被放大。相对的，社会不稳定因素增加为本土极端思想的孕育、传播提供土壤，民众对政府举措的不满和质疑无疑也增加了反恐举措推行的阻力。如民众对2014年12月通过的反恐法不乏质疑之声，除了怀疑约翰·基是“为了推动立法而夸大恐怖主义威胁”② 外，还质疑新反恐法取消拟赴海外参加恐怖主义活动的人员护照等措施，认为“安全不能超越人权”，③ 新西兰《权利法案》中明确提出保护“离开新西兰的权利”。④

此外，受邻国澳大利亚恐怖主义形势及相关难民政策影响较大。澳大利亚是新西兰最大邻国，两国一衣带水，关系紧密、往来频繁，在双边、地区及国际层面有诸多交集。如前节所述，澳恐怖主义形势日益严峻，新西兰国内社会局势及新西兰在澳公民紧张气氛增加；加之近年来澳难民政策日趋严苛，2013年9月阿博特政府上台后实施更强硬的边境保护政策，即所有偷渡船民都要被转到澳以外的难民中心审理并进行永久安置。经过一年多的努力，澳已基本解决了难民问题。但偷渡者目前正将难民政策较宽松的新西兰作为“登陆”的目标，近期，新西兰已陆续发现多起欲奔赴新西兰的偷渡案件，难民涌入将增加新西兰国内社会的复杂性，为防范本土恐怖主义威胁带来更多挑战。

---

① Matt Stewart, “Daughter's Equipment Mistaken for Bomb”, The Southland Times, p2, Nov 29, 2013.

② Jmcsweeny, “Criticism over John Key's terrorism claim mounts”, *Radio New Zealand News*, Aug 2, 2013.

③ “Security Must not Trump Human Rights”, *Dominion Post*, P10. Oct 15, 2014.

④ Ibid.

第二节　澳新主要反恐措施

近年来，国际“圣战”主义死灰复燃，美欧等西方国家接连发生恐袭，澳大利亚国内也存在极大安全隐患。为应对日益严峻的安全形势，澳大利亚除开展系列突击搜查行动外，还从立法到资金保障、从国内到国外全方位加强了反恐举措。

一、提高恐袭预警等级

2014 年 9 月 12 日，澳大利亚总理阿博特宣布将该国恐怖威胁等级从“中级”上调至“高级”。这是自 2003 年澳大利亚设立恐怖预警系统以来，首次发布“高级”恐怖威胁预警，意味着恐怖袭击“随时可能发生”。阿博特称，支持澳大利亚提升警戒级别的原因包括：目前有一批澳大利亚公民在中东战场与恐怖分子一同作战，他们其中一部分人已经回到澳大利亚，这些人已经“军事化”，而且非常“残忍”。此外，国内存在恐怖分子的支持者，他们有在澳大利亚本土发动袭击的想法。①

二、“与时俱进”改革国家安全法

面对日益严峻的安全形势，澳大利亚国家安全机制存在的漏洞愈发突显，澳大利亚政府遂于 2014 年发起了本土 2005 年以来最大规模的国家安全法改革。改革主要内容如下。

---

① “Tony Abbott lifts terror alert level to high, but says no attack is imminent”, *The Australian*, Sep 12, 2014.

1. 增加安全机构权力。根据《国家安全立法修订案第一号》(National Security Legislation Amendment No. 1),澳大利亚情报机构被赋予更多权力。该法律:强化国内情报机构澳大利亚安全情报局(ASIO)的情报收集功能,如:ASIO首次获得网络监控权力,包括进入受监控电脑,复制、删除或修改其中的数据、中断数据网络及社交媒体账号、闯入不是监控对象的第三方电脑以追捕恐怖嫌犯等;加强澳大利亚海外情报机构澳大利亚秘密情报局(ASIS)海外收集情报的功能,届时ASIO将有权力在即使没有部长级领导特别指令的情况下指挥ASIS收集海外澳大利亚人的情报,这是ASIS首次有权力快速搜集在海外的可疑澳大利亚人的信息;任何人一旦泄露"与特别情报行动相关的信息",将面临最多10年的监禁;此外,在ASIO执行情报收集活动时,加强其法律责任的保护,在某些情况下将获得刑事与民事豁免权。①

2. 严厉打击澳籍"圣战者"。根据《外国"圣战者"法案》(The Foreign Fighters Bill),禁止公民在没有合理理由的情况下,前往"已经被宣布"为"有恐怖主义活动"的地区,违法者将面临最高10年的监禁。法案还设立了"鼓动恐怖主义"罪名,任何宣传恐怖主义行为的人士都是非法的。总检察长乔治·布兰迪斯(George Brandis)说,这些新规定特别针对从战乱地区回国的极端人员,填补了澳大利亚反恐法的漏洞。②

3. 强制保留"元数据"。该法案于2014年底提交议会,根据新法

① "National Security Legislation Amendment Bill (No. 1) 2014", http://www.attorneygeneral.gov.au/Mediareleases/Pages/2014/FourthQuarter/1October2014-NationalSecurityLegislationAmendmentBillNo12014.aspx.

② "Foreign fighter measures approved as Senate passes counter-terrorism bill", http://www.theguardian.com/australia-news/2014/oct/29/foreign-fighter-measures-approved-as-senate-passes-counter-terrorism-bill.

案，政府将强制通讯商及互联网服务供应商保存澳大利亚人日常的手机、电话以及互联网通信的“元数据”两年时间，以向安全机构提供帮助。这些“元数据”包括手机通话时间和时长、被呼叫人的个人信息、电子邮件的发送对象及频率，但不含通话内容和邮件内容。阿博特说，该法案虽涉及隐私，但安全方面的迫切需求重于隐私方面的担忧。澳大利亚联邦警察局局长柯文（Andrew Colvin）表示，该计划“绝对”可用于打击非法下载恐怖视频或音乐的行为。[①]

此外，为配合联邦政府收紧安全法的计划，各州和领地也将相继修订各自的法律，以补充国家安全法。阿博特对此特别强调，反恐并非政党议题，而是关乎国家安全、保障澳大利亚人安全的议题。

三、提高反恐预算

在澳大利亚财政赤字、经济增长乏力的情况，澳大利亚总理阿博特依旧于2014年8月5日宣布将在未来4年拨款6.3亿澳元，以增强反恐情报机构、联邦警察局、海关和边境保护机构的能力。阿博特表示，“眼下我们虽面临巨大预算压力，但若我们无理克扣国家安全预算的话，社会是不会感谢我们的。”[②] 在这些预算中，6400万澳元用于在社区层面严防极端宗教思想的渗透，阻止年轻澳大利亚人赴海外参加“圣战”。其中，1340万澳元用于提振社区参与，防止年轻澳大利亚人参与极端组织；620万澳元建立一个新的澳大利亚联邦警察社区分支和监控小队，

① “Federal Government introduces legislation for controversial data retention plan”, http://www.abc.net.au/news/2014-10-30/turnbull-introduces-data-retention-bill-to-parliament/5853156.

② “Tony Abbott announces new counter-terrorism measures”, http://www.abc.net.au/pm/content/2014/s4061378.htm.

主要检查海外归来的“圣战者”和他们的支持者；3270万澳元用于设立多层次的国家反破坏组织，以调查和瓦解“圣战者”及他们的支持者；1180万澳元用于资助本地和边远地区的联邦警察联络人员。阿博特称，针对极端主义的最好防御是“消息灵通、装备完善”的澳大利亚家庭和社区。他说：“我们希望制止极端的年轻人离开这个国家参加任何海外的恐怖主义组织，我们希望和联盟国家一起监控他们。一旦他们和恐怖主义分子沆瀣一气，我们能够指控和监禁他们。”①

澳大利亚还将斥资2000万澳元用于反洗钱机构AUSTRAC，以增强他们“检测及破坏融资恐怖主义”的能力。②

四、加强公共场所的安保

澳大利亚除提高恐袭预警等级外，还加强了对机场车站、港口、政府机关和各类大型公共场所的安保。

（一）在机场、港口

为限制本国公民前往叙利亚、伊拉克参加“圣战”并拦截想要入境的疑似恐怖分子，澳大利亚一方面全面升级边境管理系统，如：在机场、港口等口岸对出入境人员采用全新的“生物识别系统”。澳大利亚海关和边境保护服务局表示，这一系统将确保边境管理部门在处理相关问题时，能够获得旅客更清晰的照片，并通过对入境旅客数据的实时分析，达到进行风险评估的目的，从而有效辨别旅客的身份。澳大利亚移民部长莫里森表示，通过对入境者所提供的生物信息进行安全的评估，有利于排

---

① “Counter-terrorism measures for a safer Australia”, http://www.pm.gov.au/media/2014-08-26/counter-terrorism-measures-safer-australia-0.

② “Govt to target terrorism financiers”, *The Australian*, Sep 11, 2014.

查犯罪分子以及与恐怖组织有联系的人。预计 2015 年年中开始，澳大利亚各机场都将采用该系统。[①] 此外，还将采用“旅客信息预先处理系统”，从旅客办理登机手续的那一刻起，旅客从澳大利亚机场离境的信息就将直接传输到执法机构和边防机构，而非海关检查站，上述机构的官员将有多达 2 小时的时间来发现潜在的安全隐患。此前，海关官员只有在旅客抵达边境安全检查处时才能知道是谁在旅行以及疑似“圣战分子”是否打算前往海外。该系统将为当局评估提供“更大窗口”。另一方面，加强安保人员的配备。澳大利亚陆续在悉尼、墨尔本等国际机场建立了“反恐小组”；为监控那些在“恐怖名单”上的澳大利亚人的行动增加警力，其中包括空警，他们会定期在航班上执勤，一旦有恐怖威胁发生，便可直接在飞机上采取行动。此外，澳大利亚还将实施“航空公司联络官”计划，将有更多的澳大利亚人派驻海外机场，就可能存在的恐怖威胁直接与外国政府及航空公司交涉，“将我们的边境一路扩展至那些想进入澳大利亚的人登机的地方。”[②] 在车站，为减少安全隐患，防范恐怖主义威胁，澳大利亚在布里斯班、墨尔本等城市的火车站增设了警力，并撤走了火车站内的垃圾箱，建议民众将垃圾随身带走。[③]

（二）国会大厦

澳大利亚情报部门 2014 年 9 月拦截到恐怖分子密谋袭击国会的情

---

① “Customs to deploy new Border Clearance System”, http://www.cio.com.au/article/548603/customs_deploy_new_border_clearance_system/.

② “Scott Morrison to unveil counter-terror measures in Customs upgrade”, *The Australian*, Sep 10, 2014.

③ “Brisbane railway stations' bins closed after terrorism threat level raised”, http://www.theguardian.com/world/2014/sep/15/brisbane-railway-stations-bins-closed-after-terrorism-threat-level-raised.

报，澳大利亚国会的相应安保措施随之增强。自 9 月起，澳大利亚联邦武装警察收回了在堪培拉的国会大厦的指挥权和控制权，这片区域的面积达到 25 万平方米，此前是由澳大利亚国会服务机构管理。澳大利亚律政部长布兰迪说，政府会尽全力保护“民主系统的标志中心”。随后国会大厦又紧急提升了安全保障级别，增加了国会大厦部长翼的安保力量，并限制进入部长翼区域的人士。据悉，部长翼是总理阿博特的办公室及其内阁成员办公室的所在地。根据新规定，除了议员和参议员，只有部长的员工或持有有照片通行证且在部长翼办事的人员可以进入国会大厦；通行证持有者任何时候都不得登记超过 10 名访客，且所有访客都需全程陪同，并取消无陪同通行证；访客只能从公共入口进入，不管他们在哪里出现；此外，取消了进入国会大厦的部分交通，如部长翼的支路已被关闭。[①]

（三）G20 会议

2014 年 11 月昆士兰州举办 G20 峰会，该活动被视为澳大利亚史上最重要的会议。澳大利亚警方认为峰会最大的安全威胁就是 G20 限制区外可能发生的“独狼”袭击。为确保峰会安全，澳大利亚投入了大量人力物力。据称，仅用于布里斯班举行的 2 天的领导人峰会和相关活动的安保费用就超过 1 亿澳元，参与 G20 峰会的警察约 6000 人，其中 4500 人来自昆士兰州、1500 人来自其他州、新西兰以及联邦警方。昆士兰州警方称这将是该州最大规模的安保行动，也可能是澳大利亚史上最大规模的安保行动。[②] 在峰会举行前夕，澳大利亚还专门派出突击队和直升

---

① “Parliament ministerial wing security increased, passes to the house restricted”, *The Sydney Morning Herald*, Sep 21, 2014.

② “G20 Brisbane 2014: What you can and can’t do in Brisbane this week”, http://www.news.com.au/finance/economy/g20-brisbane-2014-what-you-can-and-cant-do-in-brisbane-this-week/story-e6frflo9-1227118551675.

机参与布里斯班 CBD 的反恐演练。

五、国内其他措施

（一）撤销嫌疑人护照

ASIO 认为，澳大利亚负有阻止恐怖主义或其他形式的政治暴力输出的国际义务，通过诸如撤销护照的方式阻止极端分子出入境是澳大利亚履行这些义务的一种方式。近年来，ASIO 撤销的涉叙利亚恐怖活动的澳大利亚人的护照显著增加。2009/10 财年取消或不予发放新护照 8 例，2010/11 和 2011/12 各 7 例，但是 2012/13 这个数量翻番至 18 例，2013/14 年则激增至 45 例。[①] 2013 年 12 月，ASIO 突然吊销了 20 名 17—40 岁的西澳男子护照，指其有极端主义思想，准备“参加政治目的驱动的暴力行动”。2014 年 10 月，澳大利亚外长毕晓普表示，为阻止可能的“圣战分子”奔赴叙利亚、伊拉克，澳大利亚仅 2014 年一年撤销的护照就高达 73 个。[②]

（二）取消嫌疑人福利

针对那些被确认赴中东参加“圣战”的澳大利亚人，澳大利亚政府决定取消他们在国内的一切福利，包括残疾抚恤金。[③]

---

① “ASIO Report to Parliament 2013-2014”，www. asio. gov. au/img/files/2013-14-Report _ to _ Parliament. pdf.

② “At least 70 Australians fights with terror groups in Iraq and Syria：Julie Bishop”，*The Sydney Morning Herald*，Oct 27，2014.

③ “PM tightens welfare noose over fears Australian taxpayers may be funding jihadist training”，*The Daily Telegraph*，Jun 21，2014.

（三）打击恐怖融资

除澳大利亚国内反恐搜查中逮捕的涉嫌为恐怖主义提供资金支持的澳大利亚人外，澳大利亚还大力打击为恐怖分子融资提供便利的公司。2014 年 9 月 17 日，一所位于悉尼的汇款业务公司 Bisotel Rieh 的登记牌照被取消，原因是该公司为恐怖分子沙罗夫的姐姐及其姐夫所开，澳大利亚当局怀疑其资助恐怖主义活动，“让其续牌或会对国家安全构成威胁”。①

（四）鼓励社区参与

如鼓励社区民众匿名举报。澳大利亚律政部表示，公众如果发现有价值的信息，希望帮助安全和执法部门维护社会安定，处理潜在的威胁，可以匿名向国家安全热线举报可疑活动。国家安全热线号码为 1800 123 400。② 此外，当前恐怖组织招募对象呈低龄化趋势，年长且有魅力的“圣战”招募者越来越倾向于招纳信念易被动摇的年轻人和青少年。为应对这一趋势，澳大利亚警方甚至“求助于”高知名度的穆斯林运动员，希望通过他们的影响抵制极端分子的煽动性言论。③

---

① “Money transfer business Bisotel Rieh suspended over terrorism funding suspicions; business owned by relatives of Khaled Sharrouf”, http://www.abc.net.au/news/2014-09-17/sydney-based-money-transfer-business-trading-licence-suspended/5750988.

② “Terror alert raised to high; Abbott says no imminent threats but people with intent and capability are here”, http://australianpolitics.com/2014/09/12/terror-alert-raised-to-high-abbott-says-no-imminent-threats-but-people-with-intent-and-capability-are-here.html.

③ “Terror recruiters targeting Australian children”, *The Sydney Morning Herald*, Oct 29, 2014.

六、国际合作

恐怖主义作为全球安全威胁，引起国际社会普遍关注，澳大利亚在加强国内反恐力度的同时，还有意深化并拓展与其他国家的合作，以防范国内恐怖袭击，并为全球打击恐怖主义做出贡献。

（一）双边层面

与美国。阿博特 2014 年 6 月访美时，将国家安全列为主要议题，表示澳政府要与美国进一步对话以对伊斯兰极端分子给予“合适的”应对。7 月 8 日，媒体披露，西澳杰罗顿地区（Geraldton）附近一处澳大利亚间谍情报基地将建造一座地面卫星接收站，以大幅升级新一代美澳军用卫星通讯系统。据称，此举将提升美国操控无人机袭击恐怖分子的能力和美澳两国在地区军事危机或恐怖袭击中的应对能力。该接收站还将使用钢筋混泥土建筑，以抵挡战争中可能遭遇的恐怖袭击。[①] 9 月 14 日，澳大利亚成为首个响应美国加入其领导的打击“伊斯兰国”国际联盟的国家，澳总理阿博特宣布，将派出 600 名澳大利亚军人协助美军打击伊拉克境内的“伊斯兰国”极端组织，还将出动 8 架“超级大黄蜂”战斗机、1 架预警飞机和 1 架空中加油机等。[②]

与印尼。澳大利亚政府在过去就与印尼加强了反恐合作，包括澳为印尼训练精英反恐警察等。现在两国正以这种强大的关系为基础进一步

---

① “Australia improved access to satellite communications aimed at rise of terrorism”, http：//business. highbeam. com/435960/article-1G1-377530975/australiaimproved-access-satellite-communications-aimed.

② “Jointpress conference，Darwin”，http：//www. pm. gov. au/media/2014-09-14/joint-press-conference-darwin.

加强合作，包括情报分享、边境安全和交通安全合作，也包括在执法领域的合作。

与菲律宾。澳菲两国合力应对跨国“圣战者”。如：2014 年 7 月 7 日，澳大利亚男子罗伯特（Robert Edward）因涉嫌与叙利亚和伊拉克地区的伊斯兰武装分子有关，被澳大利亚当局机构撤销护照；他随后于 7 月 11 日在菲律宾中部的宿务省（Cebu）因未持有有效证明文件被捕；7 月 23 日，他被菲律宾驱逐出国后返回墨尔本。[①]

（二）多边层面

2013-2014 年，除将“支持阵线”、“博科圣地”以及“伊斯兰国”列入澳大利亚政府认定的“恐怖组织”名单外，澳大利亚还注重在多边层面加强反恐合作。

1. 打击恐怖融资。澳大利亚当局认为，许多恐怖组织依靠走私毒品维持生计，为对其进行沉重打击，澳大利亚海军与其他国家军队在印度洋开展了多次联合行动。2014 年 2 月，正在中东地区执行打击恐怖主义及促进中东及印度洋海域和平与安全的任务的澳大利亚皇家海军“墨尔本号”（HMAS Melbourne）护卫舰，在坦桑尼亚岸外执行任务时，接连查获约 600 千克海洛因，估计市值近 11 亿澳元。当局认为恐怖组织走私这些毒品，以将收入所得用于资助恐怖主义。澳海军准将贝茨说，此举是对恐怖网络资助活动的沉重打击，显示了澳大利亚对打击国际恐怖主义和暴力极端主义的支持。[②] 4 月，澳大利亚皇家海军“达尔文号”和英

① “Philippines deports Robert Edward Cerantonio”, http://www.skynews.com.au/news/top-stories/2014/07/23/philippines-deports-robert-edward-cerantonio.html.

② “HMAS Melbourne seizes another major drug haul in Middle East”, http://news.defence.gov.au/2014/02/10/hmas-melbourne-seizes-another-major-drug-haul-in-middle-east/.

国海军再次展开联合行动，查获有史以来最大量的海洛因，总计 1032 公斤，市价超过 1.4 亿英镑。负责这次行动的英国皇家海军指挥官布伦登准将在巴林说，这次查获行动是对贩毒网络的“重大打击”，也是印度洋打击国际毒品走私活动的一部分。①

2. 打击网络恐怖主义。2014 年 11 月 20 日，在世界互联网大会召开的“加强国际合作，共同打击网络恐怖主义”的分论坛上，澳大利亚与中国、以色列、美国、南非等国家的网络信息安全专家汇聚交流，一致同意国际合作，结成打击网络恐怖主义的“统一战线”。包括侦查和执法上的对接，合力培养网络反恐的专业人才，遏制通过互联网进行的跨国洗钱，以及通过积极的宣传让民众了解恐怖主义的罪行和谎言等。②

七、新西兰反恐举措

针对当前恐怖主义形势，新西兰近两年着重加强情报能力和监察力度，从机构调整、人员扩编、推动立法等方面进行了大举改革。约翰·基表示，新西兰政府应充分重视“伊斯兰国”威胁的严峻性，因为不同于其他恐怖组织，“伊斯兰国”“有稳定的资金来源，能熟练利用互联网传播极端主义思想、招募成员”。③ 目前有 12000—15000 名外籍战士，其中约 3000 人持西方国家护照。约翰·基表示新西兰“既需要短期政策，防范直接威胁，也需要长期战略，应对极端主义根源”。④

① “Record heroin bust for Combined Maritime Forces CTF 150”，http：//combinedmaritimeforces.com/2014/04/26/record-heroin-bust-for-combined-maritime-forces-ctf-150/.

② “打击网络恐怖主义的‘统一战线’”，新华网，2014 年 11 月 21 日。

③ John Key，*Speech to NZ Institute of International Affairs*，Nov11，2014，http：//www.beehive.govt.nz/speech/speech-nz-institute-international-affairs-0.（上网时间：2015 年 2 月 5 日）

④ Ibid.

（一）改革情报安全系统

新西兰视情报安全系统为“反恐利器”，面对当前反恐形势，新西兰政府除保持与“五眼联盟”的密切合作外，自身情报安全系统也不断改革，以确保有能力发现、处置针对新西兰本土及其海外利益的恐怖威胁。2013 年 4 月以来，新西兰政府便开始陆续推动情报安全部门的改革进程。2014 年 9 月新西兰大选后，约翰·基将国家情报安全系统改革作为第三任期的“开山斧”，设立“国家安全与情报部长”一职，由其本人兼任，负责领导国家安全系统、设计整体运作框架及相关政策立法等。保留原有“安全情报局”和“政府通讯安全局”职能分工，任命现总检察长克里斯托弗·芬莱森（Christopher Finlayson）为监管负责人，负责监督情报部门并发放相关许可（合并原“情报和安全事务总监察长”与“政府安全保障专员”职能）。未来，新西兰还将重新定位总理内阁部的情报协调角色，设立由总理、副总理、安全、外交、国防等部门负责人组成的内阁国家安全委员会，进一步强化管理力度，确保国家安全系统时刻具备应对安全局势变化的能力。2014 年 11 月 5 日，约翰·基在新西兰国际事务研究所的演讲中宣布：将向新西兰秘密情报局增加 700 万经费并扩大人员编制，满足打击“海外战士”的相关监控及调查需求。[①]

（二）推动反恐相关立法

其一，《反洗钱及反恐怖主义融资法案 2009》于 2013 年 6 月 30 日起正式实施。内政部长克里斯·特里曼（Chris Tremain）称，“新西兰每

① John Key，*Speech to NZ Institute of International Affairs*，Nov11，2014，http：//www. beehive. govt. nz/speech/speech-nz-institute-international-affairs-0.（上网时间：2015 年 2 月 5 日）

年洗钱金额高达 10 亿美元”。[①] 司法部负责该法案管理，新西兰储备银行与金融市场管理局和内务部负责指导、监督和执行“反洗钱、反恐怖融资制度”。该法案从具体运营环节入手，要求金融租赁、货币兑换、保险箱金库等各方评估可能面临的洗钱和恐怖活动融资风险；制定发现、阻止、管控、消除洗钱及恐怖主义融资的程序预案；设置客户身份识别和验证的调查流程等。新西兰司法部长柯林斯（Judith Collins）表示：该法将更好保障新西兰国家安全，帮助执法机构发现并制止严重犯罪，如贩毒、逃税、欺诈等，填补可能进行洗钱活动的法律漏洞。这是新西兰参与国际打击跨国犯罪努力的重要部分，有助设立国际反洗钱及恐怖主义融资法律标准。新法律不仅帮助打击犯罪和恐怖主义活动，也将减少金融风险、保护投资者利益。[②]

其二，《反恐怖主义战士法案》（Countering Terrorist Fighters Legislation Bill）于 2014 年 12 月 9 日经议会通过。2014 年 9 月，新西兰政府紧急开展“打击海外圣战者”相关法律审查，并将于 2015 年年中开展关于反恐行动中情报部门职能相关立法的更全面审查，以推动一系列法律修订及设立。12 月 9 日，新西兰议会以 94 票赞成、27 票反对通过“反恐怖主义战士法案”（Countering Terrorist Fighters Legislation Bill）[③]。新法案赋予秘密情报局（SIS）等情报监管部门更大权力，以监督和阻止新西

① Department of Internal Affairs，“Internal Affairs Combats Money Laundering”，Jun 28， 2013， http：//www. beehive. govt. nz/release/internal-affairs-combats-money-laundering.（上网时间：2015 年 2 月 5 日）

② Department of Justice， “Strengthened Money Laundering Laws Take Effect”，Jun 28，2013，http：//www. beehive. govt. nz/release/strengthened-money-laundering-laws-take-effect.（上网时间：2015 年 2 月 5 日）

③ “Foreign fighters legislation passes”，Dec 29，2014，http：//www. beehive. govt. nz/release/foreign-fighters-legislation-passes.（上网时间：2015 年 2 月 6 日）

兰人策划、参与或协助国内外恐怖活动，如情报机关能够在不被授权的情况下对涉恐嫌疑人进行 24 小时监控，取消拟赴海外加入恐怖主义活动的公民护照时间从 1 年延长到 3 年；授予新西兰警察和海关部门更大权力，如搜查、查封可疑物品、使用跟踪装置、强制被调查人提供电脑密码等[①]。反对党对该法案不乏质疑、批判之声。如，新西兰优先党党魁温斯顿·彼得斯（Winston Peters）称扩大情报机关监控能力是“纳粹主义”，工党领袖安德鲁·利特尔（Andrew Little）则批评该法案审理过程“粗糙”程度“惊人”等。[②]

① Government Bill，“Countering Terrorist Fighters Legislation Bill”，Dec9，2014.

② “反恐法案周二晚上迅速通过立法”，《新西兰先驱报（中文版）》，第 A02 版，2014 年 12 月 11 日。

第十二章　拉美地区恐怖主义与反恐怖斗争形势综述

2013—2014年，拉美地区安全形势总体稳定，随着拉美各国反恐力度加大，该地区以传统游击武装为主的恐怖源头受到遏制，无重大恐怖活动发生，但非传统安全形势趋于复杂，以涉毒暴力等有组织犯罪为主体的新型恐怖活动愈演愈烈，中美洲、墨西哥和委内瑞拉等地成为全球暴力犯罪活动最猖獗地区。拉美各国虽强化反恐措施，但地区安全威胁并未消减。

第一节　拉美地区恐怖主义形势

2013—2014年，拉美地区无重大恐怖活动，但非传统安全威胁上升，暴力犯罪活动趋于恐怖化，并呈现蔓延之势。恐怖威胁主要源自三方面：一是哥伦比亚、秘鲁等国残余的反政府武装实施的恐怖活动，属于传统意义上的恐怖威胁，随着哥伦比亚和平进程的推进及秘鲁“光辉道路”的消沉，目前其威胁有所减弱。二是贩毒组织、洗钱团伙、黑帮等有组织犯罪集团实施的暴力恐怖活动，其与该地区残余反政府武装勾连，形成庞大而复杂的犯罪网络，对部分国家乃至地区的安全构成严重威胁。三是伊斯兰激进力量等国际恐怖势力伺机向拉美渗透，带来不小的潜在威胁。

一、以反政府游击队为代表的本土恐怖组织日渐式微，但恐怖活动仍时有发生

20世纪80年代以来，随着政治民主化和国内和解进程的推进，拉美国家一些反政府武装放下武器走出丛林，但也有少数游击队继续走“暴力路线”。他们不仅袭击军队、警察，而且从事贩毒、绑架、暗杀、爆炸等恐怖活动。其中，哥伦比亚是拉美恐怖组织最多、活动最频繁的国家，三大反政府武装与政府军的流血冲突已持续长达半个多世纪，是拉美地区持续时间最长的武装冲突，已造成20多万人死亡，500多万人流离失所。

“哥伦比亚革命武装力量”（FARC）是哥最大的反政府武装，也是最大的安全威胁，其成立于1964年5月27日，在90年代末实力达到顶峰。2002年相继占据首都波哥大郊区山地，甚至对总统府进行迫击炮袭击。2002年以来，在乌里韦和桑托斯政府的持续军事进攻下，FARC接连遭受致命打击，尤其高层指挥官折损惨重。2007年9月，FARC负责中部和东部地区的第16阵线指挥官托马斯·迪纳连同16名游击队员被打死；10月，政府军特种兵成功击毙FARC“卡瓦耶罗集团”指挥官古斯塔沃·迪亚斯（别名“马丁·卡瓦列罗”）及多名高级助手。2008年3月，军方在对厄瓜多尔边境地区的营地袭击中，击毙FARC二号人物劳尔·雷耶斯和高级指挥官伊万·里奥斯；5月，该组织创始人和精神领

袖曼努埃尔·马鲁兰达病逝，女指挥官“卡林娜”向政府军缴械投降；7月，哥军方通过计诱，未耗费一枪一弹，成功解救了被绑架6年的前总统候选人贝坦科特和另外14名人质，其中包括4名美国人质，这次重要营救使FARC与政府周旋的筹码大大减少。2010年9月，哥军警联合行动捣毁位于中部梅塔省马卡雷纳地区的大本营，打死FARC二号人物、最高军事指挥豪尔赫·布里塞尼奥，并缴获含有秘密情报的15台便携电脑、94个闪存和14个硬盘，这被哥政府认为是最成功的一次军事行动。2011年11月，在总统桑托斯亲自指挥和情报人员的配合下，哥军方采用精准空中打击以及地面军警跟进方式，在哥南部考卡省苏亚雷斯山区打死FARC最高领导人吉列尔莫·萨恩斯（别名“阿方索·卡诺”）以及多名资深游击队员，重创游击队。在遭受一连串打击后，FARC领导层几近瘫痪，据政府统计，2008年以来，共有100多名FARC中级和高级指挥官丧生。该组织士气严重受挫，游击队员叛逃严重，2002年以来，FARC游击队员出现大量倒戈和逃跑，但2008年之后这一数字开始下降。哥伦比亚国防部统计，2008年FARC叛逃3025人，2009年下降到2128人，2010年为2009人，2011年继续下降到1308人，目前游击队员数量已从16000名减至7200名，民兵数量剩约3万人。在政府军轮番打击下，游击队控制的地盘大大萎缩，不得不从城市周围向偏远丛林和山区转移，目前主要分布在阿拉卡省、考卡省、卡切塔省、乔科省等地。①

面对打击，FARC不断调整战略战术，一方面，尽量避免与政府军正面冲突，另一方面威胁、勒索、收买当地平民，故政府军很难大规模地深入其根据地进行根除。同时，在城市和农村进行各种骚扰活动，如袭击石油设施、油气管道以及警察机构，在公共场所进行针对平民的恐

① “Jane's Sentinel Security Assessments Reports, Colombia”, Oct 10, 2014.

怖活动。还卷入多种犯罪活动，如绑架和勒索（主要是公司员工、外籍人士）以获得政治和资金利益，并与贩毒组织合作制造和运输可卡因。2013 年，FARC 频繁袭击东北和西南省份的输油管道设备，次数高达 259 次，为 12 年来最高，2014 年袭击油气基建设施至少 38 次。[①] 2013 年 5 月 22 日，FARC 在桑坦德北部油气管道沿线发动了 8 起炸弹袭击；7 月 21 日，FARC 游击队员在阿劳卡省袭击了保护输油管道的政府军，造成至少 15 名政府军士兵身亡；7 月 29 日，FARC 通过爆炸袭击了哥伦比亚最大输油管道，造成严重石油泄漏；8 月 25 日，哥伦比亚政府军在巡逻时遭到 FARC 与 ELN 的炸弹伏击，造成 14 名士兵死亡，2 名武装分子被击毙；12 月 7 日，FARC 对一个警察哨所发动袭击，造成 9 人死亡、23 名平民与 12 名警察受伤。[②] 2014 年 1 月 16 日，FARC 对普拉德拉的一座警察局发动炸弹袭击，由于摩托车失控，失手造成 1 名路人死亡，61 人受伤，事后 FARC 对该事故进行了道歉；2 月 25 日，FARC 第 34 纵队在乔科省的一家超市引爆炸弹，造成 4 人死亡、15 人受伤；3 月 5 日，FARC 第 36 纵队炸毁了安蒂奥基亚省北部一警察局附近的公交车；3 月 27 日，FARC 在亚马孙特区发动炸弹袭击，造成 2 名士兵死亡；9 月 16 日，FARC 与犯罪团伙联手袭击科尔多巴省南部的当地警察，造成 7 名警员死亡、5 人受伤；11 月 16 日，哥军方高级将领鲁文·达里奥·阿尔萨特在西北部乔科省拉斯梅塞德斯村化装视察时被 FARC 第 34 纵队绑架，总统桑托斯立即宣布暂停与 FARC 的和平谈判，原计划 17 日前往哈瓦那继续和谈的政府谈判代表临时取消行程；11 月 30 日，被绑架近两周的阿尔萨特及两名随行人员在国际红十字会的斡旋下获释，双

① “Jane's Sentinel Security Assessments Reports, Colombia”, Oct 10, 2014.

② IISS-Colombia, https: //acd. iiss. org/en/conflicts/colombia-b5d4? as=40F62B9C289645BB8AC7A53AAF80BDA8.

方才重启和谈。[①]

“哥伦比亚民族解放军”（ELN）是哥第二大反政府武装，成立于1964年，人数最多时曾达5000人，其意识形态与FARC接近，但战略目标和作战重点有所不同，侧重政治活动而非军事行动，反对参与贩毒。近年来，在哥军警打击下，ELN实力不断削弱，损失和叛逃严重，成员大幅减少，目前大概有1500～2000人，主要活跃在石油主产区的马达莱娜河谷，包括玻利瓦尔省、桑坦德省和安蒂奥基亚省，在阿劳卡省、纳里尼奥省和考卡省也有部分人员。近来，该组织主要向与委内瑞拉接壤地区，以及加勒比海沿岸地区扩展活动。2013年1月18日，ELN绑架了一家外国矿业勘探公司的5名工作人员，一个月后释放人质，声明反对外国公司在哥伦比亚进行采矿活动。2014年2月23日，ELN在哥北部阿劳卡省袭击了哥总统候选人艾达·阿韦拉的车队，所幸无人受伤；6月，在与政府开启谈判后，ELN突然发动8起针对阿拉卡省东北部油气管道的袭击，宣称以此作为该组织成立50周年的纪念，但评论分析称此举在于展示武力，以增加谈判砝码[②]；5月16日，ELN宣布，于5月20日至28日单方面停火，以保证哥伦比亚总统选举顺利进行。

“哥伦比亚联合自卫军”（AUC）是右翼准军事团体，是哥第三大反政府武装，鼎盛时最多达3.5万人，曾在全国32省有活动。2005年与政府达成协议，已基本解散，3万多名成员缴械回乡，但很多成员又被贩毒团伙和有组织犯罪团伙招募，成为哥伦比亚反恐斗争的又一隐忧。

秘鲁两大左翼游击组织“光辉道路”（SL）和“图帕克·阿马鲁”

---

① IISS-Colombia，https：//acd. iiss. org/en/conflicts/colombia-b5d4? as=40F62B9C289645BB8AC7A53AAF80BDA8.

② IISS-Colombia，https：//acd. iiss. org/en/conflicts/colombia-b5d4? as=40F62B9C289645BB8AC7A53AAF80BDA8.

(MRTA)在20世纪80—90年代与政府展开激烈对抗,造成至少6.9万人丧生和250亿美元直接经济损失。SL是秘鲁最大反政府武装,被美国务院列入外国恐怖组织名单。1992年,在CIA的协助下,藤森政府在清剿行动中逮捕了该组织包括首脑阿维梅尔·古斯曼在内的主要领导人,古斯曼被判处终身监禁。SL在群龙无首的情况下迅速崩溃,接替古斯曼的拉米雷斯也于1999年被捕,此后SL几乎销声匿迹,残余力量被迫转入地下活动。2002年布什访问秘鲁前夕,SL曾在美国驻利马大使馆附近发动汽车炸弹爆炸案,造成10人丧生。2008年秘鲁举行APEC峰会,在此期间SL伺机造势,活动频繁。为确保峰会安全,秘鲁全国"高度戒备",政府调派10万军警在各地维安。2009年4月,SL成员在南部亚马孙原始林区伏击巡逻军人,打死13名官兵;6月、9月,SL先后击落两架军用直升机,造成10余名军人死亡。2012年该组织决策机构"光辉道路历史委员会"最后一名成员阿特米奥落网,活跃在瓦亚加河河谷的势力被消灭,但该组织仍有约400人的残余力量,不时组织零星的恐怖活动。2012年4月,Camisea天然气公司的36名雇员在埃内和阿普里马克河谷地区遭SL残余势力绑架;10月7日,SL一伙武装人员潜入秘鲁库斯科地区的一个建设工地,焚毁了一家跨国石油财团的三架直升机。2013年4月5日,SL袭击了位于库斯科大区埃查拉特镇的一座军事基地,造成该基地士兵1死1伤;6月11日,阿亚库乔大区的一队士兵在巡逻时遭SL伏击,1名士兵死亡;7月23日,约50名SL游击队员侵入阿亚库乔大区的一个公路建筑项目进行破坏,造成500万美元损失,作为对该项目公司不交保护费的报复[1]。2013年8月起,秘鲁反恐怖武装力量展开多次行动,成功击毙或逮捕多名SL头目,使SL的行动能力

---

① IISS-Peru (Shining Path), https://acd.iiss.org/en/conflicts/peru--shining-path-archived-2014-8936? as=0B4CDCE41FA449BA8CF72F366927DA37Peru (Shining Path).

受到严重打击；9月底的“Dedalo”行动逮捕了23名与SL有关联的嫌疑分子，他们中很多人向毒贩收取保护费，或直接参与非法毒品交易，并向其透露政府行动消息，但秘鲁地方法官不顾政府反对，下令释放了被捕嫌疑犯中的16人。同时，政府军在10月16日的一次行动中失败，造成平民伤亡，导致民众对政府安全部队的严重质疑，SL趁机重新集结，活动又重现猖獗趋势。[①] 目前，SL残余力量对秘鲁国家安全仍有一定威胁，其在边远地区有很强活动能力，且占据有利地形，政府要将其完全剿灭绝非易事。值得注意的是，该组织有向城市地区渗透的迹象，对其影响仍不可低估。

二、有组织的暴力犯罪成为恐怖活动新主体，部分国家安全形势恶化

近年来，地区恐怖组织在政府严厉打击下，面临巨大生存压力，不得不依靠贩毒所得购买军火及维持基本生活开销，贩毒集团则借机吸收和利用训练有素的恐怖分子参与贩毒、以恐怖血腥手段报复政府的扫毒和打黑行动，两者勾连形成“利益共生”链条，“合流”趋势凸显，导致拉美反毒、反恐形势更为复杂棘手，地区安全形势急剧恶化，部分国家面临严重的安全危机。联合国开发计划署发布的《2013—2014拉美地区人类发展报告》显示：拉美和加勒比已成为世界上最不安全地区。过去10年，该地区平均每年超过10万人被杀，地区多数国家的谋杀率高于10万分之10，超过世界卫生组织的警戒线；世界卫生组织将全球18个

① 《拉丁美洲和加勒比发展报告（2013—2014）》，中国社会科学院，2014年4月。

国家列为谋杀“猖獗”国家，拉美地区占了11个。[①] 墨西哥公共安全和刑事司法公民委员会2014年10月公布的调查显示，全球最危险的50座城市中有31座集中在拉美及加勒比地区，其中16座位于巴西、9座位于墨西哥、6座位于哥伦比亚。[②] 据中美洲议会统计，拉美地区有组织犯罪手段多达23种，其中抢劫、暗杀、绑架最为常见。犯罪手段也日益残忍，公共场所爆炸、“撕票”、斩首处决、集体屠杀等血腥事件频发。

中美洲成为世界上最“血腥”地区。根据美国官方的统计数字，从南美洲运往美国的毒品90%将中美洲地峡作为通道和储藏地，导致中美洲地区成为世界上暴力最多的地区。洪都拉斯是全球谋杀率最高的国家。2005—2011年，其谋杀率翻倍，从10万分之37上升到10万分之91.6，近两年其谋杀率有所下降，但2013年仍高达10万分之83，且斩首和肢解等恶性案件持续增多。洪都拉斯多数暴力活动集中于城市地区，首都特古西加尔巴以及圣佩德罗苏拉等大城市成为全球暴力犯罪活动最严重的城市，圣佩德罗苏拉2013年的谋杀率为十万分之187，在全球50个最危险城市中排名第一，首都特古西加尔巴位列第六。[③]

委内瑞拉被称为南美洲“最危险的地方”。自1999年查韦斯上台以来，委内瑞拉共有17万多人死于暴力犯罪，15年内谋杀率上升了105%。非政府组织“委内瑞拉暴力犯罪观察站”公布的统计数字显示，

---

① PNUD,《Informe Regional de Desarrollo Humano 2013-2014，SEGURIDAD CIUDADANA CON ROSTRO HUMANO：diagnóstico y propuestas para América Latina》，Noviembre de 2013.

② “调查显示全球最危险50座城市近八成集中在拉美”，http：//gb.cri.cn/42071/2014/10/17/5931s4731191.htm，上网时间：2014年10月17日。

③ PNUD,《Informe Regional de Desarrollo Humano 2013—2014，SEGURIDAD CIUDADANA CON ROSTRO HUMANO：diagnóstico y propuestas para América Latina》，Noviembre de 2013.

2013 年委内瑞拉有 24763 死于暴力凶杀，比 2012 年增加了 3071 人，平均每天就有 68 人死于凶杀，这一数据仅次于洪都拉斯、萨尔瓦多、科特迪瓦和牙买加，委内瑞拉由此成为世界上“最血腥”的五个国家之一。① 联合国毒品和犯罪问题办公室数据显示，2013 年委内瑞拉谋杀率高达十万分之 79，仅次于中美洲的洪都拉斯，居世界第二，且十分之九的凶杀案并未破获。② 首都加拉加斯被称为“暴力犯罪之都”，在全球 50 个最危险城市中排名第二。2014 年 1 月，委内瑞拉前选美小姐莫妮卡遭歹徒劫杀，引发全国性不满情绪；2 月初，委爆发全国性大规模抗议，安全形势更趋严峻。另外，针对政要、军警的绑架和暗杀不断增加，犯罪活动趋于政治化、恐怖化。2011 年 11 月，智利驻加拉加斯领事费尔南德斯在首都“富人区”遭绑架，被歹徒枪击殴打。2012 年 1 月，墨西哥驻委大使夫妇在加拉加斯被绑架，数小时后获救。2013 年，委全国有 266 名警察和士兵遇袭身亡。2013 年 4 月，委总统马杜罗指责两名美前官员策划对其暗杀，以阻止其大选获胜；5 月，美国驻委内瑞拉大使馆 2 名雇员遭到枪击；7 月，委当局宣称破获一起针对马的暗杀行动，主谋路易斯·波萨达曾被委内瑞拉和古巴指控从事恐怖活动；8 月，委又宣称挫败一起针对马的暗杀阴谋，逮捕两名哥伦比亚籍杀手，并揭露该暗杀小组效力于哥伦比亚前总统乌里韦；12 月，首都加拉加斯市 4 名警察在参加完一场圣诞晚会后被谋杀。2014 年 4 月，加拉加斯市议会主席、前国家土地局局长奥塔萨遭枪杀身亡。

巴西深受黑帮暴力恐怖活动困扰。巴西城市化率高达 80%，大量贫

---

① http：//observatoriodeviolencia. org. ve/ws/.

② PNUD,《Informe Regional de Desarrollo Humano 2013 — 2014，SEGURIDAD CIUDADANA CON ROSTRO HUMANO：diagnóstico y propuestas para América Latina》, Noviembre de 2013.

民聚居城市，形成大量被称为“犯罪之源”的贫民窟，贫民窟人口已从2000年的650万人增加到目前的1200万人。加上失业率较高、城市枪支毒品泛滥，巴西社会治安每况愈下，抢劫、凶杀、绑架、焚烧公车、袭警等恶性犯罪事件频发。全国凶杀率高达十万分之26.7，远超世界卫生组织设定的“暴力泛滥”底线。[①] 非政府组织“社会进步机构”公布的全球最不安全国家排行榜中，巴西列第11位。2013年巴西全国共有50806人死于谋杀案，平均每10分钟就有一人死亡。在全国各州中，巴伊亚州谋杀案排名第一，2013年共有5440人死于凶杀。[②] 大规模有组织犯罪呈上升势头，在圣保罗和里约热内卢贫民窟地区，黑帮占山为王，以“首都第一司令部”、“红色司令部”为首的暴力组织已成气候，其从事毒品交易和军火买卖，利用所得资金大肆购置枪支、炸弹、飞机和其他武器装备，甚至明目张胆地冲击警察局，警方几乎丧失控制能力。2006年，圣保罗地区发生严重袭警事件，40多名警察和250名平民丧生，数百辆公共汽车和数十家店铺被毁，圣保罗一度陷入普遍恐慌。2009年，巴军警在里约与黑帮交火，死伤多人，警方一架直升飞机被击落。近年来，巴政府通过严打犯罪，加强联邦、州、市警察配合，逐渐恢复对里约若干贫民窟的有效管理，但犯罪集团仍具备死灰复燃土壤，部分犯罪组织扬言制造监狱暴动、破坏公路桥梁和比赛场馆，以制造国际影响。2012年全国约有230名警察被黑帮杀害，平均每32个小时就有一名警察被杀，其中圣保罗州发生的袭警案最多。2014年世界杯前

---

① PNUD,《Informe Regional de Desarrollo Humano 2013－2014，SEGURIDAD CIUDADANA CON ROSTRO HUMANO：diagnóstico y propuestas para América Latina》, Noviembre de 2013.

② PNUD，*Informe Regional de Desarrollo Humano 2013－2014*，SEGURIDAD CIUDADANA CON ROSTRO HUMANO：diagnóstico y propuestas para América Latina》，Noviembre de 2013.

后，城市暴力活动再次抬头，多个主办地凶杀、抢劫案件上升。2014年4月，因不满过低工资待遇，巴西里约州和巴伊亚州大部分警察连续举行罢工活动，引发当地暴力犯罪潮，并导致39人死亡。

拉美多国监狱超载导致暴动和越狱事件频发。2012年2月，位于洪都拉斯首都特古西加尔巴以北约75公里的科马亚瓜市一所监狱发生火灾，造成361名囚犯死亡，成为全球近百年来类似灾难中死亡人数最多的一起惨剧。2013年1月2日，秘鲁一座拘留所27名少年犯先后越狱，越狱少年犯以一名少年为首，他涉及超过10宗谋杀，警方随后捕获8名越狱者；1月25日，委内瑞拉军方对西北部巴基西梅托市的乌里巴纳监狱进行突击武器检查，受到部分囚犯抵制，双方交火引发监狱暴动，造成至少54人死亡、88人受伤，伤亡者中包括若干名政府人员和军人；2月5日，巴西里约热内卢一座监狱发生27名犯人从下水道越狱事件，该监狱关押1700名犯人，却仅有10名警卫看管；4月27日，墨西哥中部圣路易斯波托西州发生一起监狱骚乱事件，最初是狱警对狱内小范围冲突进行例行盘查，随后矛盾激化演变成为近百人参加的帮派械斗，导致13人死亡、至少65人受伤；8月3日，洪都拉斯中部距首都特古西加尔巴不远一所监狱发生骚乱，黑帮团伙间的火并造成3人死亡，12人受伤；8月21日，委内瑞拉马拉开波监狱发生枪击事件，导致2人死亡、1人受伤，冲突的起因是两伙犯人争夺改造区的控制权，该区域原头目数天前因逃狱被警方击毙；同日，阿根廷发生越狱事件，13名囚犯从布宜诺斯艾利斯郊区的一个监狱逃走；8月23日，玻利维亚第二大城市圣克鲁斯的帕尔马索拉监狱犯人因内部团伙争斗发生火并，激烈的武装冲突导致15人死亡、50多名犯人受伤，犯人在冲突中使用了枪械和炸药，并放火焚烧了监狱内部分建筑设施；9月18日，委内瑞拉西部城市马拉开波发生严重监狱骚乱事件，导致至少16名囚犯死亡，其中有15名囚犯死于帮派之间火并，还有一人死于其他事件，一些死者被斩首，另一些则被肢解；10 月 22 日，委内瑞拉亚马逊州阿亚库乔港一所监狱发生暴乱，至少 6 人在暴乱中死亡、2 人受伤，暴乱起因为监狱内部帮派争夺监狱控制权，囚犯使用了私藏的枪械和刀具。2014 年 1 月 4 日，墨西哥发生监狱暴力事件，6 名持枪人员伪装成警察进入该国格雷罗州一所监狱，随即对犯人及狱警展开攻击，导致 4 名犯人及 5 名袭击者身亡。

三、墨西哥安全形势尤为严峻，贩毒集团恐怖特征凸显

墨西哥是拉美毒品走私的重要中转站，贩毒和涉毒暴力极为严重。自 1994 年北美自贸区建立以来，墨西哥已取代哥伦比亚成为拉美贩毒最猖獗国家。卡尔德龙政府时期扫毒战略的重点是打击贩毒集团头目，即“斩首战略”。该战略没有达到预期目标，反而引发犯罪分子疯狂“反扑”，更加猖狂地实施暴力恐怖活动。培尼亚政府上台后，将促进经济增长和增加就业机会作为改善治安的重要手段，但治安问题积重难返，暴力犯罪不减反增。

首先，暴力凶杀不断上升。联合国毒品和犯罪问题办公室公布数据显示，在全球 219 个国家中，墨西哥谋杀率居第七位，墨西哥西南部城市阿卡普尔科位列全球最危险的 50 座城市第三位。2012 年，墨西哥凶杀率为十万分之 21.5，而 2011 年这一数字为十万分之 12.2。2007 年以来，墨西哥共超过 7 万人死于与涉毒犯罪有关的凶杀案，仅 2012 年就有 12394 人死于此类案件，2013 年全年共报告与有组织犯罪有关的凶杀案 10095 起。[①] 首都墨西哥城凶杀案发生率急剧上升，仅 2013 年前 6 个月

① PNUD, *Informe Regional de Desarrollo Humano 2013 — 2014*, SEGURIDAD CIUDADANA CON ROSTRO HUMANO: diagnóstico y propuestas para América Latina》, Noviembre de 2013.

与毒品有关的凶杀案数量就增加了 43%。[①] 格雷罗州和墨西哥州是凶杀案发生最多的两个州，其次是奇瓦瓦州、锡那罗亚州、哈里斯科州、新莱昂州、米却肯州、下加州、墨西哥城。[②] 贩毒集团的暴力犯罪手段趋于恐怖化。2013 年 3 月 23 日，米却肯州乌鲁阿潘市中心街头发现 7 具置于塑料椅上的尸体，尸体头部都有枪伤，一些写有威胁恐吓性文字的标语牌被用冰锥钉在尸体胸前；4 月 1 日，墨当局在东北部发现一辆汽车，车中有 9 具尸体，大部分都遭肢解；4 月 14 日，南部城市坎昆发生惨案，警方在市郊一座简陋木屋发现 5 具女尸和 2 具男尸，其中 6 人被绞死，1 人被斩首；6 月 5 日，锡那罗亚州警方在一条高速公路上发现 6 具遭处决的尸体，死者为黑帮分子所杀；7 月 22 日，墨西哥犯罪组织“圣殿骑士团”成员在米切肯州的一个土著地区向正在举行示威的人群开枪，造成 5 人死亡。2014 年 11 月 27 日，墨西哥奇拉帕市郊区发现 11 具被烧毁的尸体，被害者年龄大概在 20 到 25 岁之间，大部分尸体被人割去头颅，场面十分残忍。

其次，政府官员和军队警察成为重点暗杀对象。2013 年 2 月 7 日，墨西哥格雷罗州公共安全部的 9 名警察在特波克斯特佩克市执行公务时遭遇武装分子伏击身亡，另有一人重伤；3 月 19 日，墨军警部队在墨西哥城西郊山区遭遇持枪歹徒攻击，10 名犯罪嫌疑人被击毙；4 月 4 日，墨西哥当局挫败一起针对两名联邦议员的暗杀图谋，逮捕数名嫌疑人；7 月 1 日，墨左翼公民运动党参加圣迪马斯市市长选举的候选人里卡多·雷耶斯在杜兰戈州矿区城镇塔尤提塔遇害，这是一周内发生的第三起候选人遇刺事件，警方之前在南部瓦哈卡州发现民主革命党一名瓦哈卡州议员候选人的尸体，两天后一名竞选瓦哈卡州议员的执政党革命制度党

① EIU，Country Report：Mexico，London，United Kingdom，August 2013.

② “Mexico：Homicide Rate Trends Down”，LatinNews Daily Report，3 January 2014.

候选人遭枪击身亡；7月18日，墨西哥毒贩在高速公路上袭击联邦警察车队，造成3名公务人员死亡；7月24日，米切肯州发生一系列针对联邦军队的有预谋武装袭击，造成至少20名暴乱分子和2名警察死亡；7月28日，墨西哥海军中将卡洛斯·米格尔及其一名护卫军官遭枪手伏击身亡，米格尔是自2006年以来遇害身亡的墨西哥最高级别官员，警方抓捕了3名涉案嫌犯，均来自“圣殿骑士团”犯罪团伙；9月11日，墨西哥两名民主革命党地方立法委员遇刺身亡，瓦哈卡州立法官艾维瓦多·赫尔南德斯在当地一家酒店遭枪击，米却肯州民主革命党成员奥斯瓦尔多·鲁卡特罗在其乘坐的汽车中被袭击者用砍刀砍杀；11月4日，一伙武装人员袭击了北部海港城市马塔莫罗斯的3处部队，共造成至少13人死亡。2014年3月，哈里斯科州上任仅8天的新任旅游厅厅长被害；6月30日，军方在墨西哥州南部特莱特拉雅市遭到贩毒集团袭击，双方进行交火，军方击毙22名贩毒集团成员。

此外，绑架勒索盛行。墨西哥绑架案高等委员会公布的数据表示，培尼亚政府执政14个月期间发生的绑架案件数量与上任政府执政14个月期间相比增加了492.76%，上任政府开始执政后14个月期间共发生608起绑架案，而培尼亚政府执政14个月期间共发生了3604起，平均每天有11.07起案件发生。2013年，墨西哥全国共报告绑架案1695件，比2012年增加20.4%。2012年12月至2013年10月底，全国共报告勒索案7270起，比卡尔德龙政府时期增加了10%。[①]

“伊瓜拉事件”震惊世界。2013年9月26日，墨西哥格雷罗州师范学院的数十名学生到伊瓜拉市示威，抗议城乡教师待遇不公。学生当晚回家时，所搭乘的3辆大巴遭到当地警察堵截，双方发生冲突，警察向

---

① Latin American Newsletters，Latin American Regional Report：Mexico & NAFTA，London，England，February 2014.

学生开枪扫射，导致 6 死 25 伤，其余学生被掳走后下落不明。9 月 30 日，10 多名学生被发现幸存，但仍有 43 名学生失踪。10 月 6 日，总统培尼亚·涅托下令总检察长接管案件调查，联邦军警接管伊瓜拉市治安，解除当地警察部队武装。10 月 10 日，被捕的两名黑帮打手承认他们杀死了其中的 17 名学生，并指证警察将学生交给他们杀害，他们将尸体扔到了乱葬岗焚烧。10 月 22 日，墨西哥总检察长布兰科表示，检察部门就这个案件已起诉 29 人，当中包括 22 名当地警察。被逮捕的几名黑帮嫌犯供认是伊拉瓜市市长路易斯·阿瓦尔卡下令警察前去镇压学生示威，因为其担心示威活动会破坏其妻子的公共演讲，学生随后被警方交给当地贩毒集团，并遭后者杀害和焚尸灭迹。事件曝光后，引起墨西哥社会愤怒，阿瓦尔卡及夫人闻讯逃亡，墨西哥政府派出 1200 名联邦警察搜捕，并开出 150 万比索的高额悬赏奖金。随后，墨西哥各地相继爆发大规模游行示威，民众占领多个地方政府，焚烧州议会大楼，媒体长篇累牍抨击政府管控不力，美洲国家组织、美国均要求墨西哥政府彻查此事，更有拉美国家领导人称墨西哥为“失败国家”，培尼亚政府面临巨大压力。11 月 4 日，当局在首都墨西哥城抓获逃亡一个多月的阿瓦尔卡及其妻子。11 月 7 日，总检察长穆里略·卡拉姆详细通报了案情调查进展，据落网贩毒集团成员供认，43 名学生已遇害，警方将学生移交给他们后，他们射杀学生并焚烧尸体 15 小时，随后把一些残骸抛入附近河流，凶案主谋正是此前被捕的伊瓜拉市市长阿瓦尔卡夫妇。面对这一举国震惊的结果，总统培尼亚发表声明，誓言彻查事件，将所有有关犯罪人员绳之以法。民众的愤怒则被点燃，示威者在墨西哥南部焚烧汽车，并投掷燃烧弹，墨西哥南部政府大楼、墨西哥城国家宫遭到冲击。2015 年 1 月 27 日，经过持续 4 个月的调查取证，总检察长卡拉姆宣布，43 名学生已经确认全部遇难。此案暴露了墨西哥长期存在的官毒勾结、腐败等严重的治安问题，导致全国各地多次爆发大规模示威抗议活动，一度引发暴力冲突，示威者要求总统培尼亚辞职，并表达了对墨西哥政府根深蒂固的滥用权力和腐败表示愤慨，培尼亚政府陷入2012年上任以来空前的政治危机。目前已有包括伊瓜拉市前市长在内的99人被捕，其后续影响还在不断发酵。

四、国际恐怖势力伺机向拉美渗透，企图在拉美开辟“新战场”

多个伊斯兰激进组织试图扩大在拉影响。黎巴嫩真主党自20世纪80年代末开始在拉美活动。巴西、阿根廷、巴拉圭三国边境地区的阿拉伯人主要为黎巴嫩后裔，因此成为该组织活动的“大本营”。当地真主党组织曾涉嫌在20世纪90年代制造阿根廷首都布宜诺斯艾利斯市的两起大爆炸案，一起是1992年的以色列使馆爆炸案，造成30人丧生；另一起是1994年的“阿根廷－以色列交流协会”爆炸案，造成85人丧生。1992年7月19日，真主党指使一名自杀式炸弹袭击者在巴拿马的科隆市炸毁一架客机，导致机上21人遇难，其中包括12位犹太和以色列籍商人。真主党在拉美有2个分部，一个在委内瑞拉，另一个在阿根廷。该组织通过“阿根廷阿拉伯人之家”和“阿根廷伊斯兰协会”与伊朗建立直接联系，宣称支持伊朗和伊斯兰革命。2011年，美国国会曾提出警告，巴西、阿根廷与巴拉圭交界的“边界三角地区”可能有恐怖团体活动，而黎巴嫩真主党在当地有广大的阿拉伯人脉网络，对美国安全是一大威胁。2012年5月，美国国家情报总监与欧洲国家政府向拉丁美洲多国发布警报，传达黎巴嫩真主党可能攻击中南美洲大陆的信息。根据巴西警方公布的一份档案，黎巴嫩真主党已经与巴西最大的黑帮“首都第一司令部”（PCC）建立了联系。PCC活跃在巴西27个州中的22个州中，真主党向PCC提供武器和爆炸物，PCC则负责保护他们控制的监狱里的黎巴嫩犯人。2013年5月29日，负责调查1994年布宜诺斯艾利斯犹太人文化中心爆炸案的阿根廷检察官阿尔贝托·尼斯曼公布了一份长达500页的调查资料，指责伊朗自20世纪80年代起就开始在拉丁美洲多个国家活动，在阿根廷、巴西、巴拉圭、乌拉圭、智利、哥伦比亚、圭亚那、特立尼达和多巴哥、苏里南等多个拉美国家建立“情报和恐怖网络”。2014年4月，美国国务院发布《2013年恐怖主义国家报告》指出：“伊朗在西半球的影响力仍然值得关注，但由于美国和欧盟对其施加的严厉制裁，伊朗一直无法扩大其与拉丁美洲的经济和政治联系”。[①]“基地”组织在拉美也有活动迹象，该组织早在20世纪90年代就开始涉足拉美。据悉，本·拉登的主要助手默罕默德曾在1995年访问巴西的数个穆斯林社区，并在当地为本·拉登建立了募款机构。埃及伊斯兰激进组织“伊斯兰联盟”与基地组织关系密切，1995年开始在巴西活动。该组织成员默克莱斯于1993年离开埃及到“边境三角区”开展筹款活动，因涉嫌在1997年参与导致埃及58名游客遇难的恐怖攻击案，在2003年被巴拉圭当局驱逐出境。2002年，巴西警方捣毁“伊斯兰联盟”在巴的一个分部，并逮捕数名有大案在身的恐怖分子。[②]

巴西、阿根廷、巴拉圭交界的“边境三角区”成为国际恐怖势力在拉美的重要“据点”。“边境三角区”是穆斯林在南美的主要居住区之一，其中巴拉圭东方市有90%的人口为阿拉伯移民，伊瓜卡港90%为黎巴嫩移民。该地区三国交界、管理松懈，因此受到恐怖和犯罪分子青睐。自20世纪80年代起，真主党和哈马斯等伊斯兰激进组织开始深入该地区，寻求当地穆斯林的道义同情与资金支持。美国国务院在2014年4月的研

① Country Reports on Terrorism 2013，U. S. State Department，April 30，2014.

② “The Americas Report：Islamic Terrorism In Latin America”，Nicola M. Ferrand，March 11，2009.

究报告称："长期以来，边境三角区已成为真主党融资的中心，同时也是非法武器买卖、毒品和违禁品走私、证件和货币伪造、洗钱、制造和贩卖盗版商品的场所"。该报告尽管对真主党和哈马斯的同情者在拉美的阿拉伯裔社区筹集资金表达"关注"，但也承认"目前没有确凿证据显示上述极端组织在三角区从事恐怖活动"。[①]

恐怖组织或借道拉美袭击美国。多国情报机构和媒体称"基地"组织计划在拉美招募新人，伺机对美发动恐怖攻击。美联社报道称拉美是"基地"组织、当地反政府武装、毒贩和人口贩子活动的"绝佳舞台"。美国前驻委内瑞拉大使查尔斯·沙皮罗称，"基地"组织、哈马斯以及伊斯兰圣战组织等极端恐怖组织均在拉美建有根据地。墨、美两国边境长达 3200 公里，被视为有组织犯罪团伙的老巢。美国担心"基地"组织通过边境地区袭击美国本土，因此呼吁相关拉美国家提高警惕，加大反恐力度。墨西哥和中美洲国家对可能的恐怖威胁严阵以待。洪都拉斯情报官员证实"基地"组织曾计划在中美洲招募人手进行恐怖袭击。2008 年 10 月，美当局表示伊斯兰恐怖组织可能与"哥伦比亚革命武装力量"联手，对美发动恐怖袭击。美国国土安全局情报分析负责人称"基地组织和真主党可能利用拉美贩毒组织的严密贩毒方式获取巨额利润，将恐怖分子甚至大规模杀伤性武器运往美国"。[②] 2014 年 8 月，美国中右翼组织"司法观察"称，极端组织"伊斯兰国"（ISIS）已经有成员在墨西哥华瑞兹市谋划对美国本土发起恐怖袭击。根据"司法观察"的报告，恐怖分子策划用汽车炸弹或其他有爆炸装置的车辆袭击美国，但美国国土安

① Country Reports on Terrorism 2013，U. S. State Department，April 30，2014.

② "美国称恐怖分子与拉美毒枭勾结，美受新恐怖威胁"，中新网，2008 年 10 月 9 日电。

全部随后对此表示否认。①

第二节　拉美地区主要反恐措施

由于拉美毒品犯罪和暴力恐怖活动日趋严重，地区各国致力于加强扫毒，打击有组织犯罪，力促反政府武装停火，制定长期维安计划，推动双边与多边反恐安全合作，并取得一定成效。美国也积极介入拉美反恐斗争，与拉美国家继续加强相关合作。

一、和平谈判促停火，哥伦比亚和平进程取得重要进展

2010 年哥伦比亚总统桑托斯接替乌里韦上台执政后，一方面继续打击反政府武装游击队，另一方面启动和平谈判，谋求通过对话结束内战。2012 年 8 月 27 日，哥伦比亚政府与 FARC 在古巴首都哈瓦那签署了一项开启和平对话的《结束冲突建立稳定和持久和平总协议》，并于 10 月 18 日在挪威首都奥斯陆举行正式谈判。双方代表团均由 5 名成员组成，政府代表团团长为前副总统温贝托·德拉卡列，反政府武装代表团团长为伊万·马克斯。双方确定由古巴和挪威作为谈判担保国，因此委内瑞拉和智利为谈判参与国。和谈主要议题有：土地和农村全面发展，政治参与，禁毒，受害者赔偿以及建立持久和平等。

2012 年 11 月 19—29 日，桑托斯政府与 FARC 在古巴首都哈瓦那举行的首轮和谈中达成了一项共识。双方一致同意，12 月 17—19 日在哥伦比亚举行为期 3 天的“农业综合发展政策论坛”，讨论有关土地和农村

① “ISIS 在墨西哥谋划对美恐怖袭击”，http：//news. sina. cn/gj/2014－08－31/detail－iawrnsfu1643590. d. html。（上网时间：2014 年 8 月 31 日）

全面发展等议题。论坛向广大哥伦比亚民众开放，接受各种观点和建议。2013 年 2 月 19 日，哥伦比亚政府和 FARC 在哈瓦那开始新一轮和平对话，在此期间，FARC 释放了他们扣押的部分人质（两名警察和一名士兵）。3 月 1 日，哥伦比亚和谈第五轮谈判在哈瓦那结束，会谈取得重大进展。在核心问题土地问题上，双方就采用什么机制收回被非法占有的土地问题达成初步共识。政府对反政府武装提出的更新土地普查信息的建议做出了积极回应。FARC 提议成立高级别、广泛参与的土地委员会，并提出土地普查具体工作 10 点建议。5 月 26 日，双方就土地问题达成初步共识并签署协议，其中包括土地再分配、实施农村发展计划、制订农村教育改进计划和食品安全计划等。

2013 年 6 月 12 日，FARC 在古巴与政府进行和平谈判，讨论该组织将如何参与哥政治进程，并就土地改革问题达成了协议。此次谈判主要议题是如何将游击队从武装力量转化成一个全新的政治组织。FARC 谈判代表称，希望政府改革政治体制，以便转型后的游击队有更大的机会参与选举。哥总统桑托斯称，希望能在年内完成和解谈判，结束 50 年来的纷争。8 月 18 日，哥伦比亚宪法法院批准一项改革法令，允许放下武器的反政府武装人员在完成和解进程后参加政治生活，这为政府与 FARC 在政治参与问题上达成协议奠定了法律基础。哥宪法法院发布声明称，对哥伦比亚议会 2012 年通过的这项宪法修正案，宪法法院中 9 位法官中的 7 位投了赞成票。11 月 6 日，哥伦比亚政府和 FARC 就游击队员未来参与国家政治进程的条件达成一致。根据会谈双方发表的声明，和平协议签署后，将保障放下武器的反政府武装人员的政治参与权利，建立民众直接参与机制，推动达成冲突地区民众参与政治的措施等。游击队首席谈判代表称，所达成的共识为人民开启实现真正民主之门提供了可能性。

2014 年 1 月 13 日，FARC 与哥政府在古巴哈瓦那开启第 19 轮暨

2014年第一轮和平谈判，双方谈判聚焦解决毒品贩卖问题。5月16日，双方就解决贩毒问题达成协议，FARC同意以坚决的态度，行之有效和多种多样的方法解决贩毒问题，在签订最终和平协议，实现国内和平时“彻底切断和毒品的一切联系”。协议还就解决毒品非法种植、预防吸毒、维护公众健康、遏制毒品生产和贩卖等细节进行了规划。12月10日，桑托斯政府与FARC正式重启和谈。此前，双方和谈因为FARC抓获政府军官而终止。对于此次和谈重启，桑托斯称其希望在2015年之前达成一个完整的和平协议，结束这场长达50年，死伤20万人的战争。12月17日，FARC在其网站发布公告称，将于12月20日零时起实行单方面无限期停火，以推动正在古巴首都哈瓦那举行的该武装与哥政府的和谈。公告说，自2012年11月在哈瓦那正式启动与政府的和平谈判以来，双方多次就关键议题交换意见，并在平等基础上就多个领域问题达成了一致。该组织“决定单方面停火，并且不设期限，希望能就此将停火转化为双方的停战协定”。公告同时表示，FARC欢迎各界监督和谈，就和谈相关内容起草报告，以在2015年结束谈判为目标而努力。12月25日，FARC在古巴首都哈瓦那发表声明，宣布释放其在上周抓获的一名政府军战士，并称这是其向哥政府释放的善意及和平信号。

另外，2014年6月10日，哥政府和国内第二大反政府武装“哥伦比亚民族解放军”在首都波哥大发表联合声明，宣布双方正式启动“和平对话”。声明说，自2013年开始，哥政府和“民族解放军”就开始接触，并举行了一系列的会议，就和平对话的议题和议程进行磋商，双方都期待通过和平对话结束国内武装冲突，建设哥伦比亚“持久和稳定的和平”。总统桑托斯随后在总统府发表讲话，解释了政府决定与“民族解放军”启动“和平对话”的原因。他说，哥伦比亚政府与“哥伦比亚革命武装力量”的谈判已进入最后阶段，虽然国内有两支反政府的武装游击队，但面临的问题和目标只有一个，即“结束国内武装冲突”，因此不存在两种不同的解决模式。

二、加大反恐力度，打造反恐安全体系

墨西哥将打击犯罪视为国家首要任务。一是推出公共安全战略。2012年12月，新上台的培尼亚政府公布其公共安全战略，主要内容包括：将主要资源和精力用于最暴力的地区和城市；实现司法体系现代化；建立一支致力于打击有组织犯罪的职业警察部队（即宪兵队），宪兵队最初为从军队中抽调的1万名军官，到2015年增加到4万人，其主要任务是代替军队扫毒，主要部署在有组织犯罪最猖獗的地区，启动资金为118亿美元；宪兵队成立之前，仍由军队负责打击有组织犯罪；联邦警察部队撤出扫毒战争，经过培训后专门负责反绑架和敲诈勒索犯罪；对各州警察部队实行统一指挥；强调预防犯罪的重要性，2013年将为此配置90亿美元资金；强化打击犯罪的情报组织的职能，加强国际合作；改革机构设置，压缩公共安全部，把其部分功能转移到内政部；彻底改革联邦总检察长办公室；改革移民局等。2013年1月，培尼亚总统颁布了在全国范围内发起全社会预防犯罪的计划：通过解决引起暴力犯罪的贫困、失业和缺乏机会等社会原因来改善安全形势；通过重点打击米却肯州、科阿韦拉州、奇瓦瓦州等地的暴力犯罪，从而从整体上改善社会形势；该计划将投入930万美元预算。培尼亚政府还整合社会发展、教育、财政、经济等8个部的资源，成立了预防犯罪部际委员会，负责协调工作，监督计划执行。二是完善相关立法。2014年2月，墨西哥国会通过一项改革法案，修改与反恐相关的五项法律，核心内容是扩大对恐怖主义的定义，包括“资助恐怖主义”、“窃取铀、钍等核材料”等罪名，其中最受关注的一条是：在未来墨西哥发生的游行示威中，对他人私有财产造成损害的抗议示威者将被视作为“恐怖分子”。2014年6月4日，

墨西哥政府宣布加重绑架罪的刑期，最低刑期由20年增至40年，最高刑罚由50年增至140年，绑架后撕票的绑匪将被判处最长刑期。此前墨西哥大多数州并无终身监禁，最长刑期一般为60年，但对绑架罪则不受限制。三是启动警察系统改革。2014年12月27日，培尼亚总统宣布将启动警察系统改革，简化警察架构，整合全国警察力量，着重打击警匪勾结和有组织犯罪。培尼亚承诺将出台新法律以阻止犯罪集团渗透地方政府；推动刑事制度改革；简化警察架构，整合全国警察力量；设置一个全国统一的报警电话号码；提高政府采购项目和公共工程的透明度等。墨西哥警察架构庞大复杂，31个州以及自治市、首都均有各自的警察力量，全国共有多达1800个警察单位。按照培尼亚的设想，这些松散的警察力量将被整合为32个警察单位，改革将着重针对有组织犯罪最为肆虐的4个州，分别是西南部地区的格雷罗州、米却肯州和哈利斯科州以及东北部地区的塔毛利帕斯州，整改计划包括向这些“问题地区”增派更多联邦执法人员和其他安全部队。

巴西出台一系列维安举措。2007年8月，巴西推出“国家公共安全计划”，旨在打击暴力犯罪活动、减少犯罪率。根据该计划，巴将在2012年前斥资67亿雷亚尔用于打击犯罪，加强里约热内卢、圣保罗、巴西利亚等主要城市的警力和执法培训，加大青少年教育和扫盲力度，加强城市居民培训。2009年，巴国防部透露在未来9年将增拨4.9亿美元预算用于加强亚马孙边境地区的军事部署，计划在2018年以前将该地区军事点从23处增加到51处、驻军从2.5万人增加到3万人。在立法方面，巴2007年出台反恐法草案，但因争议较大被搁置。2014年4月，巴西国会开始审议第449号法案，这项反恐法案中规定，“威胁或者试图威胁他人生命、健康，或者煽动普遍的暴力恐怖活动者将被处以15年至30年的监禁”。为保障2014年世界杯的安全，巴西屡出重拳。2013年10月，巴西警方出动数百名警察、2辆装甲车和3架直升机，突袭里约热内卢附近的12座贫民窟，目的是将盘踞在此的毒贩和犯罪组织连根拔起，由警方正式接管这一地区。2014年3月，里约警方及巴西军方出动1180名来自不同单位的军警、15辆装甲车、132名民警以及4架直升机，进入毒品交易猖獗的马雷贫民窟，在世界杯开赛前平息该区域的暴力犯罪活动。4月，巴西联邦政府决定最大限度将力量投入世界杯安保工作，共出动17万名安保人员，其中包括警察、军人和私人保镖。5月，里约州政府宣布在世界杯期间执行“史上最大规模”的安保联动计划，其中来自武警、军队、民察、交警和消防部门的约两万人将协同作战，力保在里约的世界杯比赛安全进行。该计划分为公共安全和国防安全两部分，公共安全指球场、道路、机场、边境、酒店等安全，国防安全包括反恐、直升机巡逻、航空安全、网络安全、边境合作等。

委内瑞拉出台多举措力图改善治安。自查韦斯上台执政以来，委政府制定了20多种不同的治安管理条例，但仍无法遏制凶杀案的发生。马杜罗总统2013年上台执政后，把改善治安作为执政的优先目标，建立“和平与生命高级委员会”及专门打击杀人犯罪活动的特别行动旅，实施“安全祖国”和“为了所有委内瑞拉人的生命”计划，力图改善国内不断恶化的安全形势。委国会通过了“解除武器”法案，加强对枪支的管制，力图抑制犯罪率，遏制恶性案件增多势头。政府还派出军队上街搜查和收缴武器、维持秩序，为国民警卫队增配警力和警车，并建立警察分区巡逻制度，圣诞节和新年期间派出大批军人和警察到各地休假旅游地区和交通要道加强安全防范。但以上诸多措施并没有触及治安问题的根源，如司法制度陈旧、司法腐败以及“警匪一家”，因此委内瑞拉恶劣的治安形势并没有得到明显改善。

智利加强反恐立法建设。2013年1月，智利南部第九大区发生多起农庄和车辆被袭事件，一对老年夫妇在其农庄被袭击后被大火烧死。事件发生后，政府调派警员加强维持治安，总统皮涅拉与内阁官员会面后迅速颁布反恐法，以应对南部激进分子日趋猖獗的纵火袭击。该法允许保护证人的匿名身份、延长预防性的拘捕行动两年、运用窃听技术，并延长刑期数年。

多米尼加更新国家安全计划。为应对严峻的毒品和犯罪问题，2013年3月20日，多米尼加总统梅迪纳宣布了一项综合国家安全计划。该计划包括对警察部门进行改革的举措、整合的911紧急求助系统、更严格的枪械注册与管制、道路安全以及反违法暴力项目等。2013年圣诞节前夕，多米尼加警察在全国各地开展大规模“平安圣诞”治安活动，共逮捕9427名犯罪嫌疑人。警方在此次行动中缴获52支枪支、449件凶器、978辆汽车和6677辆摩托车等，还捣毁了近1000个毒品销售点并没收一批毒品。①

三、大力扫毒，战果丰硕

拉美是世界毒品生产和贩运中心之一。秘鲁、哥伦比亚和玻利维亚所在的安第斯山和亚马逊地区是世界古柯作物主要产地，可卡因产量居世界之首，有南美洲“银三角”之称，毒品生产和走私已发展成该地区重要产业。墨西哥、中美洲和加勒比地区因地理上靠近美国成为毒品中转站。毒品是滋生拉美暴力与恐怖活动的“祸根”，长期以来严重扰乱该地区治安，制约该地区经济和社会发展。2013—2014年，拉美各国加大反毒力度，展开地区禁毒合作，多国的扫毒行动取得丰硕成果。

在墨西哥，2013年1月，墨西哥军警逮捕该国贩毒集团“圣殿骑士团”头目普兰卡特；1月19日，墨西哥军警联手展开大规模肃清行动，在该国北部两个城镇一举击破与贩毒集团勾结的执法人员，逮捕涉案警

---

① EIU，Country Report：Dominican Republic，April 2013.

察158名，包括两名警方负责人；3月，“圣殿骑士团”头目莫雷诺被墨西哥军方击毙；7月，军方发动针对贩毒集团的大规模行动，逮捕了大毒枭米盖尔·安赫尔·特雷维诺，这是培尼亚政府扫毒战的第一次重大胜利；7月15日，墨西哥最大毒枭之一、臭名昭著的“泽塔斯”贩毒集团首领特雷维尼奥·莫拉莱斯在军方靠近美国得克萨斯州边境小城实施的突击行动中被抓获，成为培尼亚上任以来打击黑帮毒品暴力的标志性胜利；8月17日，墨西哥军队在一次北部边境军事行动中擒获“海湾”贩毒集团重要头目马里奥·阿曼多·拉米雷斯，美国国务院为抓拉米雷斯曾悬赏500万美元。2014年1月19日，联邦警察和军方逮捕了38名米却肯州“圣殿骑士团”贩毒集团成员，并对1200多名疑似勾结贩毒集团的警察收缴枪械并展开调查；2月2日，墨西哥当局成功抓获该国最大贩毒团伙“圣殿骑士”头目之一德尼西奥·罗亚；3月9日，墨政府宣布，贩毒集团“圣殿骑士团”头目纳萨里奥·莫雷诺·冈萨雷斯在与墨军队交火中被当场击毙；4月1日，当局救出160名被毒贩绑架的儿童和青少年；4月13日，墨财政部长路易斯·比德加赖宣布，政府将首次把国内参与毒品走私的个人与企业列入黑名单，并禁止国内金融公司与黑名单上的企业或个人进行交易，此番举措意在阻止国内金融公司为毒品走私提供资金支持；7月2日，墨西哥大毒枭、臭名昭著的贩毒集团“圣殿骑士团”主要头目约瑟·查韦斯在前往进行贩毒交易的途中于瓜纳华托市中心被抓捕；8月22日，墨西哥政府增派5000名宪兵队特警前往全国各地，对贩毒集团的工、农、商业垄断等犯罪活动进行严厉打击；10月，墨西哥警方抓获该国最大贩毒犯罪集团之一“华雷斯”头目、绰号为“毒枭大亨”的文森特·富恩特斯。

在哥伦比亚，2013年3月4日，哥伦比亚海军在北部玻利瓦尔省附近加勒比海海域截获了一艘计划驶往中美洲国家的贩毒船，船上载有约1.5吨可卡因；3月26日，哥警方在西南部考卡山谷省附近一处收费站拦截了两辆可疑卡车，并从车上搜出158包大麻，总重量7.726吨，这批大麻属于哥反政府武装“哥伦比亚革命武装力量”；6月25日，哥军队和巴拿马警察在联合进行的反毒行动中，于两国边界加勒比海岸巴拿马侧一处发现哥国和中美洲第一个古柯种植园及一个小型加工古柯叶和生产可卡因的工厂，军警摧毁了近5000株古柯树；7月5日，意大利大毒枭罗贝托·帕诺兹在哥首都波哥大一家购物中心被捕，他被指控每月从哥向意大利走私2吨毒品，帕诺兹被称为“意大利的埃斯科瓦尔（臭名昭著的哥伦比亚大毒枭）”，外界认为他是意大利卡拉布里亚黑手党首脑，是该帮派跨大西洋走私毒品网络的核心人物；8月30日，哥警方在北部港口城市卡塔赫纳查获一批藏匿于柠檬中的可卡因，总重量超过1吨，至此，2013年前8个月，哥警方共缴获72吨可卡因，其中大部分均查获于哥伦比亚北部地区；11月3日，警方在北部加勒比海域截获近1.5吨可卡因，并逮捕4名贩毒嫌疑人；12月1日，哥警方破获贩运古柯碱和海洛因到美国的贩毒集团，查扣883公斤古柯碱、2公斤海洛因和90公斤大麻，逮捕8人，其中包含集团首领，美国缉毒局也参与了这次行动。2014年1月，哥警方在科尔多瓦省缴获近2.3吨可卡因；2月11日，哥缉毒警察在“哥伦比亚革命武装力量”的游击队地下中心查获近5吨大麻；3月20日，哥警方在北部一个港口没收2011公斤可卡因，这些毒品隐藏在香蕉货物中，准备运往美国；4月8日，一批走私荷兰、重达7吨的毒品被哥当局截获，价值高达2.5亿英镑（约合人民币26亿元），成为该国边检部门自2005年以来查获的最大案件，哥国防部长平松表示，这是一次历史性的缉毒行动，沉重打击了活动猖獗的贩毒集团；11月12日，哥海军在该国西北部与巴拿马交界附近同反政府武装“哥伦比亚革命武装力量”激烈交火，发现并捣毁了两座制毒基地，同时缴获622公斤可卡因；12月4日，哥国家警察局在麦德林市进行的打击贩毒集团行动中，成功抓捕83名犯罪人员，其中有19名当地警察；12月

7日，哥军方在该国西南部图马科市附近查获约1.1吨可卡因，这批可卡因属于反政府武装“哥伦比亚革命武装力量”，原计划从哥西部通过海运运到中美洲，之后再转销到美国。2014年，哥海军在西部太平洋沿岸共缴获超过30吨可卡因。

在秘鲁，2013年1月8日，秘鲁国家警察缉毒局宣布，警方2012年在首都利马“豪尔赫·查韦斯国际机场”共缴获1581公斤可卡因，逮捕248人，其中大部分是西班牙人和秘鲁人，还有来自墨西哥、意大利、哥伦比亚和保加利亚的人员；6月6日，秘鲁缉毒警察在首都利马圣米格尔区捣毁一跨国贩毒集团的毒品加工厂，当场逮捕3名贩毒嫌疑人；9月，秘鲁警方在一周内查获创纪录的7.6吨可卡因。2014年4月29日，秘鲁警方在国家警察特别行动局总部销毁11吨毒品，内政部长瓦尔特·阿尔万称，政府实施的缉毒战略取得显著成效，警方在2014年1—4月的缉毒行动中共缴获8.7吨盐酸可卡因和大麻等毒品，收缴500吨制毒化学原料；8月27日，秘鲁内政部官员在利马以北550公里的特鲁希略起获至少3.5吨可卡因，走私犯将这些可卡因藏在一家墨西哥企业准备运往比利时和西班牙的木炭中，内政部长丹尼尔·乌雷斯蒂说，这是秘鲁迄今破获的最大一宗毒品案。

在巴拉圭，2013年8月23日，军方在边境地区查获巴拉圭有史以来最大一起贩毒案件，缴获来自玻利维亚和秘鲁的1.8吨可卡因，逮捕5名涉嫌贩毒的武装分子；9月19日，巴国家反毒局在缉毒行动中查获逾114吨大麻，并捣毁24公顷大麻种植园，此次为期一周的缉毒行动主要集中在该国北部康塞普西翁省与巴西交界的地区。2014年2月19日，巴国家反毒局在为期一周的大规模缉毒行动中发现126处、共约398公顷大麻种植园，捣毁约1200吨大麻作物，市值超过3500万美元，缉毒小组还在附近地区发现44个人员藏匿处，并在其中查获了1320公斤成品大麻和116公斤大麻作物种子；3月4日，巴缉毒警察在北部查科省查获 291 公斤可卡因；4 月 16 日，巴警方在东部阿曼拜省截获约 1 吨大麻；4 月 30 日，巴拉圭警方在缉毒行动中发现并捣毁 9 公顷大麻种植园，查获 13 吨成品大麻，并缴获 27 吨尚未收割的大麻作物；5 月 14 日，巴国家反毒局宣布，警方在为期 19 天的大规模缉毒行动中，发现并捣毁 174 公顷非法种植的大麻，这次发现的大麻非法种植区由该地区数个贩毒集团控制，毒贩集团原计划在世界杯期间将这些毒品运往巴西。巴反毒局调查报告显示，巴拉圭国内贩毒集团每年生产约 4.8 万吨大麻，其中八成左右通过非法途径运往巴西。

在多米尼加，2013 年 3 月 27 日，多米尼加缉毒人员在该国东南部附近海域截获 1.9 吨可卡因，并逮捕 4 名贩毒嫌疑人；4 月 3 日，缉毒人员在该国东南部一港口查获 366 包、共计 379 公斤可卡因；4 月 12 日，国家毒品控制局在该国东南部附近海域截获 500 公斤可卡因，并逮捕 2 名贩毒嫌疑人，另 1 名贩毒嫌疑人为躲避追捕跳海溺亡，据悉，这批产自南美国家的毒品要运到美国或欧洲贩卖；4 月 16 日，警方在该国东南部的罗马纳市查获 333.26 万美元毒资，7 名涉案人员落网，贩毒分子准备用这些现金购买来自哥伦比亚等南美国家的可卡因；8 月 15 日，缉毒人员在东部附近海域截获 343 公斤可卡因，并逮捕 9 名贩毒嫌疑人；8 月 18 日，缉毒人员在同一地方又查获 316 公斤可卡因。

在巴拿马，2012 年全年巴警方缴获毒品总量达 35 吨，2013 年上半年共缴获毒品 14 吨。2013 年 5 月 20 日，巴拿马国家海空警卫队在巴北部科隆省海岸的一次缉毒行动中缴获 2.4 吨可卡因；6 月 1 日，巴拿马海空警卫队同缉毒署在巴北部科隆省海域截获一艘快艇，缴获 870 公斤可卡因，在数周内共截获 6.5 吨可卡因。

在拉美其他国家，2013 年，尼加拉瓜国家警署共缴获 4.5 吨可卡因，摧毁 14 处贩毒据点；2013 年 3 月 11 日，长期活动在海地和多米尼加境内的国际贩毒集团重要头目雷蒙佩尼亚·安东尼奥在海地首都太子港落网，这是海地近年来实施的最重要抓捕行动之一；4月18日，巴西联邦警察开展名为“危险旅程”的行动，打击合成毒品交易，并禁止滥用化学产品来生产毒品，戈亚斯州和米纳斯州发布了七个搜查令来缴获毒品，巴伊亚州和米纳斯吉拉斯州也发布八张逮捕令来缉拿毒枭；5月21日，厄瓜多尔警方在三个地区进行的三次扫毒行动中没收了4吨毒品，逮捕了15名贩毒分子；11月6日，委内瑞拉空军苏－30MK2战斗机击落两架涉嫌贩毒的飞机。2014年5月15日，玻利维亚缉毒警察于贝尼省破获一起毒品交易案件，缴获1500公斤可卡因，随即焚烧销毁；9月3日，海地政府在首都太子港附近的一个焚毒场集中焚毁了近两年来在全国扫毒行动中缴获的4.5吨毒品。

四、加大地区安全合作，提高协同作战能力

面对本地区恐怖主义和其他犯罪活动“跨国化”趋势，近年来，拉美国家安全合作意愿进一步增强，积极推动区内反恐和军事合作。2011年7月12日，墨西哥、美国和中美洲7国官员代表在美国首都华盛顿正式签署一份有关跨国安全情报共享的《意向书》，各国将在犯罪情报采集、警力培训、警察信任测试等方面展开更为有效的跨国合作，共同打击非法毒品走私、枪支买卖、人口贩运以及恐怖主义活动。2012年初，哥伦比亚和巴西向“南美国家联盟”提出打击跨国犯罪的计划，拟加强成员国合作；玻利维亚还和巴西军方签署协议，在两国边境地区展开联合空演以打击贩毒，提升缉毒能力。2012年2月危地马拉总统莫利纳提出“毒品合法化”建议，以降低贩毒收益，达到打击贩毒集团和有组织犯罪的目的，该提议得到萨尔瓦多、哥伦比亚等国领导人支持，中美洲国家峰会和美洲国家首脑会议均对该建议进行专门讨论，乌拉圭总统甚至向国会提交大麻合法化法案。2012年6月，玻利维亚和哥伦比亚在美

洲国家组织第42届大会期间签署了一项名为“2+2”的安全、防务反毒斗争合作协议，建立了两国合作和协调的对话机制，并在打击贩毒和有组织犯罪方面的合作政策上进行协调。2013年6月，第43届美洲国家组织大会在危地马拉西南部城市安提瓜举行，大会发表《安提瓜宣言》，提出该组织将进一步深入探讨禁毒合作战略。根据宣言，美洲国家组织成员国将继续探讨区域内的合作禁毒问题，在2014年制订初步的区域禁毒战略，探讨“路线图”，并希望在2016至2020年间就制定统一禁毒战略取得实质性进展。7月，加勒比共同体第34届首脑会议号召加勒比国家“抱团”进行反对暴力的斗争，加强安全部队合作。2014年2月，委内瑞拉和哥伦比亚两国外长签署一份政府间备忘录，决定采取联合行动，打击两国边境地区的走私犯罪活动。9月，智利连续发生3起炸弹袭击事件，造成14人受伤，智利政府迅速向有关国际机构及部分国家的情报、反恐部门申请协助，得到积极回应。

五、美国加强与拉美反恐和安全合作

美国充分认识到拉美安全局势攸关自身乃至整个西半球稳定，近年来大力支持拉美反恐与安全合作，不断加大对拉美反恐援助力度。

一是不断增加对拉美的反恐援助。1999年，美国推出“哥伦比亚计划”，帮助哥打击该国的毒品走私和反政府武装。自2000年以来，美已向哥提供60多亿美元经济援助，哥成为美在西半球的“反恐盟友”。为防止墨西哥日益猖獗的贩毒活动危及美安全，美在2008年7月推出帮助墨西哥及中美洲反毒的“梅里达计划”，向上述国家提供资金和技术援助，承诺3年内向墨提供总价值达14亿美元的缉毒装备和资金。2009年3月，美国国务卿希拉里访墨时宣布两国设立联合机构共同打击有组织犯罪和贩毒活动，并宣布出资7.2亿美元改造美墨边境，为墨提供

8000余万美元资金用于购买打击贩毒的“黑鹰”战斗直升机。2010年，美国开始实施“加勒比海盆地安全计划”，旨在消除该地区的犯罪、暴力和贩毒活动，并陆续向加勒比国家投资超过2亿美元，其中，向圭亚那提供1.72亿圭元，支持圭亚那反腐和反毒；对巴巴多斯援助45.8万美元，支持该国打击跨国犯罪并提高公共安全保障水平。除上述庞大的援助计划外，美国还通过国务院下属的“外交安全办公室”和“反恐援助办公室”，向拉美国家提供各种类型的援助项目，助其提升反恐能力，包括“反恐援助计划”（ATA）、“出口管制和相关边境安全计划”（EXBS）等。近年来，美通过ATA，向拉美国家提供反恐装备和人员培训，以提升这些国家在机场安全管理、人质谈判、炸弹检测和拆除等方面的能力。2013年美对西半球国家的ATA援助金额为730万美元，2014年为800万美元。[①] 2015年，美计划通过ATA的一个地区项目援助墨西哥175万美元，哥伦比亚80万美元，其他拉美国家250万美元。EXBS计划主要帮助拉美国家发展出口和边境管制系统，防止恐怖组织获得大规模杀伤性武器。2013年，拉美国家从EXBS获得289万美元资金，2014年为300万美元，2015年这一数额保持不变。[②]

二是加强与拉美多数国家的反恐和反毒合作。2009年10月，美国和哥伦比亚以打击贩毒和恐怖主义为名，签署军事合作协议，哥允许美军使用其7个军事基地。2010年3月，奥巴马总统下令向美国和墨西哥边境地区派遣1200名国民警卫队士兵，以加强边境安全。2012年第六届美洲国家组织首届企业家峰会上，美国和哥伦比亚决定共同发布《美

① Mark P. Sullivan, “Latin America: Terrorism Issues”, Congressional Rsearch Service Report for Congress, August 15, 2014.

② Mark P. Sullivan, “Latin America: Terrorism Issues”, Congressional Rsearch Service Report for Congress, August 15, 2014.

国和哥伦比亚地区安全合作计划》，将两国一系列打击跨国犯罪的战略合作法律化。2012年1月，美国和玻利维亚签署一项反毒协议，由美国和巴西向玻提供资金和技术支持，帮助玻利维亚减少可卡因的生产，包括使用卫星监视玻利维亚古柯叶的种植。7月，美国和多米尼加签署3个合作协议，涵盖安全、反毒与人口贩卖3个领域，通过这些协议，多米尼加、美国及加勒比海湾安全机构（CSBI）三方共同追求建立更为安全的海域，并共同打击该区域的毒品贸易。2013年5月3日，中美洲一体化组织和美国的特别首脑会议在哥斯达黎加首都圣何塞召开，中美洲各国首脑在会议上呼吁美国采取措施预防毒品走私活动。美国总统奥巴马承认美国在毒品泛滥问题上负有责任，承认美国的毒品市场在一定程度上助长了中美洲地区的暴力犯罪活动，但美国也为此深受困扰，今后将进一步与中美洲加强合作打击毒品犯罪活动。2014年4月，为防范世界杯期间可能发生的恐怖主义袭击，巴西警方选派22名警察前往美国著名的“黑水”雇佣兵公司接受专门训练，学习反恐经验与技能，美国支付所有费用。此外，美国国土安全部移民和海关执行部门已与巴西、阿根廷、墨西哥、哥伦比亚、巴拉圭和巴拿马等国展开合作，建立贸易透明化环境，推进情报交流便利化，以打击以贸易为主的洗钱活动。

三是通过大规模联合军演扩大与拉美的军事合作。近年来，美国多次牵头组织大规模军事演习，加强和拉美国家军队的互动与合作，提高协作能力，巩固其在拉美地区的影响力。2011年3月，美国与拉美21国举行联合军演，美南方司令部称军演的目的是“加强西半球应对安全威胁的合作”。2013年9月，美国、英国、德国等西方国家与巴西、哥伦比亚、秘鲁、智利等拉美国家海军在加勒比海域举行代号为“乌尼塔斯54—2013”的联合军演，以提高海上拦截、搜查与救援、处理突发事件与自然灾害，以及应对传统战争与不对称作战等方面的合作水平，约1500名海军官兵、17艘军舰和10架战斗机参加此次军演。

第二部分

国际恐怖主义组织

第十三章　主要国家与国际组织公布的恐怖组织名单

由于国际社会对恐怖主义并未形成统一的认识，因此对恐怖组织的界定也是各不相同。一些国家与组织为适应反恐斗争的需要，陆续公布各自认定的恐怖组织名单。研究分析不同的恐怖组织名单可以看出，对恐怖组织的界定虽然有共同点，但更多的是不同点，即各国界定的恐怖组织大多是对本国构成威胁的各类组织。换言之，各国都是以本国安全利益为最基本出发点，对恐怖组织做出的认定。为使广大读者对各国界定的恐怖组织有一个基本认识与参考，我们陆续把一些国际组织和国家公布的恐怖组织名单列出，如今后已列出的名单有变化则只增加变化情况。同时根据这些国家公布的相关材料，对一些恐怖组织作简单介绍（其中也包括一些新闻媒体经常提及并称为“恐怖组织”的团体）。需要说明的是：限于篇幅，在2003年《年鉴》的基础上，除新增恐怖组织外，今后的《年鉴》只介绍其他恐怖组织当年活动的最新情况。

2013年及2014年度，世界各主要国际组织及国家如联合国、美欧等国，均按照各自法律程序，对各自的“恐怖组织名单”进行审定、评估和更新。制定恐怖组织名单是国际反恐的重要举措。某个团体一旦被列入某国的恐怖组织名单，该国就将依法动用各国资源，对该组织的资金、人员等进行全面打击。因其牵涉面广，对其人权、国家安全乃至国际关系都会造成一定影响，因此，各国在制订恐怖组织的名单时，都采取慎重的态度，并依法定期会审。目前世界各国对恐怖主义、恐怖组织等概念分歧明显，各国的反恐法律及机制也不尽相同，因此，在制订所谓的恐怖组织名单方面没有统一模式。总体而言，国际上制订恐怖组织名单的国家大概可以分成两大类：一类是通过制定反恐法律（有些国家没有专门的《反恐法》，但包含在《刑法》等法律形式之中），通过法律程序认定“恐怖组织名单”，并对社会公开，比如美国、英国、澳大利亚、加拿大等；另一类是没有制订恐怖组织名单，或者有恐怖组织名单但没有向社会公开，而是执法单位或安全机构内部掌握，比如日本等国。但是所有国家（联合国成员）都承认联合国安理会1267号决议所设制裁委员会制定并每年更新的“属于或与塔利班、乌萨马·本·拉登和‘基地’组织有关的个人和实体名单”，并依法对相关恐怖组织或人员进行监控、制裁。

2013年及2014年度联合国的恐怖组织名单有较大变化：与上年度相比，删去了许多与恐怖相关的个人及组织名单。且随着美从阿撤军，中东暴恐并发症的爆发，以及“伊斯兰国”的崛起，国际恐情趋恶，更多恐怖组织登上美欧的恐怖黑名单。纵观本年度各国恐怖组织名单的制定政策，其基本特点没有变。首先，各国的“恐怖组织名单”仍互不相同，且为本国政治需要服务的特点明显。各国制定恐怖组织名单的主要目的是为了国家利益和外交斗争需要服务。其次，恐怖组织名单以威胁本国利益的境内组织居多。英国恐怖组织名单则分两部分：国际恐怖组织及国内恐怖组织（北爱尔兰相关组织）。第三，英、美等发达国家在制定“恐怖组织名单”上仍带有浓厚的西方色彩，双重标准的痕迹非常明显。

第一节　联合国安理会新增减的恐怖组织(实体)名单

联合国的“恐怖组织名单”主要指联合国安理会1267制裁委员会（根据联合国安理会第1267号决议设立）制定的关于“属于或与塔利班·乌萨马·本·拉登和‘基地’组织有关的个人和实体名单”，名单定期更新。截止2014年底，《综合名单》上个人及实体总数近500个。2013—2014年度《综合名单》的恐怖实体增加情况如下。

一、2013年增加名单

朝鲜复杂设备进出口公司（KOREA COMPLEX EQUIPMENT IMPORT CORPORATION）

朝鲜永邦总公司 KOREA RYONHA MACHINERY JOINT VENTURE CORPORATION

朝鲜金龙贸易公司（KOREA KUMRYONG TRADING CORPORATION）

朝鲜空间技术委员会（KOREAN COMMITTEE FOR SPACE TECHNOLOGY）

领袖国际（LEADER INTERNATIONAL）

第二自然科学院（SECOND ACADEMY OF NATURAL SCIENCES）

二、2014年增加名单

阿卜杜拉·阿扎姆旅（ABDALLAH AZZAM BRIGADES）

突尼斯伊斯兰教法支持者运动（ANSAR AL－SHARI’A IN TUNISIA）

穆拉比特（AL MOURABITOUN）

民主同盟军（Allied Democratic Forces）

以血签名者（AL MOUAKAOUNE BIDDAM）

支持阵线（AL-NUSRAH FRONT FOR THE PEOPLE OF THE LEVANT）

德尔纳伊斯兰教法支持者（ANSAR AL SHARIA DERNA）

人民致力传播先知的教导与圣战（ANSARUL MUSLIMINA FI BILADIS SUDAN）

第二节　美国新增的恐怖组织（实体）名单

美国有多个“恐怖组织名单”。其中，美国国务院的“外国恐怖组织名单”（Foreign Terrorist Organization List，FTO）主要是根据《1996 年反恐怖及有效死刑法》和美国《移民及国籍法》（修正案）的第 219 节等制定，每两年重新评估一次。此外，美国还有“特别认定的全球恐怖分子名单”（Specially Designated Global Terrorists List，SDGTs）、“特别认定的恐怖分子名单”（Specially Designated Terrorists List，SDTs）和美国财务部将各种名单综合起来的“特别认定的外国人及特别封锁的个人名单”（Specially Designated Nationals and Blocked Persons，SDN）等。每年年中，美国国务院会发布《国际恐怖主义报告》，除了列出该年度的“外国恐怖组织”名单外，还列出“其他值得关注的恐怖主义组织”。本节所讲的“美国公布的恐怖组织名单”主要指美国国务院的“外国恐怖组织名单”（FTO）。到 2014 年，美国“外国恐怖组织名单”中外国恐怖组织总数达到 52 个。其中新增名单如下。

一、2013 年新增名单

伊斯兰卫士（Ansar al-Dine ）

博科圣地（Boko Haram）

安萨鲁（Ansaru）

拉森木大队（al-Mulathamun Battalion）

二、2014 年新增名单

班加西伊斯兰教法支持者运动（Ansar al-Sharí'a in Benghazi）

德尔纳伊斯兰教法支持者运动（Ansar al-Sharí'a in Darnah）

突尼斯伊斯兰教法支持者运动（Ansar al-Sharí'a in Tunisia）

耶路撒冷支持者（Ansar Bayt al-Maqdis）

支持阵线（al-Nusrah Front）

圣战者协商会议（Mujahidin Shura Council in the Environs of Jerusalem）

美国公布的外国恐怖组织名单及其认定的其他值得关注的恐怖名单，请参阅以往的《国际恐怖主义与反恐怖斗争年鉴》。

第三节　英国新增减的恐怖组织（实体）名单

2014 年度，英国的“法律禁止的恐怖组织名单”（Proscribed terrorist

groups）主要有两个：一是国际恐怖组织名单；二是国内恐怖组织名单。英国确定恐怖组织的主要依据为《2000年反恐法》及其历年修订案，2012年英政府据此认定49个非法恐怖组织。2013年7月12日，英内政部首次发布《法律禁止的恐怖主义团体或组织》（*Proscribed terror groups or organisations*）报告，主要分为国际和国内恐怖组织两类，并公开认定及取缔标准。截至2015年2月3日，该报告已修订11次，其中国际恐怖组织数量增至65个，包括："博科圣地"（BH，2013年7月）；"安萨尔阵线英国分支"（Ansar al-Sharia UK，2013年7月）；"高加索酋长国"（IK，2013年12月）；"穆拉比特国"（Al Murabitun，2014年4月）；"安萨尔·沙里亚旅突尼斯分支"（AAS-T，2014年4月）；"耶路撒冷支持者"（ABM，2014年4月）；"阿卜杜拉·阿扎姆旅"（AAB），包括"齐亚德-贾拉营"（2014年6月）；"伊斯兰国"（IS，2014年6月）；"叙利亚自由军"（Ajnad al-sham，2014年6月）；"解放巴勒斯坦人民阵线（总指挥部）"（PFLP-GC，2014年6月）；"土耳其革命人民解放党/阵线"（TH-KP-C，2014年6月）；"埃及大兵"（Ajnad Misr，2014年11月）；"安萨尔·沙里亚旅班加西分支"（AAS-B，2014年11月）；"Jaysh al Khalifatu Islamiya"（JKI，2014年11月）；"阿克萨烈士旅"（JAA，2015年1月）；"哈里发战士阿尔及利亚分支"（JaK-A，2015年1月）。"努斯拉阵线"（ANF）和"支持阵线"（Jabhat al-Nusrah li-ahl al Sham）则于2013年7月被划入"基地"组织序列。此外，北爱尔兰的14个组织仍照惯例被认定为国内恐怖组织。①

截止2014年，英国根据《2000年》反恐法认定了63个非法恐怖组

① Home Office and James Brokenshire MP："Policy paperProscribed terror groups or organizations"，*GOV.UK*，Feb 3，2015，https：//www.gov.uk/government/publications/proscribed-terror-groups-or-organisations--2＃history.

织。此外，与以往一样，北爱尔兰的14个组织仍被认定为国内恐怖组织。具体如下：

一、2013年新增名单

博科圣地（Boko Haram）

高加索酋长国 Imarat Kavkaz（IK）（also known as the Caucasus Emirate）

二、2014年新增名单

“圣战联盟”（Kateeba al-Kawthar）

解放巴勒斯坦人民阵线总指挥部（Popular Front for the Liberation of Palestine-General Command）

革命人民解放党（Turkiye Halk Kurtulus Partisi-Cephesi）

阿卜杜拉·阿扎姆旅（Abdallah Azzam Brigades）

埃及战士（Ajnad Misr）

穆拉比特（Al Murabitun）

班加西伊斯兰教法支持者运动（Ansar al-Sharia-Benghazi）

突尼斯伊斯兰教法支持者运动（Ansar Al Sharia-Tunisia）

耶路撒冷支持者（Ansar Bayt al-Maqdis）

伊斯兰国（Islamic State of Iraq and the Levant）

伊斯兰哈里发军队（Jaysh al Khalifatu Islamiya）

英国国际恐怖组织及国内恐怖组织的具体名单，请参阅以往的《国际恐怖主义与反恐怖斗争年鉴》。

第十四章　欧盟新增减的恐怖组织（实体）名单*

欧盟有两种恐怖名单：

一是本·拉登、塔利班、“基地”组织及其相关组织和个人名单。该名单主要是在联合国安理会 1267 制裁委员会的名单基础上制定的，但欧盟理事会授权欧委会“根据联合国安理会、塔利班制裁委员会及成员国的相关信息”对该名单进行增加、修订。每次修改都要经一定程序，最后对欧共体第 881 号规则（EC Regulation 881/2002）的附件进行更新。2013、2014 年随着反恐日益成为联合国等国际组织的工作热点，欧盟该名单亦频频更新，自 2013 年 1 月 23 日（第 185 次修订）至 2015 年 1 月 16 日（第 224 次修订）间大大小小合计修订 40 次，多与前述伊斯兰极端组织相关。①

二是“参与恐怖活动的个人、团体和实体名单”（Persons，Groups

* 原有名单请参阅以往《国际恐怖主义与反恐怖斗争年鉴》。

① EU：“COMMISSION IMPLEMENTING REGULATION（EU）”，http：//eur-lex. europa. eu/legal-content/EN/TXT/？ uri=CELEX：32013R0060.（上网时间：2015 年 2 月 17 日）

and Entities Invovlved in Terrorist Acts）。该名单是由各成员国具法定资格的相关机构（如司法人员和警察机构）在调查基础上，根据相关个人、团体和实体参与恐怖行动的确凿信息或材料做出，且无时间期限。列入名单的个人和实体名字每 6 个月复核一次。个人方面，在经历 2011—2012 年的大幅删减（从 26 人锐减为 11 人）后，截至 2014 年 7 月 22 日，名单上的个人数量（10 人）与 2012 年基本持平（11 人），仅于当天将 2004 年 11 月杀害荷兰导演特奥·梵高的凶手穆罕默德·布耶里（已被荷法院判处终身监禁）剔除。① 恐怖组织数目（25 个）虽较 2012 年未变，但出现一增一减：增为 2013 年 7 月 22 日，欧盟决定把黎巴嫩真主党军事组织列入恐怖主义组织名单，但继续保持与黎巴嫩的政治和经济关系，继续与包括真主党在内的黎所有政党进行对话，并继续对黎实施财政援助；② 减为 2014 年 2 月 10 日，欧盟决定将“Stichting Al Aqsa”组织移除恐怖名单。③

此外，2014 年 12 月 17 日，欧盟普通法院宣布，欧盟 2001 年 12 月将巴勒斯坦武装组织哈马斯列入恐怖名单的“理由不恰当”、决定无效④，但应暂维持对哈资金冻结。欧盟机构对此不以为然，认为欧盟普

---

① EU：“COUNCIL DECISION 2014/483/CFSP of 22 July 2014”，Jul 22，2014，http：//eur-lex. europa. eu/legal-content/EN/TXT/PDF/？uri＝CELEX：32014D0483&qid＝1410854665910&from＝EN.（上网时间：2015 年 2 月 15 日）

② “EU adds Hezbollah's military wing to terrorism list”，*Reuters*，Jul 22，2013，http：//www. reuters. com/article/2013/07/22/us-eu-hezbollah-idUSBRE96K0DA20130722.

③ EU：“COUNCIL IMPLEMENTING REGULATION（EU）No 125/2014 of 10 February 2014”，Feb 10 2014，http：//eur-lex. europa. eu/LexUriServ/LexUriServ. do？uri＝OJ：L：2014：040：0009：0011：EN：PDF.（上网时间：2015 年 2 月 15 日）

④ 欧盟普通法院称，欧盟该决定主要基于新闻报道，而不是基于对哈马斯行动的审查。

通法院“仅是依据程序作出裁决，并未评估把哈马斯列为恐怖组织的好处”，① 为此将向欧洲法院（欧盟最高司法机构）上诉。欧盟外交与安全政策高级代表莫盖里尼强调，打击恐怖主义将是欧“一大持续要务”，欧盟决心切断恐怖分子资金供应链。欧盟机构还将研究其他“补救”措施，以应对日后可能出现的“将哈马斯列为恐怖组织”决定无效的情况。②

① Federica Mogherini："Statement by High Representative/Vice-President Federica Mogherini on the decision to appeal the Judgment regarding Hamasappeal the Judgment regarding Hamas", Jan 19, 2015, http://eeas.europa.eu/statements-eeas/2015/150119_01_en.htm.（上网时间：2015年2月17日）

② “欧盟针对把哈马斯移出恐怖组织名单裁决提出上诉”，新华网，2015年1月19日，http://news.xinhuanet.com/world/2015-01/19/c_1114051927.htm。（上网时间：2015年2月16日）

第十五章　非洲地区主要恐怖组织

第一节　索马里

一、伊斯兰法院联盟

参见以往《年鉴》。

二、伊斯兰团结组织

参见以往《年鉴》。

三、青年圣战者运动

参见以往《年鉴》。

四、索马里“青年党”（Al-Shabaab）

参见以往《年鉴》。

目前，该组织是索马里及周边国家或地区最强大的反政府武装、主要的伊斯兰极端组织。2011 年以来在非盟驻索马里特派团（AMISOM）和索马里政府军的联合打击下，该组织活动范围陆续从索中、南部农村或偏远地区向肯尼亚、埃塞俄比亚等非盟驻索马里特派团派兵国扩散。2014 年 5 月，“青年党”高级将领哈拉夫宣布该组织已将战场转移至肯尼亚，并称肯政府“在索马里和肯尼亚境内大肆杀戮穆斯林儿童”，并鼓动“肯尼亚穆斯林拿起武器，回击并推翻肯尼亚政府”。同年 9 月，“青年党”最高头目戈登（Shaykh Abdi Goane）被美军空袭击毙。不久，该组织迅速推出新领导人艾哈迈德·奥马尔（Ahmad Umar）。不完全统计称，2011 年肯出兵索马里打击“青年党”以来，“青年党”已在肯制造至少 100 起恐怖袭击，造成近 400 人死亡、1000 余人受伤。2013 年 9 月 21 日，该组织对肯尼亚首都内罗毕西门（Westgate）购物中心发动恐怖袭击，造成至少 72 人死亡（其中包括 1 名中国人）、240 人受伤，成为 1998 年美国驻肯尼亚大使馆爆炸案以来该国境内死亡人数最多的一次恐袭事件。2014 年 6 月，“青年党”连续两次袭击肯旅游城镇姆佩卡托尼，造成至少 60 名平民死亡。同年 11 月 22 日，该组织在开往肯尼亚首都内罗毕的一辆大巴上杀害 28 名平民。12 月 2 日，又对肯北部、靠近索马里的曼德拉地区一采石场发动恐怖袭击，导致至少 36 名平民死亡。

第二节　卢旺达

卢旺达解放民主力量（Democratic Forces for the Liberation of Rwanda，参见以往《年鉴》。

该组织为卢旺达反政府武装，主要由 1994 年“卢旺达大屠杀”之后逃往邻国的胡图族武装人员组成，长期盘踞在刚果（金）东部的基伍地区。

为解除包括“卢旺达民主解放力量”等在内的反政府武装威胁、维护地区和平，1999 年 11 月，联合国通过 1279 号决议，决定设立联合国刚果民主共和国特派团（联刚特派团）。2010 年 7 月 1 日，安理会通过 1925 号决议，将联刚特派团更名为联合国组织刚果民主共和国稳定特派团（联刚稳定团）。

2013 年 3 月，安理会一致通过 2098 号决议，将联刚稳定团的任务期限延长到 2014 年 3 月 31 日，并建立一个专职“干预旅”，负责解除刚果（金）武装团体的作战能力。据报道，干预旅总数约 3069 人，成员主要来自马拉维、坦桑尼亚和南非。[①] 联刚稳定团属于维和部队，不能主动干预，只能在自身遭受袭击的情况下予以还击。而决议授权的干预旅则能主动采取进攻行动。2014 年 3 月，安理会根据其第 2147 号决议，将联刚稳定团、包括其干预旅在刚的任期延长到 2015 年 3 月 31 日，维持军事人员 19815 人、军事观察员和参谋人员 760 人、警务人员 391 人、建制警察部队人员 1 050 人的核定兵力上限。

在 2014 年年初“M23 运动”被解除后，“卢旺达解放民主力量”感到危险日益临近。2014 年 4 月 16 日，该组织主动宣布“投降”，称将放弃武装斗争，并致力于卢旺达的政治斗争。2014 年 7 月，南部非洲发展共同体与大湖地区国际会议部长级联席会议第二次联合公报对“解放卢旺达民主力量”发出最后通牒，要求其在 6 个月内“无条件投降”，2015 年 1 月 2 日是最后通牒的截止日期。这一决定得到联合国支持，但截至 2014 年 12 月，该组织登记投降的战斗人员未有显著增加，登记投降的 300 余人也多为老弱病残。目前，各方对于该组织人数的估计略有出入，联合国估计约 1500 人，其中 1000 人位于北基伍省，500 人位于南基伍

① “Rwanda：Why FDLR Won't Disarm and Why Force Is theOnlyOption”，http：//allafrica. com/stories/201501060434. html.（上网时间：2015 年 2 月 13 日）

省；卢旺达政府则认为人数约为 4000 至 4200 人。

第三节 乌干达

一、圣灵抵抗军

参见以往《年鉴》。

二、民主同盟军

参见以往《年鉴》。

第四节 南非

人民反强盗和毒品组织

参见以往《年鉴》。

第五节 尼日利亚

一、尼日尔三角洲解放运动

（参见以往《年鉴》。

二、尼日尔三角洲人民志愿军

参见以往《年鉴》。

三、实现比夫拉主权国运动

参见以往《年鉴》。

四、博科圣地（Boko Haram）

参见以往《年鉴》。

该组织全称为“传播先知教导和圣战之人”（People Committed to the Propagation of the Prophet's Teachings and Jihad），当地居民将其简称为“博科圣地”（Boko Haram），意为“西方教育是罪恶的”。该组织 2002 年成立于尼日利亚东北部博尔诺州首府迈杜古里，以反对西方教育和文化为宗旨，宣称“西方教育是亵渎伊斯兰教罪恶之物”。目前约有成员 5000—9000 人。近年来，以尼日利亚北部的博尔诺、约贝和阿达马瓦三州为“根据地”，该组织逐步向西部索科托州、南部科吉州及中部卡诺、卡杜纳、包奇和高原州扩张，并深入首都阿布贾大搞恐袭。英“每日电讯”网站称，目前该组织在尼境内活动范围东至与喀麦隆交界的曼德拉山、北至乍得湖、西至耶德塞拉姆河，总计可超过 11 个地方政府区域（Local Government Areas）。同时，“博科圣地”借尼日利亚东北部与喀麦隆、尼日尔和乍得三国交界之便利，频繁跨界作案。马里的加奥和基达尔，尼日尔的迪法、马拉迪和马依纳索罗，喀麦隆的马罗纳和加罗纳地区，乍得的赞戈和瑞迪纳等地已成该组织培训基地和恐怖分子的孵化器。此外，“博科圣地”还利用中非共和国教派冲突之机，加紧向该国渗透，鼓动当地反西方和反基督教情绪，企图将“触角”进一步伸向更广阔地区。

2013年以来，“博科圣地”在上述地区连续制造特大恐袭事件，成为地区安全头号威胁。9月17日，在尼日利亚东北部，身着政府军服装袭击过往行人，造成至少142人死亡，成为该年全球造成死亡人数最多的恐袭事件；9月29日，偷袭尼日利亚约贝农业大学，并杀害熟睡中的50余名学生；12月20日，袭击尼日利亚博尔诺州巴马镇一兵营，造成至少70人死亡、数名士兵被绑架。2014年4月14日，在尼日利亚首都阿布贾发动汽车炸弹袭击，造成至少72人死亡、124人受伤；同日晚，对尼日利亚博尔诺州奇博克镇（Chibok）一所寄宿学校发动袭击，并绑架276名女学生，震惊全球；5月16日，袭击中国水电16局在喀麦隆极北大区的项目营地，造成10人失联、1人重伤；7月27日，袭击喀麦隆副总理兼司法和掌玺部长在该国极北大区住所，并绑架其妻；11月10日，对尼日利亚约贝州波蒂斯库姆的一所中学发动爆炸袭击，造成至少78人死亡、45人受伤；12月14日，对尼日利亚东北部一村庄发动袭击，造成至少32人丧生、185名妇女和儿童被劫。2014年5月22和23日，联合国安理会和欧盟相继宣布将“博科圣地”加入“基地组织制裁名单”及“恐怖组织名单”，并对其实施相关制裁措施。2014年6月21日，美国国务院首次将“博科圣地”的3名头目阿布巴卡尔·谢考（最高头目）、阿布巴卡尔·坎巴尔和哈立德·巴尔纳维列入“外国恐怖分子”名单。

五、安萨鲁（Ansaru）

该组织自称为自称为“保护黑非洲穆斯林的先锋”（Vanguard for the Protection of Muslims in Black Lands），2012年2月创建于尼日利亚北部卡诺州，从“博科圣地”分离而来。现广泛活跃于尼北部地区，现有成员数百人。英国内政部将“安萨鲁”定性为“以尼为基地、反政府和反西方的恐怖主义组织”，称其与北非伊斯兰马格里布“基地”组织有关，是“博科圣地”的分支机构。2013 年 6 月 4 日，尼日利亚总统乔纳森正式宣布，将伊斯兰极端武装组织“博科圣地”和“安萨鲁”定性为恐怖组织。同年 11 月 13 日，美国务院发表声明，宣布将“博科圣地”和“安萨鲁”列为“外国恐怖组织”，并对其实施禁止提供物资支持及与其进行交易、冻结在美资产、禁止进入美国等项制裁措施。

2012 年以来，“安萨鲁”先后实施了数起针对尼政府和西方在尼人员及机构的武装绑架和袭击行动。2012 年 11 月 26 日，袭击尼首都阿布贾市中心一处警方扣留所，释放 323 名在押嫌疑犯，其中包括 37 名该组织成员，包括 2 名警察在内的 7 人在交火中死亡；12 月初，在尼北部一座小镇绑架 1 名法国人，后者至今下落不明；12 月 19 日，在北部卡齐纳州绑架 1 名法国工程师，以此对法国力促联合国以多国部队军事介入手段解决马里危机进行报复。2013 年 1 月 19 日，对准备前往马里执行军事行动的尼部队进行炸弹袭击，造成 2 人死亡、5 人受伤。2 月 17 日，对包奇州贾马阿雷镇的一处施工工地进行突袭，打死 1 名警卫，绑架 7 名外国人。3 月 9 日，在网上发表声明，宣称已处决上述 7 名外国人。当前，“安萨鲁”虽已宣布脱离“博科圣地”，并时常批评其“滥杀平民”的暴恐方式，但两者联系不断，仍在一些双方均可获利的行动中进行合作。2013 年 2 月，喀麦隆北部曾发生一起法籍家庭 7 名成员被绑事件。该案为“安萨鲁”具体实施，而后人质被转移到“博科圣地”大本营博尔诺州，双方以分工合作方式，迫使喀政府以 314 万美元和释放 19 名“博科圣地”成员为代价换取人质释放。

第六节　埃塞俄比亚

一、欧加登民族解放阵线

参见以往《年鉴》。

二、奥罗莫解放阵线

参见以往《年鉴》。

第七节　苏丹

一、苏丹解放运动

参见以往《年鉴》。

二、正义与平等运动

参见以往《年鉴》。

第八节　乍得

一、争取民主和发展力量联盟

（参见以往《年鉴》。

二、变革力量联盟

参见以往《年鉴》。

三、争取乍得民主和正义运动

参见以往《年鉴》。

第九节　中非共和国

一、争取团结民主力量联盟

(参见以往《年鉴》。

二、恢复共和与民主人民军

参见以往《年鉴》。

三、中非人民民主阵线

参见以往《年鉴》。

第十节　马里

一、图阿雷格马里北部变革联盟

参见以往《年鉴》。

二、信仰捍卫者 Ansar Dine

该组织成立于2012年至2013年马里内战期间，由马里北部图阿雷格族反叛武装领导人伊亚德·阿克盖里（Iyad Ag Ghaly）担任头目，成员主要来自马里、阿尔及利亚、尼日尔等国，主张在马里北部实施严苛的伊斯兰教法。曾与其他反政府武装或暴恐组织共同占领马北部城市通布图、基达尔和加奥。2012年7月，该组织以“维护伊斯兰圣洁”为名，毁坏世界级文化遗产马里通布图古城清真寺，受到联合国教科文组织等强烈谴责。2013年1月以来，随法国和非洲联军出兵马里，该组织被迫撤退至该国北部偏远地区，部分成员流窜至阿尔及利亚、利比亚等邻国继续活动。2013年3月，被美国务院列入“外国恐怖组织”名单。

第十一节　阿尔及利亚

一、伊斯兰马格里布“基地”组织

参见以往《年鉴》。

二、西非统一与圣战运动（The Movement for Oneness and Jihad in West Africa）

2011年中旬，为将“圣战”扩至西非地区，同时摆脱阿尔及利亚人对伊斯兰马格里布“基地”组织的主导权，毛里塔尼亚人哈马达·乌尔德·穆罕默德·凯鲁（Hamada Ould Mohamed Kheirou）宣布脱离伊斯兰马格里布“基地”组织，另立“西非统一与圣战运动”。目前，该组织虽主张在西非地区建立政教合一国家，但活动区域仍主要集中于阿尔及利亚南部和马里北部，成员多来自马里、阿尔及利亚、尼日尔和毛里塔尼亚等国。2011 年 10 月 23 日，该组织因在阿尔及利亚廷杜夫一个撒哈拉难民营绑架 3 名人道主义工作者而为世人所知。此后，频频绑架西方公民，杀害西方国家游客和非政府组织人员，并多次袭击阿尔及利亚、马里和毛里塔尼亚边境地区安全部队。2012—2013 年马里内战期间，该组织规模迅速壮大，并与“阿扎瓦德民族解放运动”、“信仰捍卫者”等反政府武装或宗教极端组织一道占领马里北部大部分地区。2012 年 6 月占领加奥期间，曾强制在当地推行严苛的伊斯兰教法。2013 年初法国和非洲联军出兵马里后，该组织“进取”势头受挫，被迫由马里北部地区向阿尔及利亚南部等国家或地区转移。2012 年 12 月，被联合国列入“与‘基地’组织有关实体”名单。2013 年 8 月与伊斯兰马格里布“基地”组织另一分支“血盟者”组成极端组织“穆拉比特”，但仍保持独立行动能力。2014 年初该组织联合“阿扎瓦德民族解放运动”、伊斯兰马格里布“基地”组织再次占领马里北部基达尔地区；4 月宣布已处死 1 名法国人质，称将进一步对法国出兵马里进行报复。

三、穆拉比特（Al-Mourabitoun）

该组织创立于 2013 年 8 月，由伊斯兰马格里布“基地”组织两大分支“血盟者”（Signers in Blood）和“西非统一与圣战运动”合并而成；意为“武僧”，称将把西北部非洲地区所有“圣战”组织联合起来，为建立一个“从尼罗河到大西洋的、统一的大伊斯兰国”而努力。其中，“血盟者”前身为“独眼龙”穆赫塔尔·贝勒穆赫塔尔（Mokhtar Belmokhtar）领导的“蒙面旅”（Al-Mulathameen）。该战斗旅长期活跃于马里及周边地区，通过从事绑架、毒品、武器及香烟走私等犯罪活动积累了雄厚资本，是伊斯兰马格里布“基地”组织资金及武器的重要来源，

2012 年 12 月因不愿听从伊斯兰马格里布“基地”组织指挥而宣布独立，并组建“血盟者”。2013 年 8 月，在马里行动受挫后，“西非统一与圣战运动”与“血盟者”宣布合并组成“穆拉比特”（Al-Mourabitoun），以利比亚南部为“大本营”，伺机“东山再起”。

事实上，“血盟者”和“西非统一与圣战运动”在正式结盟前即已开展合作，2013 年初的阿尔及利亚油气田人质事件（至少造成 69 人死亡）和同年 5 月发生在尼日尔军营和一座铀矿的连环爆炸案（至少造成 25 人死亡）均有两者共同实施。“穆拉比特”成立后，贝勒穆赫塔尔宣称将放弃该组织领导权，退居幕后。但新领导人身份一直扑朔迷离，一说为参加过 1979 年阿富汗和 2003 年伊拉克战争的非阿尔及利亚籍“老兵”；一说为埃及“圣战”分子阿卜巴卡尔（Abubakr al-Nasri，据称已于 2014 年 4 月被法国特种部队击毙）。目前，该组织已被联合国、澳大利亚、英国、美国等组织或国家列入“恐怖组织”名单，是美欧在萨赫勒地区最直接的威胁。

四、哈里发战士（Soldiers of the Caliphate，或 Jund Al-Khilafa）

该组织成立于 2014 年 9 月 14 日，最高头目原为伊斯兰马格里布“基地”组织中部地区的指挥官阿卜杜勒马立克·苏莱曼·阿卜·古里（Abdulmalik Suleiman Abu Gori）。2014 年以来，随“伊斯兰国”异军突起并在中东地区建立“哈里发国”，非洲恐怖组织也逐渐出现了一些“伊斯兰国特色”。2014 年 6 月，“伊斯兰国”宣布成立“哈里发国”（Caliphate）后，伊斯兰马格里布“基地”组织内部就是否继续效忠“基地”组织出现了分化。9 月 14 日，阿卜杜勒马立克宣布脱离“基地”组织，成立名为“哈里发战士”的宗教极端组织并效忠“伊斯兰国”。阿卜杜勒马立克指责伊斯兰马格里布“基地”组织“正在偏离正确道路”，并对“伊斯兰国”

最高头目阿布贝克尔·巴格达迪（Abu Bakr al-Baghdadi）“喊话”，称伊斯兰马格里布地区民众将“随时听从您的差遣”。该组织成立后不久，便在阿尔及利亚绑架1名法国游客，并威胁法国政府在24小时内停止空袭“伊斯兰国”，否则便将人质斩首。有分析称，该组织暴恐方式已具备“伊斯兰国”特征。对待人质态度与“基地”组织和“伊斯兰国”有显著区别，前者希望通过绑架人质换取赎金，后者则倾向于将人质斩首。[①]

① “Jund Al-Khilafa (Soldiers of the Caliphate in Algeria)”, http://www.trackingterrorism.org/group/djound-al-khilafa-soldiers-caliphate-algeria?ip_login_no_cache=8913ea1bdf1d32fec2b7fd285dd98fa1.（上网时间：2015年2月13日）

第十六章　中东地区主要恐怖组织

第一节　巴勒斯坦

一、哈马斯

参见以往《年鉴》。

1.2013 年

5 月 14 日，巴勒斯坦两大政治派别——法塔赫与哈马斯高层人士在开罗会面磋商内部和解事宜，双方同意在 3 个月内组建联合政府。哈马斯代表团高级成员穆萨阿布马尔祖克表示，很快将会看到巴勒斯坦结束内部分裂，达成真正的和解，同时，全国委员会选举草案将在两周内完成。

6 月 19 日，哈马斯要求黎巴嫩真主党从叙利亚撤军，并呼吁保持“哈马斯的领导性和方向”，抵抗以色列占领。哈马斯重申，“叙利亚人民的坚实权利是获得自由的权利，实现尊严的愿望”，并将叙利亚人民称为是“最早进行反抗的忠诚人民”，表达了对他们的“痛苦与伤痛”的同情。8 月 19 日，以色列宣布对加沙实施“定点清除”后，逾 200 枚火箭弹从加沙射向以色列境内。而以方的回击造成至少35名巴勒斯坦人死亡，其中包括3名哈马斯高官。

8月23日，哈马斯签署文件，支持巴勒斯坦申请加入国际刑事法院，以便对以色列在军事行动中可能的战争犯罪行为提起诉讼。8月25日，埃及总统穆尔西遭罢免后，穆斯林兄弟会的盟友被宣称是“国家敌人”，埃及军方领导的新临时政府公然敌视哈马斯。关闭了相当于哈马斯生命线的几十条隧道。

2.2014年

7月8日，以色列对加沙地带发起军事打击，代号“护刃行动”，预期持续10天。7月17日，以色列响应联合国呼吁在加沙地带短暂停火，哈马斯拒绝停火。以色列随即出动地面部队发起对加沙的新一轮进攻。

7月27日，哈马斯表示，只要以军部队还留在加沙境内，哈马斯就不会接受任何停火提议。但哈马斯旋即改变主意，称为迎接几天后的开斋节同意与以色列再次在加沙地带执行为期24小时的人道主义停火。但停火时间到来后，冲突并未停止。在加沙，仍可听见以军发射炮弹的轰鸣声，以及以色列边境地区发出的警报声，警示加沙武装人员发射火箭弹。

8月3日，一些以色列坦克和车辆突然离开加沙，引发外界有关以军可能逐步结束战事的推测。但以方很快否认，宣称只是调整部署。哈马斯则准备派出三千“死士”潜入以色列实施自杀式袭击。8日，哈马斯高官表示，在加沙72小时停火到期后，哈马斯方面将不会延长停火，称以色列拒绝了他们的停战要求。

二、巴勒斯坦伊斯兰圣战组织

参见以往《年鉴》。

2014 年 12 月 11 日，巴勒斯坦伊斯兰圣战组织武装举行军演，展现强大军事实力。

三、解放巴勒斯坦人民阵线

参见以往《年鉴》。

四、解放巴勒斯坦民主阵线

参见以往《年鉴》。

五、阿布·尼达尔组织

参见以往《年鉴》。

六、解放巴勒斯坦人民阵线总指挥部

参见以往《年鉴》。

七、阿克萨烈士旅

参见以往《年鉴》。

2013 年 2 月 26 日，由巴勒斯坦在押人员阿拉法特·贾拉达特在以色列监狱内猝死引发的冲突进一步升级，加沙的以色列城市阿什凯隆南区遭火箭弹袭击。这是 2012 年 11 月以色列对加沙实施“防务之柱”军事行动双方达成停火之后以色列遭受的首次火箭弹袭击。隶属于巴勒斯坦民族解放运动“法塔赫”武装的“阿克萨烈士旅”发表声明对火箭弹袭击负责。在此前一天举行的贾拉达特的葬礼上，“阿克萨烈士旅”就公开表示要为贾拉达特复仇。

八、人民抵抗委员会

参见以往《年鉴》。

九、真主战士

参见以往《年鉴》。

十、巴勒斯坦伊斯兰军

参见以往《年鉴》。

十一、加利利自由军

参见以往《年鉴》。

十二、伊玛德·穆格尼耶

参见以往《年鉴》。

十三、雷电

参见以往《年鉴》。

十四、风暴之鹰

参见以往《年鉴》。

十五、安萨尔逊纳

参见以往《年鉴》。

第二节　埃及

一、埃及伊斯兰圣战组织

参见以往《年鉴》。

二、伊斯兰组织

参见以往《年鉴》。

三、赎罪与迁移组织

参见以往《年鉴》。

四、埃及伊斯兰自尊旅

参见以往《年鉴》。

五、阿卜杜拉·阿扎姆旅

参见以往《年鉴》。

2013年11月20日，伊朗驻黎巴嫩首都贝鲁特的大使馆19日受到连续两次炸弹攻击，造成23人死亡，上任才一个多月的伊朗使馆文化参赞易卜拉欣·安萨里也被炸死。阿卜杜拉·阿扎姆旅宣称对此次袭击负责。

2014年2月19日，阿卜杜拉·阿扎姆旅通过推特发表声明，宣称制造了当天发生在黎巴嫩首都贝鲁特南郊的连环爆炸。

六、埃及圣战者

参见以往《年鉴》。

七、圣战与统一组织

参见以往《年鉴》。

八、穆斯林兄弟会

参见以往《年鉴》。

2013 年 7 月 1 日，埃及反对派示威者焚烧并洗劫了位于开罗市郊的埃及穆斯林兄弟会总部。

2013 年 9 月 6 日，埃及政府决定解散穆斯林兄弟会。9 月 23 日，埃及开罗紧急事务法院作出裁决，禁止穆斯林兄弟会（穆兄会）及其分支机构在埃及的一切活动，并没收其全部财产。

2014 年 3 月 24 日，埃及刑事法院当天作出裁决，判处 528 名穆斯林兄弟会成员死刑，罪名是冲击警察局并致人死亡。

第三节　黎巴嫩

一、真主党

参见以往《年鉴》。

2013 年 5 月 4 日，黎巴嫩真主党政治委员会主席易卜拉欣称，如果叙利亚遭到以色列或美国袭击，真主党将准备保卫叙利亚，防止叙利亚落入美国和以色列之手。此外，真主党在叙利亚存在也是为了保护生活在边境地区的黎巴嫩人的安全和尊严，保卫伊斯兰教圣地不受侵犯。

7 月 29 日，叙利亚政府军经激战已控制了经济和交通重镇霍姆斯市中心地带的哈利迪亚街区，并同时控制了霍姆斯市绝大部分关键地区。

8 月 15 日，叙利亚反对派极端主义者在黎巴嫩策划了一起汽车爆炸事件，造成至少 22 人死亡。黎巴嫩真主党领袖哈桑·纳斯鲁拉称，准备在叙利亚与极端穆斯林作战。

2014 年 2 月 10 日，叙利亚逊尼派对黎巴嫩真主党支持叙利亚政权实施报复，向黎巴嫩真主党什叶派地区发起多次自杀式炸弹袭击和武装攻击，造成多人死伤。为了保障当地安全，黎巴嫩真主党强行设置了边防检查站，其检查人员均为荷枪实弹的便衣武装人员。在此之前，真主党武装已经强行在黎巴嫩城镇希尔米勒设置边防检查站，遭到黎巴嫩政府反对。

7 月 25 日，真主党总书记纳斯鲁拉在贝鲁特南郊举行的纪念“耶路撒冷日”群众集会上表示，真主党将永远站在巴勒斯坦人民和抵抗运动一边，密切关注加沙局势的发展，将毫不吝啬地向巴抵抗组织提供一切资金、政治、道义直至军事上的支持。

9 月 5 日，以色列飞机从空中引爆了真主党设置在黎巴嫩南部村庄的炸弹。造成人员伤亡。真主党证实，一名成员 5 日试图拆除一个安装在真主党通信网络中的窃听装置时被炸死。这个装置安放在黎巴嫩南部一个村庄。黎巴嫩境内发现以色列间谍装置的事件时有报道。2009 年以来，黎巴嫩当局逮捕超过 100 人，指控他们为以色列充当间谍，多数人为军人或通信公司雇员。

二、伊斯兰法塔赫

参见以往《年鉴》。

三、安萨尔联盟

参见以往《年鉴》。

四、扎耶德·杰拉哈支队

参见以往《年鉴》。

第四节 叙利亚

一、萨姆军

参见以往《年鉴》。

二、伊斯兰圣战组织

参见以往《年鉴》。

三、萨姆统一与圣战组织

参见以往《年鉴》。

四、支持阵线

参见以往《年鉴》。

1. 2013 年

6 月 1 日，联合国安理会把“支持阵线”列入恐怖主义组织名单中。

10 月 25 日，“支持阵线”一号头目阿布·穆罕默德·乔拉尼在叙北部被打死，与此同时，叙政府军在首都大马士革郊区的战事持续取得进展，25日在该地区打死约41名恐怖分子。

2.2014年

6月11日，“支持阵线”向黎巴嫩与叙利亚接壤的黎巴嫩边界小镇阿尔萨勒附近的一处非正式叙利亚难民营开火，打死打伤各1名叙利亚难民、绑架两人。

8月20日，“支持阵线”攻占了叙利亚西南边境的库奈特拉口岸。该口岸是叙利亚在戈兰高地的唯一口岸，邻近以色列和叙首都大马士革，战略意义极其重要。

10月28日，在叛军控制的伊德利卜省，“支持阵线”和“伊斯兰阵线”向军阀贾马尔控制的叙利亚“革命阵线”发起进攻，夺取了“革命阵线”控制的7个村镇，有100多名“革命阵线”士兵叛逃加入了“支持阵线”，在马奴特纽曼攻占了“革命阵线”在当地的总部。“革命阵线”则向“支持阵线”控制的巴林镇发起炮轰，并在革命阵线的控制区抓捕了一些“伊斯兰阵线”深水旅的亲属。

五、“呼罗珊”网络

2013年，扎瓦希里委派包括本·拉登亲信穆赫辛·法德利（Muhsin al-Fadhli）在内的多名“基地”旧部潜入叙组建“呼罗珊”。该组织由来自中东、南亚和北非的“基地”组织成员组成，规模不超百人，但作战经验丰富。该组织主要“开展域外袭击、研制并测试简易爆炸装置，招募西方人实施恐袭”。为谋求在叙发展空间，该组织与“基地”组织叙利亚分支“支持阵线”搭建关系，活跃于阿勒颇附近区域，并将叙西部作为物色、招募及培训西方“圣战”分子的暴恐策源地。在“支持阵线”庇护下，“呼罗珊”隐蔽发展，与“支持阵线”合作开展反阿萨德武装、叙利亚自由军、伊斯兰阵线的行动，但重点聚焦策动域外袭击。

第五节　伊拉克

一、“伊斯兰国”

“伊斯兰国”（Islamic State），前身是“基地”组织伊拉克分支“伊拉克伊斯兰国”（ISI）。2013 年 4 月 9 日，其头目阿布·贝克尔·巴格达迪宣布“伊拉克伊斯兰国”与叙利亚反对派极端组织“支持阵线”合并，改名为“伊拉克和黎凡特伊斯兰国（ISIS）”。但“支持阵线”拒绝加入。2014 年 6 月 29 日，巴格达迪在叙利亚东北部至伊拉克北部建立“哈里发国”，自称哈里发，将该组织更名为“伊斯兰国”。

2013 年

7 月 21 日，伊拉克首都巴格达以西和以北的两处监狱遭“伊斯兰国”武装人员袭击，包括“基地”组织成员在内的 500 多名囚犯趁机越狱。极端组织成员动用迫击炮、人弹和汽车炸弹等袭击手段，与伊拉克安全部队交火达 10 小时。

8 月后，“伊斯兰国”活动重心由叙利亚转移到伊拉克西部荒漠地区，通过吞并伊拉克其他武装组织地盘，其实力急速膨胀。2014 年 1 月，趁伊拉克少数逊尼派和什叶派政府间矛盾白热化之际，“伊斯兰国”攻陷了伊拉克逊尼派安巴尔省重镇费卢杰市。同时，控制了西部安巴尔省份首府拉马迪的大部分地区，并在土耳其和叙利亚边境附近的一些城镇出没。2014 年 2 月基地领袖扎瓦希里宣布与“ISIS”彻底划清界线。

2014 年

6 月 10 日，“伊斯兰国”拿下伊拉克第二大城市尼尼微省省会摩苏尔。并在巴格达以北250公里的基尔库克省首府基尔库克市西部和南部再占5城。6月11日，占领萨拉赫丁省首府提克里特，随后直逼南方150公里的首都巴格达。6月15日，“伊斯兰国”枪杀了数十名被俘伊拉克政府军。并在网站上发布蒙面极端武装成员枪杀政府军的照片。6月18日，攻入伊拉克最大的拜伊吉炼油厂。6月21日，夺取了边境城镇卡伊姆，至此，其已控制了与叙利亚接壤的全部边境地区，控制了通往约旦、沙特的交通要道，打通了中东腹地的通道。

6月29日，“伊斯兰国”在互联网以多种语言发表书面声明，同时该组织发言人阿布·穆罕默德·阿德纳尼发表一份录音声明，宣布改“伊拉克和黎凡特伊斯兰国”为“伊斯兰国”，并宣布正式建立“哈里发国”，“国土”横跨叙利亚和伊拉克。其头目巴格达迪自立“哈里发”。“伊斯兰国”目前控制范围东至叙利亚阿勒颇、西南至费卢杰、北至摩苏尔。在叙利亚拉卡和伊拉克摩苏尔建立行政体系，掌握着附近油田和炼油厂，行使行政管辖，管理社会基础设施。

8月24日，“伊斯兰国”攻占叙利亚政府军位于拉卡省的塔布卡空军基地，彻底控制拉卡省。8月，“伊斯兰国”屠杀500多名居住于伊拉克辛加尔地区的雅兹迪人，并绑架了500名雅兹迪妇女，要求雅兹迪人皈依伊斯兰教。很多雅兹迪人逃进辛贾尔山，无水无粮，大量死亡。

自8月8日起，美国及盟军已经在伊拉克境内“伊斯兰国”极端组织实施空袭。8月15日，联合国安理会通过决议，决定采取措施切断“伊斯兰国”等极端组织的资金和外来武装分子来源。

9月，美国组建了一个包括英、法等54个国家，以及欧盟、北约和阿盟等地区组织在内的国际联盟以打击“伊斯兰国”。其中，来自沙特、伊拉克、埃及、约旦、黎巴嫩、科威特、阿联酋、卡塔尔、阿曼和巴林10个阿拉伯国家参与反恐行动。

9月11日，美国总统奥巴马发表电视讲话，全面阐述美国打击极端组织“伊斯兰国”的战略方案，确定将空袭从目前的伊拉克扩大至叙利亚。奥巴马的方案目标，即通过全面、持久的反恐战略削弱“伊斯兰国”势力，直至最终摧毁这一组织。然而空袭行动无法彻底清除“伊斯兰国”极端武装，其辗转于伊拉克和叙利亚之间，在世界各地招募外籍极端分子。

10 月，“伊斯兰国”武装在毗临叙利亚的伊拉克省份安巴尔持续保持攻势，并夺取了位于首都巴格达西部 180 公里的城市希特。

二、真主党旅（KH，Kata'ib Hezbollah，Hezbollah Brigades）

参见以往《年鉴》。

三、伊斯兰辅助者组织

参见以往《年鉴》。

四、穆罕默德军

参见以往《年鉴》。

五、伊拉克伊斯兰军

参见以往《年鉴》。

六、黑旗手

参见以往《年鉴》。

七、安萨尔逊纳军

参见以往《年鉴》。

八、伊斯兰军- 哈立德·本·瓦利德军团

参见以往《年鉴》。

九、伊斯兰圣战旅

参见以往《年鉴》。

十、萨达姆牺牲者

参见以往《年鉴》。

十一、伊拉克全国伊斯兰抵抗运动

参见以往《年鉴》。

十二、伊拉克伊斯兰抵抗阵线

参见以往《年鉴》。

十三、贾什- 拉什丁组织

参见以往《年鉴》。

十四、纳赛尔主义者

参见以往《年鉴》。

十五、恢复

参见以往《年鉴》。

十六、穆罕默德第二军武装先锋队

参见以往《年鉴》。

十七、伊拉克抵抗旅

参见以往《年鉴》。

十八、觉醒与圣战

参见以往《年鉴》。

十九、阿布- 德拉组织

参见以往《年鉴》。

二十、圣战与改革路线

参见以往《年鉴》。

二十一、伊拉克哈马斯

参见以往《年鉴》。

二十二、天堂战士

参见以往《年鉴》。

二十三、纳科什班迪命令者之军

参见以往《年鉴》。

二十四、伊拉克真主党旅

参见以往《年鉴》。

二十五、圣战军

参见以往《年鉴》。

第六节　约旦

约旦“基地”组织

参见以往《年鉴》。

第七节　阿尔及利亚

一、伊斯兰武装集团

参见以往《年鉴》。

二、伊斯兰救国阵线

参见以往《年鉴》。

三、伊斯兰马格里布“基地”组织

参见以往《年鉴》。

第八节　突尼斯

突尼斯伊斯兰战斗团

参见以往《年鉴》。

第九节　摩洛哥

一、摩洛哥伊斯兰战斗团

参见以往《年鉴》。

二、继承圣战组织

参见以往《年鉴》。

三、安萨尔—迈赫迪

参见以往《年鉴》。

四、穆斯林沙漠地区的安萨尔—伊斯兰

参见以往《年鉴》。

五、青年伊斯兰战斗团

参见以往《年鉴》。

第十节　利比亚

利比亚伊斯兰战斗组织

参见以往《年鉴》。

第十一节　毛里塔尼亚

一、毛里塔尼亚萨拉菲宣教与战斗组织

参见以往《年鉴》。

二、马格里布伊斯兰“基地”组织

参见以往《年鉴》。

第十二节　也门

一、阿拉伯半岛“基地”组织

参见以往《年鉴》。

被奥巴马政府列为美国在中东地区重大威胁的“基地”组织阿拉伯半岛分支依旧活跃在也门南部。

2013 年

7 月 17 日，“基地”组织阿拉伯半岛分支组织的二号人物赛义德·

谢里遭到美军无人机的袭击身亡。2013 年 8 月，面对美军和也门政府军的持续打击，该组织放出狠话："杀死美国驻也门大使赏 3 公斤黄金、杀死一名美军士兵奖 2 万美元!"

2014 年

4 月 2 日，"基地"组织阿拉伯半岛分支武装分子攻击位于也门南部亚丁省省会亚丁市的政府军总部，造成 16 人死亡，数十人受伤。

4 月 22 日报道，也门安全部队对其境内的"基地"组织发动了"史无前例的大规模"的袭击。行动中数十名"基地"组织阿拉伯半岛分支的成员被打死。分析人士称此次行动的目标或为该组织高层人物。

7 月 7 日，"基地"组织阿拉伯半岛分支军火制造者成功开发出一种新型的微型炸弹，这种炸弹可通过登机前关闭的电子设备进行控制，微型炸弹足以粉碎一个航班。爆炸物微型化的比拼迫使美国对此进行回应，法国也将会受到影响。

"9·11"事件 13 周年之际，在叙利亚和伊拉克的极端组织"伊斯兰国"联手阿拉伯半岛"基地"组织开展恐怖袭击活动，并准备同时对中东和西欧的城市发动恐怖袭击，之后将袭击在中东和欧洲的美国目标。

12 月 6 日，正在阿富汗访问的美国国防部长哈格尔证实，美国摄影记者卢克·萨默斯和教师科尔基在美国营救行动中被扣押他们的阿拉伯半岛"基地"组织恐怖分子杀害。美国总统奥巴马谴责基地恐怖分子残暴杀害了萨默斯的行为。

二、亚丁伊斯兰军

参见以往《年鉴》。

三、也门伊斯兰圣战组织

参见以往《年鉴》。

四、阿布·阿里·哈尔西旅

参见以往《年鉴》。

五、阿布哈夫斯马斯里旅

参见以往《年鉴》。

六、青年信仰者

参见以往《年鉴》。

七、也门士兵旅

参见以往《年鉴》。

第十三节　沙特阿拉伯

阿拉伯半岛“基地”组织

参见以往《年鉴》。

第十四节　科威特

一、科威特圣战组织

参见以往《年鉴》。

二、阿卜杜勒阿齐兹穆克林旅

参见以往《年鉴》。

三、半岛雄狮

参见以往《年鉴》。

四、社会改革协会

参见以往《年鉴》。

五、伊斯兰遗产复兴协会

参见以往《年鉴》。

第十五节　巴林

解放巴林伊斯兰阵线

参见以往《年鉴》。

第十六节　以色列

一、犹太人联盟

参见以往《年鉴》。

二、卡哈尼运动

参见以往《年鉴》。

三、保卫犹太联盟

参见以往《年鉴》。

第十七节　土耳其

一、库尔德工人党

参见以往《年鉴》。

2013年

4月25日，“库尔德工人党”武装领导人卡拉耶兰在伊拉克北部坎迪尔山区宣布，“库尔德工人党”将从5月8日开始正式从土耳其有组织地分批撤出。但他同时警告，如果在撤离过程中遭到袭击，他们将暂停撤离并进行武装回击。

9月5日，“库尔德工人党”武装领导人杰米尔·巴耶克当天宣布，中止从土耳其境内撤出武装人员的行动。他表示，如果遭到土耳其军队的袭击，将予以反击。

11月17日，土耳其总理埃尔多安再次敦促“库尔德工人党”武装放下武器，离开山区，返回家园。他要求库尔德人支持土耳其政府与“库尔德工人党”武装之间的和平进程，向企图破坏和平进程的不法分子提出警告。

2014 年

6 月 22 日，“库尔德工人党”武装人员在土耳其东南部山区绑架了 7 名土耳其人，其中包括一家 5 口。

8 月 5 日，由于“伊斯兰国”极端组织从库尔德武装手中夺取了伊拉克北部一些城镇，聚集在伊北部地区的土耳其库尔德工人党武装组织在网站上发表声明，敦促所有库尔德人一起与“伊斯兰国”极端组织作战。

8 月 20 日，“库尔德工人党”出动精锐女子兵团，追捕在伊拉克绑架 3000 多名无辜女子的“伊斯兰国”武装人员。

10 月 14 日，土耳其政府发表了对东南多山省份哈卡里省境内的“库尔德工人党”进行轰炸的预告消息。这是土耳其自 2013 年 2 月“库尔德工人党”和土耳其政府保持和平谈判以来的首次轰炸行为，而和平谈判的目的则是为了结束已经持续 30 年、导致了 4 万余人死亡的武装冲突。

11 月 24 日，土耳其安全部队在宾格尔省根奇县围剿一伙库尔德工人党武装人员，要求他们投降，但武装人员予以拒绝，双方立即交火。土耳其安全部队在空中力量支援下打死 8 名库尔德武装人员，还缴获了武器弹药。

二、伊斯兰解放党

参见以往《年鉴》。

三、革命人民解放党/阵线

参见以往《年鉴》。

四、大东部伊斯兰袭击者阵线

参见以往《年鉴》。

五、伊斯兰拯救军

参见以往《年鉴》。

六、安拉之军

参见以往《年鉴》。

七、解放库尔德斯坦之鹰

参见以往《年鉴》。

八、库尔德特雷阿扎迪耶

参见以往《年鉴》。

九、土耳其革命共产主义联盟

参见以往《年鉴》。

十、埃尔盖内孔

参见以往《年鉴》。

十一、"灰狼"组织

参见以往《年鉴》。

第十八节　伊朗

一、伊朗人民圣战者组织

参见以往《年鉴》。

二、真主旅

参见以往《年鉴》。

三、库尔德自由生命党

参见以往《年鉴》。

四、伊朗人民法达游击队

参见以往《年鉴》。

五、阿瓦士阿拉伯人民民主阵线

参见以往《年鉴》。

六、阿瓦士阿拉伯复兴党

参见以往《年鉴》。

第三部分

国际重大恐怖活动案例分析

第十七章　澳大利亚悉尼人质劫持案

第一节　案件全景

2014 年 12 月 15 日上午，澳大利亚第一大城市悉尼市中心一家咖啡馆发生人质劫持事件。在与劫持者对峙近 17 个小时后，澳大利亚警方于 16 日凌晨发起强攻，冲入咖啡馆，击毙劫持者，成功解救大部分人质。此次劫持事件共造成 2 名人质死亡、多人受伤。这起人质劫持事件属“独狼”恐怖袭击性质，劫持者因受到国际恐怖组织“伊斯兰国”极端思想鼓动而作案，凸显了澳大利亚等西方国家本土安全面临日益严峻的挑战。

一、事件经过

2014 年 12 月 15 日 9 时 45 分，澳大利亚悉尼市中心马丁广场内的一家瑞士莲巧克力咖啡馆发生人质劫持事件，一名劫持者蓄须，着白衬衫，头戴黑色头巾，手持一把猎枪，劫持了咖啡馆内的18名人质。劫持者要求其中一名人质手持写有白色阿拉伯文的黑色旗帜，上书清真言“万物非主，唯有真主。穆罕默德，是真主的使者。”劫持者挟持咖啡馆经理拨打报警电话，声称澳大利亚正受到极端组织“伊斯兰国”的袭击。劫持者还通过两名女性人质与媒体接触，提出两点要求：向咖啡馆内送一面“伊斯兰国”的旗帜，在电台直播节目中与澳大利亚总理阿博特直接通话，并威胁在悉尼周边放置了四台“装置”。但新南威尔士州警方调查后表示，并未发现所谓的“装置”。

马丁广场，是悉尼市最为繁忙的中央商业区。广场附近有澳大利亚储备银行以及多家商业银行，同时靠近新南威尔士州的州议会。事件发生后，澳大利亚警方立即采取了系列紧急疏散及其他应急措施。新南威尔士州警方在咖啡厅周围设立150米半径的管制区。澳大利亚联邦银行、西太平洋银行及澳新银行宣布，位于悉尼市中心商业区的分行关闭。以悉尼市中心为圆心半径1公里内的学校被封锁，民众不能自行出入。另外，因早前在悉尼歌剧院发现一个可疑包裹，悉尼歌剧院也启动了疏散措施，警方同时疏散了澳大利亚储备银行以及新南威尔士州议会等地的群众，同时呼吁马丁广场一带的民众留守室内，并且远离窗户。附近的火车与公共汽车也全部停驶，道路被封锁，数百人被拦在警戒线之外。澳大利亚航空也将原定降落于悉尼的航班改为备降于其他地点，但途经悉尼上空的其他航班未受影响。

下午3点37分许，两名人质从大楼正门入口处逃出，紧接着第三名人质从大楼一侧的消防通道逃出。下午4点58分许，两名女性人质从大楼的另一个入口成功逃脱。

16日凌晨2时许，现场发生巨响以及叫喊声，同时部分人质跑出咖啡馆，随即武装警察突击咖啡馆，与劫持者发生交火，并成功解救大部分人质。事后，新南威尔士警方确认事件中死亡3人，包括劫持者和2

名人质，另有4人受伤送医。两位死亡的人质分别是38岁的悉尼律师、三个孩子的母亲卡特丽纳·道森，34岁的瑞士莲咖啡馆经理托利·约翰逊。道森因遭到交火中子弹碎片击中而致死，而另一名死者约翰逊则是遭劫持者枪击死亡。

二、案件调查

事发后，澳警方立即就人质事件营救过程展开调查。调查由当地凶杀案组的探员负责进行。澳当局不建议立即降低警告级别，并向公众征集目击证据。2015年1月29日，针对此次人质劫持事件的审讯在悉尼正式启动。

此外，警方加强了安保值勤工作，包括在马丁广场、环形码头和悉尼歌剧院等处巡逻。新南威尔士州警方表示，案发现场和附近的道路将继续关闭一段时间，直到执法人员完成调查工作，并加强悉尼社区的保安工作。澳大利亚首都堪培拉和第二大城市墨尔本也都加强了警戒。澳大利亚警方在人质挟持事件后启动了名为“铁锤行动”的反恐行动，由警察行动中心负责指挥任务。有关行动全天候展开，警方将驻守在公共场所和各大交通中心，确保社区安全。

三、人质劫持者

性格孤僻，思想极端，好单独行动。人质劫持者曼·哈龙·莫尼斯，原名穆罕默德·哈桑·曼特希，案发时50岁，出生在伊朗，1996年以难民身份到澳大利亚寻求避难。案发前住在悉尼西南部。莫尼斯是伊斯兰主义边缘分子，并在个人网站上自称已从什叶派改为逊尼派。莫尼斯思想极端倾向严重。其网站主页张贴了一面旗帜和一些死去的阿拉伯儿童图片，并配有文字说明：“这是美国及其包括澳大利亚在内的盟友实施恐怖主义的证据。这是他们空袭的结果。”在过去多年里，他还一直抱怨自己所遭遇到的“不公”。他曾书写传单和信件，甚至在国会大厦外用铁链捆绑自己，以挑战法庭，但均无人理会。莫尼斯自称谢赫（对伊斯兰教学者及领袖的尊称），以伊斯兰教神职人员身份自居。

劣迹斑斑，涉嫌多项犯罪指控。莫尼斯逃往澳大利亚前，在伊朗管理一家旅游公司，后因涉嫌欺诈被伊朗警方通缉，遂逃离伊朗，并经马来西亚前往澳大利亚寻求避难。伊朗警方一直寻求经国际刑警组织将其引渡回国受审，但终因两国间没有引渡协议，遭到澳大利亚警方的拒绝。悉尼人质事件发生前，莫尼斯因涉嫌性侵 7 名女性而获近 40 项指控，包括 22 项严重性侵犯和 14 项强暴猥亵指控，但莫尼斯当时正处保释期间。警方称，莫尼斯用穆罕默德·哈桑·曼特希的名字，以“心灵治疗师”身份侵害这些女性。另外，莫尼斯还曾因向澳大利亚士兵遗属发送冒犯性信件而获罪，被判处 300 小时社区服务。[1]

四、国际反应

悉尼人质劫持事件引起国际社会的高度关注，相关国家纷纷加强反恐措施。中国外交部表示：“中方反对任何针对无辜平民的暴力行为，对悉尼人质劫持事件的无辜遇害者表示哀悼，向澳大利亚政府和人民以及死伤民众家属表示诚挚的慰问和深切的同情。”同时，中国驻澳大利亚使馆启动应急机制，密切关注事态发展，并与驻悉尼总领馆密切协调配合，全力以赴处理好此事，及时公布相关信息。加拿大、以色列以及印度等国政府纷纷表态，向澳方表示慰问。

12 月 15 日，劫持人质事件发生后，英国首相卡梅伦立即发出警告，

① 维基百科，http：//zh. wikipedia. org。

提醒英国也同样面临“独狼”极端分子的威胁。16日，卡梅伦在接受伦敦LBC广播电台采访时表示：“很明显，这是一个让人非常担忧的情况。这显示了我们在全世界面临的伊斯兰极端主义暴力的挑战。这件事发生在世界的另一端，但是也可能发生在这里，在英国或者欧洲。”此前，英国警方和安全部门都曾警告英国遭受被“伊斯兰国”军事化的极端分子的攻击“几乎不可避免”。英国政府还为安全部门增加拨款1.3亿英镑，用于“监视和阻挠自己动手的恐怖分子”，并通过新的法律要求大学、监狱、地方政府和学校发挥应对极端主义的积极作用。美国警方于事件发生后在纽约帝国大厦、华尔街、哥伦布圆环广场、时报广场和澳大利亚驻美国领事馆等场所均加强了安保工作。亚足联也表示向悉尼人质事件中丧生人质的家人及其受到影响的朋友表示慰问和同情。同时，鉴于悉尼发生了令人震惊的人质事件，亚足联已要求在澳大利亚的2015年亚洲杯组委会提升安保等级，保证亚洲杯期间全体运动员、媒体及球迷的安全。①

第二节 经验教训分析

此次悉尼人质劫持事件是近年澳大利亚本土发生的最严重的恐怖袭击案件。从事件的发生及人质解救全程来看，反映了澳当局在处置突发高危事件中具备较强的综合能力，包括军警反应快速，现场紧急疏散与封控措施得力，媒体与警方间沟通配合紧密等。但回顾事件的发生背景及强攻解救人质过程中的多处纰漏，均折射出澳当局在司法体系政策与实施过程中存在诸多不足，国家安全系统也暴露出许多技术性缺陷，并

① 人民网，http://world.people.com.cn/n/2014/1218/c1002-26233593.html。

引发国内外对此的广泛质疑。事件发生后，澳当局立即加紧完善反恐法、保释法及移民申请与签证等相关政策措施，并提高了对本土极端与恐怖主义威胁的防范与打击力度。但随着中东及国际恐怖主义进入新的活跃期，恐怖组织袭击美欧本土意图提升及从伊叙战场回流的武装分子威胁日益严峻，澳本土面临的恐怖威胁日增。

一、澳大利亚反恐部队人质解救能力存纰漏

这次解救人质行动中，澳大利亚反恐部队综合运用多种侦察力量迅速定位了劫匪的位置信息，并展开了现场封控行动。谈判专家与枪手进行谈判周旋之后转入强攻，反恐部队按照预先分工，成功击毙劫持者。但顺利强攻难掩人质营救事件中的多处纰漏，并折射出澳反恐部队在解救人质方面存在的能力不足。首先，在应急处理上，澳大利亚警方及反恐部队均存在信息掌握不充分且严重滞后的问题。事发数小时后，澳警方仍未获悉劫匪劫持人质的确切数目，并因缺乏经验而显得较为慌乱。其次，与劫匪谈判周旋近 17 个小时仍无果，其间，少量人质自行逃出，使反恐部队显得十分被动。谈判失败后，澳警方最终选择强攻。最后，造成人质伤亡的后果说明，反恐部队对人质劫持现场的内部情况掌握不全面，应急处理能力欠缺。至今，澳政府仍未公布对人质解救过程调查的细节，尤其对于外界十分关注的、反恐部队与劫匪交火并致人质伤亡的具体细节，澳政府始终避而不谈。

二、澳大利亚司法体系及国家安全系统饱受质疑，促政府加紧完善相关政策措施

劫持者曼·哈龙·莫尼斯案发前面临数十项指控，2013 年，莫尼斯因前妻遭谋杀一案被指控为从犯，但当年 12 月 12 日被获准有条件保释。

2014年4月14日，莫尼斯因涉嫌2002年性侵一名女性而获3项指控，保释申请遭驳回，被当局收押。5月20日，新南威尔士州政府推动改革保释相关法律，将部分延续数十年的保释例外条款删除。6天后，司法官批准莫尼斯的保释申请。有关保释的法律“松绑”一段时间后，新南威尔士州接连发生多起轰动一时的恶性案件，促使州政府8月决定推动强化法律。而根据计划，悉尼所在新南威尔士州2015年1月将强化相关法律，对具有潜在危险的人士保释实施更严格审查。就在距离法律生效还有一个多月的间隙，莫尼斯发动了此次震惊全球的人质事件。

尽管当地司法机构认定他存在“不可接受的风险”，仍批准他有条件保释，在一定程度上暴露了澳司法与安全系统存在纰漏。甚至在案发前几日，莫尼斯还在自己的网站上发表极端言论，攻击澳大利亚的反恐行动，称希望“能够对抗美国的恐怖主义和镇压行为，以及美国的盟友，比如英国和澳大利亚。”有报告透露，案发前，澳安全热线曾收到18次有关莫尼斯的电话，但均因无迹象表明其即刻将发起攻击而未受重视。这引发澳大利亚社会对本国司法体系及国家安全系统提出严重质疑，也促使澳政府就如何弥补司法体系的纰漏，并进一步完善对潜在危险分子的监控等安全问题进行深入整改。澳大利亚总理阿博特坦言，澳大利亚应该从中汲取教训。阿博特承认，国家安全系统并未能对莫尼斯的情况做出妥善应对。莫尼斯之前因涉及一系列犯罪案件而一直为澳大利亚安全情报局、联邦和新南威尔士州警方所熟知。阿博特称，对澳当局而言，莫尼斯是个“熟人”。“我们知道他向一些在阿富汗死去的澳大利亚士兵的亲属寄送冒犯性信件，且因此被认定有罪……我们也知道他在网站上发布一些极端材料。”阿博特表示：“我们想要知道为何这名有暴力史的男子没有被监控，他的精神不稳定史和对极端主义痴迷的情况，为何没有引起重视。”新南威尔士州司法部长哈泽德说，莫尼斯如何“从漏洞中溜走”，“如何没有引起当局更多注意”，值得相关的州机构和联邦机构仔细反思。[①]

新南威尔士州在事发后立即加强了相关保释法，联邦政府也实施了严格法律，拘留涉嫌参与恐怖活动的人员。2015 年 2 月 22 日，澳大利亚总理阿博特表示，即将宣布新的反恐战略。澳大利亚政府已对安全防卫等事务展开审核。此外，澳大利亚或收紧外国移民签证政策。近年来澳大利亚相对宽松的移民政策，使大量穆斯林移民该国，这也给极端分子和伊斯兰激进分子在澳制造恐怖活动提供更多可乘之机。此外，外来移民普遍面临的失业、贫困、社会不公、种族歧视以及与当地主流社会的隔绝问题日益突出，也易激发社会矛盾，成为极端恐怖主义滋生的温床。阿博特指出，今后受理外国移民与难民申请时，将更加谨慎。

三、澳大利亚本土面临的恐怖威胁日益严峻，“独狼式”恐怖袭击提出新的安全挑战

中东恐怖形势持续恶化，以“伊斯兰国”为代表的恐怖组织不断将触角向域外延伸，加之“伊斯兰国”与“基地”组织及其分支在国际圣战圈的竞争日益激化，导致欧美本土发生恐怖袭击的危险日增。“伊斯兰国”运用网络和社交媒体在西方社会大肆招募人员赴叙、伊参战，“基地”组织及其分支，包括索马里“青年党”和阿拉伯半岛分支等展开宣教攻势，鼓动西方国家的支持者在当地自行发动恐怖袭击。此次人质事件的劫持者莫尼斯就是受到“伊斯兰国”极端思想影响而犯案。莫尼斯自称其行动同“伊斯兰国”有关，但澳当局的调查显示，莫尼斯与该组织不存在任何联系，更没有接受过恐怖组织的专门培训。澳当局指出，至少有 70 名澳大利亚人在伊、叙作战，另有 20 人已经回国。此外，国

---

① 人民网。http：//world. people. com. cn/n/2014/1218/c1002-26233593. html。

内还有大量支持者。

与此同时，澳大利亚作为美国的反恐盟友，日渐成为恐怖组织及个人报复的对象。2014 年 9 月，澳大利亚派遣军事人员和战机协助美军打击“伊斯兰国”，此举引发对“伊斯兰国”抱有同情和支持态度的激进分子发动“独狼式”袭击。

澳大利亚对极端分子和从中东地区回流的武装人员保持高度警戒。澳当局于 2014 年 9 月 12 日将本国面临的恐怖主义威胁级别从“中级”提升至“高级”。这是澳大利亚自 2003 年引入四级恐怖威胁定级体系以来，首次将恐怖威胁级别提升至“中级”以上。2014 年 9 月中旬，800 名反恐警察在悉尼郊外展开反恐突袭行动，逮捕了 15 名涉嫌与“伊斯兰国”有关联的阿富汗人，这些人被指控在澳大利亚境内策划恐怖袭击。之后，澳警方又在墨尔本郊外击毙了一名用刀行刺两名警察的恐怖分子嫌犯。10 月末，澳大利亚众议院通过反恐法修订案，规定本国公民前往恐怖热点地区属犯罪行为，嫌疑人最高面临 10 年监禁。悉尼挟持人质事件发生前数小时，澳警方刚刚采取一次反恐行动，在悉尼市中心的马丁广场附近拘捕了一名 25 岁澳洲男子。

第十八章　阿尔及利亚艾因阿迈纳斯人质劫持案

第一节　案件全景

2013年1月16日，一伙北非极端组织“蒙面旅”的武装分子突袭了阿尔及利亚东部伊利济省的艾因阿迈纳斯天然气田，并挟持了包括欧、美、日等国员工在内的数百名人质。17日，阿尔及利亚特种部队对劫持人质的武装分子发起强攻，直至19日，此次人质危机以众多人质伤亡为代价而终结。事件中，阿尔及利亚军队共解救685名阿尔及利亚人和107名外国人，全部32名武装分子中29人被击毙，3人被活擒，37名外国人质不幸遇难。极端分子声称此次袭击旨在报复法国在一些西方国家的支持下对马里北部伊斯兰武装的空袭行动，以及阿尔及利亚政府允许法国战机飞越阿领空，并借此警告法国停止在马里的军事行动。此次阿尔及利亚大规模人质绑架事件再次凸显了非洲面临的安全问题，随着西亚北非暴恐活动步入活跃期，阿尔及利亚本土安全及西方国家在该地区的利益将面临更严峻安全威胁。

一、事件经过

2013 年 1 月 16 日凌晨 5 时许，一伙伊斯兰恐怖分子全副武装，分乘三辆汽车，在阿尔及利亚伊利济省艾因阿迈纳斯镇天然气加工厂附近袭击了一辆从天然气田驶往附近机场的大客车。未果后，这伙武装分子前往该工厂的生活区，劫持了包括日本、英国、法国、美国、爱尔兰、马来西亚与挪威等国员工在内的数百名人质，并与阿特种部队进行武装对峙。

该天然气加工厂由英国石油公司、阿尔及利亚国家石油天然气公司、挪威国家石油公司共同经营，位于阿首都阿尔及尔东南部约 1300 公里处，距离艾因阿迈纳斯镇 40 公里，距利比亚的西部边界约 60 公里。事件发生后，阿尔及利亚官方保持了强硬态度。阿尔及利亚内政部长卡布利亚在电视讲话中表示，不会同意恐怖分子的要求，不与恐怖分子谈判。袭击发生后，阿尔及利亚安全部队迅速包围了艾因阿迈纳斯镇天然气加工厂，并于 1 月 17 日中午发起攻击。安全部队数度试图攻入袭击者占据的建筑，与武装分子交火，均被击退。武装分子装备有迫击炮和防空导弹等轻、重型武器，火力强劲。下午，阿尔及利亚特种部队开始进攻。阿尔及利亚空军率先出动米－24“雌鹿”武装直升机向劫匪车队发起攻击。随后，阿尔及利亚地面部队开进天然气厂。19 日，阿尔及利亚特种部队发起最后攻击，击毙了 29 名恐怖分子，生擒 3 人，夺回了工厂，解救了 685 名阿尔及利亚人和 107 名外国人，终结了持续 3 天、牵涉多国的人质危机。但该事件仍不免血腥收场，造成来自日本、菲律宾、英国、挪威、美国、马来西亚、罗马尼亚、哥伦比亚和法国的共计 37 名外国人质丧生，1 名阿尔及利亚人丧生，7 人失踪。

二、案件主犯

阿尔及利亚恐怖组织“蒙面旅”公开承认该事件由其旗下组织“血色营”所为。1 月 20 日，“蒙面旅”头目发布视频，称至少 40 名该组织武装分子制造了此次劫持人质事件，其中多数来自穆斯林世界，部分来自欧洲。[①] 而阿尔及利亚当局称，这伙武装分子来自马里北部，其中包括埃及、马里、尼日尔、毛里塔尼亚、突尼斯及阿尔及利亚人。[②] 一名自称袭击者的男子事发当天打电话给法新社记者：“我们是‘基地’成员，来自马里北部，属于贝尔穆赫塔尔带领的哈立德·阿布·阿巴斯旅。”并称此次袭击旨在“抗击犹太人和十字军”，要求“立即停止攻击我们在马里的人”，“如果阿尔及利亚、法国以及其他人质所属的国家拖延，不能满足我们的要求，将承担全部责任”。这伙武装人员还要求阿尔及利亚当局释放在押的 100 名宗教极端分子，允许其返回马里北部，以此为条件换取西方人质。[③]

“蒙面旅”（Masked Brigade）曾是“基地”北非分支——伊斯兰马格里布“基地”组织的一部分，2012 年秋从北非分支分离出来，独立活动。该组织拥有一定规模的人力，盘踞在马里北部城市加奥。组织头目为“独眼”穆赫塔尔·贝尔穆赫塔尔，生于 1972 年，阿尔及利亚人。

---

① “Algeria hostage crisis：What we know”，http：//www. bbc. com/news/world-africa-2108773221. January 2013.

② “Paul Cruickshank and Tim Lister，Algeria attack changes terror landscape in North Africa ”，CNN， http：//edition. cnn. com/2013/01/22/world/africa/algeria-attack-analysi. January23，2013.

③ “Algeria Hostages Attack Claimed By Mokhtar Belmokhtar For Al Qaeda In Video”，Reuters，Jan 20，2013. http：//www. huffingtonpost. com/2013/01/20/algeria-hostages-mokhtar-belmokhtar-al-qaeda-video _ n _ 2515644. html.

1991年他前往阿富汗参战，返回阿尔及利亚后参加了当地的极端组织“伊斯兰武装组织”，后随该组织分支“萨拉菲宣教与战斗组织”加入“基地”组织，并成为伊斯兰马格里布“基地”组织资深头目之一。他曾参与大量走私活动以为组织筹集资金，因走私香烟而得名“万宝路教父”。他还参与了多起贩毒、武器交易及非法移民活动。此外，他还曾参与策划多起人质绑架事件。法国情报机构称他是“抓不到的人”。据称，2012年下半年，他因与北非分支内部其他头目意见分歧而带领“蒙面旅”另立门户，后成立下属武装组织“血色旅”。贝尔穆赫塔尔图谋超越北非地区，设立泛撒哈拉组织，并誓言与西方利益斗争到底。早在法国武装干预马里北部之前，贝尔穆赫塔尔领导的“蒙面旅”就与北非另一支极端组织“西非统一与‘圣战’组织”联合组建了新的北非地区极端组织“穆拉比特”。贝尔穆赫塔尔自称，该组织主要聚焦法国及其盟友，长期目标是寻求延续并变革“基地”组织北非分支的“全球”地位，团结“从尼罗河到大西洋的穆斯林，以应对犹太复国主义”。贝尔穆赫塔尔在故乡阿尔及利亚向周边扩展联系网，他在毛里塔尼亚招募人员，在马里通过联姻方式建立联盟，在尼日尔开展招募及恐怖活动，在利比亚建立关系网并非法获取大量武器装备。①

2013年12月18日，美国将“蒙面旅”武装组织列入外国恐怖主义名单，并对其实施制裁，禁止任何组织向“蒙面旅”提供物质和资源支持或进行交易，该组织在美国的所有资产将被冻结。

---

① “Algeria Hostages Attack Claimed By Mokhtar Belmokhtar For Al Qaeda In Video”, Reuters, Jan 20, 2013. http://www.huffingtonpost.com/2013/01/20/algeria-hostages-mokhtar-belmokhtar-al-qaeda-video_n_2515644.html.

三、国际反应

袭击发生后，被劫持人质所在国纷纷发表声明，强烈谴责这一恶性恐怖袭击事件。其中，法国作为此次武装分子袭击目标指向国，表现出强硬态度，并坚决维护出兵马里的“正义性”。法国总统弗朗索瓦·奥朗德表示：“法国相信阿尔及利亚政府能够找到解决人质事件的‘最好办法’。”并认为应对恐怖分子继续持强硬态度，“阿尔及利亚人质事件的发生表明，法国出兵马里的决定是正确的。绝对不能与劫持人质的激进分子协商”。奥朗德当天在会见法国经济和社会界领袖时说，他是应马里总统的要求，并在遵守联合国宪章的情况下，出兵“帮助马里”的。法国的目的是制止恐怖主义侵略，使非洲国家能够动员起来，维护马里的领土完整。[①] 作为法国的盟友，美国总统奥巴马 19 日首次直接回应阿尔及利亚人质危机，指出恐怖分子应该为悲剧受到谴责，美方将向阿尔及利亚提供协助。白宫当天发布奥巴马的一份书面声明指出，袭击凸显宗教极端武装组织和“基地”组织关联团体对北非地区构成的威胁。“我们将继续与我们的伙伴密切合作，打击这一地区的恐怖主义势力。”[②] 英国和日本则分别对阿尔及利亚当局处置这一恐怖事件的不力表示谴责。英国外交大臣威廉·黑格在事发后第二天表示对阿方未提前告知英国其营救计划而感到“失望”。英国防卫大臣哈蒙德也表达了对阿尔及利亚政府的

---

① “Algeria siege: Hostages ‘escape Islamist captors’”, http: //www. bbc. com/news/world-africa-21060323, 17 January 2013.

② Adam Nossiter and Scott Sayarejan, “Militants Seize Americans and Other Hostages in Algeria”, http: //www. nytimes. com/2013/01/17/world/africa/islamists-seize-foreign-hostages-at-algeria-gas-field. html? hp&_r=0. Jan 16, 2013.

不满，认为“这场人质危机以牺牲生命为代价是骇人听闻和不可接受的。”[①] 20 日，安倍与阿政府领导人塞拉勒在电话会谈时对阿尔及利亚政府的所作所为表示了强烈抗议，认为阿政府没有遵从日本政府的要求。[②]罗马尼亚外交部宣布提高监视级别。[③] 联合国安理会 18 日晚发表声明，强烈谴责阿尔及利亚恐怖袭击事件，强调必须将肇事者绳之以法。

第二节　经验教训分析

此次大规模人质劫持事件中，武装分子仅凭借 32 人便能轻松攻入严密防卫的天然气工厂，并劫持大量人质，这让国际社会纷纷质疑阿政府的安全政策和反恐能力。此次人质危机背后也折射出北非恐怖形势日益严峻，阿本土安全及西方利益面临多重严峻挑战。

一、阿国内重大能源项目及基础设施缺乏完善的安保措施

活跃于北非的伊斯兰马格里布“基地”组织自 2011 年至 2012 年几乎每年均制造数百起暴力袭击事件，目标主要瞄准北非国家军政目标及西方利益，包括外国公司投资的重要项目，尤其能源工程及基础设施。艾因阿迈纳斯天然气田是由英国、挪威和阿尔及利亚石油天然气公司共同运营的重点项目，因此，其受袭风险颇高。但该公司长期缺乏完备的

---

① “Algerian army surrounds hostage-takers”, http://www.aljazeera.com/news/africa/2013/01/2013116154848726750.html. 17 Jan 2013.

② “阿尔及利亚通报多名日本人在人质事件中遇难”，环球网，2013-01-20，http://world.huanqiu.com/exclusive/2013-01/3551522.htm。

③ “How attack on Algeria oil facility unfolded”, http://www.irishtimes.com/news/how-attack-on-algeria-oil-facility-unfolded-1.1071310. Jan 16, 2013.

安保措施，一味依靠阿政府武装保护，政府军却无力有效防御此类袭击事件的发生。此外，英国政府在2012年底曾得到关于此次预谋袭击的情报信息，但因处理延误，最终导致袭击的发生。

二、阿尔及利亚反恐能力遭到质疑

首先，安全部队反应迟缓，行动力欠缺。人质危机发生数小时后，安全部队才开始采取应急反应措施。尽管事发地点较为偏僻及武装分子的攻击战略相对复杂等因素严重影响了大规模武装调动及地面情报信息搜集工作，但直到事发当日晚间，第一支政府武装部队才抵达行动地点。

其次，未就行动方案与相关国家进行预先沟通。美国、英国、挪威、日本等国纷纷抱怨阿方没有事先通报行动方案，导致信息沟通不畅、行动缺乏协调。日本曾要求阿军方停止军事行动，以保证人质安全为前提；英国、爱尔兰等政府也发表声明，对阿军方未提前通报行动表示不满。英国政府要求阿尔及利亚政府就确切情况和死亡人数公布更多细节。

最后，武装解救行动以大量人质伤亡为代价引发国际社会的不满。阿尔及利亚政府对于此次人质危机采取了坚定的不妥协立场，发表声明强烈谴责“血色营”的罪行，拒绝谈判，选择直接动用武力解救人质，最终因缺乏有效应对战略及武装强攻不力而付出37名人质丧生的代价。因此，此次解救人质行动被认为是过度反应，存在阿政府借以证明其打击暴力之决心之嫌。阿尔及利亚军方快速武力解救行动被一些西方媒体形容为“残忍的袭击”、“鲁莽的救援”，并遭到相关国政府的指责。

三、北非暴恐威胁急速升级，地区安全形势进一步恶化

此次劫持人质事件凸显了北非恐怖组织仍具备较高的恐袭能力，包括周密策划及发动远程大规模袭击的能力，同时表明“基地”组织及其

分支能够利用目前拥有的资源，以及沙漠地区的支持网络和训练营，针对远程目标进行有力侦察并发动复杂的地面攻击。该组织预先对天然气基地的地理布局进行了详细勘察，并借助于工厂内部安插的组织成员，获悉相关情报信息。据悉，这伙武装分子的其中一人为该工厂的司机。该组织的突袭策略得当，当武装分子的突击受阻后，其马上转战进入该工厂生活区，并迅速劫持大量人质，封锁出口。同时，武装分子通过多家媒体向外界发声，传达了袭击的目的——旨在报复法国出兵马里打击北部极端分子及阿尔及利亚政府向法国开放领空的做法，以此向这些国家施压，并让这一新成立的极端组织名声大噪。这伙武装分子数量仅 32 人，却成功突袭围堵及劫持众多人质，并有力阻击阿尔及利亚特种部队多次武装强攻，充分显示了其强劲战斗力。此外，这伙武装分子武器配备精良。军方在行动中缴获了一批包括机枪、步枪、60 毫米口径迫击炮、C5 型导弹、火箭弹、手榴弹在内的武器弹药。

北非及萨赫勒地区的国际暴恐“动荡弧”日渐成型，地区安全形势进一步恶化。2013 年以来，西亚北非乱局的暴恐并发症全面显现，“基地”等国际暴恐组织趁势在北非开辟战略要地，并成为联系西欧、中东、南亚的重要基点。此次马里内乱，“基地”组织趁势打通“马里走廊”，图谋建立纵横非洲东西南北的“圣战”网络。地区老牌暴恐势力抬头并加速分化组合的同时，新兴地区暴恐势力也趁势蘖生，使非洲面临多重安全威胁，北非暴恐威胁进入新一轮上升期。此外，马里危机直接导致 2013 年 1 月 11 日法国出兵马里，援助马里政府军打击北部恐怖武装。法国出兵干预马里危机更加剧了地区反西方的极端情绪及发动恐怖袭击的热潮。非洲国家本土安全及西方国家的地区利益将面临更严峻挑战。

第十九章　巴基斯坦卡拉奇国际机场遇袭案

第一节　案件全景

一、事件经过

当地时间2014年6月8日晚上约11点30分左右，约10名恐怖分子身穿机场安保人员制服，背自杀式背心炸弹，持假身份证件，携带手榴弹、机枪及火箭炮等武器伪装混入卡拉奇真纳国际机场，随后驾车冲进老航站楼。起初，武装分子尝试剪断机场的铁丝网进入停机坪，但很快被机场安全部队人员发现，双方发生交火。恐怖分子兵分两路，一路冲向防范松弛的机场旧航站楼，该航站楼主要供VIP及货运使用。恐怖分子放火焚烧了2架飞机，并向另外4架飞机开火，并掷手榴弹袭击机库，两名恐怖分子还试图劫机。另一路直接袭击机场安保、工作人员和乘客。在机场附近的一名外交官称，他在楼顶上看到一架飞机起火，现场可见大量浓烟。美国媒体报道称，恐怖分子攻击的目标主要是机库以及旧航站楼，这里同时也是重要贵宾专机降落的地方。据巴基斯坦总理办公室消息，袭击者原计划将所有停在旧航站楼附近的飞机“全部炸毁”。巴基斯坦总理谢里夫表示，“恐怖分子的计划是摧毁巴基斯坦的航空业。”袭击发生后，军方包围机场，封锁周边公路，并与袭击者发生激战，中途走投无路的武装分子引爆身上的自杀式爆炸装置，造成了更多伤亡。在此期间，恐怖分子穷凶极恶，打算长时间作战，以制造更大伤亡，恐怖分子除了携带大量弹药，他们还带了许多食物。巴军队经过近5个小时激战，将10名武装分子剿灭，另有14名安保人员及机场工作人员丧生。

二、危机应对

巴基斯坦当局对袭击事件予以强烈谴责，并称赞安保人员在行动中的英勇表现。谢里夫表示，“警察和安全部队士兵的英勇行为挫败了恐怖分子的计划，捍卫了国家财产的安全。”总统马姆努恩·侯赛因强调，这种怯懦胆小的行为不能动摇巴政府反恐的决心。《华盛顿邮报》称，巴基斯坦总理谢里夫和军方正在考虑对塔利班发动重大攻势。巴国防部长阿西夫在电视上说：“这种恐怖行为不可饶恕，政府将对这种懦弱的恐怖行为予以适当回击，恐怖袭击策划者和执行者都将被挫败。事件发生后，巴政府即刻取消卡拉奇机场所有出发航班，部分到达航班改飞临近机场，拉瓦尔品第国际机场和拉合尔国际机场宣布进入红色（最高）安全警戒级别，任何进入机场的人员须接受严格安检，并取消所有临时通行证，增加警力加强巡逻，并全力保护乘客安全。卡拉奇国际机场于10号重新开放。

三、幕后黑手

事后，巴基斯坦国内最主要的恐怖组织“巴基斯坦塔利班运动”很快宣布对袭击负责。该组织称，这次袭击是为了报复美国无人机去年11月炸死其领导人哈基穆拉·马哈苏德。“巴塔“发言人沙希德还指责巴政府最近新一轮和谈提议为诡计，誓言发动更多袭击。他说：“巴基斯坦政府以和谈为战争工具。我们尚未为成百上千在巴基斯坦空袭中丧生的部落妇女和儿童复仇。这只是开始，我们已经为一人复仇，我们必须为成百上千人复仇。”同时，也有报道称“乌伊运”也参与了该次袭击活动，巴《黎明报》称此案10名恐怖分子有乌兹别克斯坦人，是“巴塔”中的“乌伊运塔利班”，且“巴塔”之间的联系方式更为隐秘，武器更加高科技化，威胁可能持续扩张。

第二节　经验教训分析

一、卡拉奇愈发受恐怖分子青睐

卡拉奇是巴基斯坦第一大城市，同时也是该国重要的空港和经济中心，罕见的袭击事件再次加剧外界对巴安全形势的疑虑。《华盛顿邮报》称，这起袭击引发人们对巴在持续恐怖威胁中保护重要运输枢纽的疑虑。而成千上万的巴基斯坦塔利班嫌疑人员隐身卡拉奇，卡拉奇因而成为巴基斯坦最动荡的城市。案发前，安全官员曾警告卡拉奇可能发生重大恐怖袭击，以报复巴军在靠近阿富汗边界地区的清剿。

二、巴政府“和谈”政策失败，军方开始对恐怖分子发动围剿

谢里夫上台后，大力主张与“巴塔”和谈，2013年9月9日，谢主持召开全国政党大会，与会代表就与“巴塔”和谈达成一致。中途

虽经历波折，巴政府终于在2014年1月29日宣布开启与“巴塔”的和谈，并分别于2月6日和3月5日举行了两轮和谈。其中首轮为间接谈判，巴政府由总理顾问伊尔凡·西迪基等四人组成政府谈判委员会，“巴塔”也指派3名宗教和政治领袖组成“巴塔”谈判委员会，双方最终达成象征性“停战”协议。次轮为直接谈判，即政府代表与“巴塔”代表直接在北瓦济里斯坦会面。“巴塔”提出两大条件，一是释放700多名被关押的“巴塔”成员，包括大量妇女和儿童等非战斗人员，但政府排查后发现只有2名妇女，随后也释放了19名囚犯，却不在“巴塔”要求的囚犯名单之列。二是要求在南瓦济里斯坦马赫苏德部族的两大聚居地建立“和平区”，巴军撤出该区域，“巴塔”成员可在此自由活动。巴政府予以拒绝，双方和谈不欢而散。随后，“巴塔”发动多起恐怖袭击向政府施压。此次卡拉奇国际机场遇袭案，造成近百人死伤，影响极为恶劣，民众和反对党开始对谢里夫政府产生不满和抱怨，谢里夫政府渐对“巴塔”“忍无可忍”，政府与“巴塔”的和谈可能被彻底中断。6月15日，巴军方发起“利剑行动”，全面围剿位于北瓦济里斯坦部落等地的恐怖分子。

三、“巴塔”逐渐失控，巴安全局势面临更大挑战

“巴塔”领导人阿卜杜拉·巴哈尔9日表示，这起袭击是对该组织前领导人哈基穆拉·马哈苏德遇袭身亡的报复。他还表示，将有更多的报复行动即将展开。“只要我们还在呼吸，我们的袭击将会继续，直到我们生命终结之时。”马哈苏德于2013年11月在巴基斯坦境内的北瓦济里斯坦地区遭美军无人机空袭身亡。马哈苏德2009年成为巴基斯坦最大非法武装组织“巴基斯坦塔利班运动”的首领，是巴基斯坦众多爆炸事件的幕后黑手。2013年底，法兹卢拉成为“巴塔”新头目，但法兹卢拉并非

出自巴传统部落区，常年在阿富汗活动，在“巴塔”内部根基并不牢固。5月28日，“巴塔”根基之一的马哈苏德派宣布脱离“巴塔”自立门户。此前，该派内部为争夺领导权曾发生内讧，“巴塔”头目法兹卢拉试图安插巴塔二号人物哈卡尼接管该分支，调该分支头目赛义德担任莫哈曼德分支头目，以加强对该分支领导和弥合内部分歧，但遭致拒绝。该派别是“巴塔”内部最为极端派别，巴塔前两任头目拜图拉和哈基姆拉均出自该派。“巴基斯坦塔利班的主要目标是政府和军队，他们不满巴基斯坦与西方合作，希望在巴实施伊斯兰法。”“巴塔”内部派系众多，主战和主和的声音不尽相同，现任头目法兹卢拉的控制力不强，以其为首的主战派可能会发起更多袭击。

四、机场成为新的航空安全威胁

近年，因航空恐怖案代价小、轰动效应大，针对航空设施的恐怖袭击骤增。此前，恐怖分子多直接瞄准飞行器。如，2009年12月，尼日利亚人穆塔拉布携带“内裤炸弹”，企图引爆从荷兰阿姆斯特丹飞往底特律的客机；2010年10月，“基地”半岛分支企图利用“包裹炸弹”引爆两架由也门首都萨那途经伦敦、迪拜飞往美芝加哥的货机未遂。2010年后，因各国登机安检较严，恐怖分子直接引爆飞行器的难度增加，遂将机场作为重点袭击目标，这种趋势在南亚更为明显：2011年5月，“巴塔”袭击卡拉奇的海军迈赫兰基地，杀死了6名安全人员，摧毁了两架美国产的P－3C猎户座（Orion）侦查和反潜飞机。2012年8月14日，印情报机构透露，约20余名“虔诚军”成员企图在印4个机场劫机搞“9·11”式恐袭；同年12月13日，阿富汗坎大哈机场入口处遭“人弹”袭击。同年12月15日，恐怖分子对巴白沙瓦国际机场综合使用“车弹”、火箭弹和手榴弹等武器搞“多维暴恐战”，造成50余人伤亡。

“9·11”后，南亚成为国际恐怖活动中枢，之前诸如制爆技术和“游击战”等暴恐战术不断复制至其他地区，航空恐怖袭击或成未来恐怖袭击的一大主流。

第二十章　美国波士顿马拉松爆炸案

2014 年美国当地时间 4 月 15 日下午 3 时许，美国波士顿马拉松比赛终点线附近发生两起爆炸，导致 3 人身亡，200 多人受伤。该案是“9·11”事件后美国本土遭遇的最严重恐怖袭击，显示美国本土恐怖威胁形势依然严峻、复杂，但美国境外反恐战略收缩态势暂不会变向。

第一节　案件全景

一、事件经过

2013 年 4 月 15 日，美国波士顿国际马拉松赛终点线附近发生两起连环炸弹恐怖袭击，导致 3 死 200 余伤。3 名死难者分别是美国的 8 岁男孩马丁·理查德和 29 岁的妇女克里斯蒂·坎贝尔，以及 23 岁的中国女留学生吕令子。波士顿马拉松赛爆炸案发地点是该市旅游景点，比赛当日更聚集大批民众。爆炸发生时，大批参赛选手正冲向终点，现场气氛热烈。据当地电视台报道，受伤者主要是观众。美国白宫、联邦调查局初步认定爆炸案为恐怖袭击。此次爆炸案有几大特点。一是伤亡严重。3人死亡、200多人受伤，其中重伤17人。二是精心策划、周密实施，袭击者使用类似路边炸弹的临时爆炸装置，多点放置、连环爆炸。在“9·11”后美国本土广筑反恐大网的情况下，如此袭击手法极为罕见。三是对民众心理冲击强烈。波士顿马拉松赛国际影响巨大，沿途观众达数十万。袭击发生后，社交媒体充斥爆炸现场血腥图片、视频。美国有线电视新闻网评论称“恐怖主义幽灵再次进入美国人生活”。

二、调查追捕

案件调查由联邦调查局主导，并由烟酒枪炮及爆裂物管理局（ATF）、缉毒局（DEA）、国家反恐中心（NCTC）和中央情报局（CIA）等其他联邦单位协助。调查显示，嫌疑人爆炸案后“镇定自若”地离开现场，随后开始疯狂大逃亡。4月18日下午5点20分左右，警方发布了由马拉松赛事沿途摄影机截录下来的嫌疑犯照片，其中包括嫌疑犯正面的清晰影像，并根据目击者的指认，宣布制造这起袭击的两名嫌犯，26岁的头号嫌犯塔梅尔兰·察尔纳伊夫（Tamerlan Tsarnaev）和19岁的焦哈尔·察尔纳伊夫（Dzhokhar Tsarnaev）被警方逮捕，两人为兄弟，是有车臣血统的移民。

2013年18日晚上，一家便利店遭洗劫，随后在马萨诸塞州理工学院又发生一起枪击案，26岁的校警肖恩·柯利尔（Sean Collier）身中数枪殉职。经确认抢劫案与枪击案主嫌同为察尔纳伊夫兄弟。警方追捕行动迅速跟进，两人在附近街道劫持车辆逃逸，途中向追逐的警方投掷了数次爆裂物。4月19日凌晨，在水镇（Watertown）与警方发生枪战，塔梅尔兰在交火过程受重伤经送医不治，焦哈尔趁乱逃脱。调查人员在交火区域发现许多没有爆炸的爆炸装置和超过 250 发子弹。另外，一个简易爆炸装置遗留在兄弟俩丢弃的汽车内。

波士顿警方当天凌晨出动 9000 多名警察，荷枪实弹，全城搜捕这名 19 岁疑犯。随后，马萨诸塞州州长宣布波士顿地区公共运输系统停驶，并建议居民留在家中，以协助追捕嫌犯。19 日晚间，水镇一名居民向警方报案，发现有血迹通往家里后院。4 月 19 日，美国东部时间晚上 10：30 左右，警方宣布，在与警方对峙数小时后，在逃嫌犯焦哈尔中弹被捕，追捕行动结束。嫌犯被捕前藏在一个院子里的小艇里。他被捕前曾经在一张纸上写下作案的原因是报复美国在伊拉克和阿富汗对穆斯林的打击，称爆炸案的受害者是附带损失，就像美国进行军事行动时造成的平民伤亡一样。

美国波士顿警方 4 月 21 日表示，波士顿连环爆炸案嫌疑人塔梅尔兰和焦哈尔持有大量武器、弹药和简易爆炸装置，可能发起更多袭击。察尔纳耶夫兄弟曾计划在波士顿爆炸案后到美国纽约著名的时代广场制造第二轮爆炸。纽约警察局局长凯利称，这对兄弟 19 日深夜携带 6 枚自制炸弹，劫车从波士顿来到纽约。但由于汽油不足，嫌犯中途停车加油，车主趁机逃脱报警，警察随后追上，与嫌犯发生枪战，他们的计划遭挫败。

调查显示，波士顿爆炸案嫌犯塔梅尔兰对西方把伊斯兰教视为暴力宗教感到愤怒。焦哈尔向美国调查人员交待，他和哥哥发动袭击是因为对美国在伊拉克和阿富汗的战争感到愤怒。塔梅尔兰妹妹伊林娜（Ailina）的前夫、26 岁的埃尔米尔扎·霍如格夫（Elmirza Khozhugov）称，塔梅尔兰对阴谋论很着迷，也很关注中东的战争。霍如格夫在一封邮件中写道，“他一直在寻找中东战争与穆斯林在全球受压迫之间的联系。在跟宗教沾边的话题上，你很难说服他。他对世界把伊斯兰教视作暴力宗教的现状感到愤怒。”邻居阿尔布雷希特·安蒙大约 3 个月前在一家比萨店遭遇塔梅尔兰，两人激辩美国对外政策、阿富汗战争、伊拉克战争和宗教话题。

美国的反恐政策和中东政策是诱发激进化的重要因素。美国发动的阿富汗和伊拉克战争被穆斯林民众视为对伊斯兰世界的侵略，美国长期支持偏袒以色列的中东政策激起阿拉伯国家强烈的反美情绪，为极端势力对美国发起恐怖袭击提供了理由。

三、爆炸主谋

嫌犯塔梅尔兰和焦哈尔 10 年前以车臣难民的身份随家庭迁入美国，住在波士顿附近的社区，并分别获得美国绿卡和国籍。但美国的 10 年生活未将他们融合成为真正的美国人，反而使他们蜕变为自发发动恐怖袭击的本土“独狼”分子。

1. 无法融入西方社会。塔梅尔兰曾是一名优秀的拳击手，娶了一个美国人并育有一个孩子。焦哈尔被捕前是马萨诸塞州达特茅斯大学的一名大二学生，2012 年 9 月正式获得美国国籍。2011 年 5 月，他还曾获得 2500 美元的市政奖学金。表面上看，他们都过得相当不错。但是“每个移民都有从祖国带来的种族、宗教、政治和文化‘包袱’，这些‘包袱’时常会和当地的风俗、信仰发生冲突，文化差异使一些移民感到孤立，造成代沟，使他们处于社会的边缘。塔梅尔兰在 2010 年曾告诉一个摄影师，“我没有一个美国朋友，我不理解他们。”塔梅尔兰 2007 年以难民身份获得美国绿卡，但是由于他有殴打女友的不良记录，使得他申请美国国籍遭拒绝。塔梅尔兰曾梦想代表美国出战奥运，但因没有美国国籍而使其奥运梦想破灭。塔梅尔兰后来先后遭遇辍学和失业，被击毙前靠领救济金和妻子辛苦的护工工作来生活。2012 年，塔梅尔兰母亲祖贝塔因涉嫌偷窃被迫回到俄罗斯，令他更加仇视美国。焦哈尔在上大学后也遇到困境，几乎被学校扫地出门。一连串打击可能最终促使兄弟俩下定决心发动袭击。

2. 自我激进化。嫌犯主要通过网络受到伊斯兰极端主义的影响，无关任何恐怖组织或恐怖成员。塔梅尔兰在视频网站“优兔”的个人账户上有一系列鼓吹伊斯兰原教旨主义和暴力“圣战”的视频，如伊斯兰激进传教士法伊兹·穆罕默德的演说视频，塔梅尔兰还建了一个被命名为“恐怖分子”的视频。焦哈尔在一家社交网站的个人页面上也分享了一个充满暴力血腥场面的视频。焦哈尔的极端思想可能受到哥哥的很大影响，他非常崇拜自己的哥哥，行动可能受到哥哥的控制。焦哈尔曾在社交网站发布日志称，“我即将结束自己的生命，我其实也不想这么干，我是被逼的。”美国参议院情报委员会佛罗里达州共和党参议员马尔科·卢比奥表示，愈加明显的信号是，他们都是通过一段时间逐渐走向极端的，尤其是哥哥。他们受到了伊斯兰原教旨主义思想的影响，主要利用网络资源来获取使他们变得激进的哲学观念。此外，2012 年 1 月，塔梅尔兰曾前往俄罗斯达吉斯坦并于 7 月返回美国。塔梅尔兰在达吉斯坦的活动尚不清楚，但该地区较为浓厚的伊斯兰极端思潮可能对塔梅尔兰产生了影响。

3. 网上学习自制“高压锅”炸弹。此次爆炸案中的两枚炸弹主要由炸药、铁钉、螺丝帽和大型高压锅组装而成，炸药来自 2013 年 2 月塔梅尔兰在新罕布什尔州锡布鲁克购买的鞭炮，通过某种玩具汽车的遥控装置引爆。“高压锅”炸弹组成材料易于获取、制作方法简单，在阿富汗、印度、尼泊尔和巴基斯坦等国的恐怖活动中被广泛使用。据焦哈尔交待，他们是从英文网络杂志《激励》上学习如何制造炸弹。该杂志是由位于也门的“基地”组织阿拉伯半岛分支创办，2010 年 6 月，该杂志刊登了一篇名为《如何在妈妈的厨房里制作炸弹》的文章，其中将“高压锅”炸弹列为“最有效的武器”，指导潜在恐怖分子如何利用易于获取的材料制作土炸弹。

自发策划、实施袭击行动。波士顿连环爆炸案发生后，其是否与国际恐怖组织有关联成为人们关注的焦点。2014 年据焦哈尔交待，他与塔梅尔兰在波士顿马拉松比赛大约一周前计划爆炸袭击，独自行动，没有接受境外恐怖组织的训练或支持。塔梅尔兰是爆炸袭击的主要“推动者”。该案是典型的“独狼”式恐怖袭击，嫌疑人察尔纳耶夫兄弟不隶属于任何恐怖组织。所谓“独狼”恐怖分子（团伙）是指他们不隶属于或受命于某个国际暴恐组织，多因经济、情感、心理等问题，在极端思想影响和煽动下，选择人群聚集的“软目标”，自发策划和实施恐怖行动。

四、各方反应

波士顿马拉松爆炸案是“9·11”事件之后美国本土遭遇的最严重恐怖袭击，美国社会各界反响强烈。奥巴马总统发表电视讲话，并坐镇白宫情况室指挥救援调查。美情报、执法部门旋即行动，提升重点城市安保级别，向民众发布警戒信息。美众议院议长博纳、参议院情报委员会主席范斯坦等先后讲话谴责袭击，国会为受害者默哀并降半旗。普遍认为，此案将使美国重新绷紧反恐神经，评估既有防范措施，更新反恐举措及手法。美国有线电视新闻网称：“恐怖主义的幽灵再次侵入美国人的生活”。美国参院情报委员会主席范斯坦表示，美国有必要重新评估现有反恐程序的有效性。美国国内保守派借机批评奥巴马政府收缩海外反恐战线是“对恐怖分子的放任”。美国福克斯新闻网质疑奥巴马政府在海外依靠特种部队与无人机打恐的有效性。

此外，国际社会也纷纷声援美国。联合国秘书长潘基文发表讲话，对发生在波士顿的爆炸事件予以强烈谴责，并向受害者及其家人表示哀悼和慰问。他表示，这起冷酷的暴行令人感到震惊。此时此刻，他的心和波士顿人民在一起。加拿大总理哈珀说：“在波士顿马拉松这一鼓舞人心的赛事进行之际，发生这样的暴行，这真是悲伤的一天。我们对在这一恐怖事件中受伤或受影响的人致以慰问并为他们祈祷。在这一困难时刻，我们与邻邦美国站在一起。”意大利总理马里奥·蒙蒂严词谴责了这起导致3人遇难的爆炸案，并称之为“懦弱行径”，只能引人蔑视，并留给人们痛苦和恐惧。俄罗斯克里姆林宫新闻局发布消息称，俄罗斯总统普京对这一野蛮犯罪表示强烈谴责，并认为打击恐怖主义需要加强国际社会的协同努力。普京同时向美国总统奥巴马表示慰问，并表示俄罗斯愿意协助调查这起事件，称俄方愿意为美国当局的调查提供援助。中国外交部发言人表示，中方强烈谴责并坚决反对任何针对平民的暴力袭击，对波士顿爆炸事件中的罹难人员表示深切哀悼，向受害者及其家属表示诚挚慰问。

波士顿爆炸案表明，美国面临的恐怖威胁依旧严峻复杂。“基地”组织为首的国际暴恐网络仍不断寻求袭击美国，“独狼”式恐怖袭击已成为美国的心腹大患。十余年反恐战争使藏匿在阿巴部落区的“基地”核心力量遭受重创，“基地”组织成员很难进入美国本土并再次发动“9·11”式袭击。但“基地”组织袭击美国之心不死，并改变策略，其在国际恐怖网络中的角色逐渐由恐怖袭击策动者演变为煽动者和指导者，“基地”组织核心广泛散播宣传极端思想的视频、音频、文章，鼓动、号召支持者发动“独狼”式袭击。“基地”组织的策略转变成效显著，根据美国国会研究局2013年1月发布的报告统计，2009年5月—2012年12月，美国破获的42起涉嫌策划、资助恐怖活动的案件中，绝大多数为“独狼”案。近百人涉案，均为伊斯兰极端分子，包括穆斯林移民、美国本土出生的穆斯林和皈依伊斯兰教的美国白人，共造成14名美国人死亡。

第二节　经验教训分析

一、多种应急措施管控危机

案发后，波士顿警方向周边城市通报情况；爆炸现场附近的写字楼和大型商场紧急疏散；手机通信系统关闭，以防通过手机遥控炸弹爆炸；首都华盛顿特区与纽约市进入高度戒备状态；白宫附近实施交通管制。总统奥巴马在白宫情况室指挥，已下令联邦政府为波士顿政府提供一切必要援助。

美国反恐专家比尔·布兰尼夫表示，在这次爆炸事件中，社交媒体重塑了美国的反恐应急模式，激发了公众的创造性应对能力，从而辅助政府采取有效措施。爆炸发生后，美国联邦调查局发布“征集令”，希望民众能够提交各类证据，以协助调查人员破案。美国联邦调查局后来在发布会上说，他们收到了几千条手机拍摄的照片、视频以及来自社交网站上的图片等证据。当专业调查人员在分析从各个渠道收集的信息时，涌现出不少“网络”侦探。这些网民试图从社交网络上的图片和视频中，找出和爆炸案有关的蛛丝马迹，以期寻找到可能的嫌疑人。

二、反恐困局难解

十余年的反恐战争消耗了美国大量资源，大规模军事介入的海外反恐模式难以为继。近年来，美国大幅调整反恐战略，收缩反恐战线，不断完善本土反恐体系建设，同时强化以特种作战和无人机定点清除为核心的海外反恐模式。但是美国仍难以摆脱“越反越恐”的困局，美国本土恐怖袭击事件仍时有发生，“基地”组织为首的国际暴恐网络则在多地发展壮大。

首先，本土“独狼”式袭击防范难度大。针对本土安全所暴露出的问题，美国近年来不断强化国内反恐防线。2011年4月，美国开始实施新的两级恐怖警戒体系，取代旧的5色警戒体系，使预警体系更加清晰、直观；6月，美国公布新版国家反恐战略，首次将本土作为反恐最重要“战场”；8月，美国又公布防范国内暴力极端主义新战略，以削弱“基地”组织等国际暴恐组织的极端主义宣传的影响力。但在“基地”组织大肆通过网络宣传煽动“独狼”式袭击的背景下，美国本土安全防范体系还是难以全面阻止恐怖袭击事件的发生。针对波士顿爆炸案，4月30号，美国总统奥巴马坦言，现在在美国已经出现的“自我激进化”的“独狼”式恐怖分子更难防范。与大规模恐怖袭击相比，“独狼”恐怖袭击造成的生命和财产损失相对较小，但“独狼”袭击易于操作、突发性强，难于防范，一旦袭击成功，将对公众造成重大心理冲击。此外，此次波士顿爆炸案可能导致美国穆斯林与白人的对立情绪，甚至诱发白人对穆斯林袭击事件的抬头并导致恶性循环。

其次，境外反恐“越反越恐”。澳大利亚“经济与和平研究所”2012年12月发布全球恐怖主义指数报告称，“9·11”事件后，美国在境外发动的反恐战争未能遏制恐怖主义发展势头，全球恐怖袭击数量反而逐年上升。在阿富汗、伊拉克两个美国海外反恐主战场，美国耗费了数万亿美元的军费，牺牲了约5000名士兵，但恐怖势力却不断壮大，活动愈发猖獗。“基地”组织在阿巴部落区的核心力量虽遭美国重创，包括本·拉登在内的组织头目相继被美国猎杀，但以“基地”组织为首的国际暴恐网络却呈现“多点开花”的发展态势，在也门、伊拉克、马里、叙利亚、埃及、索马里等地的分支机构不断坐大，对地区与国际安全稳定构成的威胁日趋增大。

第二十一章　巴基斯坦白沙瓦军事管理学校遇袭案

第一节　案件全景

一、事件经过

2014年12月16日，巴基斯坦塔利班（简称“巴塔”）袭击了巴开伯尔-普什图省省会白沙瓦一所军办子弟学校。据巴军方消息称，袭击造成了141人死亡，其中有132名学生和9名教职员工，另有超过100人在袭击中受伤。这是自2007年10月18日卡拉奇贝·布托竞选集会恐袭案以来，巴境内发生的最严重恐袭事件。当地时间上午10时30分许，一伙至少7人的武装分子，穿戴自杀式炸弹背心，身着军警制服，从该校防备松懈的后院墙进入校园，对师生展开无差别袭击。“巴塔”发言人穆罕默德·奥马尔·霍拉桑尼随后通过媒体宣布对此袭击负责，称是报复巴军方在部落地区的军事清剿行动。武装分子的手法及其残忍。进入校园后，武装分子依次搜索教室，对正在上课、考试的师生进行了无差别枪击，并在校园内放置自制炸弹。随后，武装分子进入了该校礼堂，当时军队人员正在对学生进行急救培训，武装分子再次进行了无差别袭击并挟持了部分师生。据报告称，不少伤亡者都身中数弹，而另有不少遇难者则是躲过首轮袭击后被武装分子清理现场时发现并遭到集体杀戮。“我们正站在学校外面，枪声突然响起，随后四处一片吵嚷，学校里传来老师和孩子的尖叫声。”校车司机说。一位逃生的学生向当地电视台称，“我们正在考试，这时外面突然传来了枪声。老师让大家趴在地板上，我们就这样一直趴了 1 个小时左右。枪声停了之后，有士兵引领我们出了教室。”目击者说，“士兵包围了学校，直升机在头顶上方盘旋，救护车呼啸着向医院运送受伤的学生。”

二、“巴塔”的报复行动

“巴塔”选择该校作为袭击目标因素有二：一是为报复巴军 6 月 15 日发起的“利剑行动”，该行动至 2014 年底已击毙恐怖分子约 1800 人。这令自 2013 年来就深陷分裂危机的“巴塔”雪上加霜。2013 年 11 月初，该组织原头目哈基穆拉被美无人机炸死，“巴塔”内部围绕新头目展开激烈争斗，最终现任头目法兹卢拉意外上位。因为法并非出自巴传统部落区，多年在阿富汗活动，在“巴塔”内部缺乏根基，故其上任后难以统筹和协调“巴塔”各派势力。2014 年来，包括原头目哈基姆拉所在的马哈苏德派等多股力量另立山头，法兹卢拉渐独木难支。巴军展开“利剑行动”后，法又被迫逃往阿富汗，急需干点“大事”正名，以扩大其在巴境内的影响力。而该学校有军方背景，位于当地一个部队住宅大院旁，故成“巴塔”的理想目标。“巴塔”声明中称，巴军“利剑行动”攻击了他们的家庭，此次袭击就是为让军方人员也感受“失去亲人的痛苦”。二是因为该校实行男女同校的西式教育，被认作是“非伊斯兰”。

“巴塔”成员极端保守，反世俗、反西方、反政府，尤其反对民众接受教育，此前该组织就曾袭击过提倡妇女教育权的诺贝尔和平奖获得者马拉拉。

二、各方反应

巴政府及军方强硬表态。总理谢里夫、陆军参谋长拉希勒·谢里夫先后赶往白沙瓦。总理谢里夫称袭击是“国家的悲剧”，宣布进行为期三天的全国哀悼，并誓言继续对巴境内激进分子发动军事攻势。巴军方称不会因此事件减弱对当地塔利班势力的围剿力度。陆军参谋长拉希勒·谢里夫更称，要将激进分子及其帮凶和同情者彻底铲除。

美国总统奥巴马对这一杀戮事件表示：“恐怖分子的袭击令人发指，他们以学生和老师为目标，再次显示其堕落程度。美国将继续支持巴基斯坦打击恐怖主义和极端主义的努力。美国国务卿克里表示：塔利班的恐怖行径令一切有良知的人感到震惊。美国驻巴基斯坦大使理查德·奥尔森表示：恐怖极端分子给巴基斯坦人民造成巨大苦难，世界上很少有人遭受这么大的苦难。联合国秘书长潘基文 16 日强烈谴责这一恐怖袭击事件，敦促巴基斯坦政府尽一切努力将袭击者绳之以法。潘基文说，死者中大部分是少年儿童，他以最强烈的言辞谴责这一丑恶行径。他表示，袭击正在上学、毫无防备的少年儿童是恐怖和懦弱的行为。印度总理莫迪对塔利班武装分子进行强烈谴责，称其“行动是愚蠢的、其残忍程度无法用语言形容”。他说，许多无辜的人失去了生命，大部分是孩子，他与遇难者的亲属同哀。法国总统奥朗德在一份声明中愤怒谴责说：“没有什么词汇可以定义这种到学校屠杀孩子的野蛮行径。对学校和学生进行恐怖袭击，说明他们就是要毁灭知识和年轻一代，面对这样的恐怖主义，我们必须每天采取行动与之战斗。恐怖主义就是要杀害一切活着的人和一切希望的卑鄙行径。”此外，值得注意的是，阿富汗塔利班亦发表声明与袭击划清界限，称其为“非伊斯兰”，并说该组织一贯反对针对无辜平民的袭击。

第二节　经验教训分析

一、巴打恐力度势必将加强

谢里夫上任以来，其反恐政策可谓一波三折。先是积极推动政府与“巴塔”和谈，但和谈之路却并不顺畅，最终两轮和谈无果而终。2014年6月，“巴塔”袭击卡拉奇国际机场，军方最终发起“利剑行动”围剿恐怖分子，但谢里夫和军方的清剿目标和力度仍有保留。此次军人学校遇袭后，巴政府和军方均强硬表态，并迅速作出多项新的反恐部署，巴打恐政策或有重大调整。

一是巴选择性打恐政策或将松动。为对抗印度和牵制阿富汗，以在地缘争夺中维护其安全和战略利益，巴军一直对涉印和涉阿恐怖组织网开一面，三军情报局甚至秘密支持“哈卡尼网络”等恐怖势力。“利剑行动”以来，巴军的打击的主要是“基地”组织、“乌伊运”、“伊斯兰圣战联盟”、“东伊运”等外籍恐怖分子和巴政府眼中与政府对立严重的“坏巴塔”，而对“虔诚军”、“穆罕默德军”和“哈卡尼网络”等“好巴塔”视若不见。但“巴塔”与后一类势力在巴境内盘根错节，常借这些组织的暴恐网络躲避打击和搞恐袭，这增加了巴军打击难度。军人学校遇袭后，谢里夫总理就曾表示，巴军将继续对巴境内恐怖分子发动军事攻势，不管“好巴塔”还是“坏巴塔”。巴陆军参谋长也曾表示，将在全国范围内打击包括“哈卡尼网络”在内的所有恐怖分子，以铲除恐怖分子及其帮凶与同情者。

二是加大对恐怖分子的惩处力度。事后，谢里夫迅速在2014年12月17日于白沙瓦召开全国政党大会，商讨对“巴塔”的打击大计。而就在事发当晚，巴军就空袭了开伯尔－普赫图赫瓦省的多个据点，并持续搜捕与此案有关的恐怖分子，已打死恐怖分子约50名。同时，谢里夫17日批准允许对制造恐怖袭击的恐怖分子处以死刑。此前，为了与欧盟达成贸易协议，巴基斯坦从2008年起暂停了死刑执行。到2014年12月底，已有至少6名恐怖分子被执行死刑。巴还计划将500名恐怖分子执行死刑。此外，巴还将设立专门的军事法庭，审判与恐怖主义相关的案件。

三是与阿富汗联合打击在巴阿边境流窜的恐怖分子。巴阿边境管控难度大，两侧居住的又同为普什图人，恐怖分子常年流窜以躲避两国的打击。而卡尔扎伊执政时期，巴阿关系不睦，双方反恐合作停滞不前。阿新总统加尼上台后，双方反恐合作迈上新台阶。军人学校遇袭后，谢里夫称将与阿富汗共同打击恐怖分子，巴陆军参谋长拉希勒·谢里夫迅速赶往阿富汗商谈反恐合作，就捉拿躲藏在阿的“巴塔”头目法兹卢拉和阿在巴阿边境另一侧打恐等事宜进行沟通。2014年12月23日，在巴基斯坦访问的阿富汗陆军参谋长卡里米和阿富汗国际安全援助部队指挥官坎贝尔也表示，将全力清除阿富汗的恐怖分子，支持巴基斯坦打击恐怖主义。阿富汗库纳尔省警方23日称，阿军方在过去12天内，对该国东部与巴基斯坦临近的地区发动军事打击，击毙了至少151名塔利班武装分子，另有至少100名武装人员受伤。

二、对巴局势影响深远

此案不仅是巴反恐的一大转折，亦对巴内政、外交等方面产生巨大影响。

一是谢里夫面临的反对党压力得到缓解。2014 年下半年来，谢里夫政府极为狼狈。8 月 14 日起，巴两大反对党正义运动党和人民运动党在伊斯兰堡发起反政府的万人大游行，要求谢里夫总理辞职。该抗议活动不断升级，搞得伊斯兰堡鸡犬不宁，谢里夫难以下台，习近平主席的访巴行程也被迫取消。后该抗议虽在军方和各方斡旋下暂时得到平息，正义运动党和人民运动党领袖伊姆兰·汗和卡德里却仍坚持抗议到底，原定 12 月中下旬举行全国范围内的大规模抗议活动。但是，巴军人学校血案发生后，巴国内迅速达成打恐共识，伊姆兰·汗于 2014 年 12 月 17 日宣布结束历时 4 个月的反政府抗议。伊表示“鉴于目前的国内局势，决定结束抗议活动。巴基斯坦目前最需要的就是团结。”

二是军方地位或持续上扬。军方在巴政治构架中举足轻重，巴建国 60 余年，军方执政时间长达 32 年。军方虽自上任陆军参谋长基亚尼坚持“军不干政”的原则，但仍要保持其强势地位，掌控巴安全与外交。谢里夫上任初期，携大选大胜之威，在军政关系上颇为强势，不顾军方反对与“巴塔”坚持和谈，与印度搞缓和，并越级提拔拉希勒·谢里夫为陆军参谋长。但后来，和谈政策无功而返，拉希勒逐步羽翼丰满，出动重兵围剿恐怖分子，更是在协调反对党与谢里夫的矛盾中出尽风头，欧美智库甚至称军方这期间实现了“软军变”，军方已经压制了谢里夫。此案过后，巴推行更加符合军方利益的深化打恐政策，未来谢里夫政府对军方的依赖或更多。

三是南亚未来或将面临安全“阵痛”。一方面，巴阿两国的联合打击或加剧恐怖分子的报复行动，短期内巴阿两国的恐怖袭击或将增加。另方面，巴深化打恐行动或迫使一些“好巴塔”重新审视与政府间的关系，或将进一步促使阿巴境内恐怖分子“抱团取暖”，令巴阿暴恐形势更加复杂。若巴不能对这些恐怖势力进行有效管控，其可能外溢袭击印度、阿富汗等目标，对巴印和巴阿关系构成巨大危害。

第二十二章　肯尼亚内罗毕购物中心恐怖袭击案

2013 年 9 月 21 日，肯尼亚首都内罗毕发生恶性恐怖劫持袭击事件，“西门”（Westgate）购物中心遭遇持续四天的暴力恐怖袭击，最终造成 67 人（61 名平民和 6 名军警）死亡、200 多人受伤，死者包括肯尼亚人以及 10 名来自英国、法国、加拿大等国的外国人。事发后，索马里“青年党”声称对该事件负责，这是继 1998 年美国驻肯尼亚大使馆遭遇恐怖袭击以来肯尼亚境内发生的最严重的恐怖袭击事件。

第一节　案件全景

9 月 21 日上午 11 时左右，一伙武装分子至少从三个入口进入内罗毕“西门”购物中心，向人群开枪并投掷手榴弹、劫持人质。随后，武装分子同闻讯赶来的肯尼亚军警交火并对峙。遭袭的“西门”购物中心是内罗毕最高档购物中心之一，购物中心共有五层楼，80 多家商店在其中经营，为以色列人所有。购物中心顾客多为当地富人和外籍人士。袭击前，武装分子高呼“所有穆斯林尽快离开”，而“所有非穆斯林”成为射杀目标。当天下午，肯官方确认事件为恐怖袭击，“基地”组织分支机构索马里“青年党”在“推特”上表示对事件负责，称此举旨在“报复肯尼亚入侵索马里所犯下的罪行”，并威胁发动更多袭击。近年来，非盟驻索马里特派团进驻索马里打击“青年党”武装，特派团主要由肯尼亚、埃塞俄比亚、塞拉利昂等国军队组成，其中肯尼亚国防军有4000余名。

在“9·21”袭击过程中，恐怖分子拒绝与肯尼亚政府谈判，更没有提出任何谈判前提条件，始终与肯尼亚政府营救部队顽固抵抗，这实际上是一种集体自杀式的恐怖袭击。由于未设交换条件，他们对所劫持人质进行了反人类式的残酷屠杀，恐怖分子对人群肆意扫射，并直接投掷手榴弹，造成了几百人伤亡。

21日下午，肯尼亚军队出动直升机和装甲车向事发现场运送士兵，并向购物中心内发射催泪弹。傍晚，武装分子在购物中心一家超市内点火，军警试图靠近，但遭到火力回击被迫撤退。

9月22日黄昏，安全部队决定进行军事进攻，一架军用直升机低空掠过购物中心顶层，同时传来一声巨大爆炸声。恐怖分子称：“肯尼亚军方的这种行动是在毁掉人质的性命”。入夜，肯尼亚“国家灾难行动中心”发布声明：“对峙将于今晚结束，我们的部队将控制局面。”

9月23日3时，肯尼亚军队已经进入购物中心内部，里面不时传出交火声。9月23日6时，购物中心处传来密集枪声和爆炸声。一名目击者称，恐怖分子从购物中心内向外部的肯尼亚军警投掷手榴弹。他表示，肯尼亚军队已将恐怖分子限制在一个地点，营救人质的行动可能很快结束。肯尼亚政府内务与中央政府协调部长约瑟夫·伦库（Joseph Ole Lenku）当天在记者会上说：“我们已控制所有楼层，恐怖分子四处逃窜，躲在一些商店里。他们已无路可逃。”在这场对峙中，4名肯尼亚士兵受伤被送至医院治疗。肯尼亚安全机构消息人士说，以色列军人、美国和英国特工参与到解救人质的行动。9月24日晚，肯尼亚总统肯雅塔发表电视讲话宣布，内罗毕购物中心袭击事件结束。

国际社会对肯尼亚应对这次恐怖袭击事件伸出援助之手。美国总统奥巴马、英国首相卡梅伦、以色列总统佩雷斯和印度总理辛格等国纷纷谴责恐怖分子的卑劣行径并承诺对肯尼亚提供帮助。

第二节　经验教训分析

一、情报失误

肯尼亚国家情报局早在2012年就警告说，内罗毕有涉嫌属于“青年党”的武装分子正在策划制造自杀袭击，目标包括“西门”购物中心。肯尼亚内政部长伦库拒绝回答“内罗毕购物中心恐怖攻击事件情报工作是否存在失误”。但伦库表示，情报问题需要保密，不能公开讨论。肯尼亚议会专门委员会开会调查恐怖袭击曾有预警的问题。肯尼亚《民族日报》报道称，肯尼亚情报部门曾通告政府部长，恐怖威胁有所上升，2013年9月13日和20日左右可能在蒙巴萨、内罗毕同时发生攻击事件。肯尼亚《旗帜报》报道称，国家情报局一份文件指出，以色列曾经向肯尼亚发布警告，以色列公民拥有的建筑可能在9月4日—28日之间受到攻击。

二、安防薄弱

人质危机结束后，肯尼亚政府势必面临更深层次的反思：政府防范是否存在疏漏？过去几年中，内罗毕多次发生袭击事件，造成多人伤亡，迫使当局提升在公共场所的安检措施。从现有线索判断，越境武装人员显然携带大量武器弹药袭击购物中心。从武装分子使用的武器弹药看，应该是肯尼亚境内接应人员事前通过租赁店面等方式隐藏在购物中心内，并在开始发动袭击时拿出来分发给同伙的。那么，这些人员和大量武器如何能躲过警方和安全部门的“法眼”，如此顺利抵达袭击目的地？安检措施是否面临重大漏洞。

三、高估恐怖分子实力，延误解救时机

事件发生时，肯尼亚政府营救工作不力，军警迟迟未能攻进“西门”购物中心大楼，造成无辜人员伤亡数量不断增加，这其中肯尼亚政府有不可推卸的责任。英国路透社称，对于袭击者的身份、人数等关键信息，肯尼亚各部门之间的说法相互矛盾——其外交部称一名女性袭击者被击毙，而内政部却称“凶徒之中没有女人”，军方则称在现场看到了恶名昭著的“白寡妇”在亲自督战。

袭击发生后，肯尼亚政府认为袭击者多达 15 人，装备有重武器，且挟持大批人质，安全部队因此迟迟不敢轻举妄动。但事后的调查报告表明，袭击者仅有 4 人，分为两组，通过手机协调行动。他们均丧生现场，而且其装备并没有此前报道的那么精良，只有粗制手榴弹、手枪等轻武器。购物中心大楼上大的爆炸缺口都是肯尼亚军方攻击造成，而非武装分子武器攻击造成。

四、现场指挥混乱，行动缺乏协调

一场袭击及劫持人质事件，能由 21 日持续至 24 日而得不到解决，不免让外界对肯尼亚当局的危机应对能力提出疑问：安全部队的解围能力是否存在不足？袭击事件发生后，警方、准军事部队、肯尼亚国防军

和国家情报局等多个安全机构力量相继抵达现场。然而，安全专家却对这些机构在袭击发生前的情报共享以及应对危机时的协调工作提出诟病。有报道称，警方第一时间到达危机现场后，甚至不知道危机应对措施应由谁牵头以及如何实施。因此，未穿制服的肯尼亚警方在进入大楼后，遭随后赶赴现场的军方人员的“友军火力”，被迫撤出大楼。

第四部分

国际恐怖活动与反恐怖斗争大事记

2013 年大事记

1月

1月1日，巴基斯坦卡拉奇发生一起摩托车爆炸袭击案，导致至少4人死亡，另有46人受伤。

1月1日，尼日利亚军警在博尔诺州同“博科圣地”武装分子交火，13名武装分子被当场击毙。

1月1日，巴基斯坦开伯尔—普什图省一辆汽车遇袭，导致7人死亡。

1月2日，尼日利亚博尔诺州一军事基地遇袭，1名士兵和1名警察身亡，5名武装分子被打死。

1月3日，美军无人机对巴基斯坦西北部部落地区进行空袭，造成至少9人死亡。

1月3日，伊拉克首都巴格达发生一起汽车炸弹袭击，导致至少20人死亡，40人受伤。

1月3日，叙利亚首都大马士革加油站发生汽车炸弹爆炸，造成至少9人死亡，40人受伤。

1月4日，菲律宾吕宋岛南部一市场发生枪击事件，致9人死亡，11人受伤。

1月4日，巴基斯坦政府军在开伯尔部落区清剿行动中打死20名武装分子。

1月4日，菲律宾甲米地省发生枪击案，枪手射杀至少9人后被警方击毙。

1月4日，泰北大年府军用卡车被伏击，1名军人殉职，另有4名军人受伤。

1月4日，印尼在南苏拉威西省搜索恐怖分子时，击毙2名嫌疑犯。

1月5日，印尼反恐警察在东部地区击毙5名疑似武装分子。

1月5日，巴基斯坦一列客运列车在奎达附近遭武装分子袭击，造成4人死亡，12人受伤。

1月5日，美科罗拉多州奥罗拉发生枪击事件，造成包括枪手在内的4人死亡。

1月5日，埃及阿里什市一名警察遭枪手开枪射击，当场身亡。

1月6日，阿尔及利亚军队击毙7名“基地”组织北非分支的成员，其中1名是该分支财务主管艾扎。

1月6日，阿富汗南部地区发生自杀式爆炸袭击事件，造成4人死亡，15人受伤。

1月6日，美无人机在巴基斯坦南瓦济里斯坦部落区发射约10枚导弹，造成至少16人死亡，7人受伤。

1月7日，驻阿国际安全援助部队士兵遭着阿富汗军服男子射杀。

1月7日，印度军方与反政府武装组织在恰尔肯德邦交火，造成7名军警死亡，至少9名军警受伤。

1月7日，土耳其安全部队与库尔德工人党武装在哈卡里省冲突，12名库尔德工人党武装人员被打死，1名土士兵重伤身亡。

1月8日，美无人机在巴基斯坦北瓦济里斯坦部落地区造成至少8人死亡，4人受伤。

1月10日，美军无人机在巴西北部部落地区摧毁一武装据点，打死至少4人。

1月10日，伊拉克首都巴格达和北部省份发生一系列爆炸和枪击事件，造成9人死亡，17人受伤。

1月10日，以色列特拉维夫发生汽车爆炸事件，致伤2人。

1月10日，巴基斯坦奎达市发生3起爆炸袭击事件，导致至少94人死亡，171人受伤。

1月10日，巴基斯坦斯瓦特地区布道现场发生爆炸事件，造成22人死亡、65人受伤。

1月11日，泰国北大年府发生炸弹袭击，致2名士兵死亡，2人受伤。

1月11日，美国得州小城布朗斯维尔发生爆炸案，一居民门口包裹爆炸，3人被严重烧伤送医。

1月11日，泰国北大年府发生一起枪击案，3人死亡。

1月11日，阿富汗官员坎大哈市发生针对美国公司的汽车炸弹袭击，造成2名平民死亡、6名平民受伤。

1月12日，意大利驻利比亚班加西领事遇枪击，未受伤。

1月12日，苏丹达尔富尔中国公司项目组遭伏击，3名中国工人、11名苏丹工人和工程师被劫持，1名苏丹保安牺牲。

1月13日，巴基斯坦西北部地区发生3起军车遭爆炸袭击事件，造成至少17名巴士兵丧生，25人受伤。

1月14日，利比亚发生汽车炸弹袭击事件，2名警官受伤。

1月15日，巴基斯坦西北部检查站遭武装分子袭击，6名安全人员死亡，16人受伤。

1月15日，巴基斯坦警方车队在俾路支省遭炸弹袭击，至少4名警察死亡。

1 月 15 日，叙利亚阿勒颇大学被火箭弹袭击，造成 87 人死亡，160 人受伤。

1 月 15 日，利比亚班加西发生汽车炸弹袭击，造成 1 名警官丧生。

1 月 16 日，伊拉克北部地区发生系列爆炸袭击，造成至少 26 人死亡，另有 166 人受伤。

1 月 16 日，阿富汗首都喀布尔内政部等政府要地遭爆炸袭击并交火，7 人丧生，30 人受伤。

1 月 16 日，伊拉克巴格达市内发生多起爆炸和枪击事件，共造成至少 5 人死亡、20 人受伤。

1 月 16 日，伊斯兰极端组织袭击了阿尔及利亚南部气田，将 41 名西方人劫为人质。在随后的阿军方解救行动中，37 名人质和 15 名恐怖分子被打死。

1 月 16 日，也门扎马尔省一政府高级安全官员被枪击袭杀，系“基地”组织所为。

1 月 16 日，叙利亚伊德利卜发生 2 次汽车炸弹爆炸，至少 22 名平民死亡。

1 月 17 日，伊拉克多地发生炸弹袭击，造成至少 12 人死亡，64 人受伤。

1 月 17 日，巴基斯坦卡拉奇发生一起枪击案，1 名省议员及其 2 名保镖饮弹身亡。

1 月 18 日，黎巴嫩政府车队在的黎波里遭炸弹袭击，7 人受伤。

1 月 20 日，希腊雅典一购物中心发生爆炸，2 名警卫受伤。

1 月 20 日，美军无人机空袭也门多个“基地”组织目标，至少 8 名“基地”分子被打死。

1 月 21 日，阿富汗喀布尔交通警察大楼遇袭，至少 3 人死亡、16 人受伤。

1 月 21 日，伊拉克安全部队在萨拉赫丁省搜剿行动中打死 9 名“基地”武装人员，抓获 10 名嫌犯。

1 月 21 日，美无人机在也门东部地区空袭，3 名“基地”组织成员死亡，2 人受伤。

1 月 21 日，叙利亚哈马省发生 2 起自杀式爆炸袭击，至少 30 人死亡。

1 月 21 日，尼日利亚博尔诺州首府一市场遭“博科圣地”袭击，18 名正在交易的猎人被枪杀。

1 月 22 日，菲律宾政府军在巴西兰省遭阿布沙耶夫武装分子伏击，至少 6 名士兵受伤。

1 月 22 日，伊拉克巴格达及周边地区发生 3 起汽车炸弹袭击事件，至少 17 人死亡、47 人受伤。

1 月 22 日，土耳其安全部队与库尔德工人党武装在马尔丁省交火，打死 6 名反政府武装人员。

1 月 23 日，伊拉克北部什叶派清真寺爆炸，造成至少 42 人死亡、100 多人受伤。

1 月 24 日，巴基斯坦卡拉奇发生连环爆炸袭击，包括 3 名警察在内至少 6 人死亡，另有 7 人受伤。

1 月 24 日，车臣共和国警方与反政府武装交火，击毙 2 名反政府武装头目。

1 月 25 日，阿富汗塔利班在卡比萨省针对北约车队发动自杀式汽车炸弹袭击，造成至少 4 名阿富汗平民死亡。

1 月 26 日，阿富汗加兹尼发生自杀式袭击，包括袭击者在内 3 人死亡，13 人受伤。

1 月 26 日，阿富汗昆都士遭自杀式爆炸袭击，造成包括当地反恐部门长官和 10 名警察死亡，另有 18 人受伤。

1月26日，巴基斯坦西南部一民兵组织营地遇袭，造成至少4人死亡，另有5人被绑架。

1月26日，阿富汗坎大哈发生路边炸弹袭击，造成8名警察死亡、6名警察受伤。

1月27日，阿尔及利亚2名输气管道警卫遭伊斯兰激进分子袭杀，另有7人受伤。

1月28日，也门贝达省两军事检查站遭自杀式爆炸袭击，造成11名政府军士兵死亡、13人受伤。

1月29日，索马里总理办公室外发生自杀式爆炸，导致6人死亡。

1月29日，突尼斯反恐部队突袭西部边境省份一处住宅区，2名恐怖分子被捕，一名阿尔及利亚同伙在交战后逃脱。

1月30日，巴基斯坦卡拉奇一购物中心外发生爆炸袭击，造成至少3人死亡，另有4人受伤。

1月31日，反政府武装“哥伦比亚革命武装力量”在哥境内制造2起袭击，造成4名政府军士兵死亡，6人受伤。

2月

2月1日，巴基斯坦亨古地区一清真寺外发生自杀式爆炸，造成至少22人死亡，另有40多人受伤。

2月1日，美驻土耳其安卡拉大使馆外发生自杀性爆炸袭击，已致2人死亡、3人受伤。土耳其激进左派组织“革命人民解放党阵线”声明对此事件负责。

2月2日，“基地”前领导人本·拉登的女婿在安卡拉被土耳其情报机构逮捕，美方移交要求被土耳其拒绝。

2月2日，巴基斯坦西北部勒吉马尔瓦特地区一安全检查站遇袭，造成至少31人死亡，10多人受伤。塔利班组织宣称此举是对美无人机行动的回应。

2月3日，伊拉克基尔库克警察局发生自杀式爆炸袭击，造成至少33人丧生，超过100人受伤。

2月3日，菲律宾军方与反政府武装阿布沙耶夫组织及“摩洛民族解放阵线”分子在菲南部丛林激战，造成21人死亡。

2月3日，马里极端组织“伊斯兰支持者”三号人物穆罕默德·穆萨·阿格·穆罕默德被马里政府抓获。

2月4日，伊拉克巴格达发生一起自杀式炸弹袭击事件，造成至少24人死亡、49人受伤。

2月5日，伊拉克巴格达北部一监狱外发生一起自杀式汽车炸弹袭击，导致至少5人死亡，16人受伤。

2月5日，法国情报部门在巴黎拘捕伊斯兰极端主义组织的4名成员。

2月5日，阿富汗法布里亚省发生一起简易爆炸装置袭击，至少4人死亡，10人受伤。

2月6日，俄罗斯国家反恐委员会宣布2010年莫斯科地铁爆炸案最后一名在逃嫌犯马戈梅多夫被击毙。

2月6日，叙利亚中部城市霍姆斯一军事机构先后2次遭汽车炸弹袭击，至少有35人身亡。

2月6日，哈萨克斯坦安全会员会宣布，哈境内反恐形势依然非常严峻，最近两年哈安全机构共摧毁42个极端组织。

2月7日，巴基斯坦卡拉奇发生一起遥控炸弹袭击，至少1名警察丧生，另有7人受伤。

2月8日，巴基斯坦西北部地区一检查站遭炸弹袭击，至少8人死亡，15人受伤。

2月8日，伊拉克发生至少5起汽车炸弹袭击，导致至少36人死亡，另有97人受伤。

2月8日，马里北部城镇加奥发生自杀式摩托车爆炸袭击，炸伤1名政府军士兵。

2月8日，巴基斯坦亨古地区一检查站遭遥控炸弹袭击，至少8人死亡，15人受伤。

2月8日，尼日利亚卡诺州2家医疗中心遭不明身份武装分子袭击，9名医务人员死亡，3人受伤。

2月9日，伊拉克巴格达国际机场附近一伊朗难民营遭火箭弹袭击，至少5人死亡，40人受伤。

2月9日，马里发生自杀式爆炸袭击，袭击者当场死亡。

2月10日，泰国也拉府发生一起遥控炸弹袭击事件，5名士兵死亡，1名士兵受重伤。

2月11日，索马里加勒卡尤地区发生一起自杀式汽车炸弹袭击，包括袭击者在内至少5人死亡，一名高级警官受伤。

2月11日，土耳其哈塔伊省发生一起汽车爆炸，至少13人死亡，30人受伤。

2月11日，叙利亚油罐车队在黎巴嫩的黎波里附近遭武装分子袭击，大量成品油泄漏。

2月12日，法国拘捕与土耳其库尔德工人党武装有牵连的17名库尔德人，同日西班牙也拘捕6名库尔德人。

2月12日，伊朗“伊斯兰革命卫队”一高级指挥官在黎巴嫩境内遭暗杀身亡。

2月13日，泰国南部一军事基地遭近百名武装人员袭击，17名袭击者被打死。

2月14日，俄罗斯达吉斯坦共和国发生汽车炸弹袭击事件，造成4名警察死亡、6人受伤。

2 月 14 日，巴基斯坦一客车在奥勒格宰部落地区遭地雷袭击，至少 4 人死亡，9 人受伤。

2 月 14 日，俄罗斯达吉斯坦共和国警方在清剿行动中击毙 3 名恐怖分子。

2 月 14 日，巴基斯坦亨古地区发生 2 起汽车爆炸袭击，造成 13 人死亡，35 人受伤。

2 月 15 日，索马里“伊斯兰青年运动”发表声明，说已处决一名肯尼亚籍人质，威胁“将继续处决其余 5 名肯尼亚人质”。

2 月 15 日，尼日利亚中央银行行长萨努西在博尔诺州访问时险遭路边炸弹袭击，2 名犯罪嫌疑人当场炸死。

2 月 16 日，伊拉克军方 1 名高级情报官员及 3 名保镖遭自杀式炸弹袭击身亡。

2 月 16 日，巴基斯坦奎达一蔬菜市场遭炸弹袭击，至少 84 人死亡，另有 173 人受伤。

2 月 16 日，索马里首都摩加迪沙一餐馆门口发生汽车炸弹袭击，至少 2 人死亡，5 人受伤。

2 月 16 日，尼日利亚北部一处建筑公司遭武装分子袭击，7 名外国工人被绑架，1 名警卫被杀。尼伊斯兰极端组织“安萨鲁”宣称对此负责。

2 月 16 日，伊北部一段输油管道遭到武装人员爆炸袭击，未造成人员伤亡。

2 月 17 日，俄罗斯北高加索地区警方在枪战中击毙 3 名激进分子。

2 月 17 日，伊拉克巴格达发生 6 起汽车炸弹和 3 起路边炸弹袭击事件，导致至少 28 人死亡，125 人受伤。

2 月 17 日，泰国北大年府发生 4 起炸弹袭击事件，造成 4 人死亡，另有 11 人受伤。

2月18日，巴基斯坦白沙瓦一政府机构遭武装分子袭击，至少7人身亡，另有7人受伤。

2月19日，土耳其警方逮捕167名极端组织“革命人民解放阵线”成员。

2月19日，美国加州南部发生连环枪击案，致包括袭击者在内4人死亡。

2月20日，伊拉克北部一段输油管道遭爆炸袭击。

2月21日，印度尼西亚东部军事哨所及巡逻队被不明身份武装人员袭击，8名军人死亡，2名平民重伤，袭击者逃离。

2月21日，巴基斯坦白沙瓦一商场发生炸弹爆炸，至少1人死亡，12人受伤。

2月21日，叙利亚大马士革发生自杀式汽车炸弹爆炸，至少53人死亡，237人受伤。

2月21日，印度安得拉邦首府发生3起炸弹连环袭击事件，20人死亡，另有50多人受伤。

2月22日，马里东北部地区发生2起自杀式汽车炸弹爆炸事件，包括袭击者在内至少5人身亡。

2月22日，不明身份武装人员在伊拉克萨拉赫丁省绑架8名亲政府民间武装组织成员，并将其中7人处死。

2月22日，尼日利亚高原州州长一名发言人说，一伙武装人员当天袭击了当地一个家庭，造成10人死亡，其中数人为6岁以下儿童。

2月24日，阿富汗东部发生2起自杀式汽车炸弹爆炸，造成2名情报机构职员和1名警员死亡。

2月24日，阿富汗安全部队制止一起针对情报部门大楼的自杀式汽车炸弹袭击，当场击毙一名袭击者，并搜捕另一名同伙。

2月25日，泰国东北部发生一起爆炸，造成4人死亡，50人受伤。

2 月 25 日，巴基斯坦西北部部落地区一军事要塞遭到炸弹爆炸袭击，至少 1 人死亡，7 人受伤。

2 月 25 日，巴基斯坦信德省一清真寺遭炸弹袭击，至少 4 人丧生，另有 15 人受伤。

2 月 25 日，叙利亚大马士革一军事检查站遭自杀式汽车炸弹袭击，5 名军人死亡。

2 月 26 日，马里基达尔发生汽车炸弹爆炸，包括袭击者在内的 8 人死亡。

2 月 26 日，阿富汗政府加兹尼省一检查站遭武装分子袭击，17 人死亡。

2 月 27 日，阿富汗一军车在喀布尔遭塔利班自杀式袭击，至少 1 人死亡，7 人受伤。

2 月 27 日，瑞士中部一家工厂发生枪击事件，造成包括一名枪手在内的至少 4 人死亡。另有 6 人在这次枪击事件中受伤。

2 月 28 日，伊拉克巴格达发生 2 次爆炸袭击事件，造成 4 人死亡，16 人受伤。

2 月 28 日，“基地”组织北非分支“伊斯兰马格里布基地组织”高级领导人阿布·扎伊德在马里北部被打死。

2 月 28 日，伊拉克巴格达一什叶派穆斯林聚居区发生 2 起汽车炸弹爆炸袭击，至少 16 人死亡，30 人受伤。

3 月

3 月 1 日，伊拉克迪瓦尼耶发生 2 起遥控汽车炸弹爆炸事件，至少 6 人死亡，50 人受伤。

3 月 1 日，泰国陶公府发生 2 起炸弹袭击，有 6 人受伤，其中 1 名军人。

3月1日，索马里首都摩加迪沙一海滨餐厅遭自杀爆炸袭击，袭击者当场死亡，7人受伤。

3月2日，“基地”组织阿拉伯半岛分支在其网站上指导如何燃烧汽车，制造交通事故，并呼吁攻击11位西方公众人物。

3月2日，泰国也拉府发生1起炸弹袭击，2名军人殉职，7名军人和4名平民受伤。

3月2日，马来西亚沙巴州警方遭武装人员伏击，5名警察和2名武装人员死亡。

3月2日，乍得军方宣布在马里击毙前基地组织北非分支头目穆赫塔尔·贝勒穆赫塔尔。

3月3日，尼日利亚军方在博尔诺州打死20名武装分子。

3月3日，巴基斯坦卡拉奇发生2起爆炸袭击，死亡至少47人，另有超145人受伤。

3月3日，英国警方破获一用迫击炮袭击警局的阴谋，逮捕4名北爱尔兰嫌犯。

3月4日，“基地”组织证实，该组织北非分支一领导人阿卜杜勒一哈米德·阿布·扎伊德在法军空袭中丧生。

3月4日，肯尼亚蒙巴萨发生2起枪击，9名安保人员遇袭身亡，6名袭击者被毙，2名平民遇难。

3月4日，伊拉克护送车队在安巴尔省遭武装袭击，至少48名叙利亚士兵死亡，9名伊拉克士兵遇难。

3月5日，伊拉克中部和北部地区发生多起爆炸及枪击，至少17人死亡，43人受伤。

3月6日，叙利亚反对派组织“亚尔穆克烈士旅”在戈兰高地袭击联合国维和车队，劫持21名维和人员。

3月7日，百余名武装分子闯入利比亚首都卫星电视台，纵火焚烧设备并绑架台长朱马·乌斯塔等4人。

3月7日，法国警方逮捕试图制造爆炸物的2名恐怖嫌犯。

3月8日，尼日利亚极端组织安萨鲁声明处决7名外国人质。

3月9日，阿富汗喀布尔和霍斯特省发生2起爆炸，至少21人死亡，15人受伤。

3月9日，巴基斯坦白沙瓦一清真寺遭爆炸袭击，至少6人丧生，28人受伤。

3月11日，巴基斯坦安全部队在古勒姆部落地区遭路边炸弹袭击，3名士兵死亡，另有2人受伤。

3月11日，伊拉克基尔库克省一警察局遭自杀汽车炸弹袭击，包括3名警察在内至少5人死亡、120人受伤。

3月11日，阿富汗东部发生一起内部袭击，造成2名美军士兵与3名阿富汗警察死亡。

3月11日，巴基斯坦卡拉奇发生一起炸弹爆炸袭击，至少2人丧生，另有8人受伤。

3月11日，土耳其警方逮捕策划上月爆炸事件的5名嫌疑人。

3月12日，巴基斯坦西北部一地方高官住宅附近发生炸弹爆炸，造成6人受伤，其中包括3名儿童。

3月12日，巴基斯坦本努地区巡逻警队遭自杀袭击，至少2名警察丧生，18人受伤。

3月12日，马来西亚警方逮捕6名苏禄恐怖分子嫌犯。

3月12日，黎巴嫩安全总局一军车在黎东部遭武装袭击，1人死亡、2人受伤。

3月12日，美国国家情报总监詹姆斯·克拉珀在国会作证时表示，“基地”组织已经不再构成重大威胁。

3月13日，印控克什米尔城市斯利那加的印安全部队遭武装分子袭击，5名武警和2名武装分子死亡。

3月13日，法国科西嘉岛在建工地遭炸弹袭击，伤及3名建筑工人。

3月13日，阿富汗昆都士省一处竞技场发生自杀式炸弹袭击，导致12人死亡，8人受伤。

3月13日，科特迪瓦布洛勒坎省一村庄遭不明身份武装袭击，至少6人死亡。

3月14日，伊拉克巴格达市中心发生连环爆炸，武装分子向政府大楼冲击，与安全部队巷战。至少25人死亡，55人受伤。

3月14日，巴基斯坦卡拉奇一电视台遭遥控炸弹袭击，3人死亡、5人受伤。

3月15日，泰国陶公府发生路边炸弹袭击，3名警员死亡。

3月15日，伊拉克一辆军车遭伏击，8名士兵被杀。

3月15日，俄罗斯圣彼得堡普尔科沃二号机场由于受到炸弹恐吓而关闭。

3月17日，伊拉克巴士拉发生2起汽车炸弹袭击，至少10人死亡，15人受伤。

3月18日，巴基斯坦白沙瓦一地方法院遭自杀炸弹袭击，至少4人死亡，另有30多人受伤。

3月18日，索马里首都摩加迪沙发生一起遥控汽车炸弹袭击，10人死亡，15人受伤。

3月18日，尼日利亚卡诺州首府长途汽车站发生连环爆炸，至少22人死亡，65人受伤。

3月19日，伊拉克巴格达什叶派聚居区发生12起汽车炸弹爆炸和2起枪击，死亡56人，另有200人受伤。

3月19日，一枚火箭炮击中土耳其执政党总部，司法部大楼被扔入炸弹，2 人受伤，“革命人民解放阵线”声称负责。

3 月 19 日，“基地”北非分支“伊斯兰马格里布基地组织”宣布已处死 2011 年被绑为人质的法国商人菲利普·韦尔东。

3 月 19 日，叙利亚官方电视台称反对派武装在阿勒颇使用化学弹，至少 25 人死亡、130 人受伤。反对派对比否认。

3 月 20 日，伊拉克巴格达发生汽车炸弹袭击，2 名平民死亡。

3 月 20 日，美国悬赏千万美元，缉拿两名美国出生长大的“基地”组织分支头目。

3 月 21 日，巴基斯坦西北部一难民营发生爆炸袭击事件，12 人死亡，另有 30 多人受伤。

3 月 21 日，有 2 枚火箭弹从加沙地区击中以色列南部。

3 月 21 日，阿富汗塔哈尔省发生一起路边炸弹袭击案，1 名地方官员以及 2 名保镖死亡。

3 月 21 日，印边防士兵在印控克什米尔地区巡逻时遭枪击，1 名死亡，2 名受伤。

3 月 21 日，美国国务院宣布对活跃于马里的“伊斯兰支持者”组织实施制裁。

3 月 21 日，叙利亚大马士革伊曼清真寺发生自杀爆炸，49 人被炸死，80 多人受伤。

3 月 22 日，巴基斯坦俾路支省发生一遥控爆炸事件，至少 6 人死亡，40 余人受伤。

3 月 22 日，阿富汗发生一起简易爆炸装置和一起枪击，1 名北约士兵和 5 名阿富汗警察身亡。

3 月 23 日，巴基斯坦北瓦济里斯坦部落区发生一起自杀式爆炸袭击，致 17 名士兵死亡。

3 月 24 日，马里军方说，马里军队及盟军在该国加奥与极端组织

“西非圣战统一运动”发生激烈交火，7 人死亡。

3 月 24 日，索马里一女记者在摩加迪沙遭人射杀。

3 月 25 日，伊拉克东部迪亚拉省和中部萨拉赫丁省发生数起汽车爆炸和简易爆炸装置袭击，造成 4 人死亡，13 人受伤。

3 月 25 日，伊拉克军警突袭巴古拜一座房屋，击毙“基地”组织伊拉克分支头目之一阿布·吉哈德。

3 月 25 日，叙利亚首都大马士革遭多枚迫击炮弹袭击，至少 1 人死亡，7 人受伤。

3 月 25 日，伊萨拉赫丁省一段输油管道遭炸弹袭击，引起大火，并造成原油泄漏。

3 月 26 日，塔利班武装人员袭击阿富汗贾拉拉巴德一警察局，13 人死亡，11 人受伤。

3 月 26 日，伊拉克巴格达北郊发生路边炸弹爆炸事件，2 名政府官员遇难。

3 月 26 日，叙利亚首都大马士革发生汽车爆炸，至少 3 人死亡，多人受伤。

3 月 26 日，尼日利亚警方在高原州两座村庄击退了不明武装分子的进攻，击毙 28 人。

3 月 26 日，比利时警方在追捕中击毙一恐怖组织疑犯，系阿尔及利亚裔男子。

3 月 27 日，阿富汗警察部队在清剿行动中打死 52 名塔利班武装分子。

3 月 27 日，希腊雅典市中心一步行街发生炸弹爆炸事件，无人员伤亡。

3 月 27 日，阿富汗与北约部队联手于罗加省击毙 24 名武装叛乱分子。

3月27日，驻阿美军一士兵在与孩子玩耍时，被一阿富汗少年割颈致死。

3月28日，肯尼亚沿海一赌场遭武装分子袭击，7人死亡。

3月28日，泰国那拉提瓦府发生一起路边炸弹袭击事件，3名士兵死亡、5人受伤。

3月28日，利比亚首都的黎波里历史古迹——西迪·穆罕默德·安达鲁斯清真寺发生爆炸被炸毁。

3月28日，叙利亚大马士革大学食堂遭迫击炮袭击，10人死亡、29人受伤。

3月29日，巴基斯坦白沙瓦发生一起针对安全部队车队的自杀式爆炸袭击事件，至少10人死亡，28人受伤。

3月29日，伊拉克巴格达和基尔库克发生5起汽车炸弹袭击，至少18人死亡、100多人受伤。

3月30日，巴黎埃菲尔铁塔遭恐怖袭击威胁，法国警方紧急疏散近1500人。

3月30日，马里廷巴克图发生一起自杀式爆炸，1名士兵受伤。

3月31日，巴基斯坦一名议员候选人遭路边炸弹爆炸袭击，2名支持者丧生。

3月31日，尼日利亚军方清缴某极端武装分子藏匿点，14名武装分子被打死，1名军人阵亡。

3月31日，马里叛军制造一起汽车爆炸事件，并与马里政府军激战，造成至少26人死亡。

4月

4月1日，伊拉克提克里特市警察总部遭自杀式炸弹袭击，7人死亡、11人受伤。

4月1日，伊拉克安巴尔省韩国公司一气田遭武装分子袭击，4名当地工人死亡，2名工人被劫持。

4月1日，巴基斯坦西北部一座电厂遭数十名持枪武装分子袭击，7人死亡，10万人彻夜无电可用。

4月1日官员说，北约运输车队在巴基斯坦西南部遇袭，5辆卡车被焚。

4月3日，阿富汗法拉省发生一起自杀式袭击，53人死亡，至少90人受伤。

4月3日，巴基斯坦卡拉奇一辆准军事部队的军车被投弹，至少3名士兵丧生，另有10人受伤。

4月3日，泰国也拉府发生一起路边炸弹袭击，1名军人殉职，19人受伤。

4月4日，巴基斯坦古勒姆部落区一军方检查站遭袭，巴军在交火中击毙4人，3名士兵受伤。

4月5日，泰国也拉府2名官员遭路边炸弹袭击死亡。

4月5日，13名缅甸士兵在缅泰边境缅方一侧遭遇不明人员枪袭身亡。

4月5日，伊拉克发生6起爆炸，7人死亡、34人受伤。

4月5日，阿富汗拉格曼省一警察局遭自杀式炸弹袭击，1名警察死亡，3名平民受伤。

4月5日，尼日利亚南部武装“尼日尔三角洲解放运动”在巴耶尔萨州袭击警方，打死14名警察。

4月6日，伊拉克迪亚拉省一竞选集会发生自杀式爆炸，25人遇难、60人受伤。

4月6日，叙利亚首都大马士革市十月体育场遭到迫击炮弹袭击，1名妇女死亡，13人受伤。

4月6日，阿富汗发生2起爆炸袭击事件，造成3名北约士兵在内的7人死亡。

4月6日，阿富汗东部发生一起袭击，致1名美国公民丧生。

4月6日，阿富汗东部发生一起汽车爆炸，3名美军士兵、1名美外交官和1名美国平民死亡。塔利班宣称对此负责。

4月6日，尼日利亚阿达马瓦州一村庄被武装分子突袭，11人死亡。

4月6日，法国政府宣布，计划在马里长期驻军。

4月6日，阿富汗高级和平委员会成员米尔扎·阿里在昆都士省遭射杀。

4月7日，尼日利亚一艘警用船只遭伏击，12名警察失踪。

4月7日，泰国陶公府发生两起炸弹袭击事件，2名军人殉职，另有4名警察受伤。

4月8日，阿富汗瓦尔达克省发生一起路边炸弹爆炸，至少10人丧生，另有22人受伤。

4月8日，叙利亚大马士革市中心发生汽车爆炸。至少15人死亡、146人受伤。

4月8日，阿富汗一辆公交车撞上了路边炸弹，至少9名乘客死亡。

4月8日，俄罗斯强力部门在印古什共和国某村击毙4名非法武装分子，一名特种兵殉职。

4月9日，联合国驻南苏丹特派团在琼莱州遭伏击，5名维和军人和7名文职人员身亡。

4月9日，吉尔吉斯斯坦首都比什凯克发生一起遥控爆炸事件，2人丧生。

4月10日，美国白宫受到炸弹恐吓，一名男子被捕。

4月10日，泰国南部叛乱地区发生两起路边炸弹袭击，2名士兵遇难，6人受伤。

4月11日，巴基斯坦开伯尔部落区一个民兵组织营地被炸，至少3人死亡，另有22人受伤。

4月12日，阿巴边境一阿富汗哨所遭袭，13名阿士兵死亡。

4月12日，伊拉克首都巴格达一逊尼派清真寺遭炸，至少7人丧生，另有近30人受伤。

4月12日，马里基达尔市发生一起自杀式爆炸，至少2名乍得士兵身亡，另有4人受伤。

4月13日，巴基斯坦白沙瓦发生2起爆炸事件。一客车被炸，至少9人死亡，另有9人受伤，另一目标为某议员候选人办公室。

4月14日，伊拉克2名省议会候选人在暴力袭击中丧生。

4月14日，索马里摩加迪沙连续发生爆炸袭击政府机构案，至少35人身亡，20多人受伤。

4月14日，多枚迫击炮弹落在叙大马士革郊区，至少4人死亡、20多人受伤。

4月14日，巴基斯坦开伯尔一普什图省一名高级官员遭路边炸弹爆炸袭击身亡。

4月15日，阿富汗南部发生一路边炸弹爆炸，7名平民死亡，4人受伤。

4月15日，伊拉克多城市发生18起连环爆炸，至少55人死亡，300多人受伤。

4月15日，100多名菲律宾政府军士兵进剿阿布沙耶夫组织山区窝点，击毙至少7名武装分子。

4月15日，阿富汗突击队在抓捕某塔利班指挥官行动中，击毙22名反政府武装分子。

4月15日，美国波士顿马拉松比赛终点附近发生两起爆炸，3人死亡、176人受伤。

4 月 16 日，巴基斯坦穆斯林联盟地方领导人车队在俾路支省遭炸，至少 4 人死亡、25 人受伤。

4 月 16 日，巴阿边界发生爆炸，7 名巴基斯坦士兵死亡，12 人受伤。

4 月 16 日，巴基斯坦北部一军方检查站被自杀式炸弹袭击，至少 5 名士兵死亡，另有 3 人受伤。

4 月 16 日，巴基斯坦白沙瓦一场政治集会遭自杀式炸弹袭击，至少 15 人死亡，另有超 45 人受伤。

4 月 16 日，美官方截获一封寄给奥巴马的蓖麻毒信。

4 月 17 日，阿富汗一辆汽车遭路边炸弹爆袭，7 名平民丧生，3 人受伤。

4 月 17 日，印度班加罗尔一政党办公大楼附近发生爆炸，至少 16 人受伤。

4 月 17 日，美军无人机空袭位于也门中部的“基地”组织，炸死 5 名武装分子，包括该组织主要头目之一哈米德·拉达米。

4 月 17 日，阿联酋破获一负责募集人员及资金的“基地”组织团伙。

4 月 18 日，肯尼亚格里萨地区一家饭店发生枪击，至少 6 人丧生，10 余人受伤。

4 月 18 日，伊拉克巴格达一咖啡馆遭炸，至少 27 人死亡、51 人受伤。

4 月 18 日，美国麻省理工学院发生一起枪击案，一名警员重伤不治。

4 月 18 日，泰国也拉府一处军事哨所遭枪袭，1 名士兵受轻伤。

4 月 18 日，2 名叙利亚政府官员在大马士革城区遭暗杀。

4 月 19 日，2 枚火箭弹落入以色列南部，无人员伤亡。

4月19日，泰国北大年府发生2起枪击事件，1名警官和1名平民罹难。

4月19日，伊拉克巴格达北部发生多起迫击炮与炸弹袭击，8人死亡、27人受伤。

4月19日，美国波士顿警方逮捕“马拉松”炸弹客焦哈尔·察尔纳耶夫并击毙其兄。

4月19日，芝加哥市一名准备加入叙利亚反政府武装“胜利阵线”的青年被美警方逮捕。

4月20日，巴基斯坦西北部发生一起自杀式爆炸，至少5人死亡，4人受伤。

4月20日，伊拉克方面部分投票站遭到5起炸弹袭击，多名选民及警察受伤。

4月20日，尼日利亚联合特遣部队在博尔诺州某镇，与“博科哈拉姆”武装人员交火，造成187人死亡、数十人受伤。

4月21日，阿富汗政府表示，塔利班将一架民用直升机上的9人劫为人质。

4月22日，泰国陶公府一队军人被炸，2名军人当场殉职，另有2名之后伤重不治。

4月22日，泰国那拉提瓦府一海军营地发生爆炸，至少4名士兵死亡，另有6人受伤。

4月22日，加拿大皇家骑警逮捕2名嫌疑人，挫败一起针对国内客运列车的恐袭。

4月22日，阿富汗塔哈尔省一女子学校遭毒气攻击，74名女生中毒。

4月23日，法国驻利比亚大使馆遭汽车炸弹袭击，2名保安受伤。

4月23日，西班牙警方逮捕2名“基地”组织马格里布分支嫌疑人。

4月23日，泰国司法部公布一份包括近300个涉嫌恐怖活动的外籍组织和个人名单，要求金融机构予以制裁。

4月23日，阿富汗9名平民在2起袭击事件中丧生。

4月23日，巴基斯坦奎达一检查站遭自杀炸袭，至少4人死亡，另有31人受伤。

4月23日，巴林警方宣布在“F1汽车大奖赛”期间粉碎多起恐袭阴谋。

4月24日，巴基斯坦发生3次爆炸袭击，造成17人受伤。

4月24日，巴基斯坦3个省份发生8起爆炸袭击，11人死亡、70余人受伤。

4月24日，伊拉克发生多起暴力袭击事件，至少31人死亡、数十人受伤。

4月24日，美国伊利诺斯州一小镇发生枪击，一歹徒扫射致5人死亡。

4月24日，伊拉克武装分子攻占苏莱曼贝克镇后，与伊拉克部队交火，128人死亡、269人受伤。

4月24日，叙利亚电力规划署署长在大马士革被汽车爆炸炸死。

4月24日，马来西亚一政治讲座会现场遭炸弹袭击，一名助选员受伤，警方逮捕3名华裔嫌犯。

4月25日，伊拉克萨拉赫丁输油管道遭炸。

4月25日，伊拉克发生多起暴力冲突和袭击，至少49人死亡，多人受伤。

4月25日，巴基斯坦卡拉奇一竞选办事处遭炸，至少5人死亡，另有14人受伤。

4月25日，印度泰姬陵附近发生爆炸，2人死亡，1人重伤。

4月25日，菲律宾一市长在竞选活动后被伏击，13人死亡，市长等10人受伤。

4月26日，伊拉克巴格达四座逊尼派清真寺发生爆炸，20人死亡，50人受伤。

4月26日，印方巡逻队在印控克什米尔地区被伏击，4名印警察死亡。

4月26日，巴基斯坦卡拉奇发生一起遥控爆炸，至少11人死亡、40人受伤。

4月26日，巴基斯坦一政党办公室遭炸，9人死亡，另有24人受伤。

4月26日，俄罗斯对莫斯科南部一清真寺采取执法行动，逮捕140名伊斯兰极端分子，包括30名外国人。

4月27日，伊拉克安全部队在巴格达遭枪袭，10人死亡。

4月27日，巴基斯坦卡拉奇一场政治集会遭炸，至少2人死亡、14人受伤。

4月27日，俄罗斯警方摧毁达吉斯坦共和国极端组织“达利尔”，12名嫌犯被捕。

4月28日，巴基斯坦一间选举办公室遭炸，至少8人死亡，22人受伤。

4月28日，阿富汗南部发生一起路边炸弹袭击，3名警察遇难。

4月29日，巴基斯坦白沙瓦发生一起自杀式爆炸，至少8人死亡，45人受伤。

4月29日，伊拉克南部发生3次汽车爆炸，至少11人死亡，60多人受伤。

4月29日，叙利亚总理哈勒吉车队在大马士革遭汽车爆炸，至少8人死亡，哈勒吉幸免。

4 月 30 日，叙利亚首都大马士革发生巨大爆炸，至少 13 人被炸死，70 人受伤。

4 月 30 日，3 名英军士兵在阿富汗南部巡逻时遭路边炸弹袭击身亡。

5 月

5 月 1 日，俄罗斯达吉斯坦共和国首府马哈奇卡拉市一家日用品商店门口发生一起爆炸事件，造成 2 名未成年人遇难、2 人受伤。

5 月 1 日，伊拉克发生多起暴力袭击，共造成至少 13 人死亡、45 人受伤。

5 月 1 日，阿富汗塔利班武装在阿南部省份赫尔曼德袭击并杀死了阿富汗高级和平委员会驻当地负责人，并造成另外 2 名警察死亡。

5 月 1 日，美国波士顿警方宣布，他们又逮捕了 3 名与波士顿马拉松爆炸案相关的嫌疑人。

5 月 2 日，巴基斯坦两所被指定为大选投票站的学校遭到爆炸袭击，一些教室被炸毁。

5 月 2 日，阿富汗塔利班发动路边炸弹袭击，致使 8 名警察死亡。

5 月 3 日，巴基斯坦联邦调查局（FIA）负责前总理贝·布托谋杀案的检察官乔杜里·佐勒菲卡尔遭不明身份的枪手袭击身亡。

5 月 3 日，印度尼西亚警方破获一起试图袭击缅甸大使馆的阴谋，查获 5 枚土制炸弹，抓获 2 名嫌疑人。

5 月 3 日，美国联邦调查局宣布，在明尼苏达州挫败了一起本土恐怖袭击图谋，并已逮捕了一名 24 岁男子，缴获枪支及爆炸物。

5 月 4 日，北约驻阿富汗国际安全援助部队说，5 名外国士兵当天在阿南部坎大哈省遇袭身亡。此外，另有 4 名北约士兵在同日遇袭身亡。这是自塔利班宣布发动春季攻势以来北约军队损失最惨重的一天。

5 月 4 日，“统一民族运动党”位于巴基斯坦南部港口城市卡拉奇的选举办公室遭连环爆炸袭击，造成至少 3 人死亡，另有 35 人受伤。

5 月 5 日，泰国南部陶公府发生一宗针对军人的炸弹袭击事件。有 2 名军人在袭击中殉职，另有 3 名军人受伤。

5 月 5 日，索马里首都摩加迪沙中心发生一起自杀式爆炸事件，实施者袭击了访问索马里的卡塔尔车队，并造成 11 名索马里人死亡。

5 月 5 日，埃及总理希沙姆·甘迪勒的车队在首都开罗遭到不明身份人员持枪袭击，甘迪勒本人未受伤。5 名嫌疑人已被抓捕。

5 月 6 日，巴基斯坦西北部古勒姆部落地区发生一起针对政治集会的严重爆炸袭击，造成 26 人死亡，70 人受伤。

5 月 6 日，2 名埃及公民在也门南部阿比扬省的一个水泥厂遭部落武装人员绑架，袭击者以此要挟也门政府释放被关押在阿比扬监狱的该部落成员。

5 月 6 日，伊拉克首都巴格达接连遭遇 4 起汽车炸弹和手榴弹的袭击事件，至少有 17 人死亡，33 人受伤。

5 月 7 日，巴基斯坦西北部亨古地区一政治集会现场发生自杀式爆炸袭击，造成至少 12 人死亡，35 人受伤。

5 月 7 日，尼日利亚东北部博尔诺州多个安全机构同时遭到疑似“博科圣地”的武装分子袭击，造成至少 55 人死亡。

5 月 7 日，联合国刚果（金）稳定特派团的一支军用车队在该国南基伍省遭到身份不明的武装分子袭击，导致 1 名巴基斯坦籍维和士兵身亡。

5 月 8 日，巴基斯坦西北部本努地区的一个警察局遭遇自杀式汽车炸弹袭击，造成至少 2 人死亡，另有 27 人受伤。

5 月 8 日，也门 3 名校级军官在拉赫季省遇害，袭击者疑为“基地”组织成员。

5 月 9 日，俄罗斯达吉斯坦共和国警方开展两起特别行动，共击毙 5

名武装分子，查获两支自动步枪、一支轻机关枪、手榴弹和大量弹药。

5 月 9 日，一伙持枪的武装分子袭击了巴基斯坦南部旁遮普省的一个集会，绑架了巴基斯坦前总理吉拉尼的儿子阿里·海德尔·吉拉尼，两名保镖当场丧生。

5 月 9 日，摩洛哥内政部发表一项公报说，摩警方在纳道尔省破获名为“统一”和“尊崇唯一真主”的两个恐怖团伙，逮捕多名恐怖分子嫌犯。这些恐怖团伙计划在摩洛哥东北部山区秘密建立恐怖组织营地，并企图以此为基地，在境内实施名为“圣战袭击”的恐怖活动。

5 月 10 日，印尼国警 88 反恐特遣队同时在西爪哇万隆、雅加达芝布达德、中爪哇甲布棉和根达尔 4 个地区展开围捕恐怖分子行动，行动中共击毙 7 名恐怖嫌犯，抓获 13 人。

5 月 10 日，巴基斯坦举行大选前夕，塔利班武装分子承认对港口城市卡拉奇的一个票站发动炸弹袭击，造成至少 11 人死亡，30 多人受伤。同日，在卡拉奇发生的炸弹袭击事件也导致至少 3 人死亡。

5 月 10 日，利比亚东部城市班加西两座警察局遭遇爆炸袭击，建筑受到损坏，没有人员伤亡。

5 月 11 日，巴基斯坦举行的国民议会选举期间发生了多起袭击和暴力活动事件，共导致至少 32 人死亡、224 人受伤。

5 月 11 日，土耳其南部哈塔伊省靠近叙利亚边境地区的雷伊汉勒市连续发生 4 起汽车炸弹爆炸事件，已造成至少 51 人死亡、155 多人受伤。

5 月 11 日，伊拉克北部萨拉赫丁省发生一起自杀式汽车炸弹袭击，造成至少 3 人死亡，近百人受伤。

5 月 11 日，埃及警方逮捕 3 名涉嫌企图在埃及首都开罗和亚历山大省实施自杀式爆炸袭击的恐怖嫌疑人。

5 月 11 日，日本警察厅与海上保安厅在东京电力福岛第 2 核电站举行了联合反恐训练。

5月12日，伊拉克多个地方发生暴力袭击，造成至少12人死亡。

5月12日，美国新奥尔良举行母亲节游行，不明身份的枪手向参加游行活动的人群开枪射击，造成至少19人受伤。

5月13日，阿富汗南部发生炸弹爆炸事件，造成包括妇女和儿童在内的10名平民死亡。

5月13日，利比亚第二大城市班加西一所医院附近发生汽车炸弹爆炸事件，造成至少15人死亡，30多人受伤。

5月13日，格鲁吉亚3名士兵在阿富汗南部遭自杀式炸弹袭击身亡。

5月13日，尼日利亚伊斯兰极端组织“博科圣地”宣布对发生在博尔诺州的几起重大暴力袭击事件负责，在这些事件中，死亡人数高达200多人，其中包括士兵、警察、狱警和平民。

5月13日，一伙部落武装人员在也门南部阿比扬省绑架了1名瑞士籍红十字国际委员会工作人员。

5月14日，土耳其总理埃尔多安说，对发生在土叙边境哈塔伊省的汽车炸弹爆炸案的调查取得进展，警方逮捕了13名嫌疑人，他们隶属于与叙利亚当局关系密切的一个土耳其极端组织。

5月14日，伊拉克首都巴格达多家售酒商店遭到身份不明的枪手袭击，至少有12人被打死。

5月14日，阿富汗南部坎大哈省发生炸弹爆炸事件，导致至少13人死亡，12人受伤。当局指责此次爆炸系“塔利班”恐怖组织所为。

5月14日，阿富汗北部一所女子学校有150名女学生中毒。警方初步怀疑有人施放毒气。

5月15日，伊拉克首都巴格达一些以什叶派穆斯林为主的居民区发生11起汽车炸弹袭击事件，造成至少23人死亡，110人受伤。

5月16日，阿富汗首都喀布尔发生针对外国军队车队的自杀式爆炸袭击，造成15人死亡，35人受伤。阿富汗反政府武装组织伊斯兰党（Hezb—i-Islami）宣称对事件负责。

5月16日，伊拉克首都巴格达及伊北部地区发生一系列爆炸袭击事件，造成至少23人丧生，67人受伤。

5月16日，3名埃及警察和4名士兵在西奈半岛遭到身份不明的枪手绑架。

5月17日，巴基斯坦西北部马拉根德地区两座清真寺接连遭到炸弹袭击，至少有12人被炸身亡，另有25人受伤。

5月17日，伊拉克发生一系列炸弹袭击事件，造成至少73人死亡，148人受伤。

5月17日，阿富汗南部坎大哈省首府坎大哈市发生连环爆炸，造成9人死亡，55人受伤。

5月17日，美国爱达荷州逮捕1名涉嫌在美国境内从事恐怖活动的乌兹别克斯坦公民。

5月18日，泰国南部陶公府宋艾歌乐县亚洲大酒店内发生一起炸弹袭击事件，有6人在这宗袭击事件中受伤。

5月18日，阿富汗西部的法拉赫省的一名警察局长遭到塔利班民兵射杀。同日，4名阿富汗军人在法拉赫省遭遇炸弹袭击身亡。

5月18日，巴基斯坦个别地区举行重选前夕，该国资深女政客扎赫拉·沙希德·侯赛因在南部城市卡拉奇遭射杀身亡。侯赛因为巴基斯坦正义运动党的资深副主席。

5月18日，叙利亚首都大马士革发生3起炸弹爆炸，造成至少有13人死亡，7人受伤。

5月19日，隶属突尼斯“伊斯兰教义拥护者”的极端宗教分子在首都郊区和中部城市凯鲁万与警察发生冲突，造成1人死亡、14人受伤。

5月19日，伊拉克安全部队在西部安巴尔省发起的一起解救行动失败，造成12名遭绑架警察死亡，4人受伤。

5月20日，伊拉克首都巴格达和南部最大城市巴士拉发生系列汽车炸弹袭击，造成至少76人死亡，180多人受伤。

5月20日，俄罗斯达吉斯坦共和国首府马哈奇卡拉市法警大楼附近发生连环汽车炸弹爆炸，造成至少4人死亡，另有48人受伤。

5月20日，美军无人机对也门贝达省“基地”组织进行了空袭，两名“基地”组织武装分子被打死。

5月20日，阿富汗北部巴格兰省首府普勒胡姆里发生一起自杀式爆炸袭击事件，造成包括省议会议长在内的14人死亡，另有11人受伤。

5月20日，一辆载有伊朗朝觐者的大客车在伊拉克遭遇汽车炸弹袭击，至少8名伊朗朝觐者被炸身亡，另有19人受伤。

5月20日，俄罗斯联邦安全总局人员击毙2名计划对莫斯科实施恐怖袭击的武装分子，另有1人遭到逮捕。3名武装分子均为俄罗斯公民，曾经到过阿富汗与巴基斯坦地区，在当地接受过武装培训，策划实施恐怖行动，计划在莫斯科市中心发动恐怖袭击。

5月21日，阿富汗西部发生路边炸弹爆炸，南部地区发生警匪冲突，共造成11名警察死亡。

5月21日，阿富汗内政部发表声明说：阿安全部队过去两天内在全境内发动了清剿行动，共打死18名武装分子，俘虏22人。

5月22日，英国伦敦发生当街砍杀士兵事件。英国首相卡梅伦称这明显是一起恐怖袭击，并表示英国不会向恐怖分子屈服。

5月23日，巴基斯坦西南部奎达市发生汽车炸弹爆炸事件，导致警察及民众共12人死亡，23人受伤。

5月23日，尼日尔北部一座军营和一个铀矿连环发生自杀式汽车爆炸袭击，共造成至少25人死亡，30人受伤。马里极端组织“西非圣战统一运动”宣称制造了这两起袭击。

5月24日，泰国南部北大年府发生一起爆炸袭击，导致正在巡逻的5名士兵死亡，另有1名士兵受伤。

5月24日，北约组织的一个车队在巴基斯坦西北部接近阿富汗边界的地区遭遇枪手袭击，造成1名司机身亡，另有1人受伤。

5月24日，叙利亚北部伊德利卜省发生两起汽车炸弹袭击，造成至少12人死亡、20人受伤。

5月24日，阿富汗首都喀布尔发生连环爆炸袭击和激烈枪战，共造成10人死亡、14人受伤。阿富汗塔利班已经宣称制造了这起袭击事件。

5月24日，美国纽约市警方称，初步检测显示，纽约市截获的寄给市长布隆伯格的恐吓信中含有蓖麻毒素。有毒信函在纽约曼哈顿的邮政设施内被开启，一名协助处理问题信函的紧急部门人员出现了轻微的蓖麻感染症状。

5月25日，菲律宾政府军在南部苏禄省与阿布沙耶夫反政府武装交火，7名政府军官兵和4名反政府武装分子死亡，另有19人受伤。

5月25日，泰国南部的也拉及陶公府发生多起炸弹袭击事件，造成4名警察及2名平民受伤。其中，也拉府也哈县发生的3起独立的炸弹袭击事件，袭击之目标为电力输送系统的电线杆，造成也哈县局部地方停电。

5月25日，俄罗斯南部达吉斯坦共和国内务部大楼附近发生自杀式爆炸袭击。袭击者当场死亡，另有14人受伤。

5月25日，法国一名士兵在巴黎近郊被刺伤，警方担心这是一起模仿伦敦士兵被砍杀事件手法的案件。

5月25日，英国3名男子因涉嫌参与谋杀英国士兵案被捕。

5月25日，肯尼亚东北省靠近索马里边境的警察哨所夜间遭到不明身份的武装人员袭击，共造成至少6人丧生，其中包括2名警察，另有十余人受伤。索马里“青年党”通过网络宣布对这起袭击事件负责，声称扣留了2名人质，并表示已将两人带回索马里境内。

5月25日，印度国民大会党一支车队在中部地区遭纳萨尔派反政府武装人员伏击，28人在袭击中丧生，24人受伤，包括多名国大党政要。

5月26日，英国首相办公室宣布，将组建反极端主义特遣部队，以打击英国极端组织背后势力。这支特遣队将由首相卡梅伦领导，主要针对极端组织，他们认为行动中遇到的最大威胁来自伊斯兰极端分子。

5月26日，叙利亚首都大马士革南部郊区遭汽车炸弹袭击，造成至少6人死亡、10人受伤。

5月26日，法国科西嘉大区首府阿雅克肖附近发生一起爆炸案，直指当地司法机关。爆炸虽并无人员伤亡，但损失惨重。

5月26日，美国纽约市警察局表示，再次截获寄给市长布隆伯格的含有蓖麻毒素的信件，这封信在华盛顿一个反拥枪权团体的办公室被截获。

5月27日，伊拉克首都巴格达发生至少10起汽车炸弹袭击事件，造成至少75人死亡，200多人受伤。

5月28日，黎巴嫩东部贝卡山谷的一个军事检查站遭枪手攻击，造成3名士兵身亡。

5月28日，伊拉克中部和北部地区发生多起暴力袭击事件，造成至少18人死亡，44人受伤。

5月28日，阿富汗塔利班武装激进分子袭击南部坎大哈省的一个安全检查站，造成7名警察死亡。

5月29日，阿富汗潘杰希尔省省长办公室遭到袭击，安全部队击毙了6名自杀式袭击者。

5月29日，伊拉克再次发生多起暴力袭击事件，造成至少26人死亡，80人受伤。

5 月 29 日，红十字国际委员会在阿富汗东部楠格哈尔省的办公室遭到恐怖分子袭击，造成 3 人死亡、1 人受伤。这是阿富汗战争十几年来，恐怖分子首次袭击红十字会办公地点。

5 月 29 日，巴林内政部称，首都麦纳麦西部的巴尼贾姆拉发生土制炸弹爆炸事件，造成 7 名警察受伤。

5 月 30 日，伊拉克首都巴格达发生 4 起爆炸袭击事件，造成至少 6 人死亡，28 人受伤。

5 月 30 日，美国国务院在全球 2012 年反恐形势报告中说，2012 年全年，全球共有 85 个国家发生 6771 起恐怖袭击，造成逾 1.1 万人死亡，逾 2.16 万人受伤，另有 1280 人被绑架或被劫为人质。

5 月 30 日，美国特勤局证实，一封寄给总统奥巴马的可疑信件被截获，邮件中或含有致命的蓖麻毒素。这封邮件与寄给纽约市长布隆伯格含有蓖麻毒素的两封信件类似。

5 月 30 日，出现在互联网上的一段宣传视频显示，“基地”组织伊拉克分支正在叙利亚境内训练儿童参加打击巴沙尔·阿萨德政权的战争。

5 月 31 日，蒙古国国家大呼拉尔（议会）全会通过《反洗钱和反恐怖法》修正案。

6 月

6 月 1 日，联合国安理会专门委员会的声明称，联合国安理会把叙利亚“胜利阵线（Jabhat al-Nusra）”列入恐怖主义组织名单中，它同“基地”组织有联系。

6 月 1 日，也门安全官员说，美军无人机空袭也门南部阿比扬省“基地”组织车队，打死至少 8 名“基地”组织武装分子。

6 月 1 日，伊拉克国防部说，伊军事情报部门近日破获一个正在策划发动化学武器袭击的“基地”组织团伙，并捣毁了 3 个用于制造化学毒气的窝点。

6月2日，也门安全官员说，东南部舍卜瓦省一处军事检查站遭自杀式汽车炸弹袭击，造成至少9名士兵死亡。

6月3日，印度尼西亚中苏拉威西省波索市一座清真寺外发生一起自杀式爆炸袭击事件，造成1人死亡，1人受伤。警方怀疑这名袭击者是“东印尼穆斯林游击队”组织的成员。

6月3日，希腊首都雅典发生3起针对政府部门及其官员的小规模爆炸事件，1人受轻伤。

6月3日，在英国伦敦发生两名恐怖嫌犯当街砍杀英军士兵的袭击事件，英国各界对此反应强烈。

6月3日，美国国务院宣布，美国将提供2300万美元，作为对提供“伊斯兰马格里布基地组织”、“西非圣战统一运动”组织以及“博科圣地”等几个恐怖组织的头目下落的奖励。其中单笔赏金最高达700万美元，针对“博科圣地”的头目而设立。

6月4日，尼总统乔纳森正式宣布将尼伊斯兰极端武装组织“博科哈拉姆”和“安萨鲁”定性为恐怖组织。“博科哈拉姆”（一译“博科圣地”）于2002年在尼东北部博尔诺州首府迈杜古里成立，当地豪萨语“博科哈拉姆”（Boko Haram）意为“西方教育是罪恶”。“安萨鲁”（Ansaru）于2012年2月在尼北部卡诺州创建，自称为“保护黑非洲穆斯林的先锋”，其信条是“为真主战斗和牺牲”。

6月4日，泰国南部北大年府发生2起炸弹袭击事件，造成5人受伤。警方指是分裂主义武装分子制造了袭击事件。

6月5日，一辆载有11名警察和3名平民的大客车在伊拉克西部安巴尔省遭武装分子袭击，车上14人全部遇难。

6月5日，美国运输安全管理局宣布，已放弃放宽登机随身物品要求的计划。

6 月 5 日，法国一名年仅 19 岁的大学生在巴黎遭“光头党”分子围殴后伤重而亡，此事震惊全法并引发抗议极右翼势力抬头的示威集会。

6 月 6 日，坦桑尼亚军方表示，该国发生一起路边爆炸事件，爆炸目标是一辆军用车辆，事件造成 2 名士兵死亡，另有 2 人受伤。

6 月 6 日，伊拉克发生多起暴力袭击事件，造成至少 10 人死亡、53 人受伤。

6 月 6 日，突尼斯 2 名军人在西部沙阿姆比山区的反恐行动中触雷身亡，另有 4 人受伤。

6 月 6 日，7 名格鲁吉亚士兵在阿富汗的军事基地遭遇汽车炸弹爆炸身亡。

6 月 7 日，伊拉克发生自杀式炸弹爆炸，袭击者驾驶两辆装有炸弹的汽车，几乎同时撞向位于高速公路上的一个检查点，造成 4 名警察和 4 名平民死亡。

6 月 7 日，美军无人机在巴基斯坦西北部发动空袭，炸死 7 名武装分子。这是巴基斯坦总理谢里夫宣誓就职并要求美军停止无人机袭击行动以来，美军首次发动无人机空袭行动。

6 月 7 日，一群疑似尼伊斯兰极端组织“博科圣地”成员的武装分子袭击了尼日利亚东北部博尔诺州首府迈杜古里的一家医院，共造成 19 人死亡。

6 月 8 日，位于叙利亚中部的霍姆斯省省会城市霍姆斯市中心发生自杀式汽车爆炸袭击事件，导致至少 7 人死亡，另有多人受伤。

6 月 9 日，伊拉克首都巴格达北部地区发生汽车炸弹爆炸，导致 7 人死亡、18 人受伤。

6 月 9 日，巴基斯坦部落地区发生 2 起炸弹袭击，造成 3 名士兵死亡，另有 4 人受伤。

6 月 10 日，伊拉克各地一系列袭击事件至少导致 70 人丧生，200 多人受伤。这些袭击包括汽车炸弹爆炸、自杀式袭击以及枪战。

6月11日，土耳其警方与安全部队采取联合行动在土南部哈塔伊省亚伊拉县逮捕涉嫌制造5月11日土叙边境汽车炸弹爆炸事件的头号嫌疑人纳瑟尔·埃斯基奥贾克。

6月11日，阿富汗首都喀布尔市中心发生自杀式汽车炸弹袭击事件，至少已造成17人死亡，39人受伤。该起事件发生在美国驻阿大使馆及阿富汗最高法院附近。阿富汗塔利班发布声明宣称制造了这起袭击事件。

6月11日，美国财政部宣布对黎巴嫩真主党4名行动人员实施制裁，指责他们帮助该组织扩大在西非地区的影响。这4名真主党行动人员名为阿里·易卜拉欣·瓦特法、阿巴斯·鲁特费·法瓦兹、阿里·艾哈迈德·谢哈德和希沙姆·恩梅尔·哈纳费尔。声明说，虽然真主党自称抵抗组织，但它遍布全球的网络却在为发动恐怖袭击提供资金和人员，并派出战斗人员参与叙利亚国内冲突。

6月12日，从南苏丹瓦达州潜入的达尔富尔反政府武装组织“公正与平等运动”成员炸毁了位于北南苏丹边界地区阿卜耶伊界内的石油管道，爆炸造成大火，数小时后才被扑灭。

6月12日，巴林警方逮捕了44名涉嫌发动恐怖袭击的犯罪嫌疑人，其中包括两名女性。这些犯罪嫌疑人非法制造武器和炸弹，在巴林的闹市区、商业机构、交通干道、银行等地实施爆炸、纵火。警方通过对犯罪嫌疑人的审讯，逮捕了这些恐怖行动的策划者“2月14日”组织的主要成员。

6月13日，印度恰尔肯德邦丹巴德市与比哈尔邦巴特那市之间的一列城际快车遭反政府武装人员袭击，致使3人死亡、6人受伤。

6月15日，巴基斯坦西南部城市奎达接连发生两起爆炸袭击事件，共造成至少23人死亡，24人受伤。“强格维军”宣称负责。

6 月 16 日，伊拉克首都巴格达、北部和南部地区都发生多起汽车炸弹爆炸和枪击事件，造成至少 34 人伤亡，数十人受伤。

6 月 16 日，孟加拉国议会通过《2013 儿童法案》。法案规定，利用儿童参与任何恐怖活动的犯罪分子，情节严重的将面临死刑惩罚。

6 月 16 日，尼日利亚军方证实，一伙隶属于尼日利亚伊斯兰极端组织“博科圣地”的武装分子，袭击了尼东北部城市的一所中学和一个军事检查站，共造成 11 人丧生，其中有 7 名学生。

6 月 17 日，一伙武装分子偷袭了莫桑比克中部一军火库并与政府军发生激烈交火，造成至少 5 名士兵死亡、1 人失踪、2 人受伤。警方认为袭击可能是效忠“莫桑比克全国抵抗运动”（简称“莫抵运”）的武装分子所为。

6 月 17 日，一枚汽车炸弹在叙利亚首都大马士革军用机场检查站被引爆，导致超过 20 名士兵死伤。

6 月 17 日，伊拉克首都巴格达附近发生多起爆炸事件，造成至少 10 人死亡，21 人受伤。

6 月 17 日，泰国南部陶公府发生一起炸弹袭击事件，袭击者将炸弹置于候车亭的座椅下并遥控引爆了炸弹，但没有造成人员伤亡。

6 月 17 日，涉嫌制造 5 月 26 日深夜发生在泰国曼谷兰甘亨巷 43/1 号的炸弹爆炸事件的嫌疑人，在南部陶公府警方的一次突击行动中被逮捕。

6 月 18 日，泰国南部北大年府发生一起炸弹袭击事件，爆炸致一名军人殉职，一名军人受伤。

6 月 18 日，伊拉克首都巴格达北部一个什叶派宗教场所遭到两次自杀式爆炸袭击，造成 31 人死亡，57 人受伤。

6 月 18 日，巴基斯坦警方称，西北部一个葬礼现场发生自杀式爆炸袭击，造成 34 人死亡、43 人受伤。

6月18日，一伙武装分子袭击了尼日利亚北部扎姆法拉州该州萨非地区的4个村庄，造成至少60人死亡。

6月18日，阿富汗巴格拉姆美军基地遭武装分子袭击，4名美国士兵身亡。

6月18日，尼日利亚东北部地区一所私人学校遭袭，袭击者朝正在教室里考试的学生开枪，致9人死亡。

6月19日，也门北部什叶派城市萨达（Saada）一家市场发生自杀式爆炸袭击事件，造成2名平民死亡。自杀式袭击者隶属于什叶派伊斯兰教教派扎迪（Zaidi），自从2004年该组织以不满被边缘化为由发动反对中央政府的运动以来，该组织已经控制了北部地区。

6月19日，索马里反政府武装组织青年党通过枪击与爆炸，闯入联合国驻摩加迪沙机构大院，造成22人死亡，包括8名联合国工作人员。

6月21日，巴基斯坦西北部城市白沙瓦一座清真寺遭遇自杀式爆炸袭击事件，至少15人遇难，25人受伤。

6月21日，伊拉克首都巴格达市中心一个人流密集的市场发生一起汽车炸弹袭击，造成2人死亡，16人受伤。

6月22日，泰国南部北大年府发生一起路边炸弹袭击事件，有2名军人在这起袭击事件中殉职，另有4名军人受伤。

6月23日，巴基斯坦北部吉尔吉特地区发生一起枪击事件，一伙不明身份的武装人员袭击了位于南伽峰山脚的一座酒店，包括中国游客在内的9名外国游客遇难。

6月23日，驻扎在黎巴嫩南部城市赛达的黎巴嫩军队遭到黎巴嫩激进派别萨拉菲派武装分子袭击，造成12名军人死亡，35人受伤，另有一些军车被毁。

6月24日，印控克什米尔地区城市斯利那加发生一起武装分子袭击驻军车队事件，造成8人死亡，19人受伤，其中3人伤势严重。

6 月 24 日，伊拉克发生一系列以汽车炸弹形式为主的暴力袭击，造成至少 35 人死亡，138 人受伤。

6 月 24 日，法国警方在巴黎地区展开针对疑似计划在法国本土发动恐怖袭击激进组织的突袭行动，逮捕 6 名犯罪嫌疑人。

6 月 25 日，阿富汗南部发生路边炸弹爆炸事件，造成 8 名妇女与 2 名儿童丧生。

6 月 25 日，伊拉克北部城市图兹胡尔马图举行的一场土库曼人抗议集会遭自杀式连环爆炸袭击，造成至少 10 人死亡，50 人受伤。

6 月 25 日，在面临政府威胁将要开展解散程序的情况下，法国极右团体“第三条路”（Troisieme Voie）和“民族主义革命青年”（JNR）集团领袖艾约布（Serge Ayoub）宣布，将自行解散这两个团体。

6 月 25 日，德国警方逮捕了两名试图用远程遥控模型飞机制造恐怖袭击的犯罪嫌疑人。警方称，他们可能受到伊斯兰激进分子影响而制造恐怖事件，但并不属于某个恐怖组织。

6 月 26 日，巴基斯坦的卡拉奇、本努和阿瓦伦地区相继发生爆炸，造成至少 13 人死亡，18 人受伤。

6 月 27 日，叙利亚首都大马士革的基督教区发生炸弹袭击事件，共造成 8 人死亡。

6 月 27 日，伊拉克发生多起汽车炸弹和路边炸弹袭击事件，造成至少 36 人死亡、80 人受伤。

6 月 28 日，泰国南部宋卡府发生一起炸弹袭击事件，导致两名警察死亡，7 人受伤。警方怀疑这起袭击系南部分离主义武装人员所为。

6 月 28 日，菲律宾警方说，在菲北部吕宋岛高山省，一支 100 多人的警察部队凌晨出操时遭到反政府武装“新人民军”的袭击，造成 1 名警察死亡，9 名警察受伤，另有 10 人下落不明。

6 月 28 日，伊拉克西部安巴尔省首府拉马迪附近接连发生两起爆炸袭击事件，造成至少 10 人死亡，20 人受伤。死伤者中包括多名亲政府的逊尼派组织“觉醒委员会”成员。

6 月 29 日，泰国南部也拉府发生一起路边炸弹爆炸袭击事件，造成 8 名士兵死亡，另有 4 人受伤。

6 月 30 日，巴基斯坦西北部城市白沙瓦郊区发生汽车炸弹爆炸，造成 15 人死亡、25 人受伤。同日，巴西南部城市奎达一所宗教学校的清真寺当晚发生自杀式爆炸袭击，造成至少 30 人死亡，60 多人受伤，“强格维军”宣称对此事件负责。

6 月 30 日，伊拉克发生多起暴力袭击事件，造成至少 16 人死亡，26 人受伤。

7 月

7 月 1 日，阿富汗安保部队在首都喀布尔的一处情报办公室外射杀了一名潜在的自杀式炸弹袭击者，成功地阻止了一起恐怖袭击。

7 月 1 日，阿富汗 4 名警察在驾驶汽车进行巡逻时，遭遇路边炸弹袭击，全部丧生。

7 月 1 日，伊拉克首都巴格达以北的地区，8 名前反“基地”组织人员被一伙枪手劫持后杀害。此 8 人以前全属于“觉醒委员会”（Sahwa），该组织是一个逊尼派阿拉伯民兵组织，2006 年底在美国的支持下，开始打击“基地”组织的运动。

7 月 1 日，伊拉克发生多起暴力袭击事件，造成至少 34 人死亡，48 人受伤。

7 月 1 日，墨西哥西北部一名市长候选人遭枪击身亡。这是一周内发生的第三起候选人遇刺事件。

7 月 1 日，加拿大警方挫败一起意图在加拿大国庆日庆典上制造恐怖袭击的阴谋，2 名犯罪嫌疑人因为计划在人群聚集的不列颠哥伦比亚省议会大厦放置爆炸装置而遭逮捕。

7月2日，阿富汗首都喀布尔东部一处北约军事基地遭到爆炸袭击，造成至少10人死亡。

7月2日，伊拉克发生一系列暴力袭击事件，造成至少35人死亡、151人受伤。

7月2日，在阿富汗首都喀布尔，3名印度工人在塔利班武装分子发动的自杀式爆炸袭击中丧生。

7月3日，巴基斯坦西北部城市白沙瓦一安全检查站遭武装分子袭击，造成至少6名安全人员死亡，10人受伤，3人失踪。

7月3日，俄罗斯圣彼得堡市中央区发生一起不明包裹爆炸案，造成一名男子受伤。

7月4日，菲律宾政府军与一个反政府武装组织爆发冲突，打死8名武装分子。

7月4日，巴基斯坦西北部北瓦济里斯坦部落地区一安全检查站遭受自杀式爆炸袭击，造成5名安全人员死亡，8人受伤。

7月4日，埃及伊斯兰武装分子以火箭弹和重型机枪向西奈半岛上的警方总部和军方检查站发起攻击，造成1名士兵死亡。

7月5日，阿富汗与巴基斯坦交界处的一个过境检查站遭到自杀式爆炸袭击，造成至少2人死亡，8人受伤。

7月5日，阿富汗乌鲁兹甘省发生自杀式炸弹袭击事件，造成12名警察死亡。

7月5日，泰国南部陶公府发生一起炸弹袭击事件，造成5名国防志愿者重伤。

7月5日，伊拉克发生一系列暴力袭击，造成至少28人死亡，71人受伤。

7月6日，也门首都萨那发生一起汽车炸弹袭击事件，造成3人死亡、2 人受伤。

7 月 6 日，尼日利亚伊斯兰极端组织“博科圣地”的武装分子袭击了尼东北部约贝州的一所中学，造成 40 多名师生死亡。

7 月 6 日，巴基斯坦东部城市拉合尔一食品街遭远程遥控炸弹袭击，造成至少 3 人死亡、40 多人受伤。

7 月 6 日，一伙恐怖分子试图袭击巴林塞特拉警察局，在与警察对抗中引爆了自制炸弹，造成 1 名警察死亡，另有 2 名警察受伤。

7 月 7 日，印度比哈尔邦菩提伽耶镇的摩诃菩提寺发生连环爆炸，造成 5 人受伤。

7 月 7 日，埃及西奈半岛通往约旦的天然气管道遭遇武装分子袭击发生爆炸。

7 月 7 日，黎巴嫩东部同叙利亚接壤的赫尔穆勒地区发生 2 起爆炸，造成 1 名平民和 2 名军人受伤。

7 月 8 日，泰国南部的北大年府发生一起路边炸弹袭击事件，有 8 名军人受伤。警方认为是分裂主义武装分子制造了这起袭击事件。

7 月 8 日，巴基斯坦西北部亨古地区发生一起自杀式爆炸袭击。至少有 8 人被炸身亡，9 人受伤。

7 月 8 日，伊拉克发生的一系列暴力袭击造成至少 17 人死亡、13 人受伤。

7 月 8 日，两辆载有炸药的汽车分别在叙利亚中部城市霍姆斯被引爆，造成至少 5 人死亡，约 40 人受伤。首都大马士革也发生 3 起汽车炸弹爆炸袭击事件，造成多人受伤。

7 月 9 日，索马里首都摩加迪沙一处市场发生爆炸，造成至少 5 名士兵受伤。炸弹被隐蔽地安置在一辆军方的货运卡车上。

7 月 9 日，黎巴嫩与叙利亚边界附近的一所学校发生爆炸，造成至少 5 名学生受伤。

7 月 9 日，黎巴嫩首都贝鲁特南部郊区遭到汽车炸弹袭击，造成至少 53 人受伤。

7 月 9 日，一辆满载乘客的民用汽车在阿富汗西部赫拉特省遭遇路边炸弹，造成 17 人死亡、8 人受伤。

7 月 10 日，巴基斯坦南部港口城市卡拉奇发生自杀式爆炸袭击，造成 4 人死亡、12 人受伤。死者包括巴总统的首席安全长官比拉尔·谢赫哈。

7 月 11 日，阿富汗南部发生 2 次路边炸弹爆炸，造成 5 人死亡。

7 月 11 日，泰国南部的也拉府发生一起路边炸弹袭击事件，有 8 名军人在袭击中受伤。

7 月 11 日，伊拉克发生多起恐怖袭击和暴力冲突事件，造成至少 61 人死亡、137 人受伤。

7 月 12 日，埃及西奈半岛北西奈省的一处安全检查站遭武装分子袭击，造成 1 名警察死亡，1 名新警员受重伤。

7 月 12 日，索马里首都摩加迪沙发生一起针对非盟驻索马里特派团的爆炸袭击，造成至少 2 人死亡，多人受伤。

7 月 12 日，伊拉克发生多起自杀式炸弹袭击事件，造成至少 44 人死亡，26 人受伤。

7 月 13 日，隶属联合国和非洲联盟驻达尔富尔特派团（联非达团）的一支维和部队巡逻队在苏丹西部达尔富尔地区遭到一伙不明身份武装分子的袭击，导致至少 7 名维和人员死亡，17 人受伤。

7 月 13 日，伊拉克发生多起暴力袭击事件，造成至少 27 人死亡，77 人受伤。

7 月 13 日，俄罗斯罗斯托夫地区的盐湖遭不明过路人投掷炸弹，造成 3 人受伤。

7 月 14 日，伊拉克发生多起暴力袭击事件，造成至少 40 人死亡，

137人受伤.

7月14日，叙利亚首都大马士革附近的一座小镇发生一起汽车爆炸事件，事件造成至少13人死亡，其中包括10名警察。

7月15日，在埃及北西奈省阿里什机场附近，一辆载有工人的公交车遭武装袭击，导致至少3人死亡，17人受伤。

7月15日，利比亚军一名空军指挥官在东部城市德尔纳遭枪手袭击身亡。

7月16日，阿富汗东部楠格哈尔省首府贾拉拉巴德市发生一起自行车炸弹袭击事件，导致2人死亡，多人受伤。

7月16日，黎巴嫩真主党一个车队在黎巴嫩和叙利亚边境遭路边炸弹袭击，造成至少5人受伤。

7月17日，埃及西奈半岛的3所军营遭到武装分子袭击，导致1名军官和5名士兵受伤。

7月17日，泰国南部陶公府和也拉府各发生一起道路炸弹袭击事件，有2名军人及1名国防志愿者在袭击事件中受伤。

7月17日，巴林第二大城市里法一座清真寺的停车场发生汽车炸弹袭击事件，但未造成人员伤亡。

7月18日，8名阿富汗平民在前往当地一座美军基地上班途中，遭塔利班武装分子射杀。

7月18日，巴基斯坦一辆准军事部队的车辆在部落地区遭遇埋伏袭击，造成2名士兵死亡，4人受伤。

7月19日，阿富汗南部发生多起爆炸，造成15人死亡，其中6人是阿富汗安全部队人员。

7月19日，巴基斯坦安全部队在西北部开伯尔部族地区连夜进行清剿行动，击毙至少15名武装分子。

7月19日，伊拉克巴格达北部的一座逊尼派清真寺中发生自杀式炸弹爆炸事件，造成20人死亡。

7月19日，印度人民党泰米尔纳德邦秘书长拉米什遇袭身亡。

7月19日，阿尔及利亚部队在靠近突尼斯和利比亚边界地区采取了军事行动，“伊斯兰马格里布地区基地组织”二号人物阿布·瓦利德·塔哈米被特种部队打死。

7月19日，美国交通安全管理局主管皮斯托莱在一个安保会议上表示，“基地”组织已制成第二代改良版“内裤炸弹”，爆炸力比第一代更强，以在美国的飞机上发动恐袭。

7月20日，伊拉克巴格达省发生10起爆炸事件，目前已造成65人死亡，另有190人受伤。

7月20日，马里4名选举官员在北部的基达尔地区被“阿扎瓦德民族解放运动”武装分子绑架。

7月21日，阿富汗政府军与北约驻阿国际安全援助部队打死至少30名阿富汗塔利班武装人员，并缴获大量武器弹药。

7月21日，一名伊朗外交官在也门首都萨那遭不明身份的武装人员绑架。

7月21日，埃及西奈半岛发生多起武装分子袭击安全部门人员事件，导致3名警察、1名士兵和1名平民死亡，另有17人受伤。

7月21日，缅甸第二大城市曼德勒的一个佛教仪式上发生爆炸，造成5人受伤。

7月22日，伊拉克北部发生2起针对军人的爆炸袭击事件，造成13人死亡。

7月22日，伊拉克巴格达以西的阿布格莱布监狱和塔季市的监狱几乎同时遭多名枪手袭击，至少造成12名安全人员死亡，阿布格莱布监狱至少7名囚犯逃脱。

7月22日，印度尼西亚警方在东爪哇省图隆阿贡县展开行动，打死

2名恐怖主义犯罪嫌疑人，并逮捕另外2名嫌疑人。

7月23日，北约组织称，阿富汗东部发生路边炸弹袭击，造成3名该组织成员死亡。

7月23日，利比亚首都的黎波里市中心一栋居民楼被恐怖分子的火箭弹袭击，所幸未造成人员伤亡。恐怖分子原本是计划袭击警卫森严的5星级饭店的，因操作失误击中了居民楼。

7月23日，一名携带炸弹的塔利班“人弹”骑驴闯入了阿富汗和北约军用车队，炸弹爆炸造成3名北约士兵和1名阿富汗翻译身亡，4名阿富汗士兵受伤。

7月23日，叙利亚援引新闻部消息说，隶属于“正统支持者旅”的恐怖分子团伙在阿勒颇省西南部坎阿萨镇“犯下屠杀罪”，123人被杀害，其中绝大部分为当地平民，还有大量平民失踪。

7月24日，埃及北部代盖赫利耶省曼苏拉市的安全机构总部发生爆炸，造成1人死亡，26人受伤。

7月24日，泰国南部陶公府发生一起路边炸弹袭击事件，有2名女教师在这起炸弹袭击事件中罹难，另有1名教师和2名警察受伤。

7月24日，一伙武装分子袭击了巴基斯坦南部苏库尔地区的军方情报部门，造成至少7人死亡，35人受伤。

7月24日，伊拉克伊斯兰逊尼派极端分子制造了系列恐怖袭击，造成30人死亡。

7月25日，位于利比亚首都的黎波里的阿联酋驻利比亚大使官邸遭火箭弹袭击，所幸无人伤亡。

7月25日，叙利亚首都大马士革东南郊的加拉马纳发生汽车炸弹爆炸，造成至少10人死亡，66人受伤。

7月25日，伊拉克发生一系列爆炸袭击事件，造成至少28人死亡，另有多人受伤。

7 月 25 日，突尼斯反对派议员布拉米遇刺身亡，突尼斯各地爆发了大规模游行示威。

7 月 26 日，巴基斯坦西北部古勒姆特区首府巴勒吉纳尔发生两起连环爆炸，造成 57 人死亡，180 多人受伤。

7 月 26 日，菲律宾南部城市卡加延－德奥罗市区的一家购物中心发生炸弹爆炸事件，造成至少 6 人死亡，28 人受伤。

7 月 26 日，北约驻阿富汗联军在阿富汗南部赫尔曼德省发动针对塔利班武装的空中打击，打死 45 名塔利班武装分子。

7 月 27 日，巴基斯坦西南部港口城市瓜达尔附近一安全检查站遭到武装分子袭击，至少 10 名士兵在交火中身亡，另有 4 人受伤。

7 月 27 日，索马里首都摩加迪沙土耳其使馆附近的土耳其中心发生自杀式爆炸袭击，导致 2 人死亡，多人受伤。

7 月 27 日，尼日利亚北部博尔诺州两村庄遭到疑似“博科圣地”成员的武装分子袭击，造成至少 25 人死亡。

7 月 28 日，伊拉克北部城市图兹胡尔马图一安全检查站遭到自杀式汽车炸弹袭击，8 名库尔德安全人员在爆炸中死亡，4 人受伤。

7 月 28 日，巴林议会召开特别会议并通过决议，今后将对恐怖活动的实施者予以剥夺国籍的惩处；对煽动和支持恐怖和暴力活动的政治组织采取法律措施；禁止在首都麦纳麦举行任何示威游行。

7 月 28 日，利比亚东部城市班加西的两家法院遭汽车炸弹袭击，造成 13 人受伤。

7 月 28 日，印度东北部阿萨姆邦高哈蒂的一个警察局附近发生恐怖袭击事件，爆炸造成至少 15 人受伤。警方称，爆炸的组织者为印度反政府武装组织“阿萨姆联合解放阵线”。

7 月 29 日，伊拉克首都巴格达发生 17 起汽车炸弹袭击事件，造成至少 60 人死亡，200 多人受伤。

7月29日，9名突尼斯特种部队士兵在临近阿尔及利亚边境的沙阿姆比山区遭一伙恐怖分子伏击后身亡，另有4名士兵受伤。

7月29日，哥伦比亚最大输油管道遭到该国左派游击武装分子的爆炸袭击，造成严重的石油泄漏。

7月29日，尼日利亚北部卡诺州一酒吧附近发生3起爆炸袭击事件，造成至少45人死亡，15人受伤。

7月31日，泰国南部的也拉府和北大年府发生3起炸弹袭击及枪击事件，有2名警察，2名军人及1名村民在袭击中受伤。

8月

8月1日，联合国驻伊拉克援助团公布的数据显示：2013年7月，伊拉克境内因暴力和恐怖袭击造成的伤亡总数达4000多人，创下了过去5年多来的新高。

8月1日，尼日利亚南部埃多州警方发言人证实，3名小学女教师在该州首府贝宁城遭绑架。

8月2日，巴基斯坦陷入恐怖困局。7月份巴境内共发生27起爆炸袭击，造成至少127人死亡，410人受伤。巴基斯坦塔利班组织声称对大部分袭击事件负责。

8月2日，泰国南部包括也拉府在内的3个府发生12起火灾，无人员伤亡报告。警方初步怀疑是南部反政府武装分子故意纵火。

8月3日，印度驻阿富汗东部城市贾拉拉巴德的领事馆附近发生汽车炸弹爆炸事件，3名汽车自杀炸弹杀手袭击了印度领事馆，造成至少9人死亡，23人受伤。

8月3日，突尼斯内政部宣布，反恐部队在南部省份苏斯挫败一起针对“著名政治人物”的暗杀计划。

8月4日，突尼斯反恐部队在首都突尼斯城南郊向一个8人恐怖团伙发起进攻。击毙 1 人、击伤 1 人，其余 6 名恐怖分子被逮捕。

8 月 4 日，伊拉克发生一系列袭击事件，造成 15 人死亡、15 人受伤。

8 月 4 日，也门安全部门官员称，该国发生一起疑似“基地”组织袭击，一名军方情报人员遭射杀。

8 月 4 日，埃及西奈半岛上的两座伊斯兰神殿遭到炸弹爆炸袭击，损毁严重。

8 月 4 日，阿富汗东部城市贾拉拉巴德一辆载有检察官的车辆在行驶过程中遭炸弹袭击，造成 16 人受伤。

8 月 4 日，尼日利亚北部博尔诺州警方及军方两驻地遭到疑似伊斯兰极端组织“博科圣地”武装分子袭击，导致 3 人死亡。

8 月 5 日，印度尼西亚首都雅加达的一处佛教寺庙内发生遥控炸弹爆炸，造成 3 人受伤。

8 月 5 日，阿富汗坎大哈一个牲畜市场发生爆炸，造成 4 名平民死亡，10 人受伤。

8 月 5 日，一辆火车在巴基斯坦东部多巴代格辛格地区遭炸弹袭击，造成至少 3 人死亡，25 人受伤。

8 月 5 日，泰国南部也拉府发生一起路边炸弹袭击事件，造成 5 名军人受伤。

8 月 5 日，菲律宾警方称，菲南部城市哥打巴托市中心发生剧烈爆炸，造成 8 人死亡、33 人受伤。

8 月 5 日，伊拉克三大重要战略城市接连发生爆炸和枪击事件，造成 17 人死亡、18 人受伤。

8 月 5 日，3 名巴基斯坦安全部门官员在巴北部齐拉斯地区被武装人员打死。

8 月 6 日，美军在也门马里卜省东部发动无人机袭击，造成 4 名疑似“基地”组织武装分子死亡。

8月6日，武装分子在巴基斯坦西南部俾路支省设置了虚假的检查站，杀死了14人。

8月6日，也门一架军用直升机在该国东北部马里卜省遭到一伙武装人员的袭击后坠毁，机上8人全部遇难。

8月6日，伊拉克首都巴格达多处地方发生炸弹袭击事件，造成至少51人死亡，104人受伤。

8月6日，叙利亚首都大马士革苏育夫广场发生汽车炸弹袭击，造成18人死亡，56人受伤。

8月7日，巴基斯坦南部港口城市卡拉奇一足球场发生爆炸，炸弹被安置在摩托车内，由遥控装置引爆，造成至少11名儿童死亡，24人受伤。

8月7日，菲律宾南部发生2起路边炸弹爆炸事件，造成7名士兵受伤。

8月7日，伊拉克发生多起暴力袭击事件，至少造成22人死亡，61人受伤。这些暴力袭击针对的目标大多是伊安全部队成员。

8月7日，阿富汗加兹尼省和瓦尔达克省分别发生袭击事件，共造成3人死亡，20多人受伤。

8月8日，美军无人机在也门东部马里卜省袭击了“基地”组织成员所乘车辆，打死6名武装人员。

8月8日，菲律宾政府军在挫败武装分子爆炸袭击计划行动中与其爆发冲突，造成1名士兵死亡。

8月8日，巴基斯坦西南部举办的一场葬礼遭到自杀式爆炸袭击，造成38人死亡、60多人受伤。

8月8日，沙特安全部门逮捕2名企图在海湾地区实施自杀式恐怖袭击的嫌犯。

8月8日，美军三次出动无人机对也门“基地”组织成员进行空袭，造成至少12名“基地”组织成员死亡。

8月9日，巴基斯坦西南部城市奎达一清真寺附近发生枪击事件，造成包括1名儿童在内的9人死亡，20多人受伤。

8月9日，土耳其航空公司的2名雇员在黎巴嫩贝鲁特遭遇武装人员的绑架，其中1人是飞行员。

8月9日，泰国南部陶公府发生一起军警与“RKK”武装分子交火的事件，有2名武装分子在事件中被打死。

8月10日，伊拉克发生一系列汽车炸弹袭击事件，造成至少91人死亡，300多人受伤。

8月10日，尼日利亚当局表示，疑似伊斯兰极端分子袭击了该国一座村庄的清真寺，射杀了44名祷告者及在村庄附近的12人。

8月11日，也门一军事检查站的5名士兵疑遭“基地”组织袭击身亡。

8月11日，疑似“基地”武装分子袭击了也门一处天然气输送中端。

8月11日，泰国南部发生炸弹袭击事件，6名武装男子潜入陶公府的一家煤气罐装厂，引爆2枚土制炸弹，造成3人受伤。

8月11日，马来西亚吉兰丹一名小学文员在查看不明包裹时被炸身亡。这也是该国近年来首次有民众遭包裹炸弹炸死。

8月11日，美国肯尼迪国际机场两名海关人员在打开一个疑似装有有毒化学物质的包裹后患病。

8月11日，尼日利亚东北部博尔诺州孔杜加区和马法区遭武装分子袭击，造成至少40人死亡，25人受伤。

8月12日，伊拉克中部和北部地区发生多起恐怖袭击事件，造成至少30人死亡，104人受伤。

8月12日，联合国和非洲联盟驻达尔富尔特派团（联非达团）一支巡逻队在苏丹达尔富尔地区遭不明身份者袭击，造成至少1名维和人员受伤。

8月12日，泰国南部北大年府的湄兰县发生一起炸弹袭击事件，造成6人受伤。

8月14日，伊拉克巴古拜市发生两起爆炸事件，造成14人死亡。

8月15日，伊拉克首都巴格达发生连环汽车爆炸事件，造成34死亡，100多人受伤。

8月15日，黎巴嫩首都贝鲁特南郊发生汽车炸弹爆炸事件。造成至少22人死亡，336人受伤。

8月16日，巴基斯坦西南部山区一辆行驶中的火车遭到身份不明武装分子的火箭弹袭击，造成1名乘客死亡，12人受伤。

8月16日，英国伦敦希思罗机场加强恐怖袭击戒备，延长安检时间，防范“基地”组织将烈性炸药植入女性自杀袭击者的乳房中，进而在机场发动自杀式恐怖袭击。

8月17日，位于利比亚第二大城市班加西市中心的埃及领事馆遭遇炸弹袭击，爆炸没有造成死伤。

8月18日，巴林内政部发表声明说，5名警察遭到巴林反政府暴徒的自制炸弹袭击而受伤。

8月18日，美国搜索国际恐怖组织研究所确认，美国籍“基地”组织成员亚当·贾丹在互联网发布视频，呼吁刺杀在阿拉伯国家的美国等西方国家外交官。美国联邦调查局资料显示，此人1998年前往巴基斯坦，2004年在“基地”一处训练营受训，后来成为这一恐怖组织的主要英语发言人。美国联邦调查局已悬赏100万美元捉拿贾丹。

8月18日，阿富汗警方称，阿公共保卫警察部队在西部省份法拉赫和塔利班武装交火，造成72名武装分子和11名警察死亡。

8 月 19 日，埃及警察乘坐的两辆小型巴士在西奈半岛北部遭遇武装分子埋伏袭击，造成 25 人死亡，另有 3 人受伤。

8 月 20 日，巴基斯坦南部港口城市卡拉奇发生多起暴力袭击事件，造成至少 10 人死亡。

8 月 20 日，俄罗斯国家反恐委员会消息称，俄西南部达吉斯坦共和国强力部门在布伊纳克斯克市的清剿行动中击毙了 9 名非法武装分子，4 名特种兵在清剿行动中负伤。

8 月 20 日，伊拉克发生多起炸弹袭击，造成至少 26 人死亡，94 人受伤，另有 116 名极端分子被逮捕。

8 月 21 日，伊拉克北方石油公司一名高管表示，分别位于尼尼微省和基尔库克省的三段输油管道遭武装分子袭击，导致该国通过这些管道向土耳其的原油运输暂时中断。

8 月 22 日，伊拉克发生多起暴力袭击，造成至少 25 人死亡，47 人受伤。

8 月 22 日，叙利亚北部阿勒颇省省会阿勒颇市一餐厅内发生自杀式爆炸袭击事件，包括 1 名记者在内的 10 人遇袭身亡，另有至少 21 人受伤。

8 月 23 日，巴基斯坦两所宗教学校外发生枪击事件，造成至少 9 人死亡，另有多人受伤。

8 月 23 日，伊拉克发生多起恐怖袭击事件，造成至少 39 人死亡，72 人受伤。

8 月 23 日，黎巴嫩黎波里市的塔高瓦清真寺和萨拉姆清真寺发生连环爆炸，造成至少 50 人死亡，500 多人受伤。

8 月 24 日，哥伦比亚政府军在巡逻时遭到“哥伦比亚革命武装部队”与“国民解放军”两个武装组织成员的伏击，造成 14 名士兵死亡，2 名武装分子被击毙。

8 月 25 日，也门一辆空军学员乘坐的大巴在首都萨那的空军基地附近被炸，至少 12 人死亡，多人受伤。

8 月 25 日，叙利亚中部省份哈马省省长在一起汽车炸弹袭击中身亡。

8 月 25 日，伊拉克发生一系列爆炸和枪击等恐怖袭击事件，造成至少 48 人死亡，113 人受伤。

8 月 26 日，联合国调查叙利亚化学武器问题真相小组（化武调查小组）在叙首都大马士革郊区遭武装人员袭击。

8 月 27 日，俄罗斯印古什共和国（Ingushetia）安全委员会负责人科蒂夫遭到不明枪手的袭击身亡。

8 月 27 日，阿富汗官员表示，武装分子在阿富汗两个省杀死了 12 名阿富汗平民。

8 月 27 日，尼日利亚东北部博尔诺州巴马镇一个青年志愿者组织遭疑似伊斯兰极端组织“博科圣地”袭击，至少 14 人死亡，9 人受伤。

8 月 27 日，阿富汗首都喀布尔能源与水利部门口发生一起自杀式爆炸袭击，致 2 人死亡。

8 月 28 日，伊拉克发生一系列爆炸和枪击等恐怖袭击事件，造成至少 86 人死亡，263 人受伤。

8 月 28 日，美国无人驾驶飞机在巴基斯坦西北部进行的空袭中，至少有 4 名疑似武装分子被打死。

8 月 29 日，塔利班武装分子在阿富汗西部公路发动伏击，导致 15 名警察身亡，十几人受伤。

8 月 29 日，利比亚军方一名资深检察官在东部城市班加西遭汽车炸弹袭击身亡。

8 月 29 日，印度官员宣布恐怖疑犯亚辛·巴特卡已被警方逮捕。作为印度恐怖组织“印度圣战士”的创始人之一，巴特卡的落网标志着印度在打击恐怖主义的活动中取得了重要突破。“印度圣战士”是印度本土恐怖组织，曾策划包括造成160余人遇难的2008年孟买爆炸案等恐怖事件。

8月29日，伊拉克发生多起枪击、炸弹袭击等恐怖袭击事件，造成至少30人死亡，43人受伤。

8月29日，巴林4名警察在反政府暴徒制造的汽车炸弹袭击中受伤。

8月30日，印度武装部队在印控克什米尔的甘德尔巴尔地区击毙了5名外籍恐怖分子。

8月31日，阿富汗南部坎大哈一间银行附近发生自杀式炸弹袭击事件，造成至少6人死亡，22人受伤。

8月31日，伊拉克发生多起恐怖袭击事件，造成至少17人死亡，25人受伤。

8月31日，也门总理穆罕默德·萨利姆·巴桑杜的车队遭到不明身份武装人员袭击，巴桑杜本人安然无恙。

9月

9月1日，包括特种部队成员在内的伊拉克安全部队在伊东部迪亚拉省对“伊朗人民圣战者组织”成员所在的阿什拉夫难民营展开军事行动，导致19名伊朗难民死亡、30人受伤。

9月1日，联合国伊拉克援助团发表公报说，伊拉克8月份死于恐怖袭击和暴力冲突的人数达804人，另有2030人受伤。

9月2日，据阿富汗政府发布的数据，阿境内8月份至少发生50起袭击和冲突事件，导致至少203人身亡，遇害者多数为平民。

9月2日，塔利班武装袭击了位于阿东部省份楠格哈尔的一处美军基地，造成30多辆美军军车被毁。3名武装分子被击毙，美军方面没有人员伤亡。

9月3日，埃及军方对该国西奈半岛的武装分子据点发射火箭弹，造成15名武装分子死亡。

9月3日，索马里总统哈桑·谢赫·马哈茂德遭遇索马里反政府武装组织“伊斯兰青年运动”（Shebab）武装分子袭击，但其本人安全逃离，并未受伤。

9月3日，伊拉克发生多起恐怖袭击事件，造成至少56人死亡，170人受伤。

9月4日，伊拉克发生多起暴力袭击事件，造成至少23人死亡，13人受伤。

9月4日，巴基斯坦卡拉奇发生多起暴力袭击事件，包括1名警察和1名海军高级军官在内的13人丧生。

9月4日，埃及发生多起武装分子袭击军警事件，共造成2人死亡，12人受伤。

9月4日，尼日利亚东北部博尔诺州遭到疑似尼伊斯兰极端组织“博科圣地”成员的武装袭击，造成至少10人死亡。

9月5日，阿富汗首都喀布尔一座清真寺遭到袭击，3名平民在袭击中受伤。2名袭击者被警方击毙。

9月5日，埃及内政部长的车队在开罗纳斯尔地区遭爆炸袭击，负责警方力量的内政部长易卜拉欣幸免于难，但造成10名警察和11名路人受伤。

9月5日，巴基斯坦一所女子学校外发生一起炸弹袭击，造成11人受伤，其中大部分是儿童。

9月5日，巴基斯坦安全部队和警方在齐拉斯地区的突袭行动中，逮捕了6月份南伽峰登山者遇袭事件主谋哈桑及其同伙。

9月5日，伊拉克内政部交通管理司宣布将从9月7日起在首都巴格达实施机动车单双号限行措施，使检查站的安全部队人员能够有效检查通行的可疑车辆，以应对频发的汽车炸弹袭击。

9月5日，尼日利亚东北部博尔诺州孔杜加区的一个村镇遭到武装分子袭击，造成至少5人死亡。

9月5日，叙利亚首都大马士革发生汽车炸弹袭击，造成4人死亡、6人受伤。

9月5日，巴基斯坦安全部门说，“哈卡尼网络”高级官员毛拉·桑金·扎德兰在美军发动的无人机空袭中被击毙。扎德兰被认为是继“哈卡尼网络”负责人西拉杰丁·哈卡尼之后的二号人物。

9月6日，尼日利亚军方对博尔诺州一伙疑似尼极端组织“博科圣地”成员的武装分子营地发起突袭，打死至少50名武装分子。

9月6日，叙利亚官方宣布，将对把外籍恐怖分子送交官方或告知恐怖分子藏身地点的个人给予奖励。

9月7日，索马里首都摩加迪沙发生连环爆炸袭击，共造成至少18人死亡，20多人受伤。“伊斯兰青年党”已通过“推特”表示对袭击事件负责。

9月7日，阿富汗东部省份库纳尔省警方透露，北约驻阿国际安全援助部队发动针对塔利班的无人机袭击，造成16人死亡，其中10人为当地平民。

9月8日，阿富汗官员说，阿中部瓦尔达克省国家情报部门驻地遭武装分子袭击，造成至少10人死亡，150人受伤。

9月8日，尼日利亚东北部博尔诺州贝尼谢克镇一个青年志愿者组织遭遇疑似伊斯兰极端组织“博科圣地”武装分子的袭击，共造成17人死亡，18人受伤。

9月9日，菲律宾“摩洛民族解放阵线”（“摩解”）武装分子进攻三宝颜市，与当地驻军和警察展开激战。交火造成至少8人亡、24人受伤，另有约300人被扣作人质。

9月9日，埃及西奈半岛发生两起武装分子袭击军警事件，造成至少1名士兵死亡，4名军官受伤。

9月9日，也门官员称，该国逊尼派和什叶派武装分子发生暴力冲突，在10天内造成至少42人死亡。

9月10日，伊拉克警方说，伊拉克北部和东部当天发生多起暴力袭击事件，造成至少16人死亡，32人受伤。

9月10日，尼日利亚军方说，尼军方人员针对尼北部博尔诺州两个武装分子营地发起空袭，共打死10名武装分子。

9月11日，一名自杀式炸弹袭击者驾驶满载爆炸物的汽车冲进位于埃及西奈半岛一边境城镇的安全总部，造成至少9人死亡以及17人受伤。

9月11日，位于利比亚第二大城市班加西的外交部办公楼遭汽车炸弹袭击，造成约10名平民受伤，办公楼被毁。

9月11日，伊拉克首都巴格达北部卡斯拉地区的一座什叶派清真寺遭自杀式炸弹袭击，造成至少35人死亡，55人受伤。同日，伊拉克北部尼尼微省、东部迪亚拉省以及南部重镇巴士拉等地也分别发生多起枪击、暗杀以及路边炸弹等暴力袭击，共造成至少15人死亡，8人受伤。

9月12日，日本东京警视厅在计划建设奥运村的东京都中央区晴海临海地区开展了反恐演练，这是首次针对奥运会进行演练。

9月12日，“基地”组织头目艾曼·扎瓦希里（Ayman al-Zawahiri）发表讲话，呼吁对美国进行袭击，并削弱美国经济。这段讲话时长约72分钟，以视频形式被上传至网络。

9月12日，来自“摩洛民族解放阵线”、阿布沙耶夫等反政府武装的百余名成员进攻菲律宾南部的拉米坦市，并与政府军发生冲突，导致1名平民和3名阿布沙耶夫武装分子死亡，另有16人受伤。

9月12日，尼日利亚军方称，政府军对位于该国东北部的一个博科圣地（Boko Haram）组织营地发起攻势，消灭150名武装分子，有16名士兵在战斗中死亡。

9月13日，位于阿富汗西部赫拉特省的美国领事馆遭到袭击，武装分子使用自杀式炸弹装置冲击领事馆并同安保人员发生枪战，造成至少9人死亡，23人受伤。阿富汗塔利班宣称制造了这起袭击事件。

9月13日，伊拉克首都巴格达北部一座清真寺遭到2次爆炸袭击，造成30人死亡、24人受伤。

9月13日，菲律宾政府军与反政府武装“摩洛民族解放阵线”交火，造成至少18人死亡，52人受伤。

9月13日，柬埔寨首都的国会大厦外和附近某公园内，共发现4枚土制炸弹。

9月13日，尼泊尔南部萨拉希县调查局发生爆炸事件，造成12人受伤。爆炸现场发现了尼泊尔左翼组织特莱民主解放阵线的小册子 。

9月13日，印度警方说，警方在东部奥迪沙邦的一次行动中打死至少14名纳萨尔派反政府武装分子，并缴获大量武器和弹药。

9月14日，泰国南部北大年府发生1起炸弹袭击事件，有2名军人在这起袭击事件中殉职，另有4名军人受伤。

9月14日，伊拉克北部城市摩苏尔附近的一个葬礼遭遇自杀式炸弹袭击，死亡27人，另有36人受伤。同日，首都巴格达、西部城市拉马迪等地也发生多起暴力袭击，共造成6人死亡，9人受伤。

9月15日，北约公布一项新研究成果，可利用高强度的电磁波束来阻止自杀袭击者驾驶的车辆靠近目标。除对汽车有效外，这一装置还可以干扰或停止水上摩托艇、遥控炸弹和无人机的工作。

9月15日，伊拉克发生多起暴力袭击事件，造成至少46人死亡，133人受伤。

9 月 15 日，巴基斯坦西北部斯瓦特地区政府军负责人及两名随从在巴基斯坦西北部临近阿富汗边境地区遭路边炸弹袭击身亡。巴基斯坦塔利班宣布对此负责。

9 月 16 日，俄罗斯车臣共和国发生一起自杀式汽车炸弹爆炸事件，造成 3 名警察死亡，4 人受伤。

9 月 16 日，美国海军海洋系统司令部大楼发生枪击案，造成 13 人死亡。

9 月 17 日，菲律宾三宝颜市警察局长试图劝说“摩洛民族解放阵线”武装分子投降时，遭到武装分子劫持。

9 月 17 日，叙利亚反对派控制的叙土（耳其）哈瓦边境口岸主要入口发生汽车炸弹爆炸，爆炸共导致 7 人死亡，20 人受伤。

9 月 17 日，巴基斯坦南部港口城市卡拉奇发生多起暴力袭击事件，造成 11 人死亡。

9 月 17 日，伊拉克首都巴格达接连发生 9 起汽车炸弹袭击，造成至少 35 人死亡，110 人受伤。

9 月 18 日，阿富汗北部的昆都兹省独立选举委员会负责人亚曼在自家住宅外，被两名塔利班武装分子枪杀。

9 月 18 日，阿富汗北部巴达赫尚省发生一起针对警察车队的袭击事件，造成 18 名警察身亡，另有 10 人受伤。

9 月 19 日，埃及开罗南部的一个地铁站轨道上发现两枚未爆的炸弹，导致数条地铁线路暂时停运。

9 月 19 日，叙利亚中部霍姆斯省一村镇发生炸弹袭击事件，一辆公交车被置于路边的炸弹装置炸毁，造成至少 19 人身亡，4 人受伤。

9 月 20 日，也门南部地区发生 3 起由“伊斯兰教法支持者”武装分子发起的袭击，至少有 56 名警察和士兵丧生，20 多人受伤。

9 月 20 日，伊拉克中部城市萨迈拉附近一座逊尼派清真寺遭炸弹袭击，造成至少 18 人死亡，21 人受伤。

9 月 21 日，伊拉克首都巴格达东部和北部的两个地区遭到汽车炸弹袭击，造成至少 86 人死亡，166 人受伤。

9 月 22 日，巴基斯坦西北部城市白沙瓦一教堂遭自杀式连环爆炸袭击，已造成至少 82 人死亡，146 人受伤。

9 月 22 日，俄罗斯驻叙利亚大使馆大院遭到迫击炮袭击。迫击炮落入俄大使馆院内，造成 3 人受伤。

9 月 22 日，一群武装分子在尼日利亚东北部地区公路上设置路障和检查站对过往行人发动袭击，造成至少 142 人死亡。

9 月 22 日，阿富汗东部发生一起路边炸弹袭击，造成 2 名北约军人丧生。

9 月 22 日，在伊拉克巴格达南部的朵拉区，一名身穿炸弹背心的自杀式袭击者在一场葬礼上引爆炸弹，造成 15 人死亡、35 人受伤。

9 月 23 日，埃及出现了一支女子"圣战"组织，威胁要对军方领导人进行袭击，她们自称是"安萨尔圣战阵线"。

9 月 23 日，俄罗斯达吉斯坦共和国塔巴萨兰斯基地区发生一起汽车爆炸事件，造成 2 名警察死亡，另有 6 人受伤。

9 月 23 日，伊拉克首都巴格达北部和东部的 3 个地区遭到爆炸袭击，造成至少 20 人死亡，53 人受伤。

9 月 23 日，塔利班组织对阿富汗南部的一处边防哨所发动袭击，致使 11 名警察死亡。

9 月 24 日，伊拉克西部安巴尔省发生多起针对安全部队和政府官员的炸弹袭击，造成 8 人死亡，17 人受伤。

9 月 24 日，肯尼亚抓捕内罗毕韦斯特盖特购物中心恐怖分子的行动结束。共有 61 名平民、6 名肯尼亚军警人员死亡，5 名恐怖分子被击毙，11 名嫌疑人被抓，另有 200 多人受伤。

9月25日，巴基斯坦西北部一处正在建设中的灌溉堤坝遭武装分子袭击，3人死亡，4人被绑架。

9月25日，伊拉克武装分子向伊北部城镇哈维杰的政府机构发动袭击并与安全部队交火，冲突造成至少15人死亡，30人受伤。

9月25日，吉尔吉斯斯坦首都比什凯克发生一起手榴弹爆炸事件，造成2人死亡。

9月25日，英国外交部一名发言人表示，一名英籍人员因为涉嫌参加内罗毕商场发生的袭击事件被逮捕。

9月25日，也门政府军一名情报官在南部舍卜沃省首府阿塔格市遭袭身亡，是连日来发生的第三起针对政府军官员的暗杀事件。

9月25日，肯尼亚东北部靠近索马里南部的边境地区瓦吉尔发生连环爆炸和枪击，造成1人死亡，4人受伤。

9月25日，尼日利亚东北部博尔诺州靠近喀麦隆边境的两个村庄分别遭到“博科圣地”袭击，27人遇难。

9月26日，一伙武装分子袭击了印度控制的克什米尔地区的军事基地和警察局，造成至少12人死亡，多人受伤。

9月26日，肯尼亚北部与埃塞俄比亚和索马里交界处的曼德拉县警察局发生爆炸和枪击，造成2名警察死亡，另有3人受伤。

9月26日，伊拉克境内发生多起爆炸袭击事件，造成至少22人死亡，50多人受伤。

9月26日，伊拉克驻叙利亚大马士革领事馆遭迫击炮弹袭击，造成1死3伤。

9月27日，巴基斯坦西北部城市白沙瓦一辆政府班车遭炸弹袭击，造成至少18人死亡，超过40人受伤。

9月27日，叙利亚首都大马士革发生汽车炸弹袭击事件，造成至少30人死亡。爆炸发生在一座清真寺附近，有数十人受伤。

9月27日，俄罗斯国家反恐委员会宣布，俄强力部门在达吉斯坦共和国捷尔本特市击毙5名非法武装人员。

9月27日，在马里北部基达尔市发生一起针对马里军人的手榴弹袭击事件，造成2名马里军人受伤。

9月28日，马里北部城市通布图发生一起自杀式汽车炸弹袭击事件，造成至少5人死亡，另有多人受伤。

9月29日，美国无人机袭击了巴基斯坦靠近阿富汗边境的部落地区，击毙了3名武装分子。

9月29日，巴基斯坦西北部城市白沙瓦发生爆炸事件，造成超过42人死亡，另有至少80人受伤。爆炸发生在白沙瓦闹市，一辆汽车停靠在路边后数秒之内引爆。

9月29日，阿富汗塔利班武装分子夺取了北部偏远山区的一座行政区政府总部大楼。

9月29日，伊拉克中部城镇穆赛伊卜的一座清真寺遭到自杀式爆炸袭击，造成至少30人死亡，40人受伤。同日，伊北部库尔德自治区首府埃尔比勒发生爆炸袭击，至少造成12人死亡，36人受伤。

9月29日，尼日利亚反政府武装“博科圣地”偷袭尼东北部一所大学的宿舍，杀害至少42名正在睡觉的学生，打伤18人。

9月30日，伊拉克首都巴格达发生多次汽车炸弹爆炸，主要发生在什叶派穆斯林社区，造成至少51人死亡，155人受伤。伊拉克内政部谴责与“基地”组织有联系的反政府武装分子制造了这次连环爆炸。

9月30日，阿富汗西部赫拉特省发生一起袭警事件，造成包括4名警察在内的11人死亡。

9月30日，叙利亚反对派的多枚迫击炮袭击了叙总统府附近地区，其中1枚迫击炮落入中国驻叙利亚使馆院内，造成使馆1名当地工作人员受轻伤。

9月30日，埃及西奈半岛发生数起武装分子袭击军警事件，造成至少5名警察身亡，另有十余人受伤。

9月30日，“伊斯兰教法支持者”组织占领也门东南部一座军营，打死至少3名政府军士兵，俘虏多人。

10月

10月1日，联合国伊拉克援助团发表公报说：伊拉克9月死于恐怖袭击和暴力冲突的人数为979人，另有2133人受伤。

10月1日，根据阿富汗政府发布的数据，阿境内9月份发生40起爆炸袭击，其中近一半为路边土制炸弹袭击，暴力冲突至少造成770人丧生，其中有600名武装分子被阿安全部队打死。

10月1日，加拿大外交部长约翰·贝尔德宣布，加拿大支持索马里政府打击恐怖主义，向索马里政府提供602万加元（约合582万美元），以支持该国改善安全状况。

10月2日，西班牙东北部工业城市萨拉戈萨的皮拉尔广场附近发生爆炸，所幸未有人员伤亡。警方认为爆炸是由左翼极端分子制造。

10月2日，伊拉克武装分子在萨拉赫丁省击落一架军方直升机，机上的4名安全部队人员死亡。

10月3日，巴基斯坦西北部亨古地区发生自杀式袭击，造成至少12名武装分子死亡，8人受伤。

10月3日，俄罗斯东部军区新闻发言人戈尔杰耶夫宣布：俄罗斯与印度将于本月18日至28日在印度马哈詹靶场举行“因德拉－2013”联合反恐军事演习。

10月4日，利比亚外长本·哈伊勒表示，利比亚当局将成立专门部门保护外交机构。（10月2日，利比亚首都曾发生袭击俄罗斯大使馆的事件。）

10月5日，利比亚警方消息称，一伙不明身份的持枪武装分子袭击了首都的黎波里东南部一军事检查站，导致15名士兵死亡，另有5名士兵受伤。

10月5日，伊拉克发生多起暴力袭击事件，造成至少78人死亡，166人受伤。

10月5日，美军在非洲发动了两次针对“基地”组织和索马里青年党的突袭行动，抓获了名为阿布·阿纳斯·利比的“基地”组织领导人，他被指与1998年美国驻肯尼亚和坦桑尼亚大使馆遭到炸弹袭击事件有染。

10月6日，一名德国驻也门外交人员在首都萨那遇袭身亡，“基地”组织宣布对袭击事件负责。

10月6日，伊拉克警方说，伊拉克当天发生多起暴力袭击事件，造成至少35人死亡，163人受伤。

10月6日，尼日利亚军方对位于东北部博尔诺州伊扎镇的尼日利亚伊斯兰极端组织“博科圣地”一个藏匿地发起突袭，打死至少30名武装分子。

10月7日，巴基斯坦西北部城市白沙瓦发生炸弹袭击事件，造成至少6人死亡，另有12人受伤。

10月7日，埃及南西奈省一警察总局遭炸弹袭击，造成至少3人死亡，48人受伤。

10月7日，伊拉克首都巴格达遭遇一系列炸弹袭击，造成至少30人死亡，106人受伤。

10月9日，伊拉克一辆搭乘工人的卡车在首都巴格达南部遭遇路边炸弹爆炸，造成8人死亡，另有7人受伤。

10月9日，阿富汗南部赫尔曼德省一英军基地遭自杀式炸弹袭击，至少4人死亡，4人受伤。

10月9日，埃及西奈半岛发生多起暴力袭击事件。一辆载有士兵的卡车在西奈半岛中部遭炸弹袭击，造成4人受伤。另有不明身份的武装分子袭击了位于阿里什市广播大楼外的一处检查站，武装分子与军警交火。

10月10日，利比亚总理阿里－扎伊丹的发言人证实，该国总理扎伊丹被武装分子绑架。

10月10日，埃及北西奈省阿里什市南部一检查站发生自杀式汽车炸弹袭击，造成6人死亡，5人受伤。

10月10日，巴基斯坦西南部城市奎达一警察局附近发生爆炸，造成至少6人死亡，35人受伤。

10月10日，巴基斯坦东部城市拉合尔发生爆炸，造成1人死亡，至少12人受伤。

10月11日，美国国务院证实，美军在一次军事行动中抓获巴基斯坦塔利班武装组织的高级指挥官拉蒂夫·马哈苏德。

10月11日，位于利比亚第二大城市班加西的瑞典领事馆外发生汽车炸弹袭击，领事馆建筑严重受损，所幸未造成人员伤亡。

10月11日，位于巴勒斯坦地区加沙南部的拉法边境地区发生6起爆炸，爆炸针对埃及军方车辆，至少数名士兵受伤。

10月11日，中非共和国警方表示，原反政府武装“塞雷卡”对该国部署在加戈（Garga）的安全部队发动袭击，造成3人受伤。

10月11日，也门安保官员称，武装分子在也门东部沿海地区骑乘一辆摩托车射杀该国一名军方上校。也门东部沿海城镇木卡拉的安保官员经常成为武装分子攻击的目标。

10月11日，联合国消息称，刚果民主共和国（金）反叛势力在该国东部向联合国部队的一架直升机发动攻击，所幸并无伤亡发生。

10月11日，伊拉克官员称，该国首都巴格达一汽车行和一露天市场发生爆炸事件，造成 6 人死亡、20 人受伤。

10 月 11 日，美国国家情报总监詹姆斯·克拉珀以声明的形式对外解密宣称，美国负责监控恐怖分子和外国间谍活动的秘密法庭，已经授权美国国家安全局继续搜集美国公众的电话通信记录。

10 月 11 日，缅甸发生多次爆炸袭击事件，造成 2 死 2 伤。被袭击的场所包括两个巴士站、佛寺及一个市集。

10 月 12 日，叙利亚首都大马士革市中心遭迫击炮弹袭击，造成 1 名儿童死亡，另有 11 人受伤。

10 月 12 日，伊拉克警方说，首都巴格达以北约 120 公里的萨迈拉发生一起汽车炸弹袭击，造成至少 14 人死亡，22 人受伤。

10 月 13 日，伊拉克警方说，伊拉克发生多起暴力袭击事件，造成至少 14 人死亡，111 人受伤。

10 月 13 日，根据来自联合国方面的消息，3 名来自塞内加尔的联合国和非洲联盟驻苏丹达尔富尔特派团（联非达团）成员在该国西达尔富尔州首府朱奈纳附近遭遇伏击身亡。

10 月 13 日，叙利亚广播电视大楼遭自杀式汽车炸弹爆炸袭击，导致总部设在该大楼内的叙利亚新闻电视台播出短暂中断。

10 月 13 日，红十字国际委员会证实 7 名工作人员在叙利亚被劫持。

10 月 13 日，两名索马里恐怖分子计划在埃塞俄比亚首都亚的斯亚贝巴举行足球赛期间实施恐怖袭击，然而其所携炸弹在其行至距球场 5000 米时发生爆炸，两名恐怖分子均被炸死。

10 月 13 日，美国洛杉矶国际机场候机楼发生爆炸，导致四趟航班延误，爆炸物是一个装有干冰的塑料瓶子。

10 月 14 日，叙利亚北部伊德利卜省发生汽车炸弹爆炸袭击，造成至少 60 人死亡，另有 90 多人受伤。

10 月 14 日，位于缅甸仰光的一间饭店突然发生爆炸，有一名美国女性游客受伤，爆炸由一枚定时炸弹引起。

10 月 14 日，美国洛杉矶机场发生第二起干冰爆炸事件。爆炸发生在登机门附近、仅允许员工进入的区域。爆炸没有造成人员伤亡。

10 月 15 日，伊拉克北部城市基尔库克的一所逊尼派清真寺发生爆炸，造成 12 人死亡、24 人受伤。

10 月 15 日，阿富汗东部省份洛加尔省省长在一座清真寺内发表讲话庆祝节日时，麦克风内藏的炸弹突然爆炸，令其当场死亡，另有 15 人受伤。

10 月 15 日，俄罗斯侦查委员会在基洛夫州挫败一起恐怖袭击图谋，并逮捕 2 名涉嫌袭击化学武器仓库的嫌疑人。

10 月 15 日，缅甸警方逮捕了一名涉嫌参与仰光市高档酒店爆炸案的男子。当局相信，该名男子与同一天另一起在一家餐馆发生的爆炸案有关。

10 月 16 日，叙利亚人权观察组织称，叙利亚德拉省一辆公交车遭炸弹袭击，造成至少 21 人死亡。

10 月 16 日，巴基斯坦开伯尔－普什图省司法部长在家遭遇自杀袭击，包括他本人在内的 8 人丧生。

10 月 16 日，联合国秘书长潘基文呼吁安理会成员国向非盟索马里特派团军队（AMISOM）提供经济和军事援助，以打击索马里不断壮大的“青年党”极端主义势力，维护索马里的政权稳定。

10 月 17 日，缅甸东部的掸邦发生 3 起爆炸事件，造成 1 人死亡。

10 月 17 日，伊拉克北部城市摩苏尔附近的一座村庄遭自杀式爆炸袭击，造成至少 15 人死亡，60 人受伤。

10 月 17 日，伊拉克首都巴格达接连发生汽车炸弹袭击，造成至少 42 人死亡，116 人受伤。

10 月 17 日，非洲多国缉毒官员在地区打击毒品犯罪会议上普遍认为，非洲已成为国际贩毒路线新中转站，贩毒与地区恐怖主义勾结趋势日益明显，非洲各国应加强合作，联手打击毒品犯罪。该会议在津巴布韦首都哈拉雷举行。

10 月 17 日，“基地”组织武装人员对也门南部贝达省境内的军队营地和检查站发动袭击，造成至少 8 人死亡，多人受伤。

10 月 17 日，突尼斯安全部队在西北部贝加省的反恐行动中击毙 2 名“萨拉菲”武装团伙成员，逮捕 1 人，并缴获大量武器弹药。行动中国民卫队 2 名宪兵丧生。

10 月 18 日，也门南部阿比扬省一座军事指挥中心发生自杀式袭击，造成 15 名士兵丧生、18 人受伤。

10 月 18 日，俄罗斯南部卡巴尔达－巴尔卡尔共和国一座清真寺附近发生爆炸，至少 2 人在爆炸中死亡。

10 月 18 日，利比亚军警总长穆斯塔法·巴格希在其家门外被射杀。

10 月 18 日，阿富汗首都喀布尔东部一外国人居住的小区发生自杀式汽车炸弹袭击，造成包括袭击者在内的 2 人死亡、4 人受伤。

10 月 19 日，叙利亚首都大马士革郊区发生自杀式炸弹袭击，导致至少 30 人死亡，15 名民众受伤。

10 月 19 日，泰国南部的陶公府先后发生两起炸弹袭击事件，有 13 人受伤，伤者包括 5 名记者。

10 月 19 日，索马里警方说，索马里中部城市贝莱德文发生自杀式爆炸袭击事件，至少 13 人死亡，另有 15 人受伤。索马里“伊斯兰青年运动”随后宣布对爆炸事件负责。

10 月 19 日，埃及伊斯梅利亚省首府伊斯梅利亚市的军事情报机构大楼附近发生汽车炸弹爆炸，造成 6 名士兵受伤。

10 月 20 日，位于叙利亚中部的哈马省发生汽车炸弹爆炸事件，造成至少 31 人死亡。

10月20日，伊拉克西部拉瓦市政府大楼及其附近的检查站遭到3起自杀式炸弹袭击，造成至少12人死亡，27人受伤。拉瓦市及其所在的安巴尔省一直以来都是“基地”组织活跃的地区，针对政府以及安全部队的恐怖袭击时有发生。

10月20日，伊拉克首都巴格达一家咖啡馆遭自杀式炸弹袭击，造成至少37人死亡，50人受伤。

10月20日，伊拉克巴格达西部的阿米利耶区和加塞利耶区分别发生路边炸弹袭击，共造成2人死亡、9人受伤。

10月20日，埃及吉萨省的瓦拉格区圣母教堂前发生枪击事件，2名武装分子向人群开枪，导致3人死亡、12人受伤。

10月21日，巴基斯坦西南部一辆客运火车被炸弹击中，造成至少6人死亡，超过17人受伤。

10月21日，伊拉克发生一起协同袭击事件，袭击者在两个地点协同作案，实施自杀式炸弹袭击以及枪击，造成6名警察死亡。

10月21日，菲律宾军方在南部棉兰老地区遭遇2起地雷袭击并与袭击者交火，9名士兵丧生，另有5名士兵受伤。菲军方认为，这2起地雷袭击事件很有可能是菲反政府武装“新人民军”所为，因为“新人民军”惯于在伏击行动中先使用地雷。

10月21日，俄罗斯侦查委员会发言人马尔金表示，侦查人员初步断定，俄罗斯伏尔加格勒公交车爆炸事件是来自达吉斯坦共和国的一名女性自杀式炸弹袭击者所为。

10月21日，俄罗斯拟加大互联网监控力度，要求互联网服务提供商暂时存储所有网络流量数据，并让俄罗斯联邦安全局能够接收这些数据。

10月21日，俄罗斯北高加索地区发生枪击事件，导致一名俄罗斯联邦安全局官员死亡，另有一名官员受伤。

10月22日，伊拉克安巴省遭遇数起枪击事件和自杀式爆炸袭击，袭击造成25名警察以及3名平民丧生。

10月22日，埃及开罗市科普特基督教堂外发生枪击事件。事发时教堂外正举行婚礼，武装分子射杀婚礼宾客，造成包括两名儿童在内的4人死亡，17人受伤。自2013年7月埃及发生军事政变以来，流血事件频发，仅8月份就发生47起袭击事件，针对军方的暗杀行动也不断发生。

10月23日，突尼斯国民卫队的6名宪兵在西迪布济德省遭恐怖分子袭击身亡，另有4名宪兵受伤。

10月23日，马里北部泰萨利特市发生一起自杀式汽车炸弹袭击事件，造成至少3人死亡，多人在袭击中受伤。

10月23日，叙利亚电力部长伊马德表示，供叙利亚南部多家发电厂的燃气管道遭恐怖袭击，包括首都大马士革在内的全国各省供电全部中断。

10月24日，黎巴嫩军队在黎东部贝卡地区破获一武装团伙，打死2名武装分子，抓获2人，缴获250公斤炸药。

10月24日，欧洲委员会和土耳其政府联合在伊斯坦布尔召开为期两天的国际反恐会议，47个国家的政府官员和专家出席会议。

10月24日，俄罗斯执法人员在一辆从斯塔夫罗波尔开往莫斯科的公交车上逮捕1名乘客。该乘客随身携带有炸药和手榴弹。

10月24日，尼日利亚军方在尼东北部与尼日利亚伊斯兰极端组织“博科圣地”成员交火，共打死95名武装分子。

10月25日，上海合作组织成员国和观察员国在乌兹别克斯坦首都塔什干举行研讨会，就打击国际恐怖主义和极端主义领域合作进行讨论。

10月27日，印度北部比哈尔邦首府巴特那发生6起爆炸，造成至少6人死亡、80多人受伤。

10月27日，伊拉克首都巴格达多个地区发生一系列爆炸袭击事件，造成至少29人死亡，88人受伤。同日，北部城市摩苏尔发生一起自杀式汽车炸弹袭击，造成至少56人死亡，100多人受伤。

10月27日，阿富汗东部省份加兹尼发生路边炸弹袭击事件，造成18人死亡，另有5人受伤。

10月28日，一辆汽车在索马里南部城镇吉利卜遭无人机攻击，车上2名“伊斯兰青年运动”成员被击毙，其中包括该组织一名高级指挥官。

10月28日，伊拉克发生多起暴力袭击事件，造成至少16人死亡，32人受伤。

10月28日，叙利亚人民议会议员穆汉纳·法耶德遭隶属于“自由沙姆人运动”的恐怖分子绑架。恐怖分子还破坏并烧毁了包括法耶德家在内的36所民宅。

10月29日，巴基斯坦西南部俾路支省一部族长塔拉·汗老家遭不明身份武装分子袭击，造成至少7人死亡，4人受伤，塔拉·汗下落不明。

10月29日，印度警方说，基本认定本月27日发生在该国东北部比哈尔邦的连环爆炸是“印度圣战者组织”所为。印度警方已逮捕4名爆炸嫌疑人，其中1人引爆炸弹时受重伤后死亡，其他3人在审讯中承认制造了这起爆炸。

10月29日，肯尼亚警方宣布，在调查9月21日该国首都内罗毕的韦斯特盖特购物中心遭袭一事的过程中，他们已逮捕5名嫌疑人员。

10月30日，巴基斯坦西北部毗邻阿富汗的部落地区——南瓦济里斯坦部落地区的一个村庄发生土制炸弹爆炸事件，造成2名士兵死亡，4人受伤。

10月30日，巴基斯坦西南部俾路支省首府奎达一个汽修市场内发生爆炸，至少造成4人死亡，14人受伤。

10月30日，俄罗斯西南部达吉斯坦共和国首府马哈奇卡拉市发生爆炸袭击，造成1人死亡、8人受伤。

10月31日，伊拉克发生多起暴力袭击事件，造成至少24人死亡，87人受伤。

11月

11月1日，俄罗斯中部城市库尔干市一法院发生手榴弹爆炸事件，导致2人死亡、2人受伤。

11月1日，联合国伊拉克援助团发表公报说，伊拉克10月份死于恐怖袭击和暴力冲突的人数为979人，另有1902人受伤。首都巴格达所在的巴格达省是伤亡人数最多的省份。

11月1日，巴基斯坦西北部北瓦济里斯坦部族地区遭美军无人机空袭，造成包括巴基斯坦塔利班首领哈基穆拉·马哈苏德在内的6人死亡、2人受伤。

11月2日，2名法国记者在马里北部基达尔地区遭4名武装分子绑架并杀害。4日，警方表示10多名嫌疑人被捕。

11月2日，尼日利亚东北部一婚庆车队疑遭遇宗教极端势力武装袭击，造成包括新郎在内的30多人丧生。

11月2日，美国联邦政府在北卡罗莱纳州逮捕现年29岁的巴基斯坦裔男子巴西特·贾夫德·谢赫，指控其为外国恐怖组织提供物资支持，试图加入与叙利亚的“基地”组织有关联的“努斯拉阵线”，以对抗叙利亚巴沙尔政权。

11月3日，巴基斯坦塔利班发言人证实，该组织已经任命阿斯马图拉·沙欣为临时首领。沙欣原为“巴塔”组织在南瓦济里斯坦地区的领导人。

11月3日，俄罗斯总统普京签署一项法律，根据该法，恐怖分子实施恐怖活动所造成的物质损失和精神损失，应该由恐怖分子本人及其配偶、亲戚和朋友进行赔偿，前提是他们不能提供足够证据证明各自的资金、贵重物品和其他财产不是来自该恐怖分子的恐怖活动。该法还对以实施恐怖活动为目的接受培训、组织恐怖团体并参与恐怖团体活动、公开呼吁实施恐怖活动的人追究刑事责任。

11月3日，印度北部阿萨姆邦平民遭到“加罗民族解放军（Garo National Liberation Army）”组织的武装分子袭击，造成至少7人死亡，9人受伤。“加罗民族解放军”来自该地区的邻邦梅加拉亚，他们一直要求当局划分出一个属于加罗部落独立的区域。

11月4日，叙利亚霍姆斯东部一城镇发生自杀式炸弹袭击，袭击造成至少4人死亡。

11月4日，巴基斯坦2辆北约油罐运输车在巴东南部俾路支斯坦省巴拉纳里地区遭不明武装分子袭击，1名司机重伤。

11月5日，阿富汗与巴基斯坦边境地区发生爆炸袭击，1名自杀式爆炸袭击者驾驶一辆载有爆炸物的汽车，冲撞当地的阿富汗哨所，造成至少4人死亡，十余人受伤。

11月5日，印度警方说，5名警察在印度东北部梅加拉亚邦被分离主义武装组织“加罗民族解放军”枪杀。两天前，印度警察逮捕了该武装组织的4名骨干分子。

11月5日，伊拉克发生多起汽车炸弹等恐怖袭击事件，造成13人死亡，其中大部分为治安人员，另有17人受伤。

11月6日，叙利亚首都大马士革市中心汉志广场（Hijaz square）发生炸弹爆炸，造成8人死亡、50人受伤。

11月6日，效忠莫桑比克反对党的武装分子连续两次偷袭政府军军车，打死4名军人，包括平民在内的20人在袭击中受伤。这两起袭击事件均发生在反对党莫桑比克全国抵抗运动（简称“莫抵运”）势力较强的索法拉省。

11 月 6 日，伊拉克发生多起暴力袭击，造成至少 11 人死亡，21 人受伤。

11 月 6 日，叙利亚南部一叙政府空军机构发生一起自杀式炸弹袭击事件，造成至少 8 名叙空军情报人员死亡。

11 月 7 日，伊拉克发生多起暴力袭击，造成至少 12 人死亡，23 人受伤。

11 月 7 日，伊拉克中部一个军事基地当天遭自杀式爆炸袭击，造成至少 16 人死亡，45 人受伤。

11 月 7 日，“巴基斯坦塔利班运动”的临时首领阿斯马图拉·沙欣宣布，该组织已选出法兹鲁拉为新领导人。法兹鲁拉在 2000 年成为原教旨主义组织“伊斯兰法律运动”的首领，在 2007 年到 2009 年期间，曾在巴基斯坦斯瓦特河谷强制施行伊斯兰律法。法兹鲁拉是第一个不是来自马哈苏德所在部落的“巴基斯坦塔利班运动”首领。此外，巴基斯坦塔利班组织还任命哈立德·哈卡尼为该组织 2 号头目。

11 月 8 日，一辆巴士车在阿富汗南部遭到路边炸弹爆炸袭击，造成包括 5 名妇女在内的 8 人死亡。

11 月 8 日，俄罗斯达吉斯坦共和国首府马哈奇卡拉一家销售副食品的商店发生恐怖爆炸事件，造成 1 人死亡、2 人受伤。

11 月 8 日，也门安全官员称，美军无人机空袭也门南部阿比扬省一个村庄，打死至少 7 名“基地”组织武装分子。

11 月 8 日，索马里警方称，首都摩加迪沙一家旅馆外发生一起疑似汽车炸弹爆炸事件，至少造成 11 人死亡，15 人受伤。

11 月 8 日，“基地”组织领导人扎瓦希里对伊拉克和叙利亚“基地”组织分支结构进行调整，并分别任命了两国“基地”分支领导人，任期为1年。

11月9日，叙利亚反对派武装向叙北部阿勒颇市郊区发射火箭弹，导致6名儿童死亡，另有6人受伤。

11月10日，叙利亚首都大马士革杰尔马纳镇遭到迫击炮弹袭击，造成3名儿童及其父亲死亡。

11月10日，伊拉克发生数起暴力事件，造成至少7人死亡。暴力事件多发生在伊拉克北部城市摩苏尔。

11月10日，埃及北部发生枪击事件，造成2名士兵丧生，3人受伤。

11月10日，阿富汗塔利班组织宣称，“哈卡尼网络”1名高级官员在伊斯兰堡被击毙。“哈卡尼网络”是与塔利班有紧密关联的一个极端武装组织，其武装人员经常在阿富汗首都喀布尔以及与巴基斯坦交界的阿东部一些省份活动。

11月11日，叙利亚首都大马士革的两个区域发生迫击炮袭击事件，造成9名儿童死亡。

11月12日，南非约翰内斯堡发生炸弹爆炸事件，造成至少2人死亡，5人受伤。

11月12日，两辆载有印度游客的旅游巴士在尼泊尔中部廓尔喀县遭到攻击，2名印度人受伤。

11月13日，伊拉克首都巴格达北部发生针对什叶派穆斯林的3起连环路边炸弹袭击，已经造成8人死亡、15人受伤。同日，北部萨拉赫丁省首府提克里特东郊的阿拉姆镇检查站发生一起自杀式汽车炸弹袭击，造成包括警察在内的10人死亡，12人受伤。

11月13日，美国国务院将尼日利亚极端组织“博科圣地”及其分支“安萨鲁”列入恐怖组织黑名单。

11月13日，尼泊尔14个地区一共发生51起包括爆炸、纵火、毁车等反选举暴力事件，29人被逮捕。

11月14日，巴基斯坦警方与恐怖分子在卡拉奇发生交火，击毙6名恐怖分子，同时有3名警察受伤。

11月14日，伊拉克发生多起针对什叶派穆斯林宗教活动的暴力袭击事件，造成至少32人死亡，77人受伤。

11月14日，法国军队在马里的东北部实施一次局部军事行动，击毙“基地”组织分支“伊斯兰马格里布基地组织”一些成员，并缴获一些武器。

11月14日，利比亚北部城市班加西发生几起袭击事件，造成1名空军随行神职人员、1名前警官和1名士兵死亡。

11月14日，叙利亚大马士革的一座著名清真寺遭到炸弹和迫击炮袭击，造成3人死亡、22人受伤。

11月16日，俄罗斯强力部门在南部达吉斯坦共和国击毙5名非法武装分子，其中包括不久前在伏尔加格勒市实施自杀式爆炸的恐怖分子奈达·阿西亚洛娃的丈夫德米特里·索科洛夫。

11月16日，阿富汗首都喀布尔的一处会场附近发生自杀式汽车炸弹袭击，至少10人丧生，22人受伤。

11月17日，伊拉克警方说，伊拉克发生多起恐怖暴力袭击事件，造成至少23人死亡，74人受伤。最严重的袭击发生在首都巴格达，接连有多起汽车炸弹或路边炸弹袭击。

11月17日，叙利亚首都大马士革附近一处军方基地遭到炸弹袭击，造成至少31人死亡，其中包括4名官员。

11月18日，利比亚情报部门副长官穆斯塔法—诺亚在首都机场遭绑架。

11月18日，阿富汗南部发生一起路边车辆炸弹爆炸袭击，导致2名儿童死亡。

11月18日，一伙“基地”组织武装分子驾驶载有重型武器的车辆向也门舍卜瓦省一处军事检查站开枪射击并投掷多枚手榴弹，造成至少9人死亡。

11月18日，阿富汗东部发生一起地雷爆炸事件，造成7名儿童死亡。

11月19日，尼泊尔首都加德满都附近发生一起爆炸，造成3人受伤，其中包括1名儿童。

11月19日，位于黎巴嫩首都贝鲁特南部的伊朗驻黎巴嫩大使馆附近发生两起爆炸袭击。黎巴嫩卫生部称，爆炸导致23人丧生、146人受伤。

11月19日，非洲联盟（非盟）驻索马里特派团位于贝莱德文的一处基地遭到自杀式炸弹的袭击，事件造成至少19人死亡。反政府武装组织“索马里青年党”随后声称对该起事件负责。

11月20日，巴基斯坦西北部北瓦济里斯坦部落地区一安全部队检查站遭自杀式爆炸袭击，造成至少2名安全人员死亡，另有4名安全人员受伤。

11月20日，埃及西奈半岛北部骚乱区域发生一起汽车炸弹爆炸事件，导致12人死亡，35人受伤。

11月20日，伊拉克发生多起爆炸和枪击等暴力袭击，造成至少49人死亡，134人受伤，其中仅发生在首都巴格达的暴力袭击就导致47人丧生、131人受伤。

11月20日，埃及首都开罗的一处检查站遭到炸弹袭击，袭击造成4名警察受伤。实施袭击者在检查站丢下一个爆炸装置，爆炸还摧毁了一个路边摊。

11月20日，叙利亚首都大马士革北部战略要地加拉蒙地区发生数起自杀式汽车炸弹袭击，造成7名士兵死亡。叙利亚阿拉伯通讯社报道称，“伊拉克和黎凡特伊斯兰国”及叙反政府武装“支持阵线”的成员发动了上述袭击。

11月21日，伊拉克发生多起恐怖暴力袭击事件，造成至少40人死亡，75人受伤。袭击方式包括汽车炸弹、人体炸弹和枪击等。

11月21日，土耳其警方在首都安卡拉拘捕了一名携带疑似爆炸装置并试图进入总理府的男子。

11月21日，巴基斯坦北部城市奎达一市场遭爆炸袭击，造成至少5人死亡。

11月22日，也门总统阿卜杜勒拉布·曼苏尔·哈迪表示，“基地”组织在也门的活动减少，这个国际恐怖组织的成员开始向其他动荡的中东国家转移。

11月23日，伊拉克发生多起爆炸和枪击等恐怖袭击事件，造成至少23人死亡，95人受伤。

11月23日，瑞典外交部证实，2名瑞典记者在叙利亚遭到绑架。

11月24日，伊拉克多地发生暴力事件，造成5人死亡。伊拉克官员担忧称，其邻近的叙利亚爆发内战导致基地组织卷土重来，并让武装分子有更多的准备空间策划袭击。

11月24日，哥伦比亚总统桑托斯称，哥伦比亚军队在委内瑞拉边境与反政府武装“哥伦比亚民族解放军”的冲突中，击毙10名武装分子，伤2人。

11月24日，联合国和非洲联盟驻达尔富尔联合特派团（联非达团）的一个车队在苏丹北达尔富尔州卡布卡比亚附近遭不明身份的武装分子袭击，造成1名卢旺达籍维和人员死亡。

11月25日，利比亚军方特种部队与武装“圣战”组织在东部城市班加西发生激战，造成9人死亡、49人受伤。

11月25日，联合国安理会通过主席声明，要求乌干达反政府武装

“圣灵抵抗军”停止所有袭击，并敦促有关各方继续打击这一武装。安理会谴责“圣灵抵抗军”在武装冲突中招募和使用儿童。

11月25日，伊拉克警方说，伊拉克发生多起袭击事件，共造成46人死亡。

11月25日，利比亚东部城市班加西再次爆发政府军与民兵组织武装分子的冲突。据半岛台报道，冲突造成9人死亡、47人受伤。

11月25日，埃及首都开罗总统府附近发生爆炸，造成2名埃及警察受伤。

11月25日，联合国伊拉克事务特别代表表示，伊拉克邻国叙利亚的内战助长了伊拉克境内的恐怖主义威胁，使类似于“基地”组织的武装分子可以跨越国境与他国类似组织建立联系。

11月26日，尼日利亚中部普拉托州军方发言人称，一伙武装分子对该州的4个村子发动袭击，并杀害37人。这些枪手可能来自一个叫做“富拉尼行刑队”的组织。

11月26日，叙利亚首都大马士革发生自杀式汽车炸弹爆炸袭击事件，造成至少15人死亡，另有35人受伤。

11月26日，巴基斯坦南部城市海得拉巴发生两起袭警事件，造成至少5名警察死亡、1名警察受伤。

11月26日，伊拉克警方说，伊拉克当天发生两起针对安全部队和警察的自杀式爆炸袭击事件，造成40多人伤亡。

11月26日，印度警方说，印度东部泰米尔纳德邦沿海库丹库拉姆核电站附近一座村庄发生炸弹爆炸事件，导致至少6人死亡，多人受伤。警方说，事件发生时有人正在一间屋内制造炸弹，炸弹爆炸导致两间房屋被夷为平地。

11月26日，北约开始为期3天的“2013年网络联盟”演习，这是该组织举行的规模最大的网络安全演习，旨在预防对北约成员国及其盟友的大规模协同网络攻击。这次演习在北约 27 个成员国共建的爱沙尼亚网络防御中心进行，来自 30 多个欧洲国家的 400 名 IT 业、法律界以及政府方面的专家参加。

11 月 27 日，伊拉克警方说，伊拉克当天发生多起恐怖暴力袭击事件，造成至少 28 人身亡，27 人受伤。武装分子在袭击其中一座警察局时还使用了迫击炮等武器。

11 月 27 日，利比亚消息人士说，利比亚东部城市班加西附近地区有 3 名利比亚国民军特种部队士兵被暗杀。

11 月 27 日，伊拉克警方说，首都巴格达西部发生一起自杀式炸弹袭击，造成至少 10 人死亡，30 人受伤。

11 月 27 日，疑似塔利班武装分子在阿富汗北部枪杀 6 名法国救援组织的本地雇员，另有 1 人受伤。

11 月 27 日，印度安全部队人员在中东部的恰蒂斯加尔邦遭到纳萨尔派反政府武装袭击，有 4 名士兵丧生。

11 月 28 日，俄罗斯莫斯科警方逮捕极端组织“赎罪与迁徙运动”的 14 名成员。

11 月 28 日，利比亚南部一座军火库遭到武装分子袭击，军火库发生爆炸，造成至少 10 人死亡，15 人受伤。

11 月 28 日，伊拉克发生多起恐怖暴力袭击，造成至少 23 人死亡，43 人受伤。当天伤亡最严重的恐怖暴力袭击发生在伊拉克北部逊尼派穆斯林聚集的萨拉赫丁省。

11 月 28 日，日本东京都的美军横田基地遭到火箭弹的袭击。一个自称“革命军”的团体称对事件负责。

11 月 29 日，伊拉克安保和医疗官员称，有 18 人遭一群身穿军队制服的人绑架并被杀害，死者中包括 2 位部落首领、4 名警察和 1 位军方少校。

11 月 29 日，叙利亚大马士革老城遭反对派迫击炮袭击，造成 4 人死亡，26 人受伤。

12 月

12 月 2 日，尼日利亚恐怖组织“博科圣地”针对迈杜古里的数个地区发动了联合攻击，包括几处陆军基地和空军基地，致使空军基地的两架直升机和三架飞机“瘫痪”，并造成大量人员严重伤亡。

12 月 3 日，伊拉克发生多起恐怖暴力袭击事件，造成至少 31 人死亡、76 人受伤。当天最严重的恐怖暴力袭击发生在北部萨拉赫丁省，共有 20 人死亡、39 人受伤。

12 月 4 日，伊拉克北部城市基尔库克发生暴力袭击警方目标和绑架人质事件，造成至少 10 人遇难、75 人受伤。一名自杀式袭击者 4 日下午在基尔库克警方情报部门附近引爆了一辆装有炸药的汽车，同时还有两名身穿炸弹背心的袭击者试图闯入该机构，在遭到警方开枪阻击后引爆炸弹。另几名武装分子闯入附近一家购物中心并绑架了 11 名人质。伊拉克反恐部队在几个小时后成功解救了被困人质，但与武装分子的交火一直持续到 5 日凌晨，最后将武装分子全部击毙。

12 月 5 日，也门国防部遭遇恐怖袭击。一名自杀式炸弹袭击者驱车闯进国防部大门并引爆炸弹。另一辆车紧随其后，闯入国防部大院，与安全部队士兵交火。此次袭击共造成 52 人死亡和 162 人受伤。丧生者中，包括两位德国医师、两位越南医师、两位菲律宾女护士和一位印度护士。

12 月 5 日，在索马里邦特兰自治区的博萨索城，政府安全部队的一个车队遭到自杀式汽车炸弹袭击。

12 月 7 日，伊拉克发生多起恐怖袭击事件，造成至少 18 人死亡，34 人受伤。巴格达以北约 400 公里的摩苏尔的一个蔬菜市场遭遇路边炸弹袭击，造成至少3人死亡，10人受伤。西部安巴尔省首府拉马迪、费卢杰以及东部迪亚拉省首府巴古拜附近也发生多起枪击、暗杀警方人员和简易炸弹袭击，共造成4人死亡、5人受伤。7日夜间，一伙身份不明的武装分子在巴格达市中心的瓦兹里亚区向数家售酒商店开枪扫射，造成至少9人死亡、6人受伤。此外，巴格达南部杜拉区及巴格达以北约40公里的马什赫达镇分别遭到路边炸弹袭击，造成两人死亡、13人受伤。

12月10日，伊拉克发生多起恐怖暴力袭击事件，造成21人死亡、29人受伤。

12月12日，也门什叶派胡塞部落武装与逊尼派武装人员在北部萨达省发生武装冲突，造成40余人死亡。由于安全形势的恶化，联合国已于12日关闭了驻也门首都的办事机构。

12月13日，伊拉克发生多起恐怖暴力袭击，造成至少29人死亡，41人受伤。一伙身份不明的武装分子袭击了东部迪亚拉省的一个天然气管道输送站，造成15名伊朗人和3名伊拉克人死亡，另有7人受伤。在伊拉克西部安巴尔省首府拉马迪，发生了一起针对伊拉克安全部队的汽车炸弹袭击，造成至少5名安全部队人员死亡、9名安全部队人员受伤。在位于巴格达东南部约30公里的迈达因镇，一个人流密集的市场发生汽车炸弹袭击，造成至少4人死亡，13人受伤。此外，首都巴格达东郊的一个鱼市也遭到汽车炸弹袭击，造成两人死亡、12人受伤。

12月16日，伊拉克发生了多起恐怖暴力袭击，造成至少67人死亡、138人受伤。

12月17日，巴基斯坦北部城市拉瓦尔品第的一个什叶派清真寺旁发生自杀性炸弹袭击，造成至少3人死亡，14人受伤。

12月19日，伊拉克发生多起恐怖暴力袭击事件，其中包括一系列针对什叶派穆斯林的自杀式炸弹袭击，共造成至少46人死亡，100人受伤。

12月20日，伊拉克当天发生多起恐怖暴力袭击，造成至少15人死亡、21人受伤。当天最严重的恐怖暴力袭击发生在北部萨拉赫丁省。

12月23日，伊拉克一家电视台遭自杀式爆炸袭击，造成5人死亡。

12月24日，埃及北部代盖赫利耶省省会曼苏拉市警察局遭汽车炸弹爆炸袭击，爆炸造成至少14人死亡，134人受伤。

12月25日，位于喀布尔的美国驻阿富汗大使馆遭两枚火箭弹袭击。喀布尔其他区域当天还遭到了另外两枚火箭弹的袭击，造成至少3名警察受伤。塔利班宣布对袭击负责。

12月27日，阿富汗塔利班武装分子在喀布尔对北约车队发动自杀式汽车炸弹袭击，造成4名北约国际安全援助部队人员死亡。

12月27日，吉尔吉斯坦首都比什凯克市警方在专项行动中查抄了极端宗教组织“伊扎布特”在该市的一个据点，逮捕了该组织的5名成员，缴获了大量传单、小册子、光盘违禁宣传品和笔记本电脑等作案工具。据悉，5名嫌疑人中有1人是吉国立医学院四年级在读学生，1人是首都“十月区”社会基金会的工作人员，5人之中有4人出身于吉南部地区。

12月27日，俄罗斯高加索城市皮亚季戈尔斯克发生汽车炸弹爆炸事件，造成3人死亡。

12月29日，伊拉克发生多起恐怖暴力袭击，造成至少10人死亡，22人受伤。位于首都巴格达以北约400公里的摩苏尔当天发生一起针对军队检查站的自杀式汽车炸弹袭击，造成7名官兵死亡，11人受伤。在巴格达以西约25公里的阿布格里卜地区，一伙身份不明的武装分子向“觉醒委员会”成员开枪，造成两人死亡、5人受伤。此外，巴格达西南部的吉哈德区也发生一起路边炸弹袭击，造成至少一人死亡，6人受伤。

12月29日，俄罗斯伏尔加格勒市火车站入口处发生自杀式爆炸袭击，次日早晨，该市一无轨电车发生爆炸，两起恐怖袭击事件共造成 34 人死亡。

12 月 30 日，9 名暴徒持砍刀袭击我国新疆喀什地区莎车县公安局，投掷爆炸装置，纵火焚烧警车。公安民警果断处置，击毙 8 人、抓获 1 人。

12 月 31 日，美国政府将在古巴关塔那摩基地关押的最后 3 名中国维吾尔族囚犯移交给斯洛伐克。至此，仍有 155 名其他国家的囚犯被关押在这一基地。

12 月 31 日，印尼警方的 88 反恐特遣部队在首都雅加达附近对一群激进分子展开突击，双方进行了历时数小时的枪战，警方最终击毙六名恐怖嫌犯，另有一人遭逮捕。

2014 年大事记

1 月

1 月 3 日，印度尼西亚警方公布，2013 年 12 月 31 日击毙的 6 名恐怖嫌犯，他们原计划袭击美国大使馆、两座佛寺、一座基督教堂和反恐警察。印尼警察部队发言人博伊在雅加达的记者会上指出，警方在 6 人匿藏地点搜获的一份手写文件后发现，其准备针对美国大使馆、“窝藏"中央情报局人员的旅馆及反恐部队的成员展开自杀式袭击。并计划攻击一座基督教堂和佛教庙宇，是要为缅甸宗教冲突中丧命的回教徒报复。2013 年 12 月 30 日，警察在中爪哇的外南梦逮捕了一名激进分子，并获悉 6 人藏身的地点。2014 年 1 月 1 日，警方在茂物逮捕了一名叫萨杜拉·罗贾克的人，起获 25 公斤用以制造炸弹的化学物质以及能发射塑料子弹的气枪。

1 月 5 日，“伊拉克和黎凡特伊斯兰国”占领伊拉克安巴尔省城市费卢杰。

1 月 16 日，“支持阵线”宣布制造了黎巴嫩首都贝鲁特南郊的汽车炸弹袭击事件，该事件造成 5 人死亡、50 多人受伤。

1 月 16 日，也门首都萨那的国防部遭到自杀式汽车炸弹袭击，随后和国防部大楼相连的一所军医院也遭到枪手攻击，共造成 52 人丧生、

167 人受伤，是 2013 年以来伤亡最惨重的袭击。事件发生一天后，“基地”组织阿拉伯半岛分支在“推特”网站上发表声明确认制造了袭击。

1 月 17 日，阿富汗首都喀布尔发生恐怖爆炸案，塔利班自杀式攻击手在一家餐馆引爆炸弹及开枪扫射，造成包括 13 名外国人在内的 21 人死亡，其中 4 名死者是联合国职员。在袭击事件发生 1 小时后，塔利班发言人称，这次恐怖袭击是为了报复美国 14 日晚间在中部帕尔旺省发动的空袭。

1 月 17 日，伊拉克首都巴格达东北部 150 公里处发生枪杀石油管道工人事件，造成至少 17 名石油和天然气工人丧生，8 人受伤。

1 月 18 日，伊拉克首都巴格达发生了 4 起汽车炸弹爆炸和迫击炮射击，造成至少 14 人死亡，50 人受伤。

1 月 18 日，伊拉克军队与跟“基地”组织有关联的激进分子之间发生战斗，造成至少 34 人丧生，58 人受伤。

1 月 20 日，伊拉克发生系列爆炸，炸死至少 21 人，炸伤数十人。爆炸事件中有五起是针对首都以什叶派为主的城区，有两起发生在以逊尼派为多数居民的地段。最严重的爆炸袭击发生在以什叶派穆斯林为主要居民的巴格达南部阿布·德希尔区，一枚汽车炸弹在一处热闹的市场爆炸，炸死 7 人，炸伤 18 人。

1 月 21 日，巴基斯坦三天连续发生三起炸弹袭击事件。21 日，一枚炸弹在一辆载有前去奎达城朝圣的什叶派穆斯林的汽车附近爆炸，炸死至少 20 人，炸伤 20 人。20 日，巴基斯坦首都伊斯兰堡附近城市拉瓦尔品第一处喧闹的市场遭遇塔利班自杀式炸弹袭击，造成 10 人死亡，14 人受伤。爆炸地点距离巴基斯坦军队总部所在地步行约 10 分钟。巴基斯坦塔利班发言人宣布该组织对这起爆炸事件负责，并警告称今后还将发动更多此类袭击。19 日，巴基斯坦政府军的一列车队遭塔利班藏匿的炸弹袭击，造成 20 名士兵死亡，另有 30 人受伤。

1月22日，哥伦比亚政府军在哥东南部梅塔省打死5名反政府武装成员，并逮捕了8名叛军成员。至此，自军方19日对反政府武装发动突击行动以来，已有26名“哥伦比亚革命武装力量”成员被击毙。“哥伦比亚革命武装力量”是哥伦比亚最大的反政府武装，现有成员8000余人。

1月22日，伊拉克发生系列炸弹袭击，造成至少73人死亡。其中最严重的袭击发生在巴格达以北约60公里的布赫里茨，自杀式炸弹杀手在逊尼派部落民兵为其成员举办的葬礼上引爆炸弹，炸死至少18人。

1月22日，菲律宾南部巴西兰岛苏米席普镇发生爆炸袭击，导致6人死亡，6人受伤。菲律宾警方怀疑该事件是极端组织“阿布沙耶夫”所为。

1月22日，索马里武装分子袭击了护送医生前往首都附近一家医院的车队，造成6人死亡，其中有3名叙利亚人。

1月22日，美国释放了两名被关押在关塔纳摩湾美军基地的囚犯，将其送往原籍国苏丹。两人为诺尔·乌特曼.·穆罕默德和易卜拉欣·奥特曼·艾德李斯，因涉嫌从事恐怖活动被关押了十多年，其中穆罕默德承认曾在阿富汗的“基地”组织训练营工作。

1月23日，肯尼亚南部蒙巴萨一家餐馆遭手榴弹袭击，造成至少10人受伤，袭击者驾驶摩托车逃离。该事件可能是索马里“青年党”武装分子所为。

1月24日，埃及首都开罗及周边地区接连发生3起针对安全部门的爆炸袭击事件，造成至少5人死亡、近百人受伤。

1月25日，伊拉克发生多起恐怖暴力袭击，造成至少19人死亡，36人受伤。在东部迪亚拉省首府巴古拜附近。一伙身份不明的武装分子向巴古拜附近的一个什叶派村庄发射数枚迫击炮，造成一户人家的7人身亡，其中包括妇女和儿童。在巴格达以北大约170公里的图兹胡尔马图发生两起汽车炸弹，造成至少 4 人死亡，8 人受伤。萨拉赫丁省首府提克里特、首都巴格达以及北部城市摩苏尔也发生了多起爆炸袭击事件，共造成 8 人死亡、28 人受伤。伊拉克安全部队和“基地”组织武装分子当天继续在安巴尔省拉马迪附近交火，击毙了 20 名“基地”组织武装分子，另外至少造成 14 人死亡，29 人受伤。

1 月 26 日，伊拉克发生多起恐怖袭击事件，共造成至少 12 人死亡，14 人受伤。

1 月 26 日，“基地”组织头目发布视频表示，埃及的伊斯兰教人士不应该与该国的基督教同胞发生冲突，他们应该致力于推翻由军方支持的临时政府。

1 月 28 日，埃及内政部一名高级官员在吉萨省住地附近遭不明身份持枪者暗杀身亡；埃及首都开罗邻省吉萨省的“十月六日城”的一座教堂遭两名不明身份的武装分子袭击，导致 1 名警官死亡、1 人重伤。两起袭击事件的武装分子可能隶属于同一组织。

1 月 29 日，伊拉克首都巴格达发生多起恐怖暴力袭击事件，造成至少 18 人死亡，46 人受伤。位于巴格达西北部的舒阿拉区接连发生两起汽车炸弹袭击，造成至少 8 人死亡，20 人受伤；东部新巴格达区的一家市场发生汽车炸弹袭击，造成至少 5 人死亡，12 人受伤；东部塔勒贝阿区的另外一家市场也发生汽车炸弹袭击，造成至少 3 人死亡，10 人受伤；位于巴格达东部的萨拉营区发生枪击事件，2 名平民被身份不明的枪手开枪打死，另有 4 人受伤。

1 月 31 日，伊拉克首都巴格达发生多起恐怖暴力袭击事件，造成至少 11 人死亡，30 人受伤。位于巴格达东部一栋交通部办公楼遭到 6 名武装分子袭击，这些武装分子与伊拉克安全部队发生冲突并闯入办公楼内劫持人质，伊安全部队击毙 6 名武装分子，冲突还造成另外 2 人死亡、7 人受伤；巴格达北部阿德哈米耶区发生一起汽车炸弹袭击，造成至少 2

人死亡，9人受伤；在巴格达东北部沙卜区的市场附近，一个军方巡逻队遭到汽车炸弹袭击，造成1名士兵死亡，另有3名士兵和6名平民受伤；巴格达东部塔勒比阿区发生一起路边炸弹袭击，造成5名平民受伤。

2月

2月1日，一名自杀式袭击者驾驶一辆装有炸药的汽车闯入黎巴嫩赫尔穆勒镇一家加油站，引爆了炸药，造成至少4人死亡，20多人受伤。“支持阵线”当晚通过“推特”发表声明，承认谋划了这次袭击事件。

2月2日，伊拉克发生多起恐怖暴力袭击事件，共造成至少21人死亡，26人受伤。

2月3日，伊拉克首都巴格达发生了系列恐怖暴力袭击，造成至少20人死亡，68人受伤。

2月3日，一伙疑似“基地”组织成员的武装分子使用火箭弹袭击了也门国防部和法国驻也门使馆，由于袭击发生在凌晨，且火箭弹偏离了目标，两起爆炸只造成2名平民受伤。也门安全部队缴获了火箭弹发射器以及一枚还未发射的火箭弹，但嫌犯逃跑。

2月4日，一辆载有18名士兵的汽车在前往也门首都萨那郊区的一处军营途中，遭到武装人员袭击，在双方交火过程中，武装人员用炸弹袭击军车，造成12名士兵受伤，2名士兵死亡。“基地”组织涉嫌策划并实施了袭击行动。

2月4日，巴格达美英等国使馆及伊拉克主要政府机构所在的“绿区”遭到火箭弹袭击，两枚火箭弹下午落入巴格达市中心“绿区”内的一座军营里。巴格达当天还发生数起袭击事件，造成至少两人死亡，21人受伤。联合国伊拉克援助团2月1日发表公报说，2014年1月，伊拉克境内恐怖袭击和暴力冲突共导致733人丧生、1229人受伤，而首都巴格达所在的巴格达省是伤亡最多的省份。

2月5日，美国国土安全部警告航空公司，恐怖分子可能将炸药藏在牙膏或化妆品中，骗过机场安检登上飞往俄罗斯的航班，最终在飞行途中引爆炸弹炸毁客机。

2月5日，伊拉克发生多起恐怖暴力袭击，造成至少48人死亡，119人受伤。当天上午，伊拉克外交部附近接连发生两起自杀式爆炸袭击。其中，一名自杀式袭击者驾驶摩托车试图闯入外交部，在外交部外面的检查站遭阻拦后引爆身上的炸弹，另一起爆炸发生在距外交部不远处的一家餐馆内。在第一起爆炸中有11名外交部工作人员和安全部队人员死亡，另有10人受伤。上述两起爆炸袭击共造成至少20人死亡，28人受伤。当天，巴格达市长办公室附近发生汽车炸弹袭击，造成至少5人死亡，9人受伤。巴格达海法大街北部遭到一枚火箭弹袭击，造成6人受伤。当天傍晚时分，巴格达东南部接连发生3起汽车炸弹袭击，共造成至少10人死亡，32人受伤。当天晚上，巴格达南部杜拉区的一家餐馆和一家咖啡馆附近分别发生炸弹袭击，共造成至少2人死亡，16人受伤。此外，伊拉克西部安巴尔省和北部尼尼微省、萨拉赫丁省当天也发生数起恐怖暴力袭击，造成至少11人死亡，28人受伤。

2月6日，伊拉克首都巴格达接连发生8起汽车炸弹袭击，造成至少1人死亡，44人受伤。当天中午，巴格达东部贾米拉区的一个批发市场遭到一起汽车炸弹袭击，造成1人死亡、7人受伤；市中心卡拉达商业区的一家洗车店旁发生两起汽车炸弹袭击，造成11人受伤；巴格达北部胡里亚和卡济米耶区、东北部的沙阿卜区、南部撒拉营区以及东部巴图勒区也分别发生了汽车炸弹袭击，造成至少26人受伤。

2月7日，首都巴格达、图兹胡尔马图等地发生多起汽车炸弹袭击和暗杀事件，造成包括一名国民议会议员候选人在内的至少8人死亡，32人受伤。遇袭议员候选人为哈姆扎·沙马里，是什叶派政治人物萨德尔领导的“自由者联盟”的候选人之一，在巴格达西部的盖扎利耶区被身份不明的武装分子枪击身亡。巴格达以及巴格达以北170公里处的图兹胡尔马图等地还发生了多起汽车炸弹袭击事件，造成至少7人死亡、32人受伤。

2月8日，俄罗斯特种部队发动突袭，在俄罗斯北高加索地区的达吉斯坦共和国首府马哈奇卡拉市一处住所内，击毙5名涉嫌与“高加索酋长国”有关联的恐怖嫌疑人，另有一名恐怖嫌犯投降。

2月8日，菲律宾政府军在菲国南部的苏禄省与一伙反政府的“阿布沙耶夫”武装分子交火，击毙至少6名武装分子。菲政府军士兵与约50名“阿布沙耶夫”武装分子在苏禄省的马布海村交火，有6名该组织武装分子被击毙，政府军方面有6名民兵受伤。

2月8日，埃及军方在一次针对北方西奈地区激进分子的重大行动中打死打伤数十名伊斯兰激进分子嫌疑人，军方装甲车在攻击型武装直升机的支持下，攻击一个被怀疑是激进分子的藏身地点，即位于埃及和巴勒斯坦加沙地带交界处附近的谢赫祖瓦德镇周边地区。

2月9日，巴基斯坦港口城市卡拉奇发生暴力袭击事件，造成8人死亡、8人受伤。事件发生在卡拉奇一幢正在举行宗教聚会的建筑物内，苏菲派穆斯林牧师在向门徒派发圣餐时，持枪歹徒发动了袭击。

2月9日，伊拉克发生多起恐怖暴力袭击，造成至少15人死亡，19人受伤。当天清晨在巴格达以北约170公里的图兹胡尔马图附近，一伙身份不明的武装分子闯入一个检查站，开枪打死了6名警察；伊拉克东部迪亚拉省首府巴古拜当天上午接连发生3起路边炸弹袭击，共造成至少3人死亡，5人受伤，遇难者中包括一名儿童；巴古拜郊区也发生了其他两起袭击事件，造成3人死亡、1人受伤。此外，首都巴格达东北部的萨德尔城以及近郊马哈穆迪耶镇也分别发生了一起汽车炸弹袭击，造成至少3人死亡，13人受伤。

2月10日，伊拉克议长乌萨马·努杰菲的车队在伊北部遭袭，努杰菲逃过一劫。

2月11日，在伊拉克北部尼尼微省首府摩苏尔以南的哈马姆艾利勒镇附近，一个军营遭到武装分子袭击，共致15名士兵身亡。

2月11日，马里与尼日尔边界附近爆发武装村民与激进组织“西非统一与‘圣战’运动”武装分子之间的冲突，造成17名平民与13名该组织成员丧生。

2月12日，也门首都一辆军方客车被炸，造成至少2名军人丧生，10人受伤。

2月13日，一伙武装分子夜袭了位于也门首都萨那的中央监狱，造成7名军警死亡、4人受伤，29名犯人趁乱越狱。遭袭的中央监狱关押着多名“基地”组织成员。一伙武装分子在监狱外引爆汽车炸弹并在监狱入口与狱警发生交火，在交火过程中有29名犯人逃跑，其中19人被指控为“基地”组织成员并曾在也门境内实施恐怖袭击，有3人被指控曾策划谋杀也门总统哈迪。

2月13日，巴基斯坦南部港口城市卡拉奇一辆搭载警察的大巴遭自杀式汽车炸弹袭击，造成至少13名警察死亡、30人受伤。“巴塔”宣称制造了此次袭击。

2月14—15日，伊拉克发生多起针对伊安全部队人员的袭击事件，造成至少17人死亡，12人受伤。在北部萨拉赫丁省的拜伊吉市，一伙身份不明的武装分子在高速路上突袭警方车队，造成至少5名警察身亡，两人受伤；在该省首府提克里特，一伙武装分子突袭了一辆运载士兵的小巴，造成4名士兵死亡、3人受伤；萨拉赫丁省还发生其他三起暗杀事件，造成两名警官和一名士兵死亡。此外，伊安全部队与武装人员在首都巴格达南部郊区发生了猛烈交火，造成至少5名士兵死亡，7人受伤。

2月16日，当地时间2月15日夜间至16日凌晨，“博科圣地”武装分子对尼日利亚博尔诺州南部的一个村庄发动袭击。袭击者向村民家中投掷简易炸弹，并向村民开枪，造成至少90人死亡。

2月16日，黎巴嫩军队截获一辆装有250公斤炸药的汽车，该汽车准备开往首都贝鲁特实施恐怖袭击。

2月16日，一辆运送外国游客的大巴在埃及西奈半岛遭炸弹袭击，导致3名韩国人死亡。爆炸发生在西奈半岛旅游胜地塔巴附近，邻近埃及与以色列边境，事发时大巴正在从一处景点驶往以色列。埃及政府称，本次恐怖袭击并非针对韩国公民，其主要目的在于通过攻击游客打击埃及的旅游业。

2月17日，吉尔吉斯斯坦国家安全委员会在奥什州采取的反恐怖行动中查明并制止了秘密恐怖团伙的恐怖袭击预谋，逮捕了6名吉尔吉斯斯坦共和国奥什州居民，部分被逮捕者受到叙利亚国际恐怖组织基地的相关培训并作为匪帮成员参加过武装冲突，其余人属于犯罪团伙成员。

2月17日，伊拉克发生多起爆炸袭击事件，造成至少16人死亡，43人受伤。位于首都巴格达东部乌尔区的一个市场遭到汽车炸弹袭击，造成至少8人死亡，20人受伤；位于巴格达市中心的卡拉达区发生汽车炸弹袭击，造成至少2人死亡，7人受伤；位于巴格达西北部博尔区的一个市场遭到路边炸弹袭击，造成至少1人死亡，5人受伤；在距巴格达东北80公里的米格达迪耶市，伊拉克军队的一个巡逻队遭到路边炸弹袭击，造成至少3名士兵死亡，另有3人受伤；在距巴格达以西100公里的拉马迪市，伊拉克警方一个检查站遭到自杀式汽车炸弹袭击，造成至少2名警察死亡，另有8人受伤。

2月17日，巴基斯坦境内一列火车遭炸弹袭击后数节车厢脱轨，事件造成20余人伤亡。袭击发生在巴基斯坦西南部的格什莫尔地区，爆炸导致列车数节车厢脱轨，造成8人死亡，20人受伤，死者当中有3名儿童。格什莫尔地区隶属于信德省，而该省则毗邻武装组织活动频繁的俾路支省。最大怀疑对象是俾路支省的民族分裂分子，以及与基地组织有瓜葛的武装分子。当日巴基斯坦白沙瓦市还发生一起路边炸弹袭击，致使一名警员丧生。白沙瓦市位于巴基斯坦西北部，当时该警员正在护送一支运送小儿麻痹症疫苗的车队。

2 月 18 日，伊拉克首都巴格达与南部希拉市发生连环爆炸袭击，造成至少 49 人死亡。

2 月 18 日，埃及西奈半岛极端组织“耶路撒冷支持者”组织宣称，对 2 月 16 日埃及西奈半岛运送外国游客大巴遭炸弹袭击事件负责。

2 月 19 日，隶属“基地”组织的“阿卜杜拉·阿扎姆旅”在黎巴嫩首都贝鲁特南部制造了连环爆炸袭击，致上百人伤亡。“阿卜杜拉·阿扎姆旅”随后通过“推特”发表声明负责，目的是报复伊朗支持的黎巴嫩真主党派武装人员前往叙利亚同反对派作战。

2 月 20 日，伊拉克发生多起恐怖暴力袭击，造成至少 27 人死亡，45 人受伤。首都巴格达以南约 60 公里的穆赛伊卜镇一个人流密集的市场遭到 3 枚迫击炮弹袭击，造成至少 17 人死亡，35 人受伤。袭击事件发生后，该镇宣布进入紧急状态。当天，在位于巴格达东北约 120 公里的萨迪亚市，伊拉克军队与一伙身份不明的武装分子展开激烈交火，造成至少 2 名士兵死亡、6 名士兵受伤，另有 5 名武装人员被击毙。在巴格达以北约 90 公里的尼拜伊地区，民兵组织“觉醒委员会”的一个车队遭路边炸弹袭击，造成 3 人死亡、4 人受伤。

2 月 21 日，索马里首都摩加迪沙总统府遭遇汽车炸弹和武装人员袭击，至少 14 人死亡，其中包括 2 名政府官员和 7 名袭击者，索马里“青年党”立即宣称制造了此次袭击。

2 月 22 日，伊拉克东部和北部发生多起针对安全部队人员的恐怖暴力袭击，造成至少 11 名安全部队人员和两名平民死亡、29 人受伤。一伙武装人员21日深夜袭击了位于伊东部迪亚拉省的一个快速反应部队营地以及周围的几个岗哨，造成至少6名警察身亡，其中包括该快速反应部队的指挥官，另有6人受伤。战斗持续到22日凌晨，安全部队击毙并抓获了多名涉嫌与“基地”组织有关的武装人员。在北部萨拉赫丁省首府提克里特和赛尼耶镇，武装人员分别对警察局和多个检查站发动多起袭击，造成至少5名安全部队人员和两名平民死亡，23人受伤。

2月23日，伊拉克政府发布了“伊拉克和黎凡特伊斯兰国”恐怖组织头目阿布·巴克尔·巴格达迪（Abu Bakr al－Baghdadi）的最新照片。

2月25日，伊拉克发生多起恐怖暴力袭击事件，造成至少15人死亡，78人受伤。首都巴格达市中心一座什叶派清真寺附近发生一起汽车炸弹袭击，造成至少5人死亡，41人受伤；在西部安巴尔省首府拉马迪，一名自杀式袭击者开车冲进安巴尔省议会总部大楼入口处并引爆，造成3名士兵死亡、15人受伤；在北部萨拉赫丁省，一伙武装分子分别袭击了拜伊吉市和图兹胡尔马图附近的检查站，造成至少4名警察死亡，5名警察受伤；在东部迪亚拉省首府巴古拜，一个人流密集的市场遭遇一起汽车炸弹袭击，造成3人死亡、7人受伤；一辆载有教师的大巴在巴古拜遭遇路边炸弹袭击，造成10名教师受伤。

2月25日，尼日利亚恐怖组织“博科圣地”的武装分子袭击了东北部城市达马图鲁的一所寄宿学校，恐怖分子在学校实施枪击，之后放火焚烧学校建筑物，屠杀大量10—16岁的无辜学生。袭击已导致59人死亡。

2月27日，索马里首都摩加迪沙发生汽车爆炸事件，造成至少10人死亡，12人受伤。事发后不久，索马里“青年党”即宣称制造了本次袭击，还威胁在近期发动更多武装袭击。

2月27日，伊拉克发生多起恐怖暴力袭击事件，造成至少47人死亡，72人受伤。此外15名武装人员在西部安巴尔省被安全部队击毙。

首都巴格达东部萨德尔城的一个摩托车交易市场遭到爆炸袭击，造成至少32人死亡，56人受伤；在萨德尔城的穆萨法尔广场，一辆小型公共汽车遭到简易炸弹袭击，造成至少5人死亡，2人受伤；在巴格达东北部的沙卜区，一辆公共汽车遭到路边炸弹袭击，造成一名乘客死亡，另有3人受伤；在巴格达以北约30公里的塔尔米耶镇，有两支军方巡逻队分别遭到汽车炸弹和路边炸弹袭击，共造成2名士兵死亡，另有6名士兵受伤；伊拉克东部的迪亚拉省、中北部的萨拉赫丁省和西部的安巴尔省发生多起爆炸和枪击等暴力袭击，共造成至少7人死亡，5人受伤。此外，伊拉克安全部队和一些涉嫌与"基地"组织有关联的武装人员在安巴尔省首府拉马迪及附近地区交火，共有15名武装人员被击毙。

3月

3月1日，我国云南昆明发生严重暴力恐怖袭击事件。晚9时20分，十余名统一着装的暴徒蒙面持刀在云南昆明火车站广场、售票厅等处砍杀无辜群众，暴力案件已造成28名群众遇难、113名群众受伤。公安干警当场击毙5名暴徒，其余暴徒仍在围捕中。

3月3日，一伙身份不明的武装分子闯入巴基斯坦首都伊斯兰堡南部近郊一法院发动自杀式袭击，造成至少11人死亡，24人受伤。

3月4日，伊拉克萨马拉市议会大楼遭武装分子袭击，多名人质遭劫持。4日上午，2名身携炸药的武装分子夺取了萨马拉市医院大楼，随后与安全部队爆发冲突，一名自杀式袭击者引爆了装载炸药的汽车，造成24人受伤，其中多数为警察，萨马拉市议会的副议长也在爆炸中受伤。

3月6日，伊拉克首都巴格达接连发生4起炸弹袭击，造成至少10人死亡，46人受伤。当晚，巴格达东部萨德尔城的一家咖啡馆附近发生一起路边炸弹爆炸，造成至少4人死亡，12人受伤；巴格达东部纳赫达区的一个停车场发生一起汽车炸弹袭击，造成至少 2 人死亡，13 人受伤；巴格达南部阿米勒区一个人流密集的市场发生一起汽车炸弹袭击，造成至少 2 人死亡，10 人受伤。这三个城区都是什叶派穆斯林聚居区；在美英等国使馆及伊拉克主要政府机构所在地的巴格达市中心“绿区”附近的一家餐厅附近发生一起汽车炸弹袭击，造成至少 2 人死亡，11 人受伤。

3 月 6 日，叙利亚中部哈马省发生自杀式汽车炸弹爆炸袭击事件，造成 4 名平民死亡，约 22 人受伤。随后，叙利亚中部的霍姆斯省省会城市霍姆斯发生汽车炸弹爆炸袭击事件，造成 13 名平民死亡，另有约 30 人受伤。

3 月 7 日，沙特阿拉伯内政部发表声明，把“穆斯林兄弟会”正式定性为恐怖组织。声明还把“基地”组织叙利亚分支“支持阵线”以及“伊拉克与黎凡特伊斯兰国”也定性为恐怖组织。声明给在叙利亚参加战斗的沙特人 15 天时间的回国期限。

3 月 8 日，伊拉克西部安巴尔省发生多起针对安全部队的袭击，造成至少 18 名安全部队人员丧生、22 人受伤。安巴尔省首府拉马迪当天发生三起针对军队和警方的汽车炸弹、路边炸弹以及自杀式袭击，造成至少 15 名安全部队人员死亡、18 人受伤。在重要城市费卢杰附近，一伙武装分子向军方检查站开火，造成 3 名士兵死亡、4 人受伤。据安巴尔省议会的数据，2013 年 2 月份该省的暴力事件共导致 298 名平民死亡、1198 名平民受伤，其中大部分发生在拉马迪和费卢杰。

3 月 8 日，一名自杀式炸弹携带者驾车冲入伊拉克南部城市希拉市一处警察检查站并引爆炸弹，造成至少 9 人死亡，50 人受伤。希拉市位于伊拉克首都巴格达以南 100 公里处，该市主要居民为什叶派穆斯林。据联合国统计，2 月份伊拉克共计超过 700 人死于恐怖袭击和其他暴力事件，近 1400 人受伤。

3月10日，阿富汗塔利班宣布武力抵制计划于4月5日举行的阿富汗总统大选，并将外国人聚集区和选举部门列为袭击重点目标。

3月11日，阿富汗首都喀布尔发生枪击事件，一名外国公民头部中弹身亡。

3月13日，一辆载有安全部队官兵的大客车在埃及开罗市东北部遭到武装袭击，造成一名军官死亡、3名士兵受伤。袭击、发生在开罗市东北部的一家医院附近，一伙蒙面武装分子向大客车开枪扫射。

3月13日，伊拉克发生多起恐怖袭击和武装冲突，造成至少17人死亡，7人受伤，死伤者中大多是伊拉克安全部队人员。在安巴尔省的拉沃市，一名自杀式袭击者开着装满炸药的汽车冲进一个伊军方检查站并引爆，爆炸造成至少4名士兵死亡，两人受伤。

3月14日，西班牙警方与摩洛哥安保部队联合破获一个向叙利亚及其他冲突地区输送武装分子的涉恐团伙。西班牙内政部证实，这一团伙与“基地”组织有关，逮捕7人，其中3人在西班牙北非属地梅利利亚被擒获，1人在马拉加被捕，另外3人在摩洛哥被捕。

3月14日，美国国务院宣布各悬赏三百万美元，捉拿索马里极端组织“青年党”三名成员。三人分别是：穆罕默德·阿布迪卡尔（美国国务院说此人负责在肯尼亚的招募工作）、穆罕默德·阿布迪卡尔的副手贾法尔、亚辛·吉尔维。该组织位于索马里庞特兰地区的埃米尔。

3月15日，伊拉克首都巴格达接连发生5起汽车炸弹袭击，造成至少8人死亡，45人受伤。

3月15日，尼日利亚北部卡杜纳州的三个村庄在14日晚间至15日清晨分别遭到武装分子袭击，共造成100多人死亡，警方已对实施暴力袭击的武装分子展开大规模的搜捕行动。

3月17日，突尼斯安全部队在突西北部的坚杜拜省打击恐怖分子的行动中，击毙了3名恐怖分子，6名宪兵在行动中受伤。安全部队在现场发现了冲锋枪、手雷、炸弹腰带等武器弹药。

3月17日，肯尼亚警方在滨海旅游城市蒙巴萨逮捕两名恐怖分子嫌疑人，同时查获一辆装满爆炸物的汽车，阻止了一起爆炸恐怖袭击。两名被捕恐怖嫌疑人为索马里裔，被捕时他们正在策划爆炸恐怖袭击。

3月18日，俄罗斯车臣分离主义官方网站“高加索中心”发布消息称，俄罗斯车臣分离组织“高加索酋长国”头目多库·乌马罗夫已经身亡。

3月18日，17人在阿西北部法里亚布省一起自杀式袭击中身亡，另有48人受伤。

3月19日，阿南部加兹尼省首府发生一起袭击，造成2人死亡、10人受伤。

3月19日，“基地”组织在旗下杂志《激励》（Inspire）中号召成员袭击欧美各国人口密集的地区，目标包括法国卢浮宫及英国著名的萨沃伊酒店。

3月20日，埃及警方对“耶路撒冷支持者”组织的藏匿地点发起突袭，击毙6人、逮捕8人。

3月20日，塔利班在阿富汗多地制造恐怖袭击。早晨，塔利班袭击阿东部贾拉拉巴德市一处警方检查站，造成18人死亡、15人受伤。此外，4名塔利班武装分子混入阿富汗首都喀布尔一家五星级酒店，共有9人被袭击者杀害，其中包括4名外国人，他们分别来自新西兰、加拿大、巴基斯坦和印度，其余5人是阿富汗人。

3月21日，伊拉克发生多起暴力袭击和武装冲突，造成至少41人死亡，34人受伤。在首都巴格达东北约120公里的一个村庄附近，一名自杀式袭击者开着装满炸药的卡车冲进位于该地的一警察局总部并引爆，造成至少15人死亡，5人受伤，死伤者大多数是警方人员。在西部安巴尔省首府拉马迪，在为民兵组织“觉醒委员会”一名当地领导人举行的葬礼上发生自杀式袭击，造成至少6人死亡，18人受伤。在东部迪亚拉省首府巴古拜附近的多个地方，伊拉克警方和疑与“基地”组织有关的武装人员展开激烈交火，造成至少4名警察死亡、2人受伤，而警方也打死11名武装人员。

3月22日，伊拉克发生多起暴力袭击和武装冲突事件，造成至少524人死亡、53人受伤。伊拉克北部萨拉赫丁省首府提克里特首先发生了一起路边炸弹袭击，而当安全部队和救援人员到达现场时，又发生了“二次爆炸袭击”，汽车炸弹在人群中被引爆，这两次爆炸共造成至少5人死亡，22人受伤。在东部迪亚拉省，一名自杀式袭击者开着装满炸药的汽车冲进一检查站并引爆，造成一名士兵和两名警察身亡，另有1人受伤。

3月24日，也门东部哈德拉毛省内一条主要高速公路旁的政府军阵地遭到“基地”组织武装分子突袭，24名政府军士兵被打死。

3月25日，喀布尔独立选举委员会办公室遭塔利班袭击，两名警察和3名平民丧生。

3月25日，伊拉克发生多起暴力袭击和武装冲突事件，造成至少37人死亡，60人受伤。当天下午，一名自杀式袭击者开着装满炸药的油罐车在首都巴格达北部穆萨那桥附近引爆，造成至少6人死亡，26人受伤；在穆萨那桥以北不远处的塔吉镇，一伙武装人员袭击了军方车队，造成4名士兵死亡、15人受伤；在东部迪亚拉省首府巴古拜附近，3名国会议员在针对他们车队的路边炸弹袭击中逃过一劫，但是爆炸造成3名安保人员死亡，另有7人受伤；在距离巴古拜不远的布赫里兹镇，身份不明的武装人员开枪打死4名平民，另有2名武装人员被警方击毙。

3月26日，巴基斯坦政府与巴基斯坦塔利班组织的领导人在该国西北部某地进行了直接会谈，商谈俘虏交换事宜。此次会谈是巴方首次与该组织直接进行会谈。

3月27日，伊拉克发生多起暴力袭击和武装冲突，造成至少18人死亡，45人受伤。位于首都巴格达北部阿宰米耶区的一个市场当晚发生汽车炸弹袭击，造成至少5人死亡，21人受伤；巴格达西部的阿米里亚区接连发生两起炸弹袭击，造成至少4人死亡，9人受伤；巴格达西南部的赛义迪耶区发生路边炸弹袭击，造成1人死亡、8人受伤；位于巴格达以北约400公里的尼尼微省首府摩苏尔发生3起针对安全部队的路边炸弹袭击，造成1名士兵死亡，另有6名士兵受伤；在伊拉克中北部萨拉赫丁省首府提克里特，一名警察的汽车被安装上俗称“粘贴炸弹”的磁吸式简易爆炸装置，爆炸造成该警察身亡。

3月28日，俄罗斯总统普京表示，俄罗斯强力部门2013年共阻止82起恐怖主义方面的犯罪，包括13起恐怖袭击，制服武装分子278名，其中43人为恐怖团伙头目。

3月28日，当地时间下午3时50分左右，阿富汗首都喀布尔市内一住有外国人的旅馆遭塔利班武装分子袭击。一名武装分子先用汽车炸弹炸开旅馆前门，4名同伙随即持枪闯入，阿富汗国民军在与其交火3个多小时后成功救出31名外国人，除5名武装分子外，袭击造成1名16岁女孩和1名司机死亡，两人均为阿富汗人。这是2014年以来塔利班针对喀布尔市内外国人或外国人聚居地发动的第四次大规模袭击。

3月30日，伊拉克西部遭连环恐怖袭击。当日早些时候，一伙武装人员向靠近伊拉克摩苏尔市一处安检站的驻军进行扫射，7名士兵在该次袭击事件中丧生。随后1名自杀式炸弹袭击者在靠近伊拉克拉马迪市的一座桥梁上引爆了他所驾驶的装载炸药的汽车，爆炸造成5人死亡、7人受伤。当天，巴格达以南的约塞菲耶郊区一个超市的入口处发生了一起炸弹爆炸事件，造成4名顾客死亡、9人受伤。

3月31日，肯尼亚首都内罗毕发生连环爆炸，造成至少6人死亡，10人受伤。爆炸发生在有“小摩加迪沙”之称的伊斯特利区，当地聚居着大量索马里族人和一些难民。为打击犯罪活动、应对恐怖威胁，肯尼亚警方于 27 日在内罗毕展开突击行动，3 天内逮捕了 900 多名犯罪嫌疑人。

4 月

4 月 1 日，东非共同体国家安全与国防部长会议宣布，将设立“东共体”五国边界安全委员会，以共同应对持续的恐怖威胁和跨界武器走私。在肯尼亚第二大城市蒙巴萨，来自乌干达、坦桑尼亚、卢旺达、布隆迪、肯尼亚五个东非共同体成员国的安全与国防部长决定设立边界安全委员会，建立共同的调查流程，设置电子识别卡，监控在边界点往来的人群，作为东共体国家通过共同努力应对索马里“青年党”恐怖威胁的一项新举措。

4 月 3 日，伊拉克发生多起暴力袭击和武装冲突，造成至少 53 人死亡，38 人受伤。伊拉克北部萨拉赫丁省图兹胡尔马图的一家餐馆附近当天发生一起汽车炸弹袭击，造成至少 3 人死亡，14 人受伤；首都巴格达以南 30 公里的马哈茂迪耶镇也发生一起汽车炸弹袭击，造成至少 1 人死亡，11 人受伤；伊南部巴比伦首府希拉市中心一个竞选集会当天遭汽车炸弹袭击，造成至少 1 人死亡，6 人受伤。伊拉克东部迪亚拉省等地当天也发生多起暴力袭击，造成至少 3 人死亡，7 人受伤。此外，伊安全部队在巴格达以北约 400 公里的摩苏尔，击毙了 4 名“伊拉克和黎凡特伊斯兰国”恐怖组织成员，还在巴格达西南部尤苏菲耶镇击毙 40 名该组织成员，另有一名伊拉克军官在交火中丧生。

4 月 4 日，俄罗斯抓获 25 名涉嫌在俄罗斯 7 个地区策划恐怖袭击的乌克兰公民。俄联邦安全局发布公告称：“由于收到乌民族主义激进组织联盟‘右区’人士打算 2014 年 3 月 14 至 16 日，在俄罗斯境内 7 个地区（罗斯托夫州、伏尔加格勒州、特维尔州、奥廖尔州、别尔哥罗德州，卡尔梅克共和国和鞑靼斯坦共和国）进行破坏恐怖袭击的消息，采取了措施，查获并抓获25名乌克兰公民。”

4月4日，也门政府军在哈德拉毛省一个政府军哨所遭到“基地”组织阿拉伯半岛分支袭击，造成8名士兵死亡、11人受伤。武装分子乘坐数辆汽车来到政府军阵地，使用多种不同型号的武器，向政府军士兵射击。

4月4日，两名美联社记者在阿富汗东部霍斯特省遭到枪击，造成1人死亡、1人受伤。遇袭者为两名女记者，在当地政府办公室为阿富汗大选做调研时遭到枪击，1人当场死亡、1人重伤。

4月5日，伊拉克发生多起暴力袭击和武装冲突，造成至少41人死亡，35人受伤，死伤者多是安全部队人员和反政府武装人员。伤亡最严重的几起事件均发生在位于西部安巴尔省。在该省重要城市费卢杰附近的伽马镇，正当政府军在该镇进行搜查时，一栋房屋突然发生爆炸，造成至少15名士兵死亡。在该省首府拉马迪以及附近的哈迪亚镇，伊安全部队与疑似“伊拉克与黎凡特伊斯兰国”恐怖组织的武装人员激烈交火，致17名武装人员死亡、18人受伤，2名警察和2名支持政府的当地部落武装人员在交火中丧生。此外，一名平民当天在费卢杰遭炮击身亡，另有9人受伤。同时，包括首都巴格达、东部迪亚拉省等多地也发生了多起针对安全部队人员的暴力袭击，造成至少3人死亡，8人受伤。另外，警方还击毙了一名反政府武装组织的当地头目。

4月8日，俄罗斯安全局局长亚历山大·博尔特尼科夫表示，2013年12月发生在伏尔加格勒和皮亚季戈尔斯克的恐怖袭击案已告破。安全机关联合警察局和侦查委员会工作人员逮捕了一伙参与筹备和实施上述犯罪的嫌疑人。

4月8日，伊拉克军方分别在首都巴格达及迪亚拉省袭击了“伊拉克和黎凡特伊斯兰国”恐怖组织的两处据点，共击毙32名武装人员。

4 月 8 日，俄联邦安全局局长博尔特尼科夫证实，俄罗斯车臣分裂组织“高加索酋长国”头目多库·乌马罗夫在年初俄强力部门的反恐行动中被消灭。

4 月 9 日，巴基斯坦首都伊斯兰堡南部近郊一家水果市场遭炸弹袭击，造成至少 18 人死亡，70 多人受伤。爆炸发生在当地时间上午 8 时左右，当时在水果市场有超过 1500 人。凶手通过遥控装置引爆了藏于水果箱中的约 5 公斤炸药。这是继 3 月 3 日法院人弹袭击案以来，伊斯兰堡发生的第二起严重恐怖袭击。

4 月 9 日，美国国务院宣布将埃及西奈半岛的“耶路撒冷支持者组织”（Ansar Bayt al-sMaqdis）列为恐怖组织，该组织曾试图暗杀埃及内政部长，还制造了针对外国游客的巴士遇袭事件。

4 月 9 日，伊拉克发生多起暴力袭击和武装冲突，共造成 24 人死亡、126 人受伤。首都巴格达当天发生 7 起汽车炸弹袭击，共造成至少 8 人死亡，62 人受伤。

4 月 10 日，俄联邦安全局局长博尔特尼科夫表示，近日，俄安全局联合美国、奥地利、法国、德国和格鲁吉亚等国共同制止针对索契奥运设施的恐怖袭击，包括使用自杀式炸弹的行动。

4 月 11 日，菲律宾政府军与阿布沙耶夫反政府武装在该国南部激烈交火，至少 18 名政府军士兵在交火中受伤。菲军西棉兰老岛司令部称，当地时间凌晨 2 时左右，菲政府军士兵抵达巴西兰一座偏远村庄，向盘踞在当地的一伙阿布沙耶夫武装分子发起攻击，双方随即长时间交火。菲军方称，政府军发动进攻是由于这伙武装分子在当地敲诈勒索道路建设承包商。

4 月 13 日，韩国外交部派遣官员赴埃及、突尼斯和利比亚等北非地区考察，与相关国家共享反恐信息，以防类似 2 月 16 日载有韩国游客的旅游大巴在埃及西奈半岛遇袭事件的发生。

4月13日，伊拉克北部基尔库克省一个警方检查站遭到汽车炸弹袭击，导致8名警察身亡、10人受伤。

4月14日，尼日利亚东北部博尔诺州一所女子学校遭极端组织“博科圣地”武装分子袭击，100余名学生被劫持。当日上午早高峰期间，尼日利亚首都阿布贾郊区的一处公交车站遭遇炸弹袭击，造成70余人死亡、124人受伤。尼日利亚总统乔纳森表示，极端伊斯兰极端组织“博科圣地”是背后主使。

4月14日，埃及开罗紧急事务法院作出裁决，将活跃在埃及西奈半岛的极端组织“耶路撒冷支持者”列为恐怖组织。

4月15日，尼日利亚果扎地区一名德高望重的穆斯林酋长及其警卫被疑似“博科圣地”武装分子杀害。这位穆斯林酋长曾就地区暴力的不断升级向尼日利亚政府发出过求救信号。同日，尼日利亚博尔诺州哈乌地区一村庄遭疑似“博科圣地”武装分子袭击，造成2人死亡。

4月16日，尼日利亚极端伊斯兰极端组织“博科圣地”袭击了东北部博尔诺州果扎地区的瓦拉村庄，导致18位民众死亡。

4月16日，伊拉克发生多起暴力袭击和武装冲突，造成至少36人死亡，53人受伤。伊拉克西部省份安巴尔局势动荡不安，在该省首府拉马迪，两名自杀式袭击者开着装满炸药的汽车冲进安巴尔行动指挥部总部的入口处并引爆，造成至少8名安全部队人员死亡，7人受伤；反政府武装人员还分别针对拉马迪市中心和郊区的两个检查站发动袭击，共造成至少7人死亡、8人受伤；发生在安巴尔省重要城市费卢杰的炮轰事件也造成至少16名平民死亡，19人受伤；首都巴格达北部萨比·阿尔布尔郊区的一处军营遭到迫击炮袭击，造成两名士兵死亡、10人受伤，在同一城区的一个市场里发生一起路边炸弹袭击，造成至少3名平民死亡、9人受伤。

4月16日，据美国有线电视新闻网（CNN）报道，有视频资料显示，“基地”组织日前在也门召开近年来规模最大的一次集会。视频中，“基地”二号人物、阿拉伯半岛“基地”组织头目纳瑟尔·阿尔·乌海什高调亮相，并称有意攻击美国。

4 月 17 日，南苏丹联合国住宅区遇袭，造成 20 人丧生。枪手袭击了位于琼莱州首府博尔市、住着 5 千名平民和联合国维和人员的联合国居住区，杀死至少 20 人，60 人受伤。

4 月 19 日，尼日利亚官员表示，14 日在尼东北部博尔诺州遭劫持的 100 多名学生中已有 44 人获救。

4 月 19 日，阿尔及利亚政府军与恐怖分子发生交火，至少 10 名士兵死亡。

4 月 19 日，美军无人机对也门西南部贝达省一个“基地”组织的车队进行了空袭，造成至少 21 人死亡。

4 月 20 日，美无人机空袭了也门南部一个偏远的山区，击毙 30 多名疑似“基地”组织成员。

4 月 20 日，伊拉克发生多起暴力袭击，造成至少 12 人死亡，39 人受伤。伊拉克首都巴格达东北部的一所什叶派宗教学院当天遭遇自杀式袭击。一名袭击者在该学院入口处引爆了捆绑在身上的炸弹，而另一名自杀式袭击者则在引爆前被安保人员击毙，爆炸造成至少 5 人死亡，15 人受伤。在伊拉克南部穆萨纳省首府塞马沃，一家餐厅附近发生两起汽车炸弹袭击，造成至少 3 人死亡，20 人受伤；而在巴格达以南 100 公里的希拉市附近的一个村庄也发生一起汽车炸弹袭击，造成 3 人死亡，4 人受伤；此外，一名军官在巴格达东北部约 120 公里的塞迪亚市遭到安装在其汽车上的简易炸弹袭击而身亡。

4 月 21 日，索马里国会议员伊萨克·绿诺遭遇汽车炸弹袭击身亡。与此同时，另一名国会议员穆罕默德·阿里和几名平民也在这一爆炸事件中受伤。联合国秘书长索马里问题特别代表尼古拉斯·卡伊发表声明，对索马里国会议员伊萨克·绿诺遭遇汽车炸弹袭击身亡事件予以强烈谴责，并呼吁将袭击事件的肇事者迅速绳之以法。

4月21日，伊拉克发生多起暴力袭击和武装冲突。首都巴格达东南部约50公里的苏瓦拉赫市，一名自杀式袭击者开着装满炸药的汽车冲进一个警方检查站并引爆炸药，爆炸造成7名警察和3名平民死亡，另有17人受伤。距离苏瓦拉赫不远的迈达因镇也发生一起自杀式爆炸袭击，造成两名警察死亡、5人受伤。伊东南部瓦西特省发生一起针对安全部队人员的自杀式爆炸袭击，造成至少10人死亡，11人受伤。21日晚，首都巴格达发生至少4起爆炸袭击。东部萨德尔城、北部沙阿卜区等地分别发生汽车炸弹和路边炸弹袭击，造成至少6人死亡，25人受伤。而市中心卡拉达商业区的一家咖啡馆遭遇一起自杀式爆炸袭击，造成至少3人死亡，12人受伤。在东部安巴尔省首府拉马迪和重要城市费卢杰，伊安全部队与反政府武装的冲突仍在继续，造成包括平民在内的至少11人死亡，25人受伤。伊安全部队同时也击毙9名可能是“伊拉克和黎凡特伊斯兰国”恐怖组织的武装人员。此外，伊东部迪亚拉省也发生两起暴力袭击，造成一人死亡、3人受伤。

4月23日，伊拉克多地发生多起恐怖袭击事件。伊拉克北部尼尼微省一市场发生一起汽车炸弹袭击，造成至少42人伤亡。爆炸发生在尼尼微省首府摩苏尔附近一个人流密集的市场，造成至少12人死亡，30人受伤。遇难者中包括一名参加国民议会选举的库尔德族候选人，是2014年新一届国民议会选举中第4名遭袭身亡的候选人。在北部萨拉赫丁省的苏莱曼贝克镇，另一名议会选举候选人的房屋遭到炸弹袭击，所幸无人伤亡。在伊东部迪亚拉省首府巴古拜附近，一名该省省议会议员的车队遭到身份不明的武装人员袭击，造成这名议员及其两名保镖身亡；萨拉赫丁省的提克里特和萨迈拉也发生了针对安全部队人员的袭击，造成3人死亡、6人受伤。

4月23日，伊拉克安全部队在西部安巴尔省击毙了15名疑似“伊拉克和黎凡特伊斯兰国”组织的武装人员，另有9名武装人员受伤。

4月26日，俄强力部门在俄南部达吉斯坦共和国杰尔宾特市开展反恐专项行动，击毙5名企图制造恐怖袭击的武装分子，并缴获一批枪支弹药。被击毙的武装分子来自“南方”恐怖团伙，他们试图在“五一”国际劳动节和卫国战争胜利日期间在达吉斯坦共和国制造系列恐怖袭击。

4月27日，伊拉克发生多起暴力袭击和武装冲突，造成至少26人死亡，63人受伤。其中最严重的暴力袭击发生在首都巴格达：当天晚上，一名袭击者驾驶装有炸药的汽车冲入位于巴格达东部萨德尔区一个人流密集的市场并引爆，造成至少10人死亡，36人受伤。在西部安巴尔省首府拉马迪及附近，袭击者针对伊拉克安全部队发动了数起炸弹袭击，造成至少8人死亡，10人受伤。伊安全部队和反政府武装在该省重要城市费卢杰的冲突造成3名平民死亡、12人受伤。安全部队当天在该省击毙4名疑似“伊拉克和黎凡特伊斯兰国”极端组织的武装人员，另有4名武装人员受伤。在巴格达以北约400公里的摩苏尔，身份不明的枪手在一个国民议会选举投票站附近袭击伊拉克独立高等选举委员会工作人员，造成一人死亡、一人受伤。

4月29日，也门陆军在空军支援下，向盘踞在南部地区的“基地”组织阿拉伯半岛分支武装分子展开大规模的清剿行动。

4月29日，菲律宾政府军在激进组织“阿布沙耶夫”的根据地——南部苏禄省的帕迪库尔镇，与激进分子爆发战斗，至少15人死亡。

4月30日，19时10分许，我国新疆乌鲁木齐火车南站旅客出站口发生一起严重暴力恐怖袭击案件，暴徒在乌鲁木齐火车南站出站口接人处持刀砍杀群众，同时引爆爆炸装置，造成3人死亡、79人受伤，其中4人重伤。

5月

5月1日，印度南部泰米尔纳德邦首府金奈发生爆炸事件。7时30分左右，停靠在金奈火车站的一列客车突然爆炸，一名妇女被炸身亡，另有9人受伤，其中两人伤势严重。警方认定这是一起恐怖袭击事件，并怀疑与印度议会下院选举有关。

5月3日，伊拉克北部发生针对什叶派朝圣者的3起暴力袭击。在伊拉克首都巴格达以北约80公里的拜莱德市，一伙身份不明的武装人员袭击了什叶派朝圣者车队，造成至少8人死亡，15人受伤。同样在拜莱德市，武装人员从高处向什叶派朝圣者开枪袭击，造成一人死亡、5人受伤。在拜莱德以北约40公里的萨迈拉，什叶派圣地阿里·哈迪清真寺附近的城区遭到数枚迫击炮弹袭击，造成至少一名什叶派朝圣者死亡，9人受伤。

5月4日，伊拉克发生多起暴力袭击和武装冲突，造成至少29人死亡，20人受伤。

5月5日，俄罗斯国家反恐怖委员会表示，在达吉斯坦共和国防止5月节日期间恐怖袭击行动中，找到数枚炸弹。公告称，在某居民点一栋私人房屋地下室找到一个暗室，里面有12公斤炸弹，在马哈奇卡拉市郊找到匪徒藏身之处，那里有3枚自制炸弹。第二案例中炸弹总威力超过5公斤当量，而且所有炸弹都填充了金属杀伤性元件。

5月5日，美国和吉布提签署了美军在吉布提建立为期10年的军事基地条约。白宫表示，这是打击恐怖主义的一个关键部分。根据条约，美国每年会投入630万美元，并可在10年条约后再延长10年。

5月5日，俄罗斯总统普京签署了多部法律，以加大打击恐怖主义和极端主义力度。根据新修订的相关法律，以宣传、美化和支持恐怖主义为目的实施犯罪和进行教学、组织及参与恐怖主义团伙或非法武装团伙的行为都将从重判罚。此外，对实施恐怖主义的犯罪嫌疑人没有追诉期限，组织实施恐怖主义犯罪以及为恐怖主义提供资金支持的人可被判处15～20年监禁。当天签署的另一项《限制匿名支付法》旨在降低匿名支付的风险，以阻断对恐怖主义的资金支持并打击洗钱活动。此外，作为反恐系列法案的组成部分，普京当天还签署了修正法案《知名博主新规则法》，以规范网络空间秩序。

5月5日，伊斯兰武装分子袭击尼日尼亚与喀麦隆接壤的边境小镇，焚烧商店和房屋，使其夷为平地。此次袭击造成多达300人丧生。

5月6日，沙特阿拉伯王国内政部发言人曼苏尔·图尔基表示，沙特政府已发现境内“基地”组织团伙同也门、叙利亚等国的极端主义者相互勾结，企图袭击沙特政府设施和暗杀外国官员。报道称，该恐怖组织共有62人被捕，其中59人来自沙特，其余成员分别来自也门、巴勒斯坦和巴基斯坦，多数成员仍未被捕获。

5月7日，因近期也门首都萨那发生的多起针对西方人士的袭击，美国驻也门大使馆暂时关闭。美国国务院副发言人玛丽·哈夫称，“时机合适时”，萨那的美国大使馆将会重新开放，此次关闭仅仅是预防措施。

5月8日，也门武装部队在首都萨那南部展开大规模搜查行动，并击毙3名“基地”组织成员，当局称这3名武装人员涉嫌参与4月初的一起谋杀案并于4月末袭击了一名德国外交官。

5月8日，马来西亚警方在雪兰莪州逮捕了一名遭国际刑警组织通缉的34岁男子，该男子来自非洲东部，被指与恐怖活动有关。马来西亚副警察总监穆罕默德·巴克里说，这名男子被国际刑警组织列入“红色通缉令”名单，并被认为与索马里最大的反政府武装“伊斯兰青年运动”有关。

5月8日，伊拉克发生多起暴力袭击和武装冲突，造成至少42人死亡、54人受伤。当天上午，首都巴格达北部萨比·阿布卡尔区一个市场接连发生3起爆炸袭击，造成至少一人死亡、10人受伤；巴格达南部杜拉区一家餐厅附近当晚发生一起路边炸弹袭击，造成一人死亡、10人受伤；巴格达西北部舒拉区也发生一起路边炸弹袭击，造成一人死亡、两人受伤。在巴格达以北约280公里的舍尔加特，民兵组织“觉醒委员会”一名成员遭身份不明的武装人员绑架。

5月8日，法国宣布将在非洲撒哈拉沙漠地区部署3000名军人，以帮助有关非洲国家在这片长期无人执法的沙漠地区反恐。法国防长说，这支法军主要在马里、尼日尔和乍得3国北部地区执行反恐任务。

5月9日，联合国安理会发表媒体声明，强烈谴责尼日利亚近期发生的恐怖袭击和劫持女学生事件，要求立即释放被劫持的女学生。

5月10日，伊拉克发生多起暴力袭击和武装冲突，造成至少29人死亡，65人受伤。首都巴格达哈比比耶区的一家餐厅附近当晚发生一起汽车炸弹袭击，造成1人死亡、10人受伤。在伊北部萨拉赫丁省，一名自杀式袭击者驾驶装有炸药的油罐车冲进杜杰勒镇的一个检查站，造成至少7人死亡，20人受伤；萨拉赫丁省首府提克里特附近当天也发生两起针对安全部队的暴力袭击，造成至少4人死亡，3人受伤。

5月10日，伊拉克北部尼尼微省一座军营深夜遭到疑似“伊拉克和黎凡特伊斯兰国”袭击，造成20名士兵死亡。

5月11日报道，正在阿塞拜疆访问的法国总统奥朗德表示，愿意出面召集一场非洲安全国际峰会，以便重点讨论尼日利亚极端主义组织“博科圣地”的恐怖主义问题。奥朗德表示，愿意出面邀请尼日利亚的邻国喀麦隆、尼日尔、乍得等诸国领导人参加国际峰会。

5月11日，也门首都萨那总统府附近检查站遭遇袭击。袭击约发生于凌晨3点，3名疑似“恐怖分子”被击毙，另有1名袭击者受伤。

5月12日，伊拉克发生多起暴力袭击和武装冲突，造成至少49人死亡，其中包括29名反政府武装人员，另有69人受伤。在安巴尔省，伊安全部队当天在首府拉马迪和费卢杰城外与疑似“伊拉克和黎凡特伊斯兰国”极端组织武装人员发生激烈交火，击毙 29 名武装人员，打伤 20 人；有 3 名安全部队人员在交火中身亡，7 人受伤。首都巴格达北部以及周围城镇当天发生数起路边炸弹和暗杀袭击，共造成至少 5 人死亡，17 人受伤。伊北部的拜伊吉、舍尔加特及摩苏尔等城市当天也发生多起针对安全部队的暴力袭击，共造成至少 6 人死亡，10 人受伤。

5 月 13 日，伊拉克首都巴格达当天上午接连发生 6 起汽车炸弹袭击，共造成至少 9 人死亡，55 人受伤。先是巴格达东北部的萨德尔城首先发生两起起汽车炸弹袭击，造成 3 人死亡、15 人受伤。后东部的贾米拉区、巴拉迪亚特区遭到汽车炸弹袭击，造成 4 人死亡、20 人受伤。再后东北部的乌尔区也发生了一起汽车炸弹袭击，造成两人死亡、8 人受伤。第 6 起汽车炸弹袭击发生在巴格达市中心的卡拉达商业区，造成至少 12 人受伤。

5 月 15 日，伊拉克发生多起暴力冲突和武装袭击，造成至少 30 人死亡，75 人受伤。当天第一起爆炸发生在巴格达一个繁华的商业区，一辆满载炸药的汽车在停车场爆炸。几分钟后，第二次爆炸在伊拉克高等教育部门口发生。两次爆炸共造成 11 人死亡、46 人受伤。

5 月 16 日，肯尼亚首都内罗毕遭连环爆炸袭击，至少已造成 10 人丧生，70 多人受伤。据肯尼亚国家灾难应对中心透露，第一起爆炸发生在一个 14 座的小型公交车旁边，第二起爆炸发生在吉科姆巴市场内的一个商店里。

5 月 17 日，尼日利亚、乍得、喀麦隆等西非五国宣布对博科圣地“开战”，展开清剿行动。

5 月 17 日，在马里北部城市基达尔，政府军队与武装人员爆发冲突，造成数十人死亡。

5 月 20 日，法国向基达尔增兵 30 余名，以支援马里军队。法军联合参谋部发言人吉勒·雅报道称，法国士兵的任务是，在对抗“圣战”

团体的斗争中给马里军队及联合国驻马里综合稳定团提供支持。

5月20日，尼日利亚高原州首府乔斯市一处市场发生连环爆炸袭击，至少有118人遇难。警方推断，“博科圣地”涉嫌制造袭击。“第一起爆炸发生在15时左右，第二起爆炸发生在15时30分左右，当时人们正在一起救助伤员。”

5月22日，伊拉克发生多起暴力袭击和武装冲突，造成至少43人死亡，105人受伤。傍晚时分，巴格达发生3起针对什叶派朝圣者的爆炸袭击，共造成21人死亡、81人受伤。在西部安巴尔省首府拉马迪和重要城市费卢杰，伊安全部队与“伊拉克和黎凡特伊斯兰国”极端组织的冲突当天仍在继续，造成包括平民在内的至少13人死亡，14人受伤。在东部迪亚拉省，伊安全部队击毙3名“伊拉克和黎凡特伊斯兰国”的武装人员。此外，伊拉克北部尼尼微省和萨拉赫丁省当天发生多起针对警方人员的暗杀和爆炸袭击，造成至少6人死亡，10人受伤。

5月22日，开罗紧急事务法院当天作出裁决，将一个新近成立的极端组织“埃及战士”列为恐怖组织。

5月22日，与“基地”组织有关联的索马里“青年党”表示，该组织将把“战争”转向肯尼亚，号召成员对肯尼亚发动攻击。

5月23日，印度驻阿富汗西部城市赫拉特的领事馆日遭4名武装人员袭击，至少2人受伤。

5月23日，联合国安理会将尼日利亚境内的“博科圣地”组织列入国际恐怖组织。

5月24日，比利时布鲁塞尔犹太人博物馆发生枪击事件，造成3人死亡、1人重伤。

5月24日，索马里首都摩加迪沙的联邦议会大楼遭遇武装分子的自杀式袭击，造成至少10人死亡，11人受伤，与“基地”组织有关的索马里“青年党”发表电台声明，称对这一袭击负责。恐怖分子运载一辆满载炸药的汽车快速冲入议会大楼并引爆。

5 月 25 日，也门安全机构在首都萨那一些地区实施的反恐行动中，将“基地”组织首领萨利赫·塔伊斯打死，同时被打死的还有另外 3 名“基地”组织的武装分子。

5 月 27 日，尼日利亚宗教极端组织“博科圣地”对该国东北部约贝州一处军事基地和警察局实施袭击，造成至少 33 名安保人员丧生，其中包括 18 名士兵和 15 名警察。

5 月 27 日，美国总统奥巴马宣布，2014 年底美国从阿富汗撤出全部作战部队后，将有 9800 名美军留守阿富汗，主要任务是继续围剿“基地”组织分子并为阿富汗军队提供培训和支援。

5 月 27 日，伊拉克发生多起暴力袭击和武装冲突，造成至少 35 人死亡，70 人受伤。当天最严重的暴力袭击发生在首都巴格达，一名自杀式袭击者在巴格达市中心一座什叶派清真寺里引爆了身上的炸弹，造成至少 19 人死亡，34 人受伤。位于巴格达东北部的萨德尔城和南部的杜拉区也分别发生汽车炸弹和路边炸弹袭击，造成至少 2 人死亡，13 人受伤。

5 月 27 日，3 名挪威人因涉嫌加入“伊拉克和黎凡特伊斯兰国”被挪威警方逮捕。

5 月 28 日，伊拉克发生多起暴力袭击和武装冲突，造成至少 59 人死亡，108 人受伤。在北部尼尼微省首府摩苏尔，一个军方检查站当晚遭自杀式爆炸袭击，造成包括 12 名士兵在内的至少 19 人死亡，另有 11 人受伤。当天早些时候，伊安全部队摧毁了该市一个恐怖组织窝点，打死 3 名武装分子。在首都巴格达，东南部的阿明区、东部的萨德尔城和西南部的吉哈德区当晚接连发生汽车炸弹袭击，共造成 7 人死亡、27 人受伤。当天下午，在巴格达北部的卡济米耶区，一名袭击者驾驶装有炸药的汽车冲进一个警方检查站，爆炸造成 16 人死亡、50 人受伤。在北部萨拉赫丁省的图兹胡尔马图，当天发生11起针对土库曼人的爆炸袭击，造成至少5人死亡，11人受伤。在伊拉克西部安巴尔省与叙利亚接壤的边境地区，伊安全部队与可能属于恐怖组织“伊拉克和黎凡特伊斯兰国”的武装分子发生冲突，共有7名武装分子被打死，另有5人被捕。

5月28日，美国特种作战部队正在协助北非和西非四个国家组建精锐反恐部队，美国正在该区域扩大对“基地”和其他恐怖组织的反恐行动。

5月28日，突尼斯内政部长本·吉杜位于卡塞林省的住宅遭一伙武装人员袭击，造成4名警察死亡。事发时吉杜的妻子、两个孩子和两个兄弟在住宅内，他们均未受伤，吉杜本人当时在首都突尼斯。

5月28日，阿富汗塔利班“谴责”美国打算今后两年继续在阿富汗驻留作战部队的计划，称将继续发动袭击，直至所有外国部队撤出阿富汗。

5月29日，坦桑尼亚起诉16名恐怖分子嫌疑人，诉其涉嫌策划了近年来发生在坦桑尼亚北部城市阿鲁沙的数起爆炸案并造成多人死伤。这16名嫌疑人当天在阿鲁沙的一个法庭受审，罪名包括试图谋杀以及诱使年轻人加入恐怖组织索马里“青年党”。

5月29日，北约组织在挪威举行的北约史上规模最大的情报信息搜集演习结束，28个成员国当中的18个国家的专家聚集在挪威特隆赫姆市附近的空军基地，多国出动无人机、雷达等先进技术装备。“联合远景”演习旨在提高北约盟国之间有效的共享情报、监视和侦察的能力，特别是在不同国家的不同系统之间的协调与合作。演习针对的目标主要是恐怖主义和网络攻击等现代威胁。

6月

6月1日，法国警方在南部城市马赛逮捕了一名与之前比利时布鲁塞尔市中心犹太博物馆枪击事件有关的法国男子，警方从其身上缴获的枪械和弹药与枪击事件中枪手使用的类型相同。

6 月 2 日，欧盟委员会正式宣布，尼日利亚的“博科圣地”组织策划和实施了一系列恐怖事件，决定将该组织列入恐怖组织名单，对该组织和个人进行制裁。欧盟委员会还指出，活跃在叙利亚的“支持阵线”是“基地”组织的分支机构，也被列入了恐怖组织名单。

6 月 3 日，美国司法部宣布，联邦政府正在重建一个名为“国内恐怖主义管理委员会”（the Domestic Terrorism Executive Committee）的组织，以加强调查那些被司法部指定为国内恐怖分子的人员。

6 月 5 日，“基地”组织武装分子袭击了也门首都萨那东南部一个军方哨所，打死 11 名士兵与 1 名平民，还有 5 名士兵受伤。

6 月 5 日，科威特副首相兼工商部长阿卜杜勒莫森·迈德吉在参加中阿合作论坛第六届部长级会议上表示，暴力恐怖势力是全世界的敌人，并呼吁中国和阿拉伯国家在反恐领域加强合作。

6 月 6 日，联合国安理会与非盟和平与安全理事会（和安会）在纽约联合国总部举行会议，探讨促进和平安全及加强在非洲的反恐合作。

6 月 7 日，伊拉克发生多起武装冲突和暴力袭击，导致至少 56 人丧生，91 人受伤。

6 月 8 日，以色列总理办公室发布声明称，以色列内阁部长当天投票通过了一项法案，以限制赦免已被以色列法院判处有罪的恐怖分子。

6 月 8 日，深夜至 6 月 9 日凌晨，巴基斯坦南部港口城市卡拉奇的真纳国际机场遭到武装分子袭击，造成至少 29 人死亡，26 人受伤。

6 月 9 日，伊拉克北部萨拉赫丁省发生两起针对总统塔拉巴尼领导的库尔德斯坦爱国联盟的爆炸袭击，共造成至少 25 人死亡，145 人受伤。这两起爆炸袭击发生在首都巴格达以北约 170 公里处的图兹胡尔马图。当天接近中午时分，一名自杀式袭击者驾驶着装满炸药的卡车冲进位于图兹胡尔马图市中心的库爱盟办公大楼入口处并引爆。几分钟后，距离该大楼50米处的一个停车场又发生一起汽车炸弹袭击。

6月10日，继巴基斯坦卡拉奇真纳国际机场9日凌晨遭塔利班武装袭击后，一伙武装分子10日又袭击了该机场附近的安保人员营地并成功逃脱。10日，巴政府加紧对巴基斯坦和阿富汗边界恐怖分子的清剿，将各大机场列入红色警戒级别，还加强了对核设施和军事基地的防卫。

6月11日，菲律宾安全部队在大马尼拉地区的帕拉尼亚克市逮捕了阿布沙耶夫武装的一名重要头目海尔·蒙多斯。

6月13日，尼日利亚政府官员表示，因为恐怖组织“博科圣地”持续袭击观看足球赛的观众，尼日利亚东北部的世界杯观赛中心陆续关闭。

6月15日，伊拉克首都巴格达市中心一市场当天中午发生一起炸弹爆炸事件，造成至少9人死亡，21人受伤。爆炸发生在巴格达市中心底格里斯河东岸一个人流集中的市场。爆炸除造成人员伤亡外，附近一些店铺、摊位和汽车也被炸毁。

6月15日，巴基斯坦军方宣布，安全部队已针对藏匿在北瓦济里斯坦部落地区的本土和外国武装分子发起全面军事行动。巴基斯坦陆军参谋长拉希勒·谢里夫说，此次行动旨在消灭北瓦济里斯坦地区所有的恐怖分子和据点，消除恐怖主义威胁。

6月15日，肯尼亚警方称，沿海小镇姆佩凯托尼发生枪击事件，已造成34人死亡。肯尼亚警察总监戴维·基迈约说武装分子袭击了两家宾馆、一家银行以及一个警察局。当时遭袭宾馆酒吧内有许多看世界杯的民众。

6月15日，伊拉克首都巴格达市中心一市场发生一起炸弹袭击事件，造成至少9人死亡，21人受伤。消息人士说，爆炸发生在巴格达市中心底格里斯河东岸一个人流集中的市场，除造成人员伤亡外，附近一些店铺、摊位和汽车也被炸毁。

6月15日，美国特种部队在利比亚班加西街头抓获了涉嫌策划袭击美国驻当地领事馆的恐怖分子头目哈塔拉，并将其秘密送往华盛顿接受联邦法庭审判。此人被美司法部指控犯有恐怖袭击罪。

6月15日，尼日利亚北部博尔诺州一市场遭袭，造成至少25人死亡。袭击发生在该州阿斯克乌巴镇的达库村。恐怖分子驾驶货车和摩托车抵达该市场，随即开始对人群开枪，并在离开时洗劫了部分商店。

6月17日，尼日利亚北部城市达马图鲁的一个世界杯“看球中心”发生爆炸，造成大量在场观看世界杯足球赛的球迷伤亡。至少14人在袭击中死亡。这是世界杯开赛以来在非洲大陆上发生的第二起“世界杯恐怖袭击”。

6月19日，澳大利亚外交部长朱莉·毕晓普说，大约150名澳大利亚人在伊拉克和叙利亚与当地反政府武装并肩战斗，有可能“变得极端化并且学会恐怖术”，一旦回国将构成安全威胁。

6月20日，黎巴嫩安全部队宣布，该部队当天抓获了17名企图实施恐怖活动的嫌疑人。

6月19—22日，尼日利亚北部博尔诺州发生绑架和袭击事件，至少60名妇女和儿童遭绑架，至少30人遭袭身亡。袭击和绑架事件发生在博尔诺州的古德拉格瓦、雅法、库玛巴扎和亚扎4座村庄。

6月23日，巴基斯坦一架客机深夜在西北部白沙瓦机场着陆时遭不明身份武装分子袭击，造成1人死亡，2人受伤。枪击事件发生在当地时间晚上11时，遇袭的客机属于巴基斯坦国际航空，当时客机从沙特阿拉伯首都利雅得飞抵，机上载有196名乘客。

6月23日，澳大利亚总理阿博特说，一些澳大利亚公民在叙利亚和伊拉克加入恐怖组织并参加武装活动，这些人将对澳大利亚的安全构成巨大威胁，澳执法部门将尽一切努力阻止他们回国。

6月24日，黎巴嫩首都贝鲁特南郊发生自杀式汽车炸弹袭击，除自杀式袭击者被当场炸死外，袭击还造成15人受伤。

6月24日，俄罗斯圣彼得堡安全局表示，联邦安全局工作人员抓获国际恐怖组织“伊斯兰解放党”（Hizb ut－Tahrir al－Islami）圣彼得堡分部的成员。公告中说：“抓获与在圣彼得堡组织国际恐怖组织′伊斯兰解放党′分部活动有关的人，最高法院认定该组织是恐怖组织。”已经进行了刑事立案，正在讨论预防措施问题。

6月24日，联合国环境规划署在内罗毕举行的环境大会上发布报告说，全球每年通过环境犯罪可产生2130亿美元，这些资金被用于资助包括武装团伙和恐怖组织在内的犯罪活动。

6月25日，沙特阿拉伯政府近日推出反恐新举措，以重金来奖励那些提供重要反恐情报的公民。根据沙特政府的这一措施，如果沙特公民提供的反恐情报最终帮助警方抓获了恐怖分子，或者对瓦解恐怖组织起到了关键作用，沙特政府将发放27万至190万美元不等的奖励。

6月25日，黎巴嫩首都贝鲁特一家旅馆发生自杀式炸弹袭击，除自杀式袭击者被炸死外，爆炸还造成至少11人受伤。这是贝鲁特连续两天发生自杀式袭击事件。报道称，黎安全部队当晚在贝鲁特一家旅馆抓捕两名企图实施自杀式袭击行动的嫌疑人时，其中一人引爆身上的炸药，被当场炸死，另外一人受伤被当场抓获。

6月25日，伊拉克发生多起暴力袭击，导致至少27人死亡，90人受伤。在首都巴格达以北250公里的基尔库克市，一名自杀式袭击者在一个军方检查站引爆炸弹，炸死5人、炸伤17人。在基尔库克市以南60公里的伊斯哈吉地区，基尔库克省第一副省长伊斯梅尔·胡达伊尔·赫洛布的住所遭多枚炮弹袭击，导致7人死亡、25人受伤。

6月25日，尼日利亚首都阿布贾一个繁忙的商业中心发生猛烈爆炸，至少造成21人死亡，17人受伤。

6月25日，法国南部科西嘉岛的分离主义军事组织“科西嘉民族解放阵线”投书媒体，首次宣布无条件放弃武装斗争，并启动解除武装的进程，向组建政党的方向过渡。

6月25—26日，由欧盟6个国家组成的G6集团内务部长在巴塞罗那举行会议，探讨打击恐怖主义、非法移民以及贩毒等议题。参加会议的除西班牙、德国、英国、法国、意大利和波兰内务部长外，还包括欧洲委员会和美国代表。与会期间，6国代表共同表示了对“圣战恐怖主义”的关注，以及这一问题可能对欧洲国家造成影响的担忧，一致决定邀请土耳其等国参与讨论打击恐怖主义。

6月26日，伊拉克首都巴格达发生一起爆炸袭击，造成至少19人死亡，41人受伤。当天在巴格达北部什叶派聚居的卡济米耶区一个市场，一名自杀式袭击者引爆身上的炸弹。

6月26日，沙特阿拉伯国王阿卜杜拉发布命令，要求沙特安全机构采取必要措施，防范来自邻国伊拉克的恐怖分子可能对沙特造成的威胁。

6月26日，美国太平洋司令部表示，他们将逐渐撤出在菲律宾南部驻扎了十多年的一支美军反恐精锐部队，驻守在南部棉兰老岛的320名现役人员缩减为12名左右的顾问。这支名为特种作战联合特遣部队菲律宾支队（Joint Special Operations Task Force Philippines）的部队是2011年“9·11”恐怖袭击事件后组建的，目的是在菲律宾和基地组织相关的叛乱团伙作战时，为菲方提供培训和咨询。

6月29日，尼日利亚东北部数座教堂遭到武装分子袭击，造成数十人死亡。在该地区频繁活动的恐怖组织“博科圣地”被指与袭击有关。

6月30日，巴基斯坦军方宣布对北瓦济里斯坦部族地区展开地面行动，开始对据守在那里的塔利班武装开始“新一阶段”的攻势。

6月30日，据英国《每日电讯报》披露，绰号为“白寡妇”的英国籍恐怖分子萨曼·鲁斯维特在逃亡路上已嫁入肯尼亚“恐怖家族”。报道称，鲁斯维特的现任丈夫名叫法赫米·贾马尔·萨利姆，是与“基地”

组织有关联的索马里反政府武装“青年党”的分支头目。

6月30日，俄罗斯总统普京签署刑法修正案，将对借助互联网煽动极端主义活动的行为追究刑事责任。根据俄罗斯官方的法制信息网当天公布的刑法修正案，俄方将对利用媒体或包括互联网在内的信息通讯工具公开煽动极端主义活动的行为追究刑事责任，最高刑期为5年；对借助互联网挑起仇视、怨恨或侮辱人格尊严的行为，将予以罚款30万卢布（约合5.48万元人民币）乃至判刑4年的惩罚。此外，俄方将对资助极端主义活动的人员追究刑事责任，最高刑期为3年，如利用公职从事这一活动将加重惩罚，最高刑期为6年。

7月

7月1日，尼日利亚北部博尔诺州首府迈杜古里发生一起汽车炸弹爆炸，造成至少10人死亡，多人受伤。爆炸发生在迈杜古里的一个市场。该市场只在周一营业，经常有外国人光顾，通常被称为“周一市场”。

7月1日，据美国广播公司（ABC）报道，叙利亚恐怖分子可能在研制一种新式炸弹，拟利用“支持阵线”（Al-Nusra Front），或是其他激进团体中持有美国或欧洲护照的成员，把炸弹偷运上飞机。

7月2日，黎巴嫩召开安全会议，决定在包括首都贝鲁特在内的全国各地实施全面安全计划，加大打击恐怖主义的力度。

7月3日，据澳大利亚“新快网”消息，澳大利亚拟大幅修改国家安全法，使澳大利亚警察增加职权，可以独立在叙利亚等战争地区收集证据并开展监视工作。

7月3日，沙特阿拉伯在伊拉克边境部署3万名士兵，严防恐怖威胁。沙特东北部和伊拉克有漫长陆路边界，伊拉克极端武装组织“伊拉克和黎凡特伊斯兰国”武装分子已进入距沙特边境仅100多公里的地区。

7 月 3—4 日，在沙特和也门交界地区的两国安全部队与恐怖分子交火，共导致 10 人死亡，其中 5 人为恐怖分子。3 日，两名袭击沙特安全部队的恐怖分子在打死一名沙特警察后跑进附近的政府情报局办公楼，引爆炸弹自杀身亡。4 日，6 名疑似“基地”组织成员的恐怖分子在也门境内向也门边防部队士兵开枪，在打死一名也门士兵后驾车冲向沙特境内的瓦地亚边境检查站。一名受伤的袭击者被抓获，另两人逃逸。

7 月 5 日，巴林内政部官员称：一个什叶派村庄发生“恐怖主义”爆炸，造成 1 名警察死亡。

7 月 5 日晚间，肯尼亚该国沿海地区遭遇两起恐怖袭击，造成至少 20 人死亡，多人受伤。恐怖组织索马里“青年党”声称对这两起事件负责。甘巴警察局被袭击，9 人被杀，包括 8 名犯人与一名警察。此外，10 余名武装人员还袭击了拉姆地区的欣地（Hindi）贸易中心，他们纵火烧毁房屋及车辆，肆意向人群开枪。

7 月 6 日，恐怖组织“博科圣地”武装分子伪装成政府军队，在尼日利亚与喀麦隆接壤的东北部边境地区杀死 7 人。

7 月 8 日，比利时、英国、丹麦、法国、德国、意大利、荷兰、西班牙和瑞典 9 个欧盟国家的内务部长在意大利米兰召开会议，研究出台了一系列针对从叙利亚、利比亚等国参加所谓“圣战”后返回欧洲的恐怖分子的措施。

7 月 8 日，索马里总统府遭到伊斯兰武装分子袭击。恐怖分子使用了汽车炸弹，突破了总统府的一道围墙，但随即被安全部队击退，总统当时不在总统府内。索马里伊斯兰激进组织青年党宣称对此次袭击事件负责。

7 月 9 日，联合国安理会发表媒体声明，对恐怖组织“博科圣地”给尼日利亚东北部以及邻国造成的威胁表示担忧，并呼吁西非地区通过多边合作应对包括恐怖主义在内的各类安全挑战。

7月9日，伊拉克致函联合国称，叛乱分子抢走了该国北部一所大学里用于科研的核材料，希望联合国帮助“防止伊拉克境内外恐怖分子将它们付诸使用”。伊拉克驻联合国大使穆罕默德·阿里·哈基姆在7月8日写给联合国秘书长潘基文的信中说，摩苏尔大学保存着约40公斤铀化合物。

7月9日，美国国务院发布公告说，美方自2011年10月开始悬赏征集能够据以获知巴格达迪（Abu Bakr al-Baghdadi）下落或将其抓捕的信息，悬赏目前“仍然有效”。

7月9日，法国当局挫败了一起针对埃菲尔铁塔、卢浮宫以及核电站的恐怖袭击图谋，正在积极寻求采取更为严格的反恐措施。法国警方破译了一名阿尔及利亚籍男子与伊斯兰马格里布“基地”组织一名高级成员之间的多条加密短信，从而发现了这起袭击图谋。

7月9日，马来西大学一位教师日前前往叙利亚参加圣战，引起马来西亚社会的极大关注。马来西亚青年体育部长凯里表示，伊斯兰圣战组织正在马来西亚积极招募青年，马政府严重关切这一现象。

7月11日，伊拉克北部基尔库克地区发生两起自杀式爆炸袭击，造成19人死亡、28人受伤。当天基尔库克市南部一个检查站遭自杀式汽车炸弹袭击，导致包括6名库尔德武装部队士兵和12名平民在内共18人死亡，另有25人受伤。另一起自杀式汽车炸弹袭击发生在基尔库克市西南哈立德地区的一个检查站，爆炸造成库尔德武装部队成员1死3伤。

7月13日，尼日利亚东北部发生恐怖袭击事件，极端组织“博科圣地”对一村庄发动了突袭。随后，军方误将逃离的平民当做武装分子实施了空中打击，此次事件造成至少38人丧生。

7月13日，北西奈省阿里什市深夜发生两起火箭弹袭击事件，造成包括1名士兵在内的8人死亡，另有28人受伤。

7月14日，英国首相卡梅伦宣布，将增加11亿英镑国防经费。卡梅伦指出，英国陆海空三军必须调整思维，应对“看不见的敌人”，新增的国防预算就是要因应新的国家安全威胁，其中 8 亿英镑将用在搜集情报、监控等工作上，另外 3 亿英镑将用在提升现有的系统，包括新一代的“台风”战机雷达。

7 月 15 日，阿富汗东部一市场发生汽车炸弹袭击事件，至少造成 43 人死亡，74 人受伤。这是 2014 年以来造成人员伤亡最为严重的单次袭击事件。

7 月 16 日，突尼斯国防部官员称，该国毗邻阿尔及利亚边界的一个军事检查站遭到不明身份的武装分子袭击，造成 5 名士兵死亡。

7 月 16 日，尼日利亚总统乔纳森发表声明，呼吁国民团结起来与极端组织“博科圣地”作斗争。乔纳森在声明中说：“对于那些把无辜生命视作儿戏、滥杀无辜的恐怖分子，尼日利亚人民将会团结起来作斗争，让他们无处可藏。”

7 月 16 日，一名德国人在尼日利亚北部阿达马瓦州遭持枪者劫持，“博科圣地”有很大的嫌疑。

7 月 16 日，阿富汗首都喀布尔国际机场遭武装分子袭击，造成至少 1 名警察受伤，4 名袭击者死亡。阿富汗塔利班在袭击发生后宣称对事件负责。据报道，4 名持有自动步枪和火箭弹的武装分子占据了喀布尔机场附近一座兴建中的大楼，并向机场军事区域开火和发射火箭弹。

7 月 18 日，据《雅加达环球报》报道，目前在中东地区参与“圣战”的印尼人已超过 3 万，其中一些人回国后设立 ISIS 分支，国家安全受到威胁，这一现象引起印尼政府高度关注。印尼首都雅加达、玛琅、梭罗和比玛等城市纷纷出现支持 ISIS 的集会。激进分子声称，已成立 ISIS 在印尼的分支机构，在首都雅加达举行的反对以色列袭击加沙的游行中就出现了 ISIS 的旗帜。

7 月 19 日，伊拉克首都巴格达发生 4 起汽车炸弹袭击，导致至少 18

人死亡，59 人受伤。当天临近中午时，巴格达南部一什叶派穆斯林聚居区发生一起汽车炸弹袭击，造成至少 11 人死亡，24 人受伤。随后，南部巴耶区一个什叶派清真寺遭汽车炸弹袭击，至少 2 人在袭击中丧生，另有 13 人受伤。第三起爆炸袭击发生在巴格达西南部多民族混居的吉哈德区，造成至少 5 人受伤。下午，在北部什叶派聚居的卡迪米亚区阿丹广场又发生一起爆炸袭击，造成 5 人死亡、17 人受伤。

7 月 22 日，伊拉克首都巴格达当天发生一起炸弹袭击，造成至少 22 人死亡，45 人受伤。一名袭击者当天在巴格达北部什叶派聚居的卡济米耶区一个检查站引爆身上的炸弹。

7 月 24 日，伊拉克首都巴格达市中心发生一起连环爆炸，造成 8 人死亡、34 人受伤。两起汽车爆炸事件均发生在巴格达市中心卡拉达区的一条商业街。

7 月 24 日，伊拉克首都巴格达附近发生运送犯人车队遇袭事件，造成至少 62 人死亡，死者大部分是囚犯。

7 月 24 日，挪威警方称：未来几天挪威可能遭遇恐怖袭击。为此，警方已经在机场、火车站和边境地区部署了武装警卫。

7 月 27 日，“伊拉克及叙利亚伊斯兰国”（ISIS）的极端分子炸毁了摩苏尔一座建于 14 世纪的清真寺及其圣坛。

7 月 27—28 日，尼日利亚北方重要城市卡诺共发生 4 起爆炸事件，造成多人死伤。

7 月 28 日，阿布沙耶夫反政府武装分子在菲国南部苏禄省一座村庄袭击两辆搭载平民的汽车，已造成 21 人遇害。

7 月 28 日，一枚藏在泰国南部军事基地的炸弹发生爆炸，一名 12 岁的女童丧生，事件还造成 7 人受伤，其中包括两名士兵。当时，一群士兵在北大年府军赛武里区一座军事基地巡逻时，一枚炸弹突然发生爆炸。警方认为这是一起恐怖袭击。

7 月 28 日，也门南部地区发生 3 起自杀式袭击，造成包括两名政府军士兵在内的 12 人死亡。袭击行动由当地的“基地”组织发起。黎明时分，数十名极端主义组织成员向位于该国南部省份阿比扬（Abyane）的马法德市（Mahfad）的三个政府军驻地发动袭击，出动了 3 辆载有爆炸物的汽车。其中两辆汽车在尚未抵达袭击目标前爆炸，另外一辆汽车则在部队基地的入口处爆炸。

7 月 29 日，巴军方在阿富汗边境附近挫败了一起针对其检查站的袭击，打死至少 6 名武装分子。巴安全官员说，大约 70～80 名恐怖分子袭击了该检查站，由于巴基斯坦军队果断还击，6 人被击毙、9 人被打伤。

7 月 30 日，位于埃及首都开罗西南方向的吉萨省当天发生一起汽车爆炸事件，造成 3 人死亡。

7 月 30 日，一名女性自杀式袭击者在尼日利亚北部卡诺州首府卡诺市一所大学校园引爆炸弹，至少死 6 人、伤 6 人。

7 月 31 日，伊拉克当天共有至少 27 人在武装冲突和暴力袭击中丧生。在巴格达以北 110 公里的萨拉赫丁省伊斯哈吉地区，一队正在巡逻的警察遭路边炸弹袭击，4 名警察被炸死，另有 11 名警察受伤。在该省位于巴格达以北 90 公里的祖卢耶镇，当地逊尼派部族武装在警察部队和战机的支援下，与“伊拉克和黎凡特伊斯兰国”武装分子激烈交火，交火造成警察方面 1 死 3 伤，武装分子方面至少 10 人被打死。在巴格达以北 200 公里的拜伊吉市郊一个村庄，4 名反政府武装分子被不明身份的枪手打死。此外，一队正在巡逻的士兵在巴格达以北 30 公里处遭路边炸弹袭击，导致 1 名军官和 1 名士兵死亡、3 名士兵受伤。

8 月

8 月 1 日，法军在非洲的撒哈拉—萨赫勒地区正式启动“新月形沙丘行动”，通过调整兵力部署并密切同毛里塔尼亚、马里、尼日尔、布基纳法索和乍得5国的军事合作，在区域内更灵活、更有效地打击恐怖主义。法国总统奥朗德表示，法军将在情报、培训、运输、空中力量等领域加强对相关国家的支持，新一轮军事行动的单一指挥中心将设在乍得首都恩贾梅纳。

8月4日，印尼政府就“伊拉克和黎凡特伊斯兰国”（ISIS）在印尼渗透问题召开闭门会议，会后宣布，当地民众加入ISIS视为非法。ISIS近期在印尼比较活跃，中爪哇玛琅等地发现一个ISIS分支，他们利用一个村庄的清真寺作为总部。

8月5日，美国政府最新公布的数据显示，美国恐怖分子或恐怖分子嫌犯的数据库这几年来规模翻倍，这一增长是因为在2009年一次未遂的恐怖袭击之后，情报机构更频繁地提交名单。

8月6日，伊拉克首都巴格达市内什叶派穆斯林聚居的区域晚上发生多起爆炸袭击，造成至少32人死亡，108人受伤。

8月6日，黎巴嫩外长巴西勒在贝鲁特说，在黎巴嫩非法建立的叙利亚难民营可能成为恐怖分子的庇护所。

8月7日，黎巴嫩的黎波里发生针对黎巴嫩军队的炸弹袭击事件，造成多人伤亡。袭击发生在的黎波里一个军方检查站附近，安置在路边一辆汽车下的炸弹发生爆炸，造成1人死亡、11人受伤。

8月7日，法国总统奥朗德表示，法国准备为在伊拉克北部同“伊拉克和黎凡特伊斯兰国”极端组织作战的力量提供援助。爱丽舍宫7日发表新闻公报说，奥朗德当天与伊拉克库尔德自治区主席马苏德·巴尔扎尼通电话，法国准备在联合国安理会紧急会议上敦促国际社会反对在伊拉克发生的恐怖主义行径，为受到威胁的伊拉克民众提供帮助和保护。法国也愿意为同恐怖主义组织作战的力量提供援助。

8月8日，沙特阿拉伯国王阿卜杜拉表示，沙特支持黎巴嫩采取打击恐怖主义行动，并随时准备向黎巴嫩提供所需的帮助。沙特国王决定向黎巴嫩军队和安全部队等合法武装力量提供10亿美元援助，用于购买武器装备以提高军队反恐能力。

8月8日，美国总统奥巴马发表讲话，称已经授权在伊拉克进行定向空袭，以保护美国人员，但美方不会向伊拉克派出地面部队。

8月9日，印度尼西亚警方上周在中爪哇泗水和万由马士逮捕了数名和“伊斯兰国”组织（ISIS）相关的人员，并在上周五击毙了其中1人。

8月12日，俄罗斯国家反恐委员会说，今年以来，俄罗斯在北高加索地区已经制止了35起恐怖破坏活动，消灭了近160名武装分子。

8月14日，巴基斯坦西南部城市奎达的一个空军基地遭到一伙武装分子袭击，造成至少6名恐怖分子死亡，11名安全人员受伤。巴基斯坦俾路支省内政部长布格蒂布格蒂说，袭击发生在当地时间14日晚11时左右。

8月15日，宗教极端武装“伊拉克和黎凡特伊斯兰国”在伊北部一座村庄杀害大约80名雅兹迪教派男子并掳走妇女和儿童。

8月15日，摩洛哥警方破获一个在该国招募恐怖分子前往伊拉克和叙利亚作战的恐怖团伙，并成功抓获该团伙9名成员。摩洛哥国土警戒总局的调查显示，这些被招募的恐怖分子首先在“伊拉克和黎凡特伊斯兰国”的训练营地接受系统的军事训练，如使用武器、制造爆炸物和汽车炸弹等，然后被派往伊拉克和叙利亚各地作战或发动恐怖袭击，其中一些摩洛哥籍的恐怖分子参与了针对叙利亚和伊拉克政府军士兵的斩首行动。

8月15日，菲律宾反政府武装“邦萨摩洛伊斯兰自由战士”宣布效忠在叙利亚和伊拉克活动的宗教极端武装“伊拉克和黎凡特伊斯兰国”。

8月15日，联合国安理会一致通过一项决议，对在伊拉克和叙利亚招募和资助外籍战斗人员的6名恐怖主义头目实施制裁，并警告将对那些资助、招募或提供武器给极端主义者的个人或实体实行制裁。

8月19日，巴基斯坦北部一个部落地区发生炸弹袭击学校车辆的事件，造成5人死亡。据报道，事件发生在巴基斯坦巴久尔地区的主要城市卡尔，当局称有2名女教师、1名司机以及2名孩子在袭击中身亡。

8月19日，沙特阿拉伯头号宗教领袖大穆夫提谢赫（Sheikh Abdul Aziz al-Sheikh）谴责“基地”组织与“伊斯兰国”、“圣战组织”等为伊斯兰教的“头号敌人”。他在利雅得发布声明称：极端主义、激进主义与恐怖主义，与伊斯兰教毫无关系，这些思想的追随者是伊斯兰教的头号敌人。

8月19日，“叙利亚人权观察组织”主管拉米·阿卜杜勒—拉赫曼透露，“伊拉克和黎凡特伊斯兰国”上月在叙利亚新招募至少6300名武装人员，此为这一极端组织迄今最大的一次单月招兵规模。

8月19日，极端组织“伊斯兰国”发布一段视频，显示武装人员把美国记者詹姆斯·福莱砍头杀害，以报复美军空袭。

8月20日，美国国务院发言人玛丽·哈夫表示，根据美方统计，目前已有1.2万名外国武装分子进入伊拉克、叙利亚等地，参与恐怖活动，其中不乏欧洲人，甚至可能包括美国人。这1.2万人主要来自中东国家，部分来自南亚和欧洲，甚至可能有美国公民参与其中。

8月20日，阿联酋颁布“打击恐怖主义罪行法”。经联邦议会批准颁布的这项法案规定：凡在阿联酋境外以阿联酋国家、公民、阿联酋境外利益、公共基金或公共设施（包括使馆、领馆、外交使团及分支机构）等为犯罪目标的人凡在阿联酋国家名义下注册、悬挂阿联酋国旗的交通工具上从事犯罪的人；凡在阿联酋境内筹划犯罪的人；以及凡在阿联酋境外从事过恐怖主义罪行，后被发现于阿联酋境内某地区的人，均在新法打击和严厉制裁范围内。

8月20日，美国总统奥巴马谴责将美摄影记者詹姆斯·福莱（James

Foley）当众斩首的伊拉克极端组织“伊斯兰国”。

8月20日，马来西亚反恐官员表示，警方破获了一起由极端分子受到“伊斯兰国”“圣战”组织行动的启发，策划的连串爆炸攻击计划。

8月20日，美国国务院发表声明说，美国政府决定悬赏3000万美元，捉拿恐怖组织“哈卡尼网络”的多名领导人。美国将捉拿“哈卡尼网络”领导人西拉杰丁·哈卡尼的赏金提高到1000万美元，并悬赏2000万美元捉拿其他4名重要头目。

8月21日，法国总统奥朗德针对此前发生的美国记者被ISIS极端组织杀害事件表达了愤怒，希望国际社会组织起来，打击这个伊斯兰激进团体。

8月22日，英国外交大臣哈蒙德表示，英国不会与叙利亚总统巴沙尔·阿萨德合作打击“伊拉克和黎凡特伊斯兰国”（ISIS）极端组织。

8月22日，伊拉克东部迪亚拉省一逊尼派清真寺当天遭不明身份武装人员袭击，导致至少32人死亡。

8月22日，美国对“支持阵线”和“基地”组织的两名重要筹款人实行制裁，这两个人已被列入此前的一项以恐怖主义分子为制裁对象的联合国安理会决议的附录之中。

8月22日，美国白宫国家安全事务副助理罗兹新闻发布会上称，“伊拉克和黎凡特伊斯兰国”极端组织残酷杀害美国记者福莱的行为被视为是针对美国的恐怖袭击，华盛顿已经准备好对在叙利亚的“伊拉克和黎凡特伊斯兰国”采取行动。

8月23日，伊拉克北部城市基尔库克发生3起爆炸袭击，导致至少22人死亡。

8月23日，位于巴格达的伊拉克内政部情报总部门口发生汽车炸弹爆炸，导致至少2人死亡。

8月24日，埃及、沙特阿拉伯、约旦、卡塔尔和阿联酋五国外长齐聚沙特的吉达市，讨论叙利亚局势相关问题。五方会谈后发表的声明中指出，中东地区极端主义思想和恐怖主义活动的威胁不断加剧，会议讨论了有关恐怖组织、叙利亚局势和政治解决该国危机等问题。会谈各方商定，应当共同采取措施打击恐怖主义，并通过政治途径解决最尖锐的地区冲突。

8月24日，“伊斯兰国”攻占位于叙东部拉卡省的塔卜卡空军基地，使叙政府军失去了在这一地区的最后一处主要据点。

8月24日，尼日利亚极端组织“博科圣地”发布一段视频，该组织头目阿布巴卡尔·谢考在视频中称，本月初攻占尼东北部的城镇归“哈里发国”控制。这是“博科圣地”发出的建国声明。

8月25日，第四次利比亚邻国外长会议在埃及首都开罗举行，利比亚、阿尔及利亚、突尼斯、苏丹、乍得等国外长，尼日尔有关官员以及阿盟秘书长阿拉比参加了此次会议，与会各国共同呼吁支持利比亚政府的反恐行动。

8月25日，黎巴嫩外长巴西勒在贝鲁特呼吁俄罗斯向黎巴嫩军队提供帮助，以提升其反恐能力。

8月26日，俄罗斯东部军区发言人亚历山大·戈尔杰耶夫表示，俄罗斯与蒙古国官兵“色楞格－2014”联合反恐军事演习期间在蒙古国境内的训练场举行了反恐行动演练。于8月15日启动的“色楞格”演习的最后阶段启用了大约1000名俄蒙官兵、150件作战设备和特种装备。

8月26日，澳大利亚联邦政府将耗资6400万澳元（约合人民币3.65亿元），采取措施阻止年轻澳人过于激进，或者前往海外参加中东的极端宗教组织。

8月26日，沙特阿拉伯内政部宣布，警方已逮捕8名涉嫌招募沙特青年到境外参加所谓的“圣战”的犯罪嫌疑人。据沙特媒体报道，被捕者中包括一名宗教人士和一名教师。自叙利亚内战以及伊拉克境内严重武装冲突爆发以来，越来越多的沙特青年被招募到境外战乱地区参加所谓的“圣战”。

8月26日，沙特外交大臣费萨尔与到访的伊朗副外长侯赛因·阿米尔·阿卜杜拉希安沙特西部城市吉达举行会谈，双方主要就双边关系、伊拉克问题和共同面临的恐怖主义威胁等问题进行了磋商。

8月27日，据印尼全国反恐机构披露，有34名印尼公民被发现赴叙利亚和伊拉克加入“伊拉克与黎凡特伊斯兰国”组织（ISIS）。这批极端主义分子将面对政府当局的坚决措施，即被撤销其印尼国籍。

8月29日，美国国务卿约翰·克里呼吁全球各国联手打击“伊斯兰国”圣战分子。

8月29日，英国内政部把全国面临的国际恐怖袭击威胁级别提高到“严峻”，是英国五个威胁等级中的第二级，仅次于“危急”。英国首相卡梅伦当天宣布针对伊斯兰极端武装的反恐计划部分内容，包括一项新立法提案，以使有关部门更容易没收那些准备出国加入激进组织作战的英国公民的护照。

8月30日，伊拉克首都巴格达发生一起爆炸袭击事件，一名袭击者驾驶汽车冲击军方设在巴格达南郊尤西菲亚镇的检查站并引爆炸弹，造成数十人死伤。

8月31日晚，基地组织叙利亚分支“支持阵线”承认在叙利亚南部扣押了40多名联合国维和人员，称关押这些人是对联合国的“报复”，该组织认为联合国在叙利亚内战中未能帮助该国人民。

8月31日，黎巴嫩国民议会议长贝里在贝鲁特呼吁各政治派别团结一致，共同打击恐怖主义。

8月31日，据伊拉克警方消息，西部安巴尔省首府拉马迪市当晚发生一起爆炸袭击。一名自杀式袭击者驾驶汽车冲入位于市中心的一个军方检查站并引爆炸弹，导致至少10人死亡。

9 月

9 月 1 日，伊拉克首都巴格达西南部巴耶区的两条街道相继发生汽车炸弹爆炸。除至少 13 人在袭击中丧生外，另有 45 人受伤。巨大的爆炸还导致周边一些房屋和车辆被毁。

9 月 1 日，英国首相卡梅伦宣布，英国将实施更加严厉的反恐措施，阻止恐怖嫌疑人跨国旅行，并对本国境内涉恐分子加大管控和打击力度。英国新一轮反恐措施包括：立法赋予警方在英国边境临时没收恐怖嫌疑人护照的权力；阻止英国籍恐怖分子返回英国境内；增加对恐怖主义的预防和调查措施，强制恐怖分子参加“去极端化”教育改造；要求航空公司提供有关乘客往返冲突地区的信息等。

9 月 2 日，马里稳定团新闻负责人奥利维耶·萨尔加多证实，当地时间 2 日 11 时至 12 时期间，联合国马里多层面综合稳定团（马里稳定团）一辆载有维和人员的车辆在马里北部基达尔以北 30 公里处遭地雷爆炸袭击，爆炸造成车上 4 人死亡、15 人受伤，死伤者均为乍得籍维和士兵。

9 月 2 日，“伊斯兰国”发布第二个美国记者索特罗夫被斩首的视频。

9 月 3 日，巴基斯坦军方说，6 月在阿富汗边界附近动荡的部落区发动反叛乱攻势以来击毙了 900 多名激进分子，有 82 名巴基斯坦政府军人阵亡。

9 月 3 日，“基地”组织头目扎瓦希里发布的一段视频中宣称，这一组织已在印度次大陆成立统一的新分支机构，武装人员将在印度、缅甸和孟加拉国发起军事行动，“打破人为划分的国界”，发动圣战并在该地区建立一个伊斯兰国家。

9 月 4 日，伊拉克警方说，伊拉克首都巴格达和北部城市基尔库克当晚发生 3 起爆炸袭击，共造成至少 15 人死亡，69 人受伤。当晚 7 时 30 分左右，一名自杀式袭击者驾驶汽车冲进巴格达北部卡济米耶区一个警方检查站并引爆车上炸弹，造成至少 9 人死亡，另有 35 人受伤。两小时后，位于巴格达市中心的萨阿敦大街发生汽车炸弹袭击，造成 6 人死亡、17 人受伤。

9 月 6 日，索马里极端组织“青年党”发表声明，证实头目艾哈迈德·阿卜迪·古丹死于美军空袭。声明同时确认该组织已选出艾哈迈德·奥马尔为新头目，并扬言为古丹之死展开报复行动。

9 月 10 日，伊拉克首都巴格达市区发生多起炸弹袭击，造成至少 23 人死亡，73 人受伤。当天晚上，巴格达市区东部的卡迪尔区相继发生两起汽车炸弹袭击，造成 10 人死亡、27 人受伤。爆炸还造成附近 10 辆汽车和两栋民宅被毁。当天下午，巴格达西南部什叶派聚居的新巴格达区先后发生两起爆炸袭击。一起发生在一个警方检查站，一名自杀式袭击者驾驶汽车冲进检查站并引爆炸弹；另一起汽车炸弹袭击发生在该区一家饭店附近。

9 月 13 日，“伊斯兰国”公布了斩首一名英国人质海恩斯的视频，强调这是为了报复英国首相卡梅伦与美国联合打击“圣战分子”。

9 月 14 日，法国东南部地中海上的科西嘉岛卡尔热斯一个夜总会遭到炸弹袭击，造成建筑严重受损，但是没有造成人员伤亡。“科西嘉民族解放阵线”分裂组织曾宣称制造了这起袭击事件。

9 月 17 日，“伊斯兰国”发布名为“致美国的‘独狼’：如何在你的厨房制造炸弹、在旅游景点和其他目标制造恐怖场面”的视频。号召支持者在美国纽约、拉斯维加斯和得克萨斯一些拥挤的公共场所以及在美国各地的地铁站等制造袭击。

9 月 19 日，尼日利亚东北部博尔诺州一市场遭武装分子袭击，造成至少 21 人死亡，多人受伤。尼日利亚军方一位不愿透露姓名的人士说，疑似“博科圣地”武装分子当天下午袭击了距博尔诺州首府迈杜古里56公里的麦诺克镇一个市场，造成至少21人死亡，多人受伤。

9月21日，阿尔及利亚极端组织“哈里发战士”发布视频，将其在阿东北部绑架的一名法国人埃尔韦·古德尔斩首。

9月22日，“伊斯兰国”发言人阿德纳尼（Abu Mohammed al-Adnani）在一份有多种语言文本的声明中号召“伊斯兰国”的成员及支持者杀死“无信仰的”美国人和欧洲人，“尤其是恶意的和肮脏的法国人”，并把澳大利亚人和加拿大人“以及参与反伊斯兰国联盟的那些国家的公民”确定为“要打击的目标”。

9月22日，澳大利亚两名警察遭刺伤。嫌犯海德尔3个月前引起两名反恐警察的“注意”，这两名警察22日将其带到警察局问讯时，海德尔拿刀刺向警察，其中一人随即掏枪将其击毙。

9月25日，伊拉克总理阿巴迪称，被俘的“伊斯兰国”武装分子已经向伊拉克情报人员交代了一项袭击纽约及巴黎地铁的阴谋，但是法国和美国官员称他们并没有得到有关此事的任何情报。

9月28日，加拿大籍“伊斯兰国”成员喜尔登通过网上视频发出最新威胁称：该组织正策划袭击美国纽约。

10月

10月3日，联合国马里多层面综合稳定团（马里稳定团）发言人说：稳定团维和人员当天在马里遭武装人员伏击，至少9名维和人员身亡。

10月3日，在伊拉克和叙利亚活动的极端组织“伊斯兰国”发布一段视频，内容为英国人质艾伦·亨宁被砍头杀害。

10月4日，美国联邦调查局反恐特工在芝加哥奥黑尔国际机场逮捕了19岁的穆罕默德·哈姆·可汗（Mohammed Hamza Khan），当时他正准备登机经过维也纳飞往土耳其。他被指控试图绕道抵达土耳其，再通过大巴前往中转点，同一名“伊斯兰国”民兵汇合，后者将帮助他进入叙利亚。

10月5日，俄罗斯联邦车臣共和国首府格罗兹尼发生自杀式炸弹袭击，造成5名警察死亡，另有至少12人受伤。

10月9日，也门卫生部发表声明称，当天在首都萨那市中心的“变革广场”发生的自杀式爆炸袭击死亡人数已上升到49人，另有70人重伤。

10月11日，伊拉克安全部门消息人士说，伊拉克首都巴格达当天发生两起自杀式汽车炸弹袭击，造成至少41人死亡，75人受伤。

10月12日，伊拉克东部迪亚拉省军方人士说，在盖拉塔佩镇警察局外，一名自杀式爆炸袭击者引爆身上的炸弹，随后附近两辆载有炸药的汽车也发生了爆炸。该消息人士说，根据军方得到的最新报告，爆炸袭击共造成包括11名库尔德武装人员和2名镇议会议员在内的32人死亡，另有135人受伤。伤者中包括多名从冲突地区逃来的妇女和儿童，当时他们正聚集在附近领取政府发放的救济金。

10月13日，阿富汗安全部队在喀布尔以北的山区遭到塔利班的伏击，至少有22名阿富汗安全部队成员被打死。

10月14日，伊拉克首都巴格达北部什叶派聚居的卡济米耶区，一名自杀式袭击者驾驶载有炸药的汽车冲入一个军方检查站并引爆炸弹，导致至少21人死亡，60人受伤。

10月16日，伊拉克首都巴格达发生3起汽车炸弹爆炸，造成至少8人死亡，32人受伤。一名不愿透露姓名的伊内政部消息人士说，巴格达西北部胡里亚区当天下午发生两起连环汽车炸弹爆炸，造成5名伊拉克人死亡，另有12人不同程度受伤。此外，在巴格达东部塔尔比亚区发生一起汽车炸弹爆炸，剧烈的爆炸造成3名伊拉克人死亡，另有约20人受伤，伤亡人数还在进一步上升中。

10 月 19 日，首都巴格达一什叶派清真寺当晚发生自杀式爆炸袭击事件，导致 22 人死亡。

10 月 20 日，首都巴格达一什叶派清真寺中午发生自杀式爆炸袭击事件，导致至少 11 人死亡。

10 月 20 日，伊拉克警方说，伊南部什叶派圣城卡尔巴拉当天发生 4 起爆炸袭击事件。据警方初步统计，爆炸共造成至少 3 人死亡，17 人受伤。4 起爆炸均为汽车炸弹袭击，其中两起发生在卡尔巴拉市北部，另外两起分别发生在该市东部和市中心。

10 月 20 日，加拿大魁北克省圣让黎塞留市两名士兵遇袭，一名男子驾车将两人撞倒，其中一人身亡，该男子“意识形态与恐怖主义相关”。

10 月 21 日，首都巴格达东部发生一起连环爆炸袭击事件，共导致 7 人死亡、40 人受伤。

10 月 22 日，耶路撒冷发生一起袭击轻轨车站事件，造成 1 名婴儿死亡，包括袭击者在内的 8 人受伤。袭击者是一名来自东耶路撒冷锡勒万地区的阿拉伯人，是一起蓄意的恐怖袭击事件。

10 月 22 日，伊拉克首都巴格达发生两起爆炸袭击事件，导致至少 14 人死亡。当天晚上，一辆装载有爆炸物的汽车在位于市中心卡拉达区的伊拉克国家剧院附近发生爆炸，导致至少 5 人死亡、28 人受伤。另一起爆炸发生在东部什叶派聚居区的萨德尔城区，造成至少 9 人死亡，37 人受伤。爆炸同时造成附近的车辆和建筑受损。

10 月 22 日，加拿大国家战争纪念碑处发生袭击守卫的枪击事件，造成一名值勤的士兵死亡。嫌犯名叫迈克尔·毕博，出生于魁北克，曾有众多刑事犯罪记录。警方怀疑其将赴海外参加“圣战”。

10 月 23 日，一名纽约居民手持斧头攻击了一组在警局旁拍照的警察，攻击者在被击毙前成功实施了两次攻击：一名警察手臂受伤，另一名警察的头部被斧头砍伤。袭击者同情“伊斯兰国”组织，并与极端分子有联系，还呼吁对抗美国政府。

10月23日，突尼斯国民卫队特种部队和警察在距首都突尼斯城约20公里的乌德艾利勒小镇，包围了一处由2男6女组成的恐怖团伙藏身的民宅，6名恐怖分子被击毙。

10月24日，塔利班对首都喀布尔一家餐馆的袭击事件造成至少21人死亡。一名自杀式炸弹杀手在这家餐馆外面引爆自己，两名枪手冲进餐馆开火。塔利班声称对爆炸负责。死者中有两名美国人、两名英国人、两名加拿大人和一名来自黎巴嫩的国际货币基金组织的资深官员。

10月24日，埃及北西奈省谢赫祖韦德市一处军方检查站遭自杀式炸弹袭击，造成至少30名士兵死亡，数十人受伤。总统塞西当晚紧急宣布，西奈半岛北部部分地区进入为期3个月的紧急状态。

10月27日，巴格达市中心卡拉达区一个人流密集的市场附近发生一起汽车炸弹袭击事件，导致至少5人死亡，32人受伤。

10月27日，伊拉克军方说，当天凌晨在巴格达以南约60公里的朱尔夫塞赫尔镇北部，一名自杀式袭击者驾驶载有爆炸物的军车冲进一个伊拉克安全部队和什叶派民兵驻守的检查站并引爆汽车，造成安全部队至少11人死亡，25人受伤。

10月29日，法国总统府发布新闻公报说，当天早晨1名法国伞兵突击队的军人在马里北部与恐怖组织作战时阵亡。

11月

11月1日，伊拉克首都巴格达一个警方检查站傍晚发生一起自杀式爆炸袭击事件。事件发生在巴格达市区南部的杜拉区的边缘地带，一名自杀式袭击者驾驶载有爆炸物的卡车冲进一个人流密集的警方检查站并引爆炸弹。爆炸造成包括袭击者本人在内的至少 6 人死亡，14 人受伤。

11 月 2 日，阿布沙耶夫反政府武装上午在菲南部巴西兰省伏击菲政府军，造成至少 6 名士兵死亡。

11 月 2 日，伊拉克首都巴格达发生两起爆炸袭击事件，导致至少 4 人死亡，19 人受伤。

11 月 2 日，阿富汗南部坎大哈省副省长阿卜杜勒·卡蒂姆·帕蒂阿尔在学校听课时遭枪杀。省政府发言人说，一名枪手在玻璃窗外开枪，帕蒂阿尔受重伤，被保镖送到医院后医治无效死亡。

11 月 2 日，巴基斯坦东部旁遮普省省会拉合尔发生一起自杀袭击事件。袭击发生于当地时间傍晚 6 时 15 分，案发地距离印巴边界 500 米、距瓦格赫边防哨卡降旗仪式主会场大门仅 55 米。自杀式袭击已造成至少 60 人死亡，118 人受伤。巴基斯坦塔利班的两个分支组织和巴基斯坦“真主旅”已宣称对袭击事件负责。

11 月 3 日，在尼日利亚东北部约贝州举行的“阿舒拉节”纪念仪式上遭到自杀式炸弹袭击，造成至少 29 人死亡。

11 月 5 日，一名巴勒斯坦人中午驾驶一辆货车撞人，造成一名警察丧命和 9 人受伤，袭击者后来被警方击毙。

11 月 6 日，伊拉克发生多起爆炸袭击事件，共造成 10 人死亡，23 人受伤。

11 月 8 日，伊拉克首都巴格达接连发生 5 起爆炸袭击，造成至少 27 人死亡、96 人受伤。

11 月 10 日，尼日利亚东北部约贝州波蒂斯库姆市一所公立中学清晨遭到爆炸袭击，导致至少 78 人死亡，45 人受伤。

11 月 12 日，尼日利亚中部城市波蒂斯库姆附近一个小镇发生爆炸袭击事件。一名靠近袭击者的女学生被炸死，另有 7 人受伤严重。袭击者本人也在爆炸中丧生。

11月12日，埃及海军一艘巡逻艇遭不明船只袭击，5名海军人员受伤、8人失踪。埃及军方在一份声明中把事件定性为“恐怖袭击”。

11月14日，伊拉克首都巴格达发生2起汽车炸弹爆炸，造成14人死亡，另有56人受伤。

11月14日，菲律宾军方说，政府军当天与盘踞在南部苏禄省的阿布沙耶夫武装发生枪战，5名政府军士兵死亡、26人受伤；阿布沙耶夫武装方面则至少有9名武装分子被打死。

11月16日，臭名昭著的英国“圣战者约翰”在视频里用宣布“伊斯兰国”斩首第三名美国人质——退伍士兵、人道主义救援组织志愿者卡西格（Peter Kassig）。

11月16日，联合国伊拉克援助团发表声明说，一支运送联合国工作人员的车队上午在伊拉克首都巴格达遭遇爆炸袭击，但未造成人员伤亡。

11月17日，伊拉克警方说，首都巴格达市发生两起爆炸袭击事件，共导致至少7人死亡，36人受伤。

11月18日，耶路撒冷一个犹太教堂遭袭击，两名巴勒斯坦男子拿着刀枪，杀害4名以色列人，袭击者过后被击毙。这是耶路撒冷近年来死伤人数最多的袭击事件，当局已经把这起杀人事件列为恐怖袭击。

11月19日，伊拉克北部库尔德自治区警方人士说，位于库尔德自治区首府埃尔比勒市的省政府大楼外当天发生一起自杀式爆炸袭击事件，导致至少4人死亡，6人受伤。

11月22日，肯尼亚官员说，早晨，一伙武装分子在该国北部曼德拉地区劫持了一辆从曼德拉开往首都内罗毕的公共汽车，将乘客分为索马里籍和非索马里籍两列，然后对非索马里籍乘客进行射杀。此次袭击造成至少28人死亡，多人受伤。索马里的恐怖组织“青年党”声称对此次袭击事件负责。

11月23日，阿富汗帕克提卡省发生一起恐怖袭击事件，一名自杀式袭击者混入一场排球比赛现场，在人群中引爆炸弹，造成至少45人死亡、60人受伤。阿富汗官方表示，这是今年以来阿富汗出现的伤亡最严重的恐怖袭击事件。

11月25日，尼日利亚东北部博尔诺州首府迈杜古里的一个市场遭自杀式连环炸弹袭击。爆炸发生在当地时间上午11时左右。一名女性自杀式袭击者在人群中引爆了随身爆炸装置。数分钟后，另一名女性袭击者在不远处引爆了另一枚炸弹。两起袭击共造成至少60人死亡，数十人受伤。

11月25日，巴林首都麦纳麦郊区发生一起炸弹爆炸事件，导致两名警察受伤。

11月27日，尼日利亚东北部一个公共汽车站发生爆炸，造成40人死亡，其中包括5名士兵。极端组织“博科圣地”嫌疑最大。

11月27日，一名袭击者驾驶装载炸弹的汽车冲向一辆载有外国外交人员的车辆，除袭击者外，爆炸还造成至少5人死亡，30余人受伤，死伤者均为平民。阿富汗塔利班当天宣称制造了这起袭击事件。

11月28日，在尼日利亚北部卡诺市一座清真寺里，大批民众正在做礼拜。两名自杀式袭击者突然引爆身上的炸弹，数名枪手向四散奔逃的民众射击，造成至少120人死亡，270人受伤。

11月30日，“伊斯兰国”激进分子凌晨对叙利亚边界附近一个偏远哨所发动袭击，打死至少16名伊拉克警卫。这个哨所位于伊拉克安巴尔省最西部的瓦利德。

12月

12月1日，尼日利亚警方说，尼东北部博尔诺州首府迈杜古里发生连环爆炸袭击，袭击导致人员伤亡。

12 月 1 日，一名阿联酋国妇女在阿布扎比购物中心刺死了一名幼儿园老师，这名老师被确认为是出生在罗马尼亚的美国人。阿联酋通讯社援引内部消息称，该女子犯罪动机是自发的，是一起孤立的恐怖主义行为。

12 月 2 日，索马里“青年党”在肯尼亚东北部曼德拉镇附近的一个采石场杀死 36 人。武装分子发动袭击时，工人正在帐篷里睡觉。“青年党”发言人说，以此作为对肯尼亚派遣军队到索马里作战的惩罚。

12 月 3 日，一辆停在摩加迪沙机场路附近的汽车上午突然发生爆炸，导致 4 人丧生、8 人受伤，两辆路过的联合国车辆受损。索马里极端组织“青年党”当天宣称制造了这起袭击事件。

12 月 3 日，伊朗驻也门大使官邸外发生炸弹爆炸事件，不明身份的武装人员引爆了停放在伊朗驻也门大使官邸外的汽车炸弹，造成至少 2 人死亡，多人受伤。

12 月 4 日，包括首都巴格达在内的伊多座城市遭爆炸袭击，造成至少 37 人死亡、92 人受伤。

12 月 4 日，“伊斯兰国”武装人员在代尔祖尔省一个叙政府军的空军基地附近引爆一辆装有爆炸物的汽车，造成 19 名政府军士兵死亡。爆炸发生后，叙政府军予以还击，与“伊斯兰国”极端武装交火，7 名“伊斯兰国”武装分子被打死。

12 月 4 日，俄罗斯车臣共和国首府格罗兹尼发生激烈枪战，10 名安全人员丧命，另外 28 人受伤。这一事件发生在俄总统弗拉基米尔·普京发表国情咨文前数小时。北高加索激进组织“高加索酋长国”已承认袭击是为报复“穆斯林女性遭压迫”。

12 月 6 日，伊拉克当天共有至少 33 人在爆炸袭击和武装冲突中丧生。在巴格达以北约 120 公里的萨迈拉市西部，伊安全部队和“伊斯兰国”武装分子发生激烈冲突，9 名士兵在交火中丧生，17 名武装分子被击毙。

12 月 9 日，巴林内政部说，首都麦纳麦郊区发生一起炸弹袭击，造成 2 人死亡、1 人受伤。

12 月 9 日，也门东南部哈德拉毛省安全部门官员说，该省当天发生两起自杀式汽车炸弹袭击，造成 10 名政府军士兵死亡。第一起爆炸发生在哈德拉毛省赛永市的政府军第一军区总部外，有 6 名士兵在爆炸中死亡；第二起爆炸发生在该市一处军事检查站，造成 4 名士兵死亡、12 人受伤。

12 月 11 日，阿富汗一名自杀式恐怖分子袭击了喀布尔的法国文化中心，据喀布尔警方负责人说，至少有一人死亡，另有 15～20 人受伤。

12 月 11 日，尼日利亚中部高原州首府乔斯市特尔米纳斯地区傍晚发生爆炸袭击，造成至少 31 人死亡，多人受伤。

12 月 14 日，一伙武装人员闯入尼日利亚东北部古姆苏里村，杀害至少 32 名村民，掳走至少 172 名妇女儿童。

12 月 15 日，澳大利亚悉尼市中心马丁广场一咖啡馆发生劫持案，一名枪手劫持 20 多名人质与警方对峙，其间打出写有“万物非主、唯有真主，穆罕默德是真主的使者”的黑色旗帜，并要求与澳总理阿伯特对话及向其提供“伊斯兰国”旗帜。16 日凌晨 2 时许，澳警方冲入咖啡馆与劫持者交火，造成劫持者和人质共 3 人死亡、4 人受伤，警方随后宣布行动结束。

12 月 16 日，塔利班一组武装分子袭击巴基斯坦西北部边境城市白沙瓦一所军人子弟学校，袭击造成 141 人死亡，其中包括 132 名学生和 9 名教职工。袭击发生后不久，巴基斯坦塔利班组织便发表声明声称袭击是他们所为，旨在报复军方近期针对他们发动的连串攻击行动。

12 月 16 日，也门遭到“基地”组织的两起汽车炸弹袭击。据官方的统计，恐怖袭击造成 26 人死亡，其中包括 16 名学生。在一份声明中，也门安全高级委员会指出，两起汽车炸弹袭击都发生在中部地区贝塔省的拉达镇。第一起汽车炸弹的目标是行驶在拉达街道上的一辆载有学生的校车，而第二起攻击的目标是在市中心举行的一个居民集会。

12月17日，阿富汗南部赫尔曼德省一处银行遭到武装分子袭击：一名武装分子在银行门口引爆身上炸药身亡后，其另外三名同伙乘机攻入银行大厅，并同赶来的军警交火。袭击还造成5名平民和一名警察死亡，另有16人受伤。

12月18日，也门西部港口城市荷台达市当晚发生自杀式汽车炸弹袭击，造成至少18人死亡。爆炸发生后，“基地”组织阿拉伯半岛分支宣布制造了袭击事件。

12月20日，一名男子高呼“真主伟大”，然后试图闯入法国中西部城市茹埃莱图尔市的警察局。他用刀子袭击3名警察，造成其中2人受重伤，随后被警方开枪打死。

12月21日，法国东部城市第戎发生一起驾车故意冲撞行人事件，造成11人受伤，男子在行凶时用阿拉伯语大喊宗教口号。

12月22日，尼日利亚东北部包奇州首府包奇市一个紧邻警察岗哨的繁华市场发生炸弹袭击事件，造成15人死亡，另有多人受伤。

12月25日，非洲联盟驻索马里特派团在索马里首都摩加迪沙机场区的驻地遭到武装袭击，造成3名非盟士兵和一名平民受伤，另有5名武装分子死亡。索马里极端组织“青年党”已宣称制造了这起袭击事件。

12月27日，位于首都的黎波里的利比亚保护外交使团安全总局外遭遇一起汽车炸弹袭击，极端组织“伊斯兰国”分支机构宣称制造了此次袭击事件。“伊斯兰国”利比亚的分支在网上发布了一张爆炸的照片，宣称制造了此次爆炸事件，并威胁将制造破坏性更大的袭击事件。

12月30日，一名自杀式袭击者驾车冲向利比亚达拉萨拉姆饭店，袭击利比亚国民议会临时总部，造成至少10人受伤。

12月31日，也门安全官员说，一名“基地”组织武装分子当天在南部伊卜省伊卜市实施自杀式爆炸袭击，造成33人死亡。

图书在版编目（CIP）数据

国际恐怖主义与反恐怖斗争年鉴 2013～2014/中国现代国际关系研究院反恐怖研究中心著．—北京：时事出版社，2015.8

ISBN 978-7-80232-848-8

Ⅰ.①国…　Ⅱ.①中…　Ⅲ.①恐怖主义—世界—年鉴—2013～2014 ②反恐怖活动—世界—年鉴—2013～2014　Ⅳ.①D588-54②D815.5-54

中国版本图书馆 CIP 数据核字（2015）第 141432 号

出 版 发 行：时事出版社
地　　　址：北京市海淀区万寿寺甲 2 号
邮　　　编：100081
发 行 热 线：(010) 88547590　88547591
读者服务部：(010) 88547595
传　　　真：(010) 88547592
电 子 邮 箱：shishichubanshe@sina.com
网　　　址：www.shishishe.com
印　　　刷：北京市昌平百善印刷厂

开本：787×1092　1/16　印张：33.75　字数：460 千字
2015 年 8 月第 1 版　2015 年 8 月第 1 次印刷
定价：128.00 元